U0142471

犯罪防制系列

校園犯罪與安全維護

楊士隆/主編

吳序

近幾年來，台灣校園內發生之犯罪事件數目有逐漸增加趨勢，不僅加深一般學生及家長的恐懼，亦使社會治安維護增添更多變數。為此，本校學務長楊士隆教授特邀集國內有關犯罪學、社會、心理、社工、警政與法律學者，對當前校園犯罪類型之特性與成因加以檢討，並就校園安全維護研擬妥適之防治對策提供各界參考。

本書共計 17 章，除第 1 章導論簡介校園犯罪之現況及類型外，其餘 16 章可區分為犯罪類型研究及預防對策探討兩大層面。在犯罪類型研究方面，涵括校園性侵害、猥褻、竊盜、暴力、霸凌、詐騙、幫派、藥物濫用及網路犯罪類型，邀請楊士隆、鄭瑞隆、林明傑、何明洲、曾淑萍、陳慈幸、林滄松、江慶興、李相臣、李宗憲及程敬閏等專家學者負責撰寫。在預防對策探討方面，包括有班級與學生團體經營、犯罪危機處理、性侵害受害者之處遇、校園犯罪預防、犯罪案件之法律問題與因應及危機管理等課題，特別邀請戴伸峰、董旭英、簡美華、鄭昆山、許華孚等專家學者執筆。

在青少年犯罪研究領域中，本校犯罪防治研究所教授群曾從事多項國科會、教育部與法務部委託之專題研究，成果豐碩。而台灣青少年犯罪凡至研究學會之成立則以致力於少年犯罪研究與防治為目標，此次由該會彙整「校園犯罪與安全維護」一書，對於防治日益嚴重校園犯罪具有相當之意義。

最後，本書各章節之撰稿者理論與實務經驗兼備，均為目前國內對於校園犯罪與安全議題有深入研究探討之專家學者，書中以提綱挈領、深入淺出方式介紹當前校園犯罪相關研究成果，期能使讀者迅速對此一議題具整合宏觀的掌握，相信對於相關工作或研究學者，應具有很高的參考價值，特為之序，並予以推薦。

國立中正大學校長
國立中正大學毒品防治計畫召集人 吳志揚 謹識
2011 年 12 月 30 日

王序

「校園」是我們一生中最早接觸的大型團體生活所在，也可說是接觸最久的地方，大部分的人也在「校園」裡成長、學習並獲得各項生活及職業能力。提供一個良好的校園學習環境是一個進步的國家應有的作為，因此建構安全的校園環境是教育部目前最大的責任及工作；舉凡影響校園安全的因素如天災、人為加害、建築物問題，或學生本身的不適應如吸毒、霸凌、網路沉迷甚或犯罪等，都是教育部學生軍訓處關心處理及防護的重點，且這個防護範圍是涵括校內及校外的。然而建構校園安全不應該只是政府單方面的作為，社會各界及大眾關注、建言與共同努力才是守護校園安全最有效的方法。

根據教育部「校園安全及災害事件即時通報系統」歷年資料可以看出，校園問題的型態也隨時代而有所變動，從早期單純的交通車禍、財物失竊到人為傷害事件、詐騙及近來的自殺、吸毒、愛滋、傳染病、性侵害、性騷擾、網路犯罪、校園霸凌甚至是民刑事案件等，凡此種種也說明了從事校園安全工作所須的知識及能力是必須與時俱進。教育主管單位有關校園安全的工作不只是緊急事件處理而已，尤其著重在防範的施作上，每年亦廣為聘請專家學者或與相關專業單位合作，以請其提供建言並對相關實務工作人員進行訓練，進而協助各級學校建立優良安全的校園環境。

感謝國立中正大學吳志揚校長的卓越領導及台灣青少年犯罪防治研究學會理事長楊士隆教授所主編，該學會致力於青少年犯罪防治研究有諸多貢獻，不僅提供實務工作人員相關專業知識，對政策上亦多有建言。而此次「校園犯罪與安全維護」專書之出版，相信對各級學校校園安全維護工作將有具體的助益與指導，也希望藉此拋磚引玉促使學校、社會及家長甚或是學生本身多加注意學校安全，以建構校園內外的安全環境，提供我們學子優良的成長與學習環境。

教育部軍訓處處長　王福林　謹識

2011 年 12 月 25 日

撰稿者簡介

（依章節順序）

楊士隆　美國紐約州立大學（SUNY-Albany）刑事司法博士
國立中正大學研究傑出特聘教授兼學務長

鄭瑞隆　美國伊利諾大學香檳分校社會工作博士
國立中正大學犯罪防治學系教授兼系主任、所長

林明傑　美國密西根州立大學刑事司法博士
國立中正大學犯罪防治學系副教授

何明洲　中央警察大學犯罪防治研究所博士
內政部警政署教育組組長

方文宗　國立中正大學犯罪防治研究所博士生
雲林縣警察局保防室調查股股長

曾淑萍　美國紐約州立大學（SUNY-Albany）刑事司法博士
國立中正大學犯罪防治學系助理教授

陳慈幸　日本中央大學法律學博士
國立中正大學犯罪防治學系副教授

林滄崧　中央警察大學犯罪防治學系博士
中央警察大學犯罪防治學系兼任助理教授

江慶興　英國李斯特大學公共秩序研究所博士
台北市政府警察局士林分局分局長

程敬閏　國立中正大學犯罪防治研究所博士
環球科技大學校長特助

李宗憲　國立中正大學犯罪防治研究所博士
國立中正大學犯罪防治學系兼任助理教授

李相臣　美國阿拉巴馬大學伯明罕分校資訊工程研究所碩士
內政部警政署資訊室主任

戴伸峰　日本東北大學文學研究科博士
國立中正大學犯罪防治學系助理教授

董旭英　美國密西西比州立大學社會學博士
國立成功大學教育研究所教授

簡美華　美國紐約大學社會工作博士
國立中正大學犯罪防治學系副教授

鄭昆山　德國杜賓根大學法學博士
國立中正大學犯罪防治學系教授

許華孚　英國愛塞克斯大學（University of Essex）社會學博士
國立中正大學犯罪防治學系教授

目 錄

吳　序

王　序

撰稿者簡介

第一章　校園犯罪之現況、型態與預防對策／楊士隆 1
　第一節　校園犯罪之現況 1
　第二節　校園犯罪之主要類型 5
　第三節　校園犯罪行爲之預防 10
　參考書目 14

第二章　校園人身安全防治之策略：以性侵害為例／鄭瑞隆、林明傑 17
　前　言 17
　第一節　校園性侵害的意涵與數量 17
　第二節　校園性侵害之事件特性 18
　第三節　校園性侵害之成因理論 19
　第四節　校園性侵害防治之策略 24
　結　論 30

第三章　校園竊盜安全／何明洲、方文宗 35
　前　言 35
　第一節　竊盜犯罪成因及型態 40
　第二節　理論基礎 44
　第三節　警察機關校園竊盜實務具體作爲 49
　第四節　校園竊盜防治策略 60
　結　論 65
　參考書目 66

第四章　校園暴力犯罪／楊士隆、曾淑萍 69
前　言 69
第一節　校園暴力之意涵 71
第二節　校園暴力之現況 73
第三節　校園暴力之類型 75
第四節　校園暴力之特徵 78
第五節　校園暴力施暴者之特性 80
第六節　校園暴力之成因 81
第七節　校園暴力之影響 85
第八節　預防校園暴力之建議 86
結　論 94
參考書目 96

第五章　台、日校園霸凌基本概念形成與釐清
——從現象面與防治教育之二個問題而言／陳慈幸 105
前　言 105
第一節　校園霸凌定義、現象與類型 106
第二節　校園霸凌防制策略之台、日比較 120
結　論 135

第六章　校園霸凌與防治／林滄崧 139
前　言 139
第一節　霸凌與校園霸凌 140
第二節　校園霸凌事件參與者與其反應 151
第三節　防治校園霸凌事件之計畫方案 162
第四節　校園霸凌事件之輔導觀點與策略 181
參考書目 191

第七章　校園霸凌案件個案處遇原則及技術／鄭瑞隆 199
前　言 199
第一節　霸凌的定義與類型 201
第二節　霸凌的處理機制（含三級預防） 203

第三節　霸凌施暴者的評估及處遇 207
第四節　評估的要項 213
第五節　霸凌個案處遇的技術（代結語） 213
參考書目 216

第八章　校園詐騙犯罪偵防之道／江慶興 217
前　言 217
第一節　研究方法 218
第二節　研究結果 231
第三節　結論與建議 233
參考書目 245

第九章　校園幫派現況與個案處遇原則／程敬閏 249
前　言 249
第一節　概　況 251
第二節　防治對策評析 260
第三節　實務建議 265
參考書目 270

第十章　校園藥物濫用／楊士隆、李宗憲 273
前　言 273
第一節　青少年藥物濫用問題概況 274
第二節　常見的青少年濫用藥物及其影響 279
第三節　藥物濫用防治政策現況 284
第四節　青少年藥物濫用防制指導原則與建議 288
第五節　結論與建議 294
參考書目 298

第十一章　校園網路犯罪與資訊安全維護／李相臣 301
前　言 301
第一節　竊取電腦資料手法分析 306
第二節　數位落差 308

第三節　家長應注意事項 310
第四節　資訊安全 312
結　論 315

第十二章　校園安全之班級與學生團體經營／戴伸峰 317
前　言 317
第一節　校園安全三級預防圈的觀念：班級、社團、學校 318
第二節　校園安全第一線：班級營運 322
第三節　班級營運與校園安全：第一級預防的觀念 324
第四節　校園安全第二線：社團營運 326
第五節　社團營運與校園安全：第二線預防的觀念 327
結　論 328
參考書目 330

第十三章　校園犯罪與危機處理／董旭英 331
第一節　校園犯罪 331
第二節　校園犯罪造成之影響 336
第三節　校園犯罪因素 337
第四節　校園危機處理 340
參考文獻 346

第十四章　遭遇性侵害國小學童之處遇原則
——創傷認知行為治療法之運用／簡美華 349
前　言 349
第一節　兒童性侵害之界定 350
第二節　性侵害之影響 353
第三節　創傷認知行為治療之處遇原則 355
第四節　兒童性侵害處遇之相關議題 362
結　論 364
參考書目 365

第十五章　校園犯罪之預防／楊士隆、曾淑萍 371
前　言 371
第一節　校園犯罪現況 373
第二節　情境犯罪預防 377
第三節　情境犯罪預防於校園犯罪之應用 386
結　論 393
參考書目 395

第十六章　校園犯罪案件之法律問題與因應／鄭昆山 399
前　言 399
第一節　校園犯罪概說與界定 400
第二節　校園犯罪法律問題剖析 403
第三節　校園犯罪案件防治與因應 413
結　論 418

第十七章　校園危機與校園安全防護／許華孚 421
第一節　校園安全 421
第二節　校園安全的定義 427
第三節　危機的發展階段、危機管理、校園危機管理的意涵與類別 433
第四節　研究分析 441
第五節　校園安全防護的實務狀況與作法 448
附　錄 456

附　錄

附錄一　少年事件處理法 461
附錄二　兒童及少年性交易防制條例 485
附錄三　加強維護學生安全及校區安寧實施要點 495
附錄四　維護校園安全實施要點 499
附錄五　各級學校防制校園霸凌執行計畫 509
附錄六　各級學校校園災害管理要點 517

附錄七　校園安全及災害事件通報作業要點......521
附錄八　各級學校重大緊急校安事件處理流程......525
附錄九　各級學校法治教育實施要點......529
附錄十　學校、警政單位發現學生疑似參加不良組織通報流程圖......533
附錄十一　校園藥物濫用、暴力、霸凌及黑道勢力介入事件通報流程圖......537
附錄十二　校園暴力事件（學生打學生）查察通報處理流程圖......539
附錄十三　校園霸凌事件（家長打老師）處理作業流程表......541
附錄十四　校園暴力事件（學生打教師）處理流程圖......543
附錄十五　教育基本法......545

第一章

校園犯罪之現況、型態與預防對策

楊士隆

第一節　校園犯罪之現況

根據內政部警政署統計，99 年全台少年嫌疑犯總數爲 11,102 人，其中又以竊盜少年嫌疑犯 4,086 人爲最，其次爲傷害罪 1,228 人，再者爲違反毒品危害防治條例 1,213 人、妨害性自主罪 677 人、公共危險及誣告罪有 638 人、詐欺背信 503 人、妨害風化有 228 人、恐嚇取財 211 人、強盜搶奪則有 158 人等。由歷屆統計資料，可發現少年犯罪嫌疑犯所觸及的犯罪種類有明顯變化，惟仍可顯見者爲，傷害罪與相關暴力犯罪，及毒品犯罪仍爲主要犯罪型態，雖少年犯罪人數雖至 84 年以後已呈現「逐年下降」的趨勢，但由涉嫌暴力與毒品犯罪之少年所占總犯罪型態的百分比，顯示少年嫌疑犯涉及暴力與毒品犯罪問題爲一不可忽視之課題，亟待正視並研擬對策因應。

其次，根據教育部「校園安全及災害事件即時通報系統」彙整 99 年度全台各級學校校安通報事件之統計資料顯示，發生在大專院校的校園安全及災害事件有 4,293 件，而學生最常遭受的傷害事件則以意外事故 2,505 件爲最多，其次爲疾病事件 9,176 件，再者爲安全維護事件 438 件、暴力事件與偏差行爲 207 件；在高級中學與高級職業學校方面，共有 7,338 件，分別爲意外事件 19,360 件、兒少保護事件（18 歲以下）1,840 件、暴力事件與偏差行爲 1,351 件，與疾病 1,255 件；在國民中學方面，共有 7,438 件，分別爲兒童少年保護事件（18 歲以下）2,588 件、疾病事件 1,990 件、暴力事件與偏差行爲 1,127 件，與意外事件 977 件；在國民小學方面。共有 32,370 件，分別爲疾病事件 25,449 件、兒童少年保護事件（18 歲以下）3,104 件、意外事件 2,336 件，與安全維護事件 404 件（詳圖 1-1-1 至圖 1-1-5）。總計全台，共有 54,281 件，主要集中在疾病事件、意外事件、兒童少年保護事件（18 歲以下）及暴力事件與偏差行爲，顯見如何針對相關暴力事件與偏差行爲擬定對策，爲主要課題。

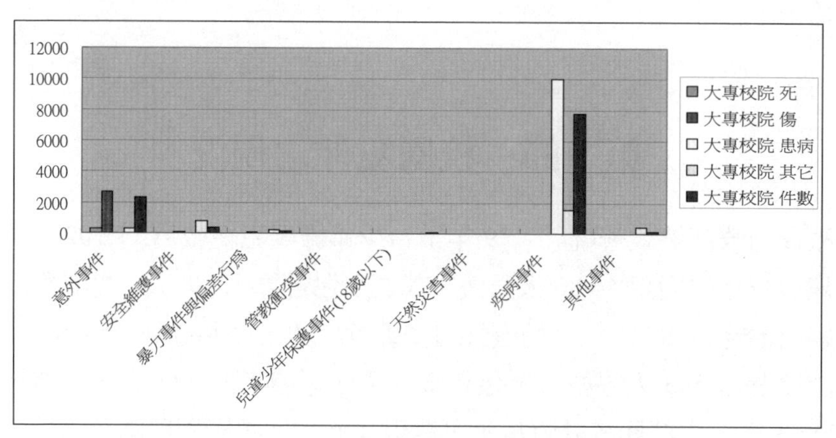

圖 1-1-1　大專院校校園安全及災害事件圖

資料來源：教育部

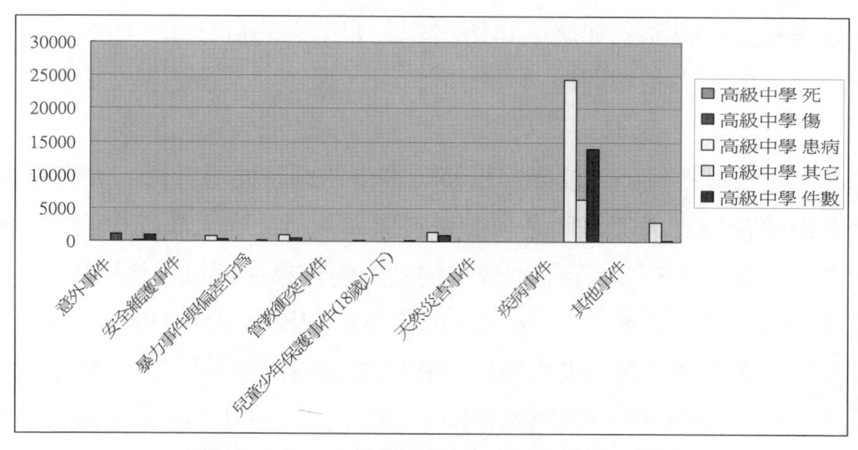

圖 1-1-2　高中校園安全及災害事件圖

資料來源：教育部

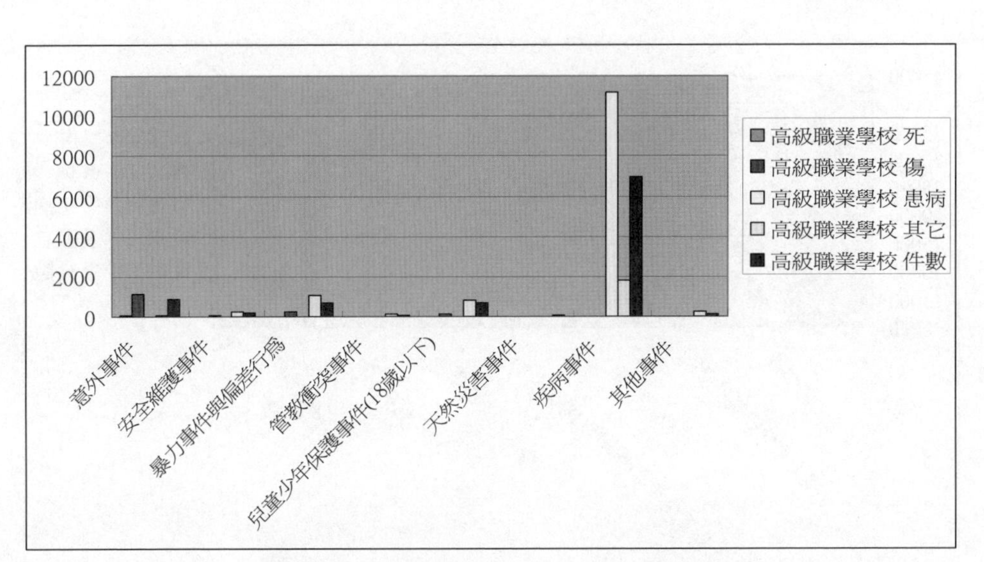

圖 1-1-3　高職校園安全及災害事件圖

資料來源：教育部

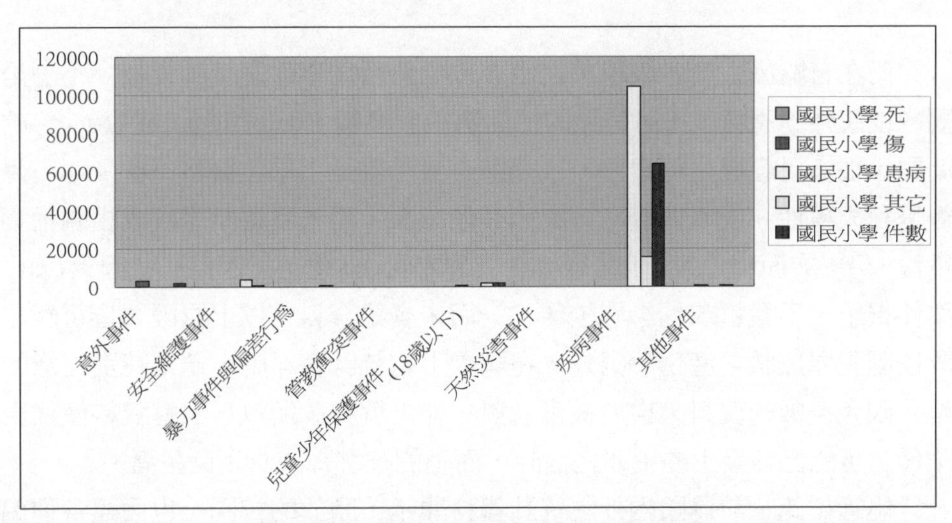

圖 1-1-4 國中校園安全及災害事件圖

資料來源：教育部

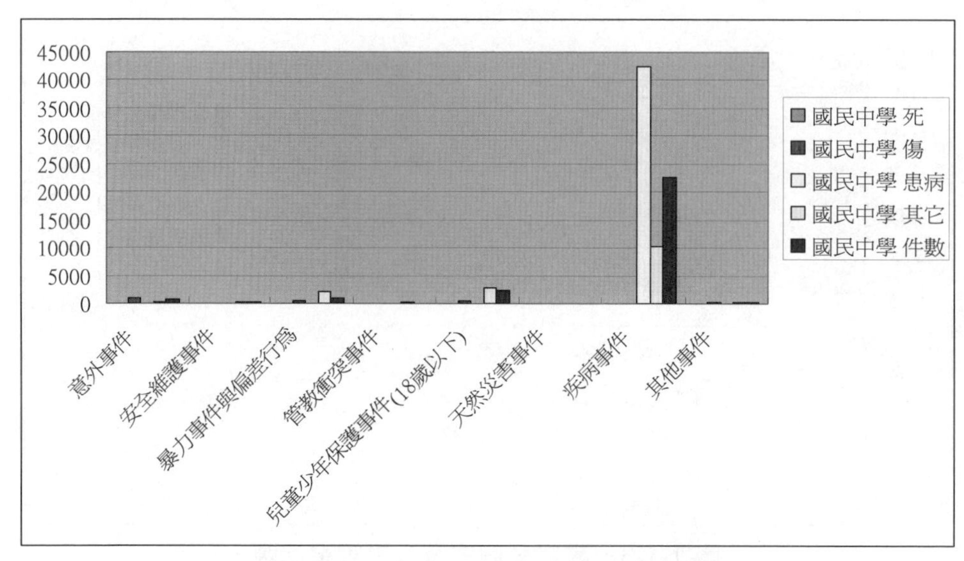

圖 1-1-5 國小校園安全及災害事件圖

資料來源：教育部

而在有關發生於各級學校之犯罪或偏差行爲事件之統計資料，不論是國內或國外的資料，不可避免的都面臨犯罪黑數（dark figure of crime）的問題，很多已經發生的案件，或因被害者覺得是小事、警察不會受理、覺得是私人事件、或覺得羞恥，或因其他原因，而未呈報給學校或相關權責單位。另一方面，校警或相關單位在受理報案後，也可能因爲一些因素（如：案件很小、不嚴重或怕影響校譽），而未登錄資料。以上原因，皆可能造成校園犯罪黑數之產生。另外，在解讀上述統計資料時，值得特別注意的是，因大多數的資料來自於被害者對犯罪之解釋，所以，上述資料僅代表一種對可能已經發生的犯罪之估計，而不能被解釋成真正發生者。

儘管如此，前述國內外之統計資料顯示，開放的校園，也面臨各種偏差或犯罪問題之侵襲，使得平靜的校園產生恐慌，對於校園安全造成相當大的威脅。尤其，大專、高中、國中、國小校園大多融入於社區中，近年校園在民眾之呼籲下也更加的開放，因此也較容易受到偏差與犯罪問題之入侵。因此，對於校園安全與校園犯罪預防之關切，值得各級學校及政府部門之重視。

第二節　校園犯罪之主要類型

校園犯罪之型態至為繁多，凡涉及學生身分於校園內外發生之犯罪均屬之，限於篇幅擬僅就較常見且較受社會與民眾關注之犯罪與偏差行為如性侵害犯罪與猥褻行為、竊盜犯罪、校園霸凌、殺人傷害、詐騙、藥物濫用、幫派入侵校園等扼要敘述，各章節內容將由各負責撰寫之學者專家詳細探討。

一、性侵害犯罪與猥褻行為

近年來，校園性侵害與騷擾行為持續發生，引起民眾之普遍關注。根據 98 年度全台各級學校校安通報事件之統計資料顯示，受性侵害案件被害人計有 105 人。且各項資料顯示，受害者年齡多在 12-17 歲，發生時間以凌晨 0-3 時最多。此類性侵害行為夾雜性與暴力對無辜受害者加以侵害，不僅侵犯個人人身自由，同時對受害者之生理、心理造成鉅大傷害，呈現「受暴創傷症候」（Rape Trauma Syndrome），而難以回復，亟待正視。

值得注意的是，校園性侵害犯不少係同學校之同學亦或學長、校外朋友或不認識之陌生人等。當然從犯罪者之動機、情緒、特性及受害者對象觀之，加害者則有憤怒型、權力支配型（自卑感型）、虐待型、攻擊型、征服型、集體型、衝動型、敵意型、心理神經症型、非成熟型、固定型、退卻型、剝削型等類型（楊士隆，2007）。其中以專門對兒童性侵害之『戀童症者』再犯危險性最高，值得密切注意。

研究發現性侵害加害者以 20 至 39 歲間之工礦業者居多、性侵害案件中以發生於晚上及深夜者最多、地點則以加害者家中較多、部分加害者與被害者常有酗酒現象。加害者與被害者關係為熟識之朋友、同學、同事者占近四成、幼童及未成年少女遭性侵害被害情形嚴重者，占五成以上；部分被害者在案發前言行舉止則表現輕浮隨便（蔡德輝、楊士隆，1999）。此外，Davis 及 Leitenberg（1987）在回顧相關文獻之後，整理出下列與青少年性犯罪有關的特徵：

（一）加害者方面：大多數的加害者爲男性。

（二）被害者方面：一般說來，除 hands-off 犯罪（如：偷窺、暴露及猥褻電話等）外，少年性犯罪者的主要被害者爲年幼的兒童（Deisher et al., 1982 ; Fehrenbach et al., 1986 ; Wasserman, Kappel, 1985）。不同的研究提出了不同的數據，認爲約有 36%至 66%之間的被害者爲年幼的兒童。若探討的主題是所有的性犯罪，則主要的被害者爲女性；若探討只與小孩有關的性犯罪時，研究發現有 26%至 63%的被害者爲男性（Deisher et al., 1982; Fehrenbach et al., 1986; Wasserman, Kappel, 1985; Shoor et al., 1966; Van Ness, 1984）。

（三）被害者與加害者的關係：與成年性犯罪者相似的是，大多數的被害者與加害者是認識的（Thomas, 1982; Wasserman, Kappel, 1985）。

（四）在相關性犯罪行爲方面：最常見的性行爲是愛撫（fondling）的猥褻行爲，在 Fehrenbach et al.（1986）的研究中，愛撫占了 59%；而性交（penetration）在 Wasserman 及 Kappel（1985）的研究中則高達 60%。

目前在預防工作上，除致力於建立兩性平等觀念，加強親教育，改善社會暴力風氣之肅清犯罪病源策略外，作者認爲應加強預防被害教育，降低被害之機率，措施包括：避免成爲性攻擊者合適之標的物，係保護個人安全的首重法則，包括：衣著暴露、予人易於求歡之印象宜注意避免；行爲人外出時應盡量結伴而行，避免落單至人煙稀之地方或隨意至陌生人家中；提高警覺防衛意識，例如女性約會時地點自己選，約會用餐或搭車離開座位時，不飲用未飲完之飲料，勿與男性比較酒量等，而另可隨身攜帶瓦斯噴霧器、警鈴等，或參與自我防衛訓練，了解自己身上可運用之武器，如假髮、鑰匙、雨傘等，以及男性最脆弱之部位，強化自身安全維護工作。相關之探討與建議在本書章節中將有更深入之探討。

二、殺人及其他暴力行為

另一校園犯罪型態爲屬較嚴重之殺人暴力行爲，此類型研究上可區分爲表達性之暴行（expressive violence）、工具性之暴行（instrumental violence）及憎恨性之暴行（hate violence）等類。就青少年殺人而言，其具有下列特行（Carcach, 1998; 楊士隆，1999）：

1.青少年殺人犯傾向找比自己年紀輕、看起來較軟弱目標的被害者下手。

2.青少年殺人犯比成年犯更容易與他人發生口角，而犯下殺人罪行。

3.男性比女性少年更可能成爲殺人案件的被害者。

4.少年殺人案件傾向發生於相同族群內。

5.多數青少年殺人犯在入監（院）前未上學，呈現中途輟學現象。

6.約有三分之一的加害者與六分之一的被害者有前科記錄。

7.青少年殺人犯與被害者在案發之前多數有酗酒情形。

8.青少年殺人犯使用槍的比率不如成年犯人來得高，他們較常使用尖銳或鈍的工具及用拳腳來攻擊被害人。

三、竊盜犯罪

在校園中，各型態之竊盜案件屢次發生，但隱藏於期間之犯罪黑數卻甚高。主要之竊盜犯罪型態包括汽機車竊盜、腳踏車竊盜、宿舍、辦公室及授課教室之竊盜如 Notebook 失竊等。竊盜犯罪者主要可區分爲職業犯（The Professional theft）業餘犯（The Amateur theft）、臨時起意犯（偶發犯）等類型。

研究指出校園竊盜犯罪之發生除竊盜犯之汲汲搜尋犯罪標的物外，學生本身缺乏警覺與防範意識亦爲主因（楊士隆、何明洲，2004），故有必要強化犯罪預防宣導，作好防治犯罪工作。在學校方面，應持續擴大犯罪預防宣導，教導學生採行必要之防範犯罪措施，如汽車、機車、自行車多裝置幾道鎖及警鈴防盜設備，以增加犯罪之困難、不在汽機車上置留言版並留下電話，以免爲歹徒綁車勒贖、校門出入口、辦公室外等公共空間加裝 CCTV 等。

四、詐騙犯罪

詐騙犯罪隨著經濟型態改變、電子通訊發達及網際網路漸趨普遍化，在校園也衍生出諸多不同類型，諸如信用卡詐欺、行動電話簡訊詐欺、金融卡匯款詐欺、票據詐欺、坊間調查詐欺、巫術或宗教詐欺、假身分詐欺、交友詐欺、瘦身美容詐欺、色情廣告詐騙等均甚爲猖獗。此外，詐騙犯罪日趨集團化、組織化，且大量運用各種僞造證件、人頭帳戶及人頭電話等犯罪工具，以各種名目誘使被害人，嚴重侵害學生財產安全法益。根據中正大學犯罪研究中心之統計民眾被詐騙的金額每年高達數百億元以上，其中以歹徒假冒公務機關詐騙最多，然而以上數據只是官方的統計資料，若包括被詐騙後沒有報案之「犯罪黑數」，尙有多少民眾或學生上當受騙及其他金額損失則不得而知。

政府部門及社會大眾均非常重視此類犯罪之蔓延，尤其執法機關不斷提出新的防治對策，然而防治對策似乎並未發揮立竿見影效果，詐騙集團反而變本加厲，有恃無恐，進而以語言暴力方式，諸如「假綁架，真勒贖」來恐嚇無辜民眾與學生上當，引發社會不安，並質疑警察機關執法能力，連帶影響政府施政滿意度。楊士隆（2006）曾於國立中正大學犯罪研究中心所舉辦的詐欺犯罪防治記者會中指出詐騙犯多屬於狡詐之罪犯，而目前對於詐騙犯罪之刑罰似乎有過輕之嫌，而民眾在貪婪心作祟與疏忽下，未能做好被害預防措施，以致詐騙罪一再發生，造成許多家庭悲劇，此類狀況政府與民眾不能等閒視之。

五、藥物濫用

近年來臺灣地區新興毒品如MDMA（快樂丸、搖頭丸、Ecstasy、E）、K他命等已在與舞廳、PUB、Party等娛樂活動結合下，形成一股潮流，令許多青少年難以抗拒（李志恆，2003；黃徵男 2002）。而部分青少年認爲其吸食之成分係屬「藥物」之一種，而非「毒品」，此項「毒品」與「藥物」認知上差距，造成非理性信念如負向內言瀰漫，加上近年來台灣地區部分團體認爲如大麻、MDMA、LSD、K 他命等軟性藥物成癮性低，對人體並無傷害或成癮性，不會造成有暴力傾向。並認爲反毒政策乃是基於一種意識型態的反毒，或國家機器企圖對人們規訓，以展現對文化的控制權等。這些言論亦對青少年用藥族群產生相當影響（楊士隆，2005），使得青少年藥物濫用問題更行嚴重，拒毒工作面離諸多挑戰（楊士隆，2005；Yang, et al., 2007）。

當前台灣對於青少年施用毒品者之早期預防與諮商輔導工作投注仍不足，致使反毒工作呈現缺口。若能挹注足夠經費與資源，以三級預防之觀點，完整建構毒品「減少需求」之防治策略，關注初級預防的反毒宣導與整體社區防治，當能促使少年藥物濫用問題獲得較爲有效之控制（楊士隆，2008）。

從各國及聯合國之最新作法中獲知，青少年拒毒教育正全面開展當中，如聯合國致力於在全球各地對青少年進行毒害教育與生活技巧訓練，以喚起少年之覺醒與正視，並在6月26日國際反毒及非法運輸毒品日上，強化推行 「我決定」（I Decide）方案，協助全球青少年了解毒品危害並拒絕毒品誘惑；另組成全球最專業之團隊對政策擬定者、廣播與報紙新聞記者及少年吸毒預防實務工作人員等進行講習與訓練，以強化反毒效能。這些作法均值青少年拒毒工作之參考。

六、參加幫派

近年媒體大幅報導幫派組織染指校園，吸收學生入會，也引起警政、司法與教育部門之高度關切。紛紛召開校園掃黑暨防制黑道勢力介入校園工作會議，期能有效遏止幫派組織入侵校園行動。雖然少年加入幫派並不必然意味著偏差或犯罪行爲型態之同義字，但新近之學術研究與實務卻充分顯示少年參加幫派後，明顯的增加了其從事偏差與犯罪行爲之機率，因此有必要以積極的作爲，對幫派之赴校園發展組織行爲加以遏止。

除幫派積極吸收少年入會外，少年本身加入幫派之意願亦爲重要因素（蔡德輝、楊士隆，1999）。幫派積極吸收少年入會之原因主要包括：少年從事非法活動時刑罰較輕、少年成爲幫眾成本與各項花費較低、少年較爲英勇未考慮行爲後果、幫派群龍無首故向校園「徵才」、少年較爲忠誠較不爭權奪利、可增加幫派人力壯大組織延續幫派活動等。至於少年加入幫派之原因則包括：少年成功向上機會受阻，幫派提供少年歸屬感，滿足心靈之慰藉、幫派滿足許多少年進入成年世界之需求、加入幫派可尋求保護，欺凌他人亦較優勢、幫派好玩並提供關心與家庭支持、少年英雄主義崇拜，受到幫派領袖擁有之財富與出手之大方所吸引，且加入幫派賺錢容易毋須辛勤工作等。因此，幫派與少年係在兩者互蒙其利之情況下而吸引結合。故幫派入侵校園問題，不能將其視爲單純之學校問題，有其複雜之經濟與社會背景因素，而需分別從家庭、學校、社區及司法部門等層面，協調合作，始能展現防治效能，本書將有深入之探討。

目前校園犯罪型態隨著科技之發展而日新月異，無法予以窮盡，網路電腦之發展衍生出許多網路犯罪型態。本書將邀請專家予以深入論述。

第三節　校園犯罪行爲之預防

在校園犯罪之預防措施方面，作者認爲可從肅清社會病源（root cause）、嚇阻（deterrence）、矯治（correction）及情境犯罪預防（situational crime prevention）等四大方向（蔡德輝、楊士隆，1999；2006）來著手，茲分述如後：

（一）肅清社會病源

1.加強中輟協尋及輔導就業：部分犯罪少年在犯案前尚在就學，但研究顯示約三成有固定職業，其餘則正在失業當中，其中不乏中輟學生（蔡德輝、楊士隆，2005）。有鑑於學生中輟問題之急迫性，家庭、學校及警察機關應密切合作，積極將中輟生找回，配合適當之輔導及實用技能訓練，協助少年發展興趣，並輔導就業，減少中輟學生步入歧途之潛在危害。

2.強化宣導避免紋身之烙印：近來，刺青已蔚爲時下青少年最炫、最流行的風潮，大家一窩蜂趕流行的結果，各種圖案紛紛上身。其中不乏有入幫的青少年，以刺青作爲幫派的標誌，表示自己對於幫派的忠心。也有很多青少年在刺青後，因為不滿意、後悔或想退幫等因素，再花下大筆的金錢來塗銷印記。因此，宣導避免紋身，以免身上留有難以清除之烙印，亦為防治之工作項目。

3.加強親職教育，落實兒童青少年之保護工作。犯罪少年中，部分呈現家庭破碎、分居、離婚或父母再婚情形。家庭功能欠缺完整。另外有部分的犯罪少年在兒童時期有遭受虐待的經驗，同時其家庭成員也有酗酒、吸毒及犯罪前科的情形，管教方式也不如一般青少年的家庭的正向。因此，作者建議社政機關應依兒童福利法，暨少年事件處理法，對於未獲適當對待、教養或遭受迫害的兒童及少年，強化予以緊急安置、寄養或收養，同時加強親職教育，促使其妥適的扮演父母的角色，發揮家庭的功能，強化監督子女，給予孩子一個良好的成長環境，此為防止少年犯罪發生之根本工作。

4.增進學校教育功能，發展適性教育，強化教師輔導專業：部分犯罪少年比一般少年多數表示對課業不感興趣，在校成績不佳；與老師關係方面，多不在乎老師看法、不認為被老師喜歡。針對課業興趣方面，建議採適性教育，對學生的課程設計難度及份量應根據學生目前的成就水準，避免被動學習，致力於教學多元化，正向獎勵增強學生學習興趣以協助建立學生自信心。與老師關係方面，在採「訓、教、輔」合一之同時，老師除本身的專業外，應發展對學生輔導方面的知能，同時或可引進專業輔導人員、社會工作師協助一般學生發揮潛在天賦，適應不良學生得以克服困難並發揮潛能。

5.加強性教育及兩性教育：在性知識來源上大部分青少年是來自朋友同學或自己習得，而由老師處習得性知識者則較少。同時，在選擇被害者的原因上，部分犯罪少年表示是因為對方太美了。因此，我們建議應在家庭以及就學階段加強性教育及兩性教育，倡導兩性平等的觀念，教導青少年學習尊重自己也尊重他人。

6.加強少年人際溝通與憤怒情緒管理課程：犯罪少年多屬於高攻擊性者，且比一般青少年表現出較多負面的情緒，有挫折忍受力低及受內外在趨力的滿足而行動的情形，同時也有部分犯罪少年犯表現出憂鬱的情形。因此，有必要在家庭及就學階段加強社交技巧及憤怒控制訓練，加強少年的 EQ，讓少年在面臨憤怒等負面情況時，能控制自己當下的激動等負面情緒，用更建設性的方式來處理，以免因太過衝動而犯下不可磨滅的錯誤。

7.及早從事少年偏差行爲輔導，加強法治教育，倡導休閒教育：犯罪少年在早期有從事無照駕車、與人發生口角爭執、抽煙、吃檳榔、觀賞暴力影片、逃學、深夜在外遊蕩、飆車、偷騎車等偏差行爲的情形；因此應重視少年早期之犯罪防治工作，及早對於其偏差行爲予以輔導，同時施以法治教育灌輸正確之法律觀念，培養少年知法、信法、守法、崇法之生活態度；並倡導休閒教育，增設正當休閒場所，給予精力旺盛之少年有發洩精力及體力之適當方法與去處，減少少年從事偏差行爲的機會，避免少年誤入歧途。

8.淨化大眾傳播媒體：許多犯罪少年有接觸較多不良傳播媒體（閱讀色情不良書刊、觀賞色情錄影帶、看 A 片、觀賞暴力影片）的情形，由於目前許多電視、電影、錄影帶濫製一些誨淫誨盜及暴力的節目，報紙、雜誌對於犯罪新聞與犯罪過程、技術等過分渲染描述，加以這些資訊非常容易取得，無形中在人們心中傳播一些不正確的觀念（如：暴力是解決問題最好的方式，男生會強姦女生是因女生的挑逗行爲），也提供青少年模仿的對象（如模仿影片中之犯罪情節來犯案），爲了避免此項負面影響持續下去，除了媒體自律、父母注意孩子的收視及閱讀習慣外，建議新聞局宜嚴加把關，對於煽惑他人犯罪或違背法令、影響公共秩序或善良風俗、傷害少年或兒童身心健康之傳播內容，加強警告、罰鍰、停播暨吊銷執照等行政處分，同時對於優良之節目或傳播業者予以獎勵。此外，相關主管單位也應加強取締販賣或出租不良之書刊、書報、錄影帶等之不法商家，並提倡業者自律，給予青少年一個純淨的生活空間。

（二）嚇　阻

加強警察巡邏與偵查，強化嚇阻功能：少年犯罪多數發生於晚上或深夜，發生的地點多爲住宅或室內，因此除了多呼籲父母注意孩子的行爲之外，我們認爲應該加強警察之巡邏與偵查，持續執行春風專案，徹底掃蕩治安的死角，以減少犯罪發生的機會，達到嚇阻及預防的目的。

（三）矯　治

1.轉介兒童青少年精神科門診：對於有情緒嚴重困擾的犯罪少年，建議接受兒童青少年精神科門診，藉由專業醫生之診斷及治療，給予適當的處置。

2.認知行爲療法之援用：部分犯罪少年犯有認知扭曲及行爲問題，建議應採取認知行爲療法（Cognitive-Behavior Therapy）及援用復發預防（Relapse Prevention）技術，予以適當的矯治輔導，減少其再犯。

（四）情境犯罪預防

1.少年犯罪多發生於晚上或深夜，除了應對特種營業場所及網咖加強警察之巡邏與偵察外，宜勸導夜歸外出者，多留意避免成爲犯罪合適之標的物。

2.研究發現部分犯罪少年在案發前有吸毒及酗酒之情形，因此對於商家宜多加強 宣導，禁止販賣含酒精之飲料給 18 歲以下之少年，減少促使犯罪發生的機會。且在飲酒之情境中極易導引「酒後亂性」，宜加強取締酒醉駕車，改變國人飲酒文化之內涵，倡導健康飲酒禮儀，並籲請女性學生多注意，減少與男性豪飲，降低被害機會。

3.犯罪少年與被害者爲熟識朋友者占一定比例，因此對女性宜加強宣導，即使跟熟識的人出去或相處，仍要提高警覺，以免不幸的事情在不經意中一再發生。

參考書目

一、中文部分

李志恆主編（2003）。物質濫用:物質濫用之防制、危害、戒治。衛生署管制藥品管理局。

黃徵男（2002）。新興毒品與青少年藥物濫用。新興犯罪問題與對策研討會論文集，中正大學犯罪防治系。

楊士隆（1997）。認知處遇在暴力犯罪者矯正之應用。法學叢刊第四十二卷第三期，法學叢刊雜誌社。

楊士隆（1999）。青少年殺人犯罪問題與防治對策。法學叢刊第四十四卷第四期，法學叢刊雜誌社。

楊士隆（2005）。台灣地區毒品戒治體系成效及社會成本分析研究。行政院衛生署管制藥品管理局委託研究報告。

楊士隆（2007）。犯罪心理學。台北：五南。

楊士隆（2008）。台灣青少年拒毒教育之現況、挑戰與策進--兼論國際間青少年拒毒措施之發展趨向。台灣青少年犯罪防治研究學會會訊創刊號。

楊士隆、何明洲（2004）。竊盜犯罪防治：理論與實務。台北：五南。

蔡德輝、楊士隆 （1999）。幫派入侵校園之問題與對策。教育部訓委會出版。

蔡德輝、楊士隆（1995）。飆車少年暴力行爲之研究。犯罪學期刊創刊號，中華民國犯罪學學會出版。

蔡德輝、楊士隆（1999）。台灣地區少年強姦犯、非暴力犯及一般少年犯罪危險因子之比較研究。行政院國科會專題研究計畫。

蔡德輝、楊士隆（2006）。少年犯罪：理論與實務。台北：五南。

蔡德輝、楊士隆主編（2005）。青少年暴力行爲：原因、類型與對策。台北：五南。

二、外文部分

Carcach, Carlos (1998)

Youth as Victims and Offenders of Homicide, in Crime & International: Worldwide News and Trends, Volume 14, Number 13, February, pp.9-14.

Davis , G. E., & Leitenberg , H. (1987)

Adolescent sex offenders. *Psychological Bulletin,* 101, 417-427.

Deisher, R. W., Wenet , G. A., Paperny, D. M., Clark, T. F., & Fehrenbach, P. A. (1982)

Adolescent sexual offense behavior : the role of the physician. *Journal of Adolescent Health Care*, 2, 279-286.

Fehrenbach, P. A., Smith, W., Monastersky, C., & Deisher, R. W. (1986)

Adolescent sexual offenders: offender and offense characteristics. *American Journal of Orthopsychiatry*, 56, 225-233.

Shoor, M., Speed, M. H., & Bertelt, C. (1966)

Syndrome of the adolescent child molester. *American Journal of Psychiatry*, 122 ,183-789.

Thomas , J. N. (1982)

Juvenile sexual offender: physician and parent communication. *Pediatric Annuals*, 11, 807-812.

Van Ness, S. R. (1984)

Rape as instrumental violence: a study of youth offenders. *Journal of Offender Counseling, Services, and Rehabilitation*, 9, 161-170

Wasserman, J., & Kappel, S. (1985)

Adolescent sex offenders in Vermont. Burlington: Vermont Deportment of Health.

第二章

校園人身安全防治之策略：以性侵害爲例

鄭瑞隆、林明傑

前　言

性侵害是女性最害怕的人身安全威脅事件，而校園校侵害事件在各界立法、主管機關教育部、各種自覺團體、各式媒體熱烈討論之下，已成爲當前校園安全之重要課題。本文從介紹校園性侵害意涵及通報數據談起，以學術理論觀點分析校園校侵害可能的成因，包括生物或生理因素、強暴與性別刻板文化之社會學習觀點、女性主義／父權思想觀點、色情刊物論、人格特質論、危機情境因素及弱勢被害者、權控與錯誤認知因素等。本章特別著重於發生校園性侵害事件之危機因素，然後將重點置於大專校院學校如何以情境犯罪預防的學理強化校園人身安全之措施，減低校園校侵害事件發生之可能性。

第一節　校園性侵害的意涵與數量

根據性別平等教育法第 2 條規定，性侵害指性侵害犯罪防治法所稱性侵害犯罪之行爲。性侵害包括強制性交及強制猥褻兩大面向的違犯行爲。再者，校園性侵害事件指性侵害事件之一方爲學校校長、教師、職員、工友或學生，他方爲學生者。所以，只要在校園中有學生涉及性侵害事件，不論學生疑似是加害人或被害人，均可稱爲校園性侵害事件，均應適用性別平等教育法之處置規定。

根據教育部統計處（http://www.edu.tw/statistics/index.aspx, visitation: April 2009）的統計數據顯示，在 2008 年全國發生校園性侵害事件被害人總計有 404 人，其中女性有 362 人（89.60%），男性有 38 人（9.41%），性別不詳者 4 人。可見校園性侵害事件之被害人九成為女性，近一成為男性。大專院校被害人 18 人全部為女生。若以被害人之年齡區分，12 歲以上 18 歲未滿之少年（少女）被害比例高達 82.92%，未滿 12 歲者占 12.13%，18 歲以上（大約進入大專院校以後）者為 3.96%。加害人有高達 98.10%為男性，只有在國中及高中職學校有女性加害人，大專院校性侵害事件的加害人全數為男性，且其年齡以 18 歲以上至 30 歲之間者最多，30 歲以上 50 歲以下者次之。可見，大專院校之性侵害事件加害人可能以女學生之男性同學最多、女學生之男性師長次之。

教育部統計資料顯示（http://www.edu.tw/statistics/index.aspx, visitation: April 2009），校園性侵害事件中兩造的關係，以學生對學生之比例最高，占了 94.06%，其次為教師對學生占了 4.39%，另亦有學生對職員之性侵害。即使具體數字指出校園校侵害案件數並不多，但絕不代表校園性侵害事件應該被忽視，因為可能有為數不少的「犯罪黑數」（dark figure of crime），況且，即使只有一件也不應被容忍，因為校園原本就應該是一個寧靜安全、值得信賴的學習環境，不該有性侵害事件之發生。

第二節　校園性侵害之事件特性

黑數高是性侵害事件的一大特性，因為許多被害女學生遭遇性侵害或性騷擾時常為了保持名節及維護隱私，選擇隱忍匿聲。正因為如此，部分的性侵害行為人可能顯得有恃無恐，會認為被害人不敢舉發或報案，性侵害的違法行為也無法獲得糾正，行為人未遭到該有的懲罰及適當的處遇，其再犯的可能性仍然存在（楊士隆、鄭瑞隆，1999）。再者，由於許多被害人對於報案或申訴的猶豫與遲疑，甚至主動選擇保密或因受到脅迫而不揭露，因此，部分的校園性侵害案件可能有同一受害者重複被害，或有多重受害者的現象，因爲同一行爲人很可能連續對同一對象或不同對象（如女學生）施加侵害，一直到被害人有一天突然受不了，或受到外力鼓舞，或在某種適當的情境引導之下，才願意和盤托出。

性侵害另一特色是證據、證物及證人不易取得，特別是像校園性侵害事件絕大多數爲相識者間性侵害（同學之間或師生之間最多），受害者未必如同多數的陌生人強制性交或強制猥褻案件常見身體上有傷害，這些案件中被害人可能沒有任何外傷，缺乏驗傷證據；部分被害人會先清洗身體後再想到要驗傷採證或報案，也難以留下相關的證物（包括生物跡證）；兩造通常在獨處的環境中更不容易有現場目擊的人證。因此，校園性侵害事件可能與部分的相識者性侵害一樣，被害人容易被有心人士導引成與加害人之間可能是合意性交或猥褻行爲，或具有某種程度的感情基礎或默契，甚至是愛情浪漫關係（romantic relations），事件會演變成性侵害的指控，可能是因爲愛情糾紛或利益糾葛無法妥善處理所致（Rapaport & Posey, 1991）。這樣的事件特性及過往的案例情節，常會成爲校園性侵害被害人獲得公平處置的絆腳石，負責校園性侵害事件處理的單位及人士宜應慎思明辨。

第三節　校園性侵害之成因理論

在校園性侵害成因方面，本章作者介紹七種常見之理論觀點或論述取向，對校園性侵害之成因提供可能的解釋。

（一）生物或生理的因素（biological or physiological factor）

部分性侵害加害人由於雄性激素腺體因素（即睪丸酮，testosterone）分泌過多，使其對性之需求較高（Kercher & Long, 1991），又因爲缺乏自制，或因大腦受傷或心智上之缺陷，或對女性懷有敵意，在此情況下，容易以原始之男性本能（性）對女性造成性侵害（Malamuth, 1986）。這樣的因素通常在陌生人性侵害，或有使用暴力壓制或脅迫行爲的性侵害較爲常見。此類型性侵害加害人較常連續犯案，因爲生理因素使其較難克制性的衝動（Maletzky, 1991）。在大學校院所在位置的環境裡，若有此類型的性侵犯，則學生的安全將備受威脅，媒體也會以「狼」字輩的封號加以報導。例如，新莊之狼、公館之狼、華岡之狼、電梯之狼……等。再者，對於性侵害加害人如果能蒐集其血液樣本進行生化檢驗，方能確認此一因素在性侵害案件中所占的成因可能性。目前此一因素被確認的比例較低，因爲性侵害加害人並非全部都有抽取血液樣本進行化驗，有抽取血液樣本者也通常都作爲建立「去氧核糖核酸資料庫」（DNA）之用，並未真正去鑑驗其血液中雄性賀爾蒙之含量。

（二）強暴與性別刻板文化之社會學習觀點（The social learning theory of rape & gender role culture）

依照 Bandura（1977）的社會學習理論，人類的行爲主要是透過觀察學習、模仿及增強作用而來的，因此，性侵害加害人經常從真實生活中或傳播媒體上觀察，學到可以用性暴力或強制的性冒進來攻擊或試探女性，而不會受到懲罰。故，縱容性暴力的社會文化及推波助瀾的傳播媒體，要爲性侵害現象負一部分責任。男性在這種社會文化下所學到的性別腳本（sex role scripts）是，性慾與身體攻擊可以相互聯結，有能力的男人對於性應該主動試探或發起攻擊，因此性侵害事件乃層出不窮，且絕大多數均爲男性對女性的攻擊（Allison & Wrightsman, 1993; Ellis, 1989; 陳若璋，2001）。例如，許多男女認知到，社會上兩性的親密性接觸，通常要由男性來採取主動，即使女生對對方有好感或慾望，也不宜主動示好或主動採取性的冒進，以免被解讀成淫蕩之女。故許多男性學習到的社會文化性別腳本，包括主動牽女生的手、搭女生的肩、摟擁女生的身體，甚至主動親吻或碰觸女生的隱私、敏感部位，看看女生是否有積極迎合或消極默許進一步動作的反應。或許在兩造之間已經有相當程度的感情基礎下，這樣的想法與舉動未必絕對錯誤，但是如果在雙方尚未有感情基礎或互動默契的累積之下，男性做此想法並開始進行其性別腳本的行爲時，則容易在校園中發生性騷擾，甚至強制猥褻或強制性交（含未遂）之案件。

當前青年男女將性愛當成愉悅遊戲或人際酬賞互動的人，其比例有明顯增加的情形。例如有網路提及大學生有所謂的「炮友」或「泡友」，各種網誌中分享人際互動中「鹹濕」經驗的文章到處都有。當前青年男女結交網友情形普遍，透過網路上的互動，與此類「熟悉的陌生人」約會而發生性侵害事件在媒體上經常可見可聞。在性愛關係比過去更容易發生的現代大學校園中，及有越來越多大學生將性愛當成遊戲的文化驅使下，因性愛遊戲導致後續性侵害指控之機會也可能隨之增加。

（三）女性主義／父權思想觀點（feminist/patriarchal perspective）

女性主義者評論指出，社會上長久以來根深蒂固之父權思想（patriarchal）傳統觀念，認爲男性必須主導所有重要的政治與經濟活動，而娼妓及色情的出現正是女性地位在社會上受到貶抑與羞辱的具體描述，女性就像是男性的附庸或財產，她們是無權力的（powerless），必須屈服依賴於男性。性攻擊與性侵害就是這種觀念作祟的結果。女性主義並不認爲性慾的滿足是強暴行爲的主要動力，強暴行爲只是男性透過強迫的性行爲來建立或維持其優勢，以達到對女性的控制，證明自己是一個男人（Burt, 1980; Brownmiller, 1975; Ellis, 1989; Burgess & Holmstrom, 1985）。在傳統父權觀念明顯的家庭長大的大學生，在與異性互動時容易以權控及主導、凌駕的心態去面對，比較容易以強迫的言行去讓女性朋友順從他的指令，甚至還聽說把與女性同學間發生性關係作爲生活上的調劑，也會將要與他分手的女朋友誘騙至宿舍加以監禁限制，不讓其去上課或外出，只爲了要求女友必須與他復合，不得離開他。此類性侵害加害者可能還有對女友施予肢體暴力的可能。

（四）色情刊物論（pornography perspective）

色情圖片、影片、資訊之呈現及內容對於性的衝動與慾望有激化的助長效果，且誇大或戲劇化的情節或標題可能會扭曲青年男女閱聽人的認知、思考及心靈本質，連帶的影響他們的互動模式與行爲表現，使他們背離傳統道德及社會規範的約制，放縱自己的慾望，隨著性慾的流動率性而爲，以濫交或恣意侵犯女性身體來滿足性慾。另外，由於色情材料之內容充滿了男性觀點的女性性行爲本質，會物化、矮化或羞辱女性，或將社會上流傳的「強暴迷思」（rape myths）融入劇情當中，使男性樂於用強暴的方式來傷害女性，並且將強暴行爲合理化（Baron & Straus, 1989; Wildmon, 1986; 黃富源，2000）。

當前大專院校學生幾乎人人上網，掛在網路上的時間，據國立政治大學調查平均每一日約有五小時，上色情網站、成人貼圖、成人圖片區去瀏覽的比例甚高，還有付費會員制的色情影片。大學生正處於性的好奇及性的慾力相當強烈的階段，也是人際間不具利益色彩自由交往互動的黃金時期，男女學生不論有意或無意間都會經常接觸到網路裡或各種傳播媒材的色情資訊，對於其性的慾望及冒進的驅使力量，不容小覷。這些事實恐有助長缺乏正確認知或自制力之大學生從事性的嘗試或性的冒進。一般容易增進情侶間發生婚前性行爲，但若其中一方並未有性行爲的意願或準備，則容易有准強制性交或猥褻之可能性發生。

自拍文化流行也可能是促進原因之一。由於當前數位化攝錄影像的電子產品十分普及，大學生幾乎人手一支照相手機及數位相機，隨時拍照已經成爲流行文化之一。因此，大學生常見有人將情侶間性愛照片作爲愛情堅定的見證，儲存在電腦或傳上特定網域供人瀏覽、提升自己的部落格人氣指數。但是，日後分手時若無法索回或有人拒絕刪除，甚至惡意外傳，則容易產生愛情或分手糾紛。此情形下某方可能控告對方強制性交，對方可能爲了報復將性愛照片貼上網路，因此引發後續的紛爭。

（五）人格特質論（personality traits perspective）

人格特質中有反社會人格傾向、低度社會化、低罪惡感與責任感、較缺乏同理心、高衝動性、自我控制缺陷等特質者，是導致易使用性暴力去侵害女性之重要心理原因。另外，倘個人人際互動、交往的技巧欠佳、存有高度自卑感，長期與異性關係不良，或年幼時曾遭受性侵害，或曾經被異性拋棄或羞辱，極可能藉強暴之手段，用以重拾男性自尊或滿足報復的心理。在大專校院校園裡，此類型的行爲人常會以自己吸引人的外型及較豐富的情慾經驗去吸引異性朋友，一旦互相吸引或有親密關係之後，則容易以玩弄對方感情、不負責任、獨占的態度去面對，導致女友有受騙上當或遇人不淑之感。雙方感情容易起波瀾，但對方似乎不容易被擺脫，成爲許多女性心中的夢魘，容易成爲危險戀人。分手暴力（包括分手性暴力）是可能發生的嚴重問題之一。

（六）危機情境因素（risky situational factors）

在性侵害犯案前，行爲人可能飲酒、吸毒或觀賞一系列暴力色情影片或刊物，在此類物質或經驗之影響下，個人可能因此喪失自我控制力，進而衝動地從事性冒進或攻擊行爲（黃軍義，1995）。當然其中亦需配合有適當的對象與情境存在，性侵害者可能在其經常出入的場所，生活環境或情境中物色適當的對象，滿足其慾望的發洩。這樣的偶發因素，較常發生在陌生人性侵害的案件。不過，偶發因素中所談論到的飲酒及觀賞暴力色情影片，則在大學校院校園內易普遍存在。當前大學生之人際互動場合中亦常飲用酒類（例如啤酒），男女學生皆然且常群體共飲、並且一路歡唱，除了在校園或宿舍中，大學生也常呼朋引伴到 KTV 包廂去飲酒歡唱，這些情境的連結，在酒酣耳熱或有人酒醉需要攙扶與護送返家之際，也相當容易導引出意外的性侵害事件。

此一因素中所提及之行爲人經常出入或熟悉的場所，亦是危險的空間因素，例如，大學院校學區中常見學生們群聚在特定且集中的校內外宿舍或租賃房屋，學生並未有統一的上下課時間或作息時間，學生進出住處頻繁，學生的長相與模樣也十分相近似，加上大學生們對於周遭所發生的事件通常並未保有非常機敏的察覺力或反應力（或許也是責任的分散現象使然），故若有有心的不良企圖者運用此一生態的特性，潛藏僞裝在這樣的環境及情境中從事性侵害的不法行爲，並不容易很快地被發現，常常是連續有多人受害之後，才開始受到注意，校園安全單位或警方才開始介入。

（七）弱勢被害者、權控與錯誤認知因素（vulnerable victims, power control, and mistaken cognition）

此因素強調，性侵害被害人衣著暴露、顯露出較爲隨便易於求歡，被害人可能落單、無人相伴，獨處於校園中較爲偏僻的區域或樹叢、樹林等人煙稀少處等，或單獨在較少人聚合的圖書館樓層或廁所，將自己陷於容易被害情境中，易導引有不良企圖者從事性侵害行爲之發生（黃富源，

2000）。

被害人處於無法防衛自己的狀態，例如，酒醉、受藥物控制，或被害者的言行引起加害人侵犯的動機與慾望，且加害人的身體力量或權勢明顯地高於被害人時，被害人都會陷入較爲危險的情境。教師或長官對於女學生之脅迫或以利益加以引誘，由於掌握對於被害人的生殺大權（及格與否、畢業與否），故被害人不敢反抗，只能讓侵害事件持續發生。

女性主義者對於此一觀點通常並不認可，甚至有諸多批評，認爲談論此一觀點是在將性侵害的責任歸咎於女性被害人（絕大多數的性侵害被害人爲女性）（陳若璋，2001）。她們強調，不管性侵害的發生過程或原因如何，女性被害人不應該被列爲促成因素之一，因爲只要加害人不做任何侵犯或冒犯的行爲，不論女性如何落單、如何酒醉、身材如何火辣、如何姿態誘人，甚至表現出如何之放蕩之姿，都應該不會有性侵害事件的發生。況且，女性穿著清涼或身材火辣，不代表這位女性正在邀請男人來侵犯她。不過，從對於性侵害犯罪加害人的研究中發現，確實有許多性侵害犯罪人表示，他們當初性侵害行爲有部分原因是受到被害人言行舉止及狀態的影響。例如，「她穿得太露了，我受不了、摸了一把。」「那時候她醉了，我帶她去休息，趴在我身上不省人事。」「那時候她一個人落單、四下無人，我看她年幼可欺。」「她身材不錯、穿的又那麼短，我實在受不了，就跟蹤她，上了。」當然，加害人的性慾衝動、自我克制能力、或受色情影片影響等，都是性侵害原因；不過，另一方面，如果從防治策略可以考慮「以敵人爲師」、從加害人眼光及觀念來防範被害，或許可以降低潛在被害人被害的機率。

第四節　校園性侵害防治之策略

傳統上，許多文宣資料或文獻對於性侵害之防治，都強調以防範陌生人性侵害爲主軸，包括內政部家庭暴力及性侵害防治委員會官方網頁中的文宣資料（http://dspc.moi.gov.tw/ct.asp. visitation: April 2009），以及教育部頒發給各級學校的性侵害防治教育資訊。但是，作者認爲，性侵害兩造關係的性質，事實上呈現了以「相識者」或「熟識者」之間所發生之比例較高的事實。在大學校園裡，以「同學之間」、「男女朋友之間」、「社團朋友之間」、「師生之間」發生性侵害的機率最大，因此，在防治校園性侵害問題時，宣導及著力的焦點，必須有別於傳統的觀念，以相識者間及同學師長間互動的法則爲宣教重點。

校園中人際互動的尺度、界線及基本禮貌（禮節）維持的原則，以及防止問題發生的情境預防措施及積極處置機制，應該需要被列爲首要重點，畢竟許多性侵案件之發生一定要有足以誘人的情境或機會，加上其他的條件因素一起配合，方能發生。舉凡社團活動的狹小空間、研究室、實驗室、寢室或宿舍，屬於空間上的機會；慶生宴、慶功宴、家族聚會、畢業旅行、導師導生聚會、或其他人際邀宴等，都屬於人際聚合的機會。這些人際及空間的聚合因素，若加上都是人有使用酒精的催化作用，防範的人士或機制缺乏，則容易出現危險的冒進行爲，校園校侵害事件發生的機會將會增加。以上這些要點都可以被歸納至情境犯罪預防（situational crime prevention）的理論觀點。

情境犯罪預防理論觀點對於校園安全防治單位或學生事務人員顯得特別重要，因爲此論強調可以加強的措施或策略，如能落實，必然能夠有效地降低學生被害的機會。情境犯罪預防理論觀點認爲，如果犯罪行爲人是充分理性的話（不過，遇到瘋狂的行爲人或缺乏思維能力者，此論則未必適用），則我們在從事犯罪預防時可以從增加犯罪人的犯罪困難度、犯罪被害標的的保護、犯罪人獲得籌賞的降低及懲罰的提升，去削弱犯罪行爲人的行爲動機及機率（Siegel, 2009: 100）。

情境犯罪預防理論有三項主軸議題（Siegel, 2009: 100）：（一）潛在的被害標的能夠被安全的防護；（二）犯罪的方法或手段能夠被控制住；（三）潛在的犯罪人能夠被小心地監控。以校園校侵害事件爲例，絕大多數的潛在被害者是女學生，學校或警方治安單位當然無法完全將女學生保護在安全無缺漏的環境中，但是，應該可以針對女學生進行系統性的性侵害防治教育，讓她們認識性侵害的定義、發生的危機情境與因素、自我防護的知識及技巧、性侵害被害後之正確反應、校園性侵害之處理機制等，再者，校園設施維護單位應該減少校園安全死角及教室、研究室、實驗室、社團辦公室、宿舍、其他校園空間之安全監視及管制，以防護潛在被害人的安全。

其次，也可以從各種校園性侵害的實際案例中去分析性侵害加害人的犯罪手法或手段，教育全體學生認識並能研討因應對策，使行爲人的手法或手段變成無效或處處受到反制。

第三點，則是應該對全體教職員工生宣導校園校侵害防治之嚴肅性及嚴厲性，使每一位潛在的行爲人知所自制，避免出現任何不當的言行舉止。另外，對於有性侵害前科（包括強制猥褻、強制性交）或性騷擾前科紀錄之教職員工生加強紀錄管制與處遇措施（含身心治療及輔導教育），使其無任何再犯的機會。

爲了降低校園校侵害的機會。以下措施是值得參考的：

（一）在經費許可的狀態下，增設校園各種室內、室外空間的攝錄設施（CCTV），增加監控點以對不法行爲增加監控及嚇阻效果；萬一有校園性侵害案件發生，也可有助於犯罪之調查或偵查。

（二）繪製校園安全地圖，調查校園各建築設施及校園空間之明亮度及安全指數，找出被認爲比較有人身安全顧慮或曾經實際發生問題的區點，進行更綿密的監控。並經由校園環境及空間的設計及改善，如增加照明亮度、視覺穿透度、減少陰暗死角或無人監管的空間，及加強校園巡邏密度等，形成良好的「防衛空間」（defensible space），均有助於防止校園性侵害不法行爲。

（三）落實校園人際互動安全教育（過去爲兩性關係互動安全準則），需能涵蓋性別平等教育法及性侵害犯罪防治法所規定的防治教育主題，包括：安全性行爲與自我保護性知識、兩性平等之教育、正確性心理之建立、對他人性自由之尊重、性侵害犯罪之認識、性侵害危機之處理、性侵害防範之技巧等（性侵害犯罪防治法第 7 條）。各大專校院應廣開性別研究相關課程（性平法第 17 條），教導學生各性別間平等且安全互動之準則。從分析性侵害實際案例發生之情境、使用之手法或手段，對潛在被害人進行人身安全防護教育，並演練遭遇性侵威脅時之反應技巧，如此應能落實對於性侵害潛在被害標的（主要爲女學生）之安全防護。

（四）落實校園處理性侵害事件防治及處理機制及相關處置人員專業訓練。爲了防處校園性侵害事件，教育部已經於 2005 年依照性平法第 20 條規定頒訂了校園性侵害或性騷擾之防治準則，其內容包括學校安全規劃、校內外教學與人際互動注意事項、校園性侵害或性騷擾之處理機制、程序及救濟方法。各大專院校應該依照法規的內容善加規劃校園內的防治及處理機制，提升校園環境、空間安全，人員互動安全原則與人際關係界限，加強教職員確遵師生互動之倫理法則，強化性侵害事件之處理機制並公告周知，定期舉辦教育訓練與人員講習。假使不幸發生性侵害事件，不應抱持息事寧人、矯飾遮掩的心態，應該依法通報且正面介入妥善處理，適時公告調查及處置結果，除了保護被害人安全及權益，更應及對加害人進行輔導教育。

（五）破除「強暴迷思」（rape myths）及「處女膜情結」，減少不當之社會文化或色情媒材傳遞不當觀念對大學男女學生之遺害。傳統社會的性別刻板印象，對於男女的性別刻板印象及性的心理都有扭曲或誤解，導致現今社會上仍有少部分青年會因而出現錯誤的性別間互動行爲。例如：「女人說不就是要；性是男人的權利、女人的義務；女人對性要求的拒絕都是象徵性的拒絕；女人的性像爐火，需要男人去搧風才會點火；女人把貞操交給男人，就會對他死心塌地；好女人不會主動要性；女人喜歡強制的性；威猛的性才能讓女人魂銷骨蝕。」在性別平等教育中融入這些破除「強暴迷思」及「處女膜情結」的教育，可以有助於減少錯誤的性別互動，減少校園校侵害事件之發生。

（六）若有涉及校外人士對學生之性侵害事件，學校當局必須即時與校外治安單位配合，方能儘速偵查、儘速破案，還給學生們安全的學習環境及學區周遭的寧靜。校外人士涉及的性侵害（強制性交或強制猥褻）案件，對於學生的心靈容易造成波瀾、漣漪效應，特別是連續犯案而非常狡猾的加害人，更容易引發學區裡學子們的恐慌與精神壓力。學校之安全單位必須隨時與警方保持聯繫，除了依法通報性侵害主管機關（學校所在地之社會局、處之性侵害防治中心）之外，也應提供必要且有助於偵查的資訊給予治安機關，採取合作之作爲，方能儘速偵破案件。

（七）學校應經常與學生校外租賃房屋的房東保持聯繫，協助體檢學生租住處所及環境之安全性，發現有安全疑慮應儘速敦促房東改善。學校也可敦請學生協助評量租住處所之安全性，評估房東對於學生安全維護程度及重視程度，安全設施之設置或裝置程度，將相關資訊提供給全體學生，甚至可考慮公開相關資訊於校園網站中，幫助學生有充分的資訊可以選擇優良安全的學舍去租住。學校與學生間如能充分合作強調與注意人身安全事務，學舍屋主必然也會跟著重視，提升學舍之安全設施、監視錄影裝置、門禁管制或巡邏，保障學生免於性侵害之威脅。

（八）假使校園中不幸發生了性侵害事件，應依照校園性侵害或性騷擾防治準則、性別平等教育法及性侵害犯罪防治法妥善處置。要點如下：

性平法第 22 條規定，學校或主管機關（教育部或縣市教育處、教育局）調查處理校園性侵害或性騷擾事件時，應秉持客觀、公正、專業之原則，給予雙方當事人充分陳述意見及答辯之機會。但應避免重複詢問。當事人及檢舉人之姓名或其他足以辨識身分之資料，除有調查之必要或基於公共安全之考量者外，應予保密。對於當事人兩造身分保密，是最應該嚴格固守的原則，否則案件尚未調查完成很可能兩造就已經傷痕累累。另外，由於重複訊問可能造成受傷的一方產生二度傷害，所以，應避免重複詢問。不過兩方面都應該有機會充分陳述及答辯，若有需要仍應尊重雙方陳述或答辯的請求。

性平法第 23 條規定，學校或主管機關於調查處理校園性侵害或性騷擾事件期間，得採取必要之處置，以保障當事人之受教權或工作權。例如，將學生轉至其他相同的課程上課，或敦請其他教師代理請假接受調查之教師，以免學生受教權益受損。

性平法第 24 條規定，學校或主管機關處理校園性侵害或性騷擾事件，應告知被害人或其法定代理人其得主張之權益及各種救濟途徑，或轉介至相關機構處理，必要時，應提供心理輔導、保護措施或其他協助。

性平法第 25 條規定，校園性侵害或性騷擾事件經學校或主管機關調查屬實後，應依相關法律或法規規定自行或將加害人移送其他權責機關懲處。根據此項之規定，若校園性侵害或性騷擾事件經調查屬實，加害人必然要遭受懲處。懲處的部分則回歸到對學生、教師、職工人員之懲處機制開會決定，不過學校之性平會可以對於懲處之方式於報告書中提出建議。

學校、主管機關或其他權責機關爲性騷擾事件之懲處時，並得命加害人爲下列一款或數款之處置：

一、經被害人或其法定代理人之同意，向被害人道歉。

二、接受八小時之性別平等教育相關課程。

三、接受心理輔導。

四、其他符合教育目的之措施。

第 1 項懲處涉及加害人身分之改變時，應給予其書面陳述意見之機會。

性平法第 26 條規定，學校或主管機關調查校園性侵害或性騷擾事件過程中，得視情況就相關事項、處理方式及原則予以說明，並得於事件處理完成後，經被害人或其法定代理人之同意，將事件之有無、樣態及處理方式予以公布。但不得揭露當事人之姓名或其他足以識別其身分之資料。此條規定主要是著眼於校園性侵害事件之有無涉及公共安全及學生心理的安全感，若案件屬實則有需要讓大家在校園中知所防範。若事件係爲子虛烏有或不實指控，也需要讓校園中的每一份子獲悉事件不存在，可以重建校園中每一個人對校園安全的信心。不過基於維護當事人（特別是被害人）之隱私，保護被害人免於二度傷害，公布此類事件僅應該置重點於事件之有無及防範措施之建議，不應該因公布的動作造成當事人的隱私遭受揭露。

性平法第 27 條規定，學校或主管機關應建立校園性侵害或性騷擾事件及加害人之檔案資料。此檔案資料係供後續對加害人進行輔導教育，或提供相關通報需求，或治安機關、司法機關基於社會安全或案件調查或審理之需要，可能有調閱之需求。

前項加害人轉至其他學校就讀或服務時，主管機關及原就讀或服務之學校應於知悉後一個月內，通報加害人現就讀或服務之學校。接獲前項通報之學校，應對加害人實施必要之追蹤輔導，非有正當理由，並不得公布加害人之姓名或其他足以識別其身分之資料。可見校園性侵害或性騷擾事件一旦調查屬實，案件確認之後，如果加害人有轉學他校、轉任他校或其他機構或機關單位，學校於知悉後一個月內，應通報加害人現就讀或服務之學校。此係為了預防加害人在未經輔導或治療之前再出現任何不法行為，危及其他不知情的學校、單位或個人。此規定雖然有為加害人貼上負面標籤使得其於新的環境中可能遭受排擠或差別待遇，但為了顧及廣大學子或無辜者的安全及權益，學校不得不依照規定做此通報。

結　論

校園性侵害雖然不像社會上的性侵害案件數量之多，但是其實際發生之數量相信也絕非像教育部公布之通報數據那麼少，究其原因，可能性侵害事件本身就具有社會污名化（social stigma）的禁忌性，可能有某些被害人因為擔心自己的身分在申訴處理或報案偵查過程中不易被完全保密，或對於現行之校園性侵害處理機制信心不足，故未必願意挺身而出，這樣的情形與社會上許多性侵害犯罪被害人的顧忌是一樣的，故校園性侵害案件之黑數相信是不少的。

校園性侵害的加害人絕大多數是男性，被害人絕大多數是女性，特別是女學生的男同學或男性友人（含男朋友），或女學生之男性師長為加害人，女學生為被害人的情形最為常見，加害人及被害人兩造間經常是互相認識或非常熟識之人，反而，陌生人性侵害並非校園性侵害案件之大宗。因此，防治校園性侵害的教育宣導應該著重於防範相識或熟識的同學、朋友、師長利用學習、課外活動等人際互動的情境或場合，濫用女學生對其之信賴或不敢反抗，造成妨害性自主之強制性交或強制猥褻事實。因此，正常、健康、謹守禮儀節度的人際互動準則是當前大學生校園性侵害防範教育的重點。

由於當前大學生網路交友非常普遍，接觸網路色情資訊也非常廣泛，此兩類情形對於大學生各種性別之間發生親密性行為（性交或猥褻）之促發作用也值得重視，防治教育也需強調網路朋友或與甫認識之新朋友間見面或互動中應該注意的安全原則，強調完整且值得信賴的校園校侵害處理機制，妥善建制校園安全的環境與設施，引用情境犯罪預防之學理作為執行之指導原則，方能確保大學校園成爲沒有性侵害事件發生的優質學習環境。

後記
性侵害之防治上須教育學生也必須教育家長

林明傑

我們須認清性侵害或者甚至家庭暴力之防治知識推廣上，教育學生也必須教育家長：經筆者與 2007 年前半年來本系就讀之碩士學分班在職同學課堂討論後，提出一個重點，就是「性侵害之防治上須教育學生也必須教育家長」。因爲，在家中能保護學生的就是家長，而能傷害學生的也可能是家長。因此，提出學校教學上常用的「親子學習單」將所要教導的教材，透過老師教導後，請學生帶回該單並請親子的討論後寫出答案並請家長寫心得。在此提出「親子學習單」應包含三項重要內容：

（一）提供親子知識：家庭暴力或性侵害犯罪之定義、犯罪行爲類型、自我保護方法、通報電話

（二）出題親子回答：詢問 3-5 題是非題或選擇題讓親子討論回答

（三）詢問家長意見：了解家長意見與提供之親師互動。

尤其第三項常會有家長對於此一教學給予肯定。但卻也發現有些家長反而要老師別管閒事。此一反應正好可顯示兒童身處危機，應留意深入了解。

經討論修改後之某國小之性侵害防治宣導之親子學習單之範本如下頁

附2

性侵害防治宣導學習單

六年九班　姓名：＿＿＿＿

請與父母共同閱讀與討論內容：

（一）凡是任何有關「性」意涵的行為，都可以說是「性侵害」。例如：和性有關的玩笑或動作、令人不舒服的肢體碰觸、以玩具或金錢等引誘進行性行為和強迫發生性行為。

（二）性侵害的迷思與事實：

1. **只有發育成熟、穿著暴露的女生才會遭到性侵害。**事實上，從六個月大的嬰兒到八十歲的老婆婆，都可能成為被害人。
2. **性侵害的加害人都是陌生人。**事實上，根據統計百分之七十的加害人與被害人是認識的。
3. **只有女性才會遭到性侵害。**事實上，女性雖然是高危險群，但男性也有可能遭受性侵害。
4. **加害人都是貧窮的或沒有受教育的人。**事實上，加害人來自社會各個階層，包括不同社經地位、年齡層、教育程度、種族、收入、行業等。
5. **加害人都是男性。**事實上，也有少部分加害人是女性。
6. **性侵害的發生都是臨時起意的。**事實上，有的性侵害事件是加害人長時間、有計畫的『預謀事件』
7. **長輩、父母親、親戚、手足不可能對家人進行性侵害。**事實上，許多性侵害事件就發生在家裡。

（三）遭受性侵害「時」，我該怎麼辦？

1. 保持鎮定。　2. 保護自己。　3. 適時攻擊。
4. 大聲呼救。　5. 尋求協助。

（四）遭受性侵害「後」，我該怎麼辦？

1. 趕快到一個安全的地方或請親友協助。
2. 牢記歹徒各項特徵。
3. 保持現場完整，不要移動或觸摸現場任何器物。
4. 不要洗手及洗澡，不要換衣物，但可以加穿外套或大衣。
5. 打「110」向警察機關或「113」婦幼保護專線求助。

請與家長討論以下觀念或做法是否正確：

（ X ）1. 會被性侵害的人，都是因為行為不檢或穿著暴露的人。
（ X ）2. 被性害是很丟臉的事，絕對不可以告訴別人。
（ O ）3. 老師、警察、醫生、諮商師和社工師，大家會一起會來幫助受性侵害的孩子。
（ X ）4. 我是爸媽生的，所以爸媽可以任意觸摸我的性器官也沒關係。
（ X ）5. 只有女生才會被性侵害。

家長簽名：＿＿＿＿

家長意見欄：我覺得這份學習單可以教育孩子如何保護自己，民於

參考書目

一、中文部分

內政部家庭暴力及性侵害防治委員會網頁（http://dspc.moi.gov.tw/ct.asp. visitation: April 2009）。

性別平等教育法。

性侵害犯罪防治法。

校園性侵害或性騷擾防治準則。

陳若璋（2001）性罪犯心理學：心理治療與評估。台北市：張老師文化出版。

黃軍義（1995）強姦犯罪之訪談研究：相關成因概念模型之建立。台北市：法務部。

黃富源（2000）警察與女性被害人：警察系統回應的被害者學觀察。台北：新迪文化出版。

教育部統計處網頁（http://www.edu.tw/statistics/index.aspx, visitation: April 2009）。

楊士隆、鄭瑞隆（1999）台灣地區強姦犯罪之成因與處遇對策之研究。行政院國家科學委員會專題研究計畫成果報告（NSC88-2414-H-194-010）。

二、外文部分

Bandura, (1977). *Social learning theories*. NY: Springer.

Barbaree, H. E. (1990). Stimulus control of sexual arousal: Its role in sexual assault. In W. L. Marshall, D. R. Laws, & H. E. Barbaree (Eds.), *Handbook of sexual assault: Issues, theories, and treatment of the offender* (pp. 115-142). NY: Plenum Press.

Burt, M. R. (1980). Cultural myths and supports for rape. *Journal of Personality and Social Psychology*, 38, 217-230.

Ellis, L. (1989). *Theories of rape: Inquiries into the causes of sexual aggression*.

New York: Hemisphere.

Malamuth, B. M. (1986). Predictors of naturalistic sexual aggression. *Journal of Personality and Social Psychology*, 50, 953-962.

Maletzky, B. M. (1991). *Treating the sexual offender*. Newbury Park, CA: Sage.

Rapaport, K. R., & Posey, C. D. (1991). Sexually coercive college males. In A. Parrot & L. Bechhofer (Eds.), *Acquaintance rape: The hidden crime* (pp. 192-214). NY: John Wiley & Sons.

Siegel, L. J. (2009). *Criminology* (10th ed.). NY: Thomson & Wadsworth.

Straus, M. A., & Baron, L. (1989). *Four theories of rape in American society: A state-level analysis*. CT: Yale University Press.

第三章

校園竊盜安全

何明洲、方文宗

前　言

校園為半開放空間，特別是大學校園，民眾利用學校空間從事運動、休閒活動，乃是經常之事。民眾進入校園容易，時有傳聞校園遭竊事件，因學校不能禁止民眾進入，為防制是類案件發生，只有強化校園安全管理，宣導學生預防犯罪方法，進而阻斷竊嫌行竊動機，使學生有一個良好學習環境。然而校園雖是半開放空間，但警察並不可隨意進入，以免影響校園「自治精神」，形成警察國家。因此，警察機關進入校園調查案件、犯罪偵查或犯罪預防，如未經學校同意，將造成干擾校園自治的不良印象，特別是大學自治精神[1]，如此將產生校園預防犯罪或偵查犯罪困境。學校與司法機關如何在不傷害學術自由，又可建立無犯罪校園環境的情況下達成共識，應是全民所樂見，學校與司法機關彼此間應互相溝通、協調，司法機關尊重學術自由，全力執行犯罪預防策略，學校摒除司法機關干擾學術自由的成見，建立預防觀念，方可建立安全校園。

竊盜罪區分為普通竊盜及加重竊盜。刑法第 320 條第 1 項「意圖為自己或第三人不法之所有，而竊取他人之動產者，為普通竊盜罪，處五年以

---

[1] 大法官會議釋字三八〇號，憲法第十一條關於講學自由之規定，係對學術自由之制度性保障；就大學教育而言，應包含研究自由、教學自由及學習自由等事項。大學法第一條第二項規定：「大學應受學術自由之保障，並在法律規定範圍內，享有自治權」……

下有期徒刑、拘役或五百元以下罰金。」；刑法第 321 條第 1 項「犯竊盜罪而有左列情形之一者，處六月以上、五年以下有期徒刑：一、於夜間侵入住宅或有人居住之建築物、船艦或隱匿其內而犯之者。二、毀越門扇、牆垣或其他安全設備而犯之者。三、攜帶兇器而犯之者。四、結夥三人以上而犯之者。五、乘火災、水災或其他災害之際而犯之者。六、在車站或埠頭而犯之者。」為加重竊盜罪。竊盜罪乃行為人出於取得意圖，以和平非暴力之手段，取得他人動產之財產犯罪，其成立必須具備以下要件：一、必須先破壞他人對於財產的持有關係。二、進而對於同一行為客體建立一個新持有關係的內在意圖。[2]竊盜是一種極易發生的案件，一個人在一念之間，將別人所有物品取走置於自己實力支配之下，即構成竊盜既遂。

竊盜犯罪是當前犯罪最多之類型，在所有犯罪類型占的比例約 38-54% 之間[3]，依台灣地區最近五年竊盜案件統計，95 年發生 281,561 件；96 年發生 240,894；97 年發生 209,351 件；98 年發生 155,151 件；99 年發生 142,774 件。

---

2 以上參見林山田，刑法各罪論，2002年3月，274頁；柯耀程，刑法問題評釋，竊盜罪與侵佔罪之界限，2004年12月，147頁。

3 99年全國全般刑案發生371,934件，竊盜發生142,774件，占38%；98年全國全般刑案發生386,075件，竊盜發生155,151件，占40%；97年全國全般刑案發生453,439件，竊盜發生209,351件，占46%；96年全國全般刑案發生493,222件，竊盜發生241,162件，占48%。95年全國全般刑案發生512,788件，竊盜發生281,561件，占54%。參見警政署國犯罪網站。

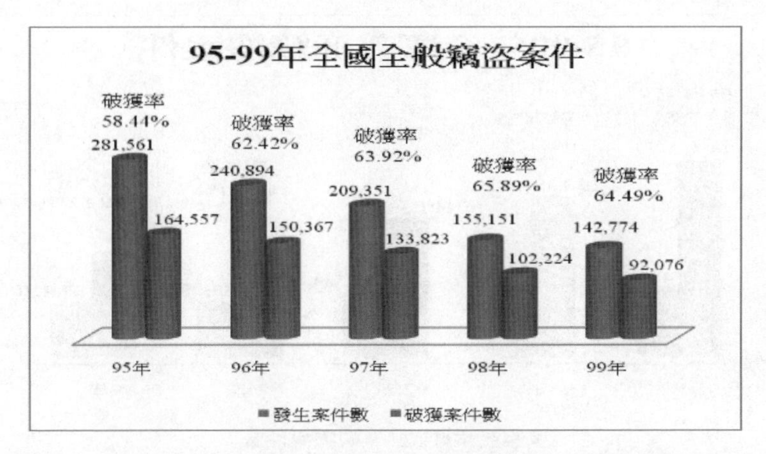
95-99年全國全般竊盜案件
破獲率
58.44%
281,561
164,557
破獲率
62.42%
240,894
150,367
破獲率
63.92%
209,351
133,823
破獲率
65.89%
155,151
102,224
破獲率
64.49%
142,774
92,076
95年
96年
97年
98年
99年
發生案件數
破獲案件數

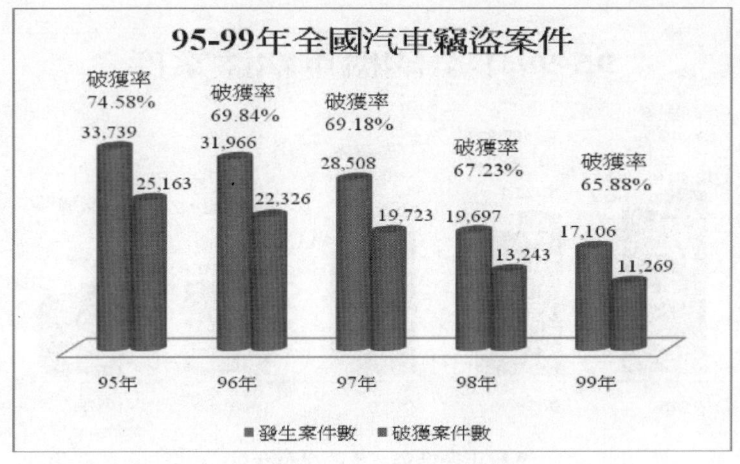
95-99年全國汽車竊盜案件
破獲率
74.58%
33,739
25,163
破獲率
69.84%
31,966
22,326
破獲率
69.18%
28,508
19,723
破獲率
67.23%
19,697
13,243
破獲率
65.88%
17,106
11,269
95年
96年
97年
98年
99年
發生案件數
破獲案件數

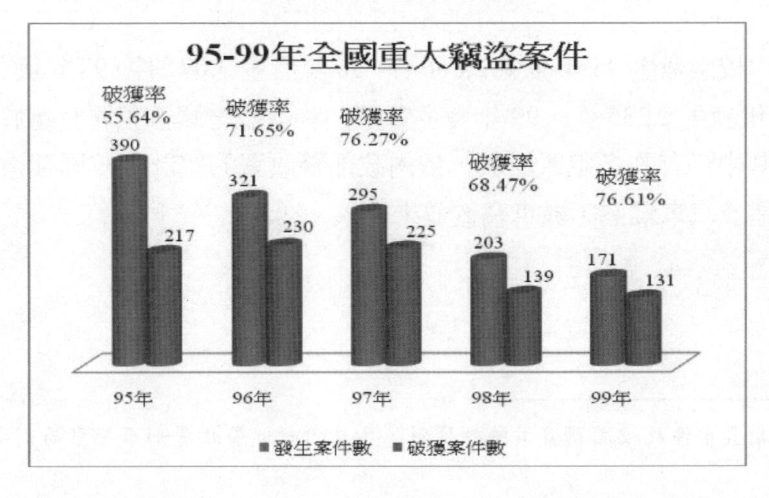
95-99年全國重大竊盜案件
破獲率
55.64%
390
217
破獲率
71.65%
321
230
破獲率
76.27%
295
225
破獲率
68.47%
203
139
破獲率
76.61%
171
131
95年
96年
97年
98年
99年
發生案件數
破獲案件數

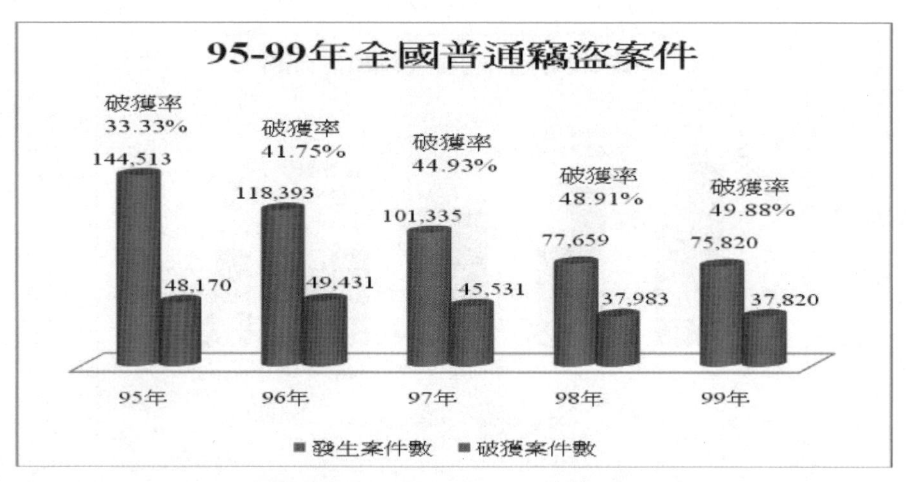

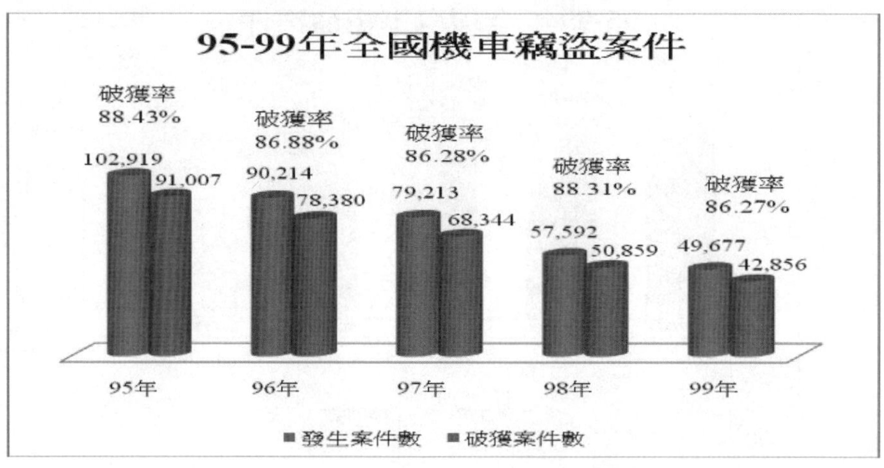

其中校園竊盜 95 年發生 2,866 件，96 年發生 3,077 件，97 年發生 2,684 件，98 年發生 2,235 件，99 年發生 2,076 件。[4]儘管竊盜犯罪有趨於緩和的跡象，其中仍有許多犯罪黑數，依內政部警政署的統計，校園竊盜僅統計一般竊盜及汽車竊盜，機車竊盜並未納入。

---

4 全般竊盜案件及校園竊盜案統計資料，參見內政部警政署刑事警察局刑事犯罪網站。

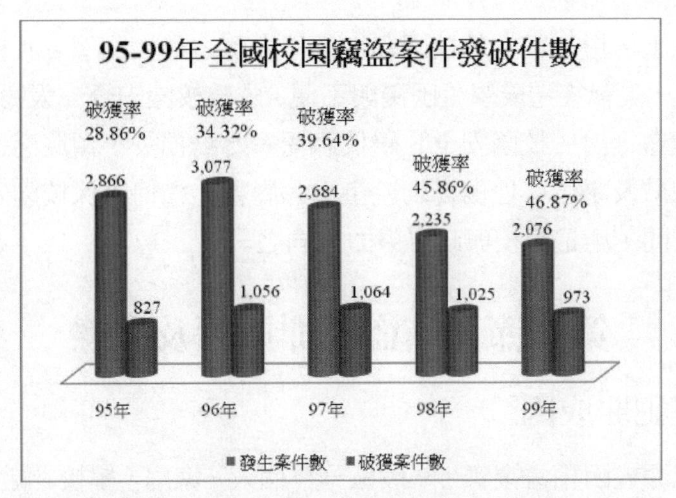
95-99年全國校園竊盜案件發破件數
破獲率
28.86%
破獲率
34.32%
破獲率
39.64%
破獲率
45.86%
破獲率
46.87%
2,866
827
3,077
1,056
2,684
1,064
2,235
1,025
2,076
973
95年
96年
97年
98年
99年
■發生案件數 ■破獲案件數

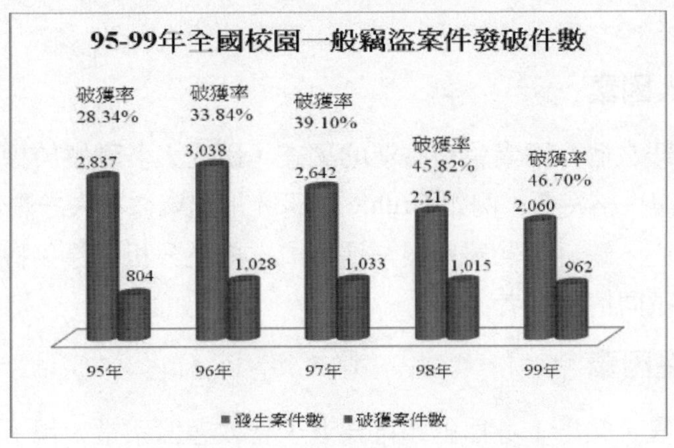
95-99年全國校園一般竊盜案件發破件數
破獲率
28.34%
破獲率
33.84%
破獲率
39.10%
破獲率
45.82%
破獲率
46.70%
2,837
804
3,038
1,028
2,642
1,033
2,215
1,015
2,060
962
95年
96年
97年
98年
99年
■發生案件數 ■破獲案件數

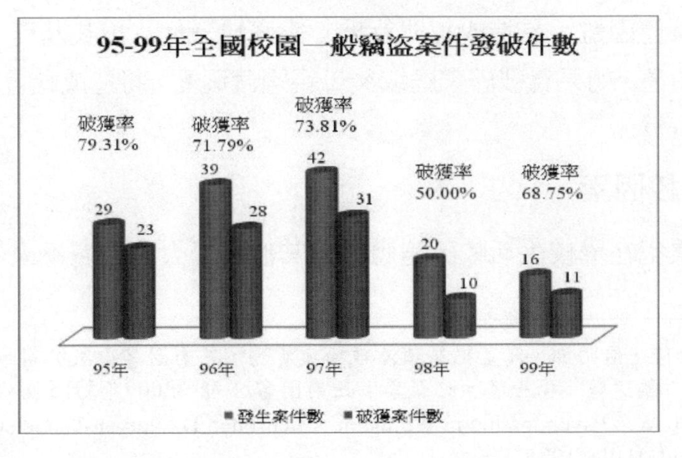
95-99年全國校園一般竊盜案件發破件數
破獲率
79.31%
破獲率
71.79%
破獲率
73.81%
破獲率
50.00%
破獲率
68.75%
29
23
39
28
42
31
20
10
16
11
95年
96年
97年
98年
99年
■發生案件數 ■破獲案件數

惟事實上，機車竊盜於校園竊盜案件中應占最大比例，且機車又是學生交通工具，失竊後造成學生困擾與不便，成為校園安全一大隱憂。因此，校園發生竊盜，對於校園安全、學校恐懼、財物損失、領域感遭受侵害、學生學習成效及學生心理傷害均產生重大影響。如何確保校園安全，建立優質學習空間，應是學校與政府努力方向之一。

第一節　竊盜犯罪成因及型態

一、竊盜犯罪成因[5]

竊盜犯罪成因相當複雜，一般區分為個人、家庭、學校、社會等因素，茲分述如下：

（一）個人因素

竊盜犯罪之個人因素曾被廣泛的調查，研究大多環繞於探討竊盜犯之心理、精神與人格特質，例如Gruhle之研究指出竊盜犯大多屬性格違常，[6]以自我為中心，缺乏羞恥感，經常進行成本效益分析，具獨特價值觀，反社會傾向，不同情受害者。

（二）家庭因素

破碎家庭、父母本身為犯罪行為者、管教態度不當、親子關係惡劣，家庭生活適應困難，易造成犯罪行為。家庭為一個人成長基礎，父母親為子女學習對象，如果為破碎家庭或父母親過渡溺愛，將造成社會適應困難，產生犯罪行為。

（三）學校因素

竊盜累犯在學校生活較不適應，與其他同學大多相處不來，同時在學

---

5 參見楊士隆，何明洲，竊盜犯罪預治理論與實務，五南圖書出版公司，2003年1月，41~46頁；蔡德輝、楊士隆，犯罪學，五南圖書公司，2009年5月5版，251~255頁。

6 Gruhle, H. W. : Psychopathie in Weingandts Lehrbuch D. Nerven-U. Geisteskranheiten. CaMarhold, Halle. 1935

期間經常逃學、詐騙、打架、偷竊等，顯見竊盜犯在學生時代較常有嚴重的偏差行爲。因此，學校應培養學生正確價值觀，而不致日後產生偏差或犯罪行爲。

（四）社會因素

1.社會經濟繁榮，財富增加，物慾氾濫，生活奢侈：經濟發展，民眾消費型態改變，如果無法過著簡樸單純生活，極易受外界影響，在經濟壓力之下，著手施行竊取他人之物，以變換金錢或想追求物品。

2.貧富差距擴大，財產分配不均：因貧富懸殊及價值觀的落差，在社會結構論者往往認爲，將偏差與犯罪視爲現代社會貧窮現象的擴散與後果。例如 Merton 認爲美國文化裡物質主義、金錢崇拜的擴散，每個人都懷有一些遙不可及的成功夢想，但因窮人比富人更能感受環境內的緊張壓力與匱乏，只好鋌而走險或退出社會，成爲社會邊緣人，行竊成爲致富選擇方式之一。[7]

3.人際關係疏離：人與人之間愈疏離，遇到問題無人可以協助，有時爲追求享樂，需要金錢與物質，而進行偷竊行爲。

4.社會解組：法律與道德式微，利益考量，人口流動性加大，異質性升高，極易促使竊盜犯罪升高。

5.高失業率：失業率高，因無經濟來源，爲了生活，鋌而走險，從事竊盜行爲。

6.不良社會交往：經常與守法同儕來往、接觸，則較容易守法；反之接觸有犯罪傾向之同儕時，將是從事犯罪行爲之預兆；Mark Warr（2002）主張在犯罪行爲上沒有任何一個因子比同儕接觸這個變項更具有影響力。[8]當結交對象爲竊盜集團，因受到價值利益影響，易從事竊盜行爲。

7.情境因素：合適目標物在缺乏防衛的狀況下出現，就容易被竊。因此，

7　參見周素嫻，偏差與犯罪，收錄於社會學與臺灣社會，巨流圖書公司，2009年9月，77~78頁。

8　Nicola Padfield. Criminal Law, p85~120, New.York, (Oxford University Press. 2009)

預防被竊，乃在不要成爲合適目標物，並使行竊者認爲得手困難，風險增高，而不願著手行竊。例如美國由於將鋁製電話筒更換爲鋼製，公共電話被竊事件顯著的改善[9]。要求學生將機車全部烙碼，因銷贓不易，使機車竊盜確實下降。

雲林縣警察局局長何明洲（2010）爲了解竊盜犯本身因素與犯竊盜案件相關性，經調查台灣東成、泰源、岩灣三個技能訓練所285名竊盜慣犯，有下列重要發現：

（一）現在的年齡和第一次犯竊盜案的年齡比較：技能訓練所竊盜受刑人的平均年齡爲35歲，第一次犯竊盜案的平均年齡爲23歲，兩者比較相差12歲，34歲以下犯案則達90.4%比率，可見慣犯均爲長期在行竊，竊盜犯絕大部分均是年輕人，與體力有絕對關係，第一次行竊後，還會繼續行竊。

（二）教育程度和行竊關係：分析該285名竊盜慣犯的教育程度，高中（職）以下學歷佔95.7%，國中以下比率佔49.4%，可見竊盜慣犯大部分爲低學歷。

（三）以刑期分析：竊盜慣犯被判七年以下比率占77.3%，七年以上佔22.7%，可見竊盜犯均爲慣竊，警察機關應加強慣竊查緝。

（四）犯竊盜案之前從事最多工作：依序爲送貨員、鐵工、水泥工、木工、水電工，其中送貨員是最清楚住戶是否在家，與往後行竊有關；另鐵工、水泥工、木工、水電工與行竊破壞技術有相當大關聯。

（五）犯竊盜案件最重要的因素：分別以吸毒需花錢所占比率最高達38.7%，其次是缺錢花用占24.4%，失業無經濟來源占18.7%，收入入不敷出占15.6%。可見吸毒需花錢和犯竊盜案件關係非常密切。

（六）積欠債務和鋌而走險的關係，從有效樣本231人當中分析，無積欠債務的比率爲67.5%%，有積欠債務的比率爲32.5%，可見有無積欠債務跟行竊沒有很大關係。

---

9 Clark, R. V. Situation Crime Prevention: Successful Case Studies New York: Harrow and Heston, 1992

（七）從有無吸毒習性的有效樣本 230 人當中，有吸毒習性 141 人，占 61.3%，而有吸毒習性每月花 30,000 元買毒品占 19.6%最多、其次 100,000 元占 11.6%、2,0000 元占 10.7%再次之、10,000 元占 9.8%排第四，可見吸毒需花費不少錢。吸毒犯從事住宅竊盜是相當嚴重的課題，當局必須加強毒品掃蕩，杜絕毒品來源以及加強毒犯戒治工作。

二、校園竊盜型態

竊盜犯罪區分為不具犯罪認同感之偶發犯罪者及具犯罪專精化之職業竊盜二大類。

（一）偶發性犯罪者：不具犯罪認同感，其偷竊行為多是自然反應，行為不具技巧，且未經妥善計畫。

（二）職業竊盜：以行竊為主要收入來源，作案講究智慧與技巧，對竊盜行業具認同感，引以為榮。[10]校園竊盜原則上為偶發性犯罪，失竊物品為自行車、機車、電腦設備、一般財物等，犯罪型態如下[11]：

1.利益：行竊所得經過變賣，可以獲得利益，雖然所獲得利益不高，但卻造成被害人不便，心理恐慌。如果有不法業者為利益，參與收贓、教唆、幫助，更易使校園發生竊盜行為。因此，阻斷利益，將是防制校園竊盜發生的重大理由。

2.作為交通工具：校園停車棚充斥著各種廠牌的自行車、機車，類型比比皆是，行竊者可能經濟上不允許，但又喜歡某種類型的車輛，在監控管制較弱，且又有多種選擇時，基於個人需求及便利情形下手行竊，並將得手車輛改裝，成為自己想要的交通工具。

3.作為犯罪工具：國內大部分罪犯大都使用汽、機車犯案，犯罪者犯案時害怕被查獲，於是行竊車輛作為犯案工具，並於犯案後將車輛丟棄。然而犯罪者行竊車輛時，仍會基於理性思考，因為校園為公共場所，加上校園如無警衛管制，行竊過程較不會引人注意，犯罪得逞率也相對較高。

10　蔡德輝、楊士隆，犯罪學，五南圖書公司，2009年5月5版，244~245頁。

11　參見許春金，犯罪學，2007年1月，555頁。

4.虛榮心：竊盜案件大部分爲青少年，爲社會競爭力較差者，這些偏差行爲青少年，在合法社會秩序中，很少有機會獲得成功，只能在自己文化追求個人地位與滿足，行竊目的不只是可獲取物質，更可證明自己能力，得到同儕認同，滿足虛榮心。

第二節　理論基礎

一、理性選擇理論

理性選擇理論之基本哲學思想，可以追溯至十八世紀古典犯罪學學派學者貝加利亞（Beccaria）與邊沁（Bentham）之「理性抉擇」觀點。貝加利亞認爲人類是以自我爲中心的動物，其行爲動機主要是要獲取快樂和避免痛苦，因此要嚇阻犯罪即必須使懲罰與犯罪嚇阻相稱，俾減少犯罪。而邊沁亦提出類似的觀點，例如，其認爲人類行爲之主要目的是要產生快樂和幸福及避免痛苦與不幸。在此情況下人們對於各項特定行爲（包括犯罪）均加以計算，以預期未來可能產生之痛苦與快樂結果。二位學者之觀點受到許多社會思想家支持，相信犯罪之決定係「理性抉擇」與「自由意志」行使之結果。在此種情況下，歐美刑事思潮逐步受其影響。依據理性選擇論之主張，一個人犯罪行爲的發生，是其考量個人因素（如金錢、報復、心理刺激與娛樂等需求）以及情境因素（目標物受到防護程度以及警察人員抵達的效率性）犯罪後懲罰的嚴重性，犯罪事件的潛在利益，以及是否能從犯罪中立即滿足其所需後，始決定是否冒風險。依據理性選擇理論之觀點，人類既然是具有理性的，可以衡量從事犯罪行爲而被逮捕的風險及刑罰嚴厲制裁，同時估算犯罪可能獲得之利益，而做出從事犯罪行爲或放棄犯罪成爲良善公民的決定。[12]

風險評估中，當利益大於風險，犯罪者會選擇利益，也就是從事犯罪，如要阻斷犯罪者，必須使利益降低，風險增高，方可使犯罪者取消犯罪念

---

[12] 以下參見蔡德輝、楊士隆、邱明偉，重刑化刑事政策對犯罪人再犯嚇阻效能之研究，中央警察大學執法新知論衡，97年6月4~5頁。

頭，進而降低犯罪。依據理性選擇理論，校園竊盜發生原因如下：

（一）校園竊盜雖然大部分為偶發性犯罪，但因學校可能失竊物品其風險管理控管鬆懈，行竊者認為得手容易，致誘發犯罪動機。

（二）校園大部分為半開放空間，一般民眾進出容易，行竊者在行竊前可至現場觀察，進而規劃著手行竊。

（三）學校防竊預防觀念普遍不足，大部分有錯誤觀念，認為學校不可能失竊，宣導做的不夠深入，如機車上加大鎖，學生怕麻煩而不鎖，導致機車失竊。

（四）行竊者必須行竊後有適當收贓管道，在行竊通路沒有問題，行竊者可立即獲得利益等誘因，風險不高，進而著手行竊。

（五）竊盜犯罪刑度不高，犯罪者大部分為緩起訴、易科罰金，除非累再犯，很少入監服刑，未有嚇阻作用，必須強化嚇阻效能，使行竊者懼怕刑罰，而不願行竊。總之，學校作好防竊預防工作，時時提高警覺，竊盜案件必能下降；警察機關受理校園竊盜案件，能迅速偵破，並追查銷贓管道，阻斷通路；檢察官對於竊盜累再犯能聲請預防性羈押，以防止再犯，使犯罪者感受校園竊盜風險高，利益低，而不願犯罪。

二、防衛空間理論[13]

美國學者 Newman（1972）之「防衛空間」概念，乃指藉由實體或形式之阻絕體橫阻犯罪，促使加害者提高暴露之機會，以及強化加害者被逮捕觀念之一種犯罪預防措施。其實體阻絕物包括利用高聳的圍牆、鐵絲網、藩籬及強化之門窗等物，形式阻絕物則包括建築物前有寬敞開放之出入口、階梯、步道、低矮之灌木欉或矮牆、24 小時便利商店、供居民乘坐之椅子等，如在銀行、郵局或宿舍四周有 24 小時之攤販存在，均是良好之監控力量。在社區環境設計及改良之領域中，「防衛空間」主要包括以下幾個概念（Newman, 1972）：

13　參見楊士隆、李宗憲，錄影監視系統與犯罪防制，收錄於2006全國保全論壇論文集，21-3~21-4頁。

（一）領域感

領域感係社區居民對獲取或維護有邊界之某一特定區域之能力而言，此特定區域中之居民對該區域展現關心、提供支持及保護，對該社區具有某種程度之親密、關心及歸屬的感覺。居住者認爲自己對這一地區負有某種程度之責任，且受到外來入侵者之威脅時，必定願意採取行動。這些領域感之強度，需使潛在之入侵者察覺到其入侵行爲可能已遭受監控或曝光，而不敢輕舉妄動。

（二）自然監控

係指個人觀察居住環境公共場所之能力，以及外人進入該建築物附近後，被居民觀察之可能性而言。

（三）良好的建築物外觀與環境

促使居民對環境產生歸屬感與安全感，進而提升對建築物的歸屬感及認同感。

（四）鄰接區域之安全性

使居民對鄰近地區亦能有安全之監控能力，使得到更多之安全感，不僅關注自己住宅地區之環境特性，並兼顧與鄰近地區居住環境之互動關係。

運用防衛空間概念阻止校園竊盜，必須學校所有人員認同學校，認爲學校屬於自己家園，發現不法，立即通報，並從以下方式著手：

（1）學校周邊必須有圍牆設備，管制進出通路，達到自然監控狀況。

（2）校外人士進出學校能辦理登記，管制人員進出，使有意潛入犯罪者不敢犯案，害怕被發現。

（3）學校進出車輛能配發識別通行證，包含學生汽、機車及自行車，對於未有通行證者，禁止進入，如須進入，必須辦理登記，使無故闖入校園者，輕而易舉被察覺，而不敢犯案。

（4）學校建築設計，儘可能管制、觀看到出入人員，使陌生人進出學校時，易受到察覺，不敢犯案；學校在經費允許狀況下，加裝錄影監視系統，學校可透過監視系統有效控制該領域、監控入侵者之能力，使潛在之入侵者察覺到其入侵行爲可能已遭受監控或曝光，而不敢輕舉妄動。

（5）建立學校所有人員防衛觀念，認爲學校領域安全是大家共同責任，發現陌生人出入、行跡可疑人士，能適時通報單位，以防止犯罪發生。

（6）學校編制駐衛警察，適時管制學校進出，並巡邏校園，發現可疑，適時排除或通知警察處理，以防止案件發生。

三、日常活動理論

由於工業進步，經濟發達，人們因工作關係，彼此間關係疏離；父母管教子女觀念錯誤，造成價值偏差，特別是小孩到外遊玩，時常暴露於危險情境中，而成犯罪者或被害者。日常活動理論強調犯罪等非法活動之發生，在時空上須與日常生活各項活動相配合，日常生活活動型態影響及犯罪發生之機會，而導致直接接觸掠奪性犯罪之發生。提出者包含有柯恩及費爾遜理論（Cohen and Felson）及林曲理論，分述如下[14]

（一）柯恩及費爾遜理論

柯恩及費爾遜於 1979 年提出，認爲犯罪發生，必須在時空上三項因素聚合：

1.具有能力及犯罪傾向者：社會急速變遷，人類型態改變，造成犯罪機會增加，而爲犯罪被害發生啓動者。

2.合適之標的物：合適被害標的物之選擇隨著標的物之價值、可見性、可接近性，如物是否上鎖。

3.足以遏止犯罪發生之抑制者不在場：非單指執法人員不在場，係泛指足以遏止犯罪發生控制力之喪失型態，如被害時無熟識之人在場等。

（二）林曲（Lynch）日常活動理論以下四變項為其核心

1.暴露：被害者是否暴露於危險情境，即潛在犯罪者可看見或身體接觸之情形，如工作地點與較多人互動，爲決定是否被害之重要前提要件。

---

[14] 蔡德輝、楊士隆，犯罪學，五南圖書公司，2009年5月5版，147~148頁。

2.抑制者：能預防或阻止被害人是否在場，如警衛及警鈴。如至外界單獨活動，抑制者不在場時，其被害之危險性即增加。

3.對危險之認知：是否常接近潛在犯罪者，而有否警覺性，倘無此認識，被害之可能性即可能增加。

4.吸引性：指犯罪被害標的物是否因某些特性而引起加害者特別注意而言，如錢財露白、女性衣著暴露等。

用「日常活動理論」來檢驗校園竊盜，主要原因如下：

1.學生交通工具未上鎖，暴露於危險情境中，導致交通工具被竊。

2.學生私人財物未放置於安全處所，以致有意行竊者發現，在疏於注意狀況下遭竊。

3.學校公有財物，如電腦設備，裝設於教室，吸誘犯罪者注意，加以校園進出未能管制，或是裝設錄影監視系統，以致行竊者，有機可趁。

4.教室或辦公室未上鎖，以致行竊者可輕易進入行竊。

5.學校周邊開設過多八大行業，造成犯罪傾向者增加，因急須用錢，學校如無預防，易遭受竊盜。

6.學校設備或學生車輛均未烙碼，銷贓管通方便，被竊機會可能性大增。

7.科技進步，學生帶科技產品進入校園，如手機、iPod 等，因較有吸引力，容易被竊，所以學校應要求學生不可任意帶上學以外物品。[15]因此，竊盜犯罪之決定，除了犯罪機會的提供，大多在不同之犯罪情境下形成，而實際行竊大多依目標物是否妥適選定而定[16]。日常生活中應多注意，不要成為犯罪者吸引目標，如出門結伴而行、行走安全走廊及穿著不要過度暴露，以降低被害風險。

---

15 參見許春金，控制理論與修復式正義，2006年4月，189~191頁。

16 Trevor Bennet and Richard Wright, Burglary: Prevention and the Offender. Aldershot, England: Gower, 1984.

第三節　警察機關校園竊盜實務具體作為

一、機車、自行車及教學資訊設備烙碼

台灣地區各警察機關自95年起實施機車烙碼，至98年12月止，共計烙碼8,572,050輛機車，96年1月1日起政府要求新領牌機車須加裝防竊辨識碼，失竊機車逐年下降，顯見烙碼有良好成效。機車、自行車及教學資訊設備烙碼，可阻礙銷贓通路，降低收贓者意願，使行竊無利可圖，而減少竊案發生。茲就警察機關目前針對機車、自行車及教學資訊設備烙碼情形分述如下：

（一）機車烙碼

警察機關為持續有效強化機車零組件辨識功能，增加銷贓難度，阻斷銷贓管道，以利查贓肅竊，降低失竊率，並要求動員協勤民力，發揮整體力量積極推動，以淨化治安環境，提升民眾安全感受。為達全面推廣目標，透過平面、電子媒體及政府或民間所舉辦之活動，加強項工作宣導，彰顯烙碼防竊成效，鼓勵民眾踴躍接受烙碼服務。

為有效執行機車烙碼，執行方法如下：（1）運用替代役、警察志工、義警、民防人員等施以教育訓練後執行烙碼工作，制服員警則應於烙印站加強宣導及登錄接受烙碼機車（車主）基本資料；（2）烙印部位以該機車引擎號碼烙碼於車燈、儀表板、左側蓋、右側蓋、後車燈、腳踏板、置物箱、前斜板、電池箱等部位；（3）廣設烙碼服務站，依轄區狀況，選定人潮眾多處所（如學校、賣場、百貨公司、車站、碼頭、停車場等）設立烙印站，並得依實際執行狀況，結合其他相關勤務彈性調整。烙印站設立地點應注意避免妨礙交通，以免遭民眾反感；（4）機關及學校得主動提出烙碼服務。

（二）自行車烙碼

由於國際原油價格飆漲、響應節能減碳、民眾重視健康休閒生活等因素，騎自行車風氣愈來愈盛，一夕之間炙手可熱。自行車在環境變遷的推

波助瀾下，更轉變為一般健康休閒、運動取向之器材，功能設計愈發華美，其單價更可達新台幣10萬元以上，甚至更高達數十萬元。然就各類型竊盜案件中，以自行車竊盜案類最難偵查，就算偵破後，亦常因為無法聯絡車主，致使發還查（尋）獲作業產生困難。故警察機關仿傚於民國95年起實施之「機車烙碼」機制，期藉由過去的預防經驗，建置一套自行車系統管理標準化流程的偵防及發還作業，並藉由媒體及員警的宣導，使一般民眾與宵小清楚自行車車身，均有可供辨認之專屬號碼，增加一層保障與箝制銷贓上的困難，用以降低自行車竊案之發生率，也便利員警發還作業，恢復社會正義。

知名品牌自行車均有號碼，直接登錄其品牌、車身號碼、其他特徵、車主，建制於警察機關「自行車車主管理系統」；如為無車身號碼之非品牌車種，由員警提供自行車烙碼服務，於車身明顯及隱蔽處（手把、座墊、腳踏墊反光板及有擋泥板反光鈕等塑膠製品零組件，可烙印處），烙碼序號計有9碼，各碼顯示意義如下。（1）前4碼為各單位刑案記錄代碼（如○○分局○○所為OD11）；（2）單位代碼後，續加5個阿拉伯數字依序編碼（由各單位從 00001 起編碼）；員警於接獲報案後，先確定失竊自行車之車身號碼、顏色、廠牌、特徵，並通報線上巡邏員警就失竊地點附近協尋，於線上員警確定失竊且未能立即尋獲，受理員警受理汽、機車竊盜案件方式處理民眾報案，登錄「自行車車主管理系統」失竊資料。如有查（尋）獲，連絡車主領車，並登錄「自行車車主管理系統」，辦理尋獲作業。

（三）校園教學資訊設備防竊烙碼登錄

校園教學資訊設備防竊烙碼之目的為「辨識」與「查詢」，將校園教學資訊設備烙上「分局刑案代碼及學校電話」得以「辨識」為列管之校園設備，並將設備序號建檔登錄於「貴重物品自主性登記系統」，有利警察機關循線「連結」其所有人，以查詢所有權之歸屬，除有助確認失主，尋回贓物，亦可增添歹徒銷贓之困難度，以期降低銷減少竊盜。

校園教學資訊設備防竊烙碼登錄執行方式：1.接獲學校申請防竊烙碼

施作或主動與學校聯繫；2.確認施作日期：主動與欲施作學校聯繫，約定施作日期，再前往施作；3.依學校清單填寫「校園教學資訊設備防竊烙碼登記表」取得列管號碼；4.協助學校填寫「校園教學資訊設備防竊烙碼申請表」，施作防竊烙碼時，施作前後應拍照存檔以供備查；5.施作完畢，於「貴重物品自主性登錄系統」上傳完成建檔作業；6.現行供學校教學資訊設備：單槍投影機、電腦主機、顯示器、筆記型電腦、精簡型電腦、電子白板、數位攝影機及相機、網路設備（交換器）等八項物品設備；7.實施烙碼品項、使用工具及編碼原則：單槍投影機、電腦主機、顯示器等物品設備另輔加以烙碼。以烙碼機於上述單槍投影機等3項物品塑膠表面烙上「####********」前4碼爲分局刑案代碼加上後8碼爲學校電話號碼合計共12碼，做爲防竊碼。例如○○分局（刑案代碼AM00）轄內○○國小（電話號碼25584819）所施作之防竊碼爲「AM0025584819」；8.防竊烙碼位置，以明顯易見及不易磨滅之位置爲選定原則，依實際物品設備所在位置狀態擇最適宜方式。

二、學生機車鑰匙未拔取代保管措施

有鑑於學生機車停放經常因一時疏忽，於離座後將機車鑰匙插放於機車鑰匙孔上，未及取下，造成竊嫌順手牽羊，增加機車竊盜案件，爲防範此項缺失，由警察機關設計宣導貼紙，告知機車駕駛人，代保管機車鑰匙，減少機車失竊案件。

學生機車鑰匙未拔取代保管措施執行要領：1.由各警察機關於巡邏時，對於停放路旁之機車一發現有鑰匙未拔除者，先詢問附近人員，如有車主現身，請告知鑰匙勿插放於機車鑰匙孔上；若車主未現身，即抽取鑰匙，並於儀表版貼上鑰匙代保管貼紙，由執行單位於貼紙上塡具單位名稱、承辦員警姓名、聯絡電話，告知機車駕駛人前來領取。2.各單位於機車儀表版張貼代保管貼紙後，於返回單位時，詳塡勤務工作紀錄簿並塡寫代保管鑰匙紀錄表建檔列管備查。

三、治安風水師檢測

治安風水師目的在於提供民眾居家防竊自我檢測資訊，提升學校防範意識，預防民眾被害。原則上學校失竊時實施防竊諮詢服務外，亦可主動受理申請實施防竊諮詢服務，由專業員警（防竊顧問）實施校園安全檢測，以檢測其軟、硬體措（設）施及提供建議，提升學校自我防衛意識，減少被竊機會。爲提升諮詢服務之專業與服務品質，警察機關會指派專人諮詢滿意度調查，讓學校感受警察之重視與關懷，以提高民眾滿意度。

治安風水師主要檢測內容：學校放學後有無關閉並鎖上門窗；學校與附近鄰居是否保持良好關係，並經常關心周圍的狀況，互相照應；貴重物品是否烙碼，強化辨識功能，並存放在保險櫃或投保；是否裝置適當有用的警報系統並定期測試；學校鑰匙遺失時，有無找可靠的鎖匠全副換新；學校有無設置駐衛警察，確實管制校園出入人員；學校是否明瞭必要之防竊措施，並熟練緊急應變步驟；發現異樣，可能遭竊時，學校是否會先報警，待警察人員到達後，再入內檢視損失情形等。

治安風水師教導防制竊盜要領：

（一）防竊係數要提高，燈光、聲響、門鎖要做好。

（二）防竊要守護，治安風水師（防竊諮詢顧問）免費來服務提供諮詢。

（三）小偷入侵以破壞門鎖爲最，攀爬陽台鐵窗爲次。

（四）汽、機車防竊第一套，車身零件紋身烙印少煩惱。

（五）汽機車防盜第二套，加裝大鎖防盜器、衛星追蹤器、停車位置要選好。

（六）守望相助做得好，生命財產有得保。

（七）防竊小撇步：依據犯罪學者研究及金盆洗手慣竊的經驗，「聲音、燈光、費時」是小偷最忌諱的三件事，如果行竊過程中，突然燈光明亮，警報大響，或是破壞侵入的時間延長，絕對是竊賊的致命傷。

治安風水師目的在於利用環境設計預防犯罪，而四 D 策略：「打消」犯罪動機、「阻檔」犯罪進入、「延遲」犯罪時間、「偵防」犯罪設施，爲預防犯罪最佳策略，運用在預防校園竊盜非常適當，茲將內容概述如下：

1.打消（Dispel）：就是利用各種方式，打消竊盜犯之犯罪動機，例如：有錄影監視系統的警示標誌、警民連線標誌及表示有警衛人員的標誌。學校如能做好預防功課，使潛在犯罪者評估行竊成功不高，打消行竊動機。

2.阻擋（Defence）：就是利用各種方式，阻擋竊盜犯行竊，例如：圍牆裝設安全防護網、警衛人員盤查、登記與查核及強而具有威嚇力的電子門裝置。學校周邊建築、管制得當，小偷無從進入，而無法行竊。

3.延遲（Delay）：竊盜犯講究的是風險，作案的時間愈短對其是愈有利，如何在最短時間內偷走最名貴的東西，且又不被發現，才是行竊最高指導原則。因此，延遲小偷侵入的時間，以及學校內的標的物不易被偷走，才是防範對策，例如：學校設置保險櫃，保險櫃底座栓死，讓小偷不容易搬走。

4.偵防（Detect-and-Prevent）：就是使用各種設備，預防和偵查犯罪，例如：裝設監視器除能嚇阻小偷的動作外，萬一發生遭竊，監視器可以錄下整個犯案過程，有利破案；門鎖加裝警報器，可嚇阻小偷繼續行竊；感應式照明燈，可制止小偷靠近。因此，學校可於出入口及重要器材設施加裝錄影監視系統，以作為預防及偵查所需。

四、校園安全檢測評估

校園安全環境檢測評估主要在於防制毒品、不良幫派勢力入侵校園，事先消弭校園暴力事件，發覺潛藏犯罪傾向者，提升學校自我防衛能力，透過科技設備監視及警察機關、駐衛警察監視，縝密建構共同維護校園師生安全機制，以營造安全、健康校園之教學環境。落實校園安全環境檢測項目，可以淨化校園環境，建立優質學習空間，對於有意進入校園行竊者，因校園環境改變，放棄行竊，茲將做法分述如下：

（一）校園安全環境檢測評估內容

發覺潛藏犯罪傾向者、提升合適的被害人自衛及處遇能力，及強化嚴密保全監視功能等，經評估分析，將檢測情形告知學校，並提出建議改善，茲將檢測內容分述如下：

1.發覺潛藏犯罪傾向者：發覺潛藏犯罪傾向者區分為治安熱點地及治安熱點人。治安熱點地在於檢測學校周邊八大行業設置狀況、有無八家將等民俗藝陣聚集處所、有無收容逃學逃家之問題家庭、有無施工工地；治安熱點人在於了解學校僱用警衛、保全人員、廚師等有無前科，學校轄區附近有無妨害性自主、擄人勒贖、飆車前科犯，中輟生及不良學生，及危害滋擾之潛在犯罪者。

2.提升合適被害人自衛及處遇能力：檢測學校有無實施兩性平權及教授婦女防身術，學校遭遇不法危害有無通報系統及成立應變小組。

3.強化嚴密保全監視功能：評估警察機關對學校巡邏安全維護情形、學校轄區有無成立巡守隊、校園有無校園志工及巡邏情形，與學校學區有無成立安全走廊。另評估學校周邊、出入口照明設備情形，有無設置監視系統，監錄系統運作狀況及保管情形。

（二）勤務要求與執行重點

1.確實清查、嚴格取締校園周邊五百公尺內違規、違法營業致易衍生少年學生不良行為之舞廳、酒吧、PUB、色情 KTV、夜店、賭博電玩、網路咖啡店等不良（當）場所並蒐集建檔列管。

2.員警應利用各項勤務機會，深入諮詢布置清（調）查轄內不良幫派組織與民俗藝陣（含八家將、金龍陣、花鼓陣、轎班等），有無以暴力脅迫、毒品控制或金錢利誘等方式吸收學生與中輟生加入，介入校園發展幫派組織等不法情事，並蒐集建檔列管。

3.警察機關每月一次訪視或電話聯繫學校之警衛、軍訓教官、訓（輔）導或值日有關人員，確實填寫訪視聯繫表，並請受訪視聯繫人於訪視聯繫表簽章備查，以了解校園學生生活狀況，發掘問題，予以適切處理。

4.警察機關應按各級學校所送寄居校外學生住居所名冊，於每學期開學後一個月內全部普查一次，再不定期訪視聯繫維護其安全，確實填寫寄居校外學生安全訪視記錄表，並請受訪視學生或屋主於訪視記錄表簽章備查。

5.會同學校訓導人員，針對學生上、下學所經路線，規劃警察巡邏路線及校外家長導護駐點，協請交通服務隊、義交、愛心媽媽等配合校方規劃學童上、下學接送區及路隊編組，隨隊維護，暨結合校園周邊商家、住戶、二十四小時超商、愛心商店、警察服務聯絡站、交通崗等處所，建構安心走廊並繪製路線圖（每一學校應規劃一條以上安心走廊，路線長度以一百公尺爲原則），共同保護學生上、放學安全。

6.蒐集清查分析過濾轄內易生危害校園安全之精神病患或曾犯妨害性自主罪、擄人勒贖等治安顧慮人口資料予以建檔列冊，加強監管、追蹤，掌握其動態，防止再犯。

7.在校區附近廣設巡邏箱，加強巡邏各校園周邊治安死角，對未設駐衛警察之學校園區，特別注意加強早晨、中午、黃昏、深夜之巡邏勤務，徹底查察掃除學校附近之不良少年及幫派份子，淨化校園周邊安全空間。

8.配合學校需求，定時或不定時進入校園，協助校園安全維護；對侵入校園騷擾學生之不良少年，應迅速派員依法查處，並責令其家長嚴加管教。

9.加強各級學校校慶、運動會、園遊會、畢業典禮、學測或其他校際活動等重點期間之校園內外巡邏安全維護工作。

10.警察機關應配合學生校外生活輔導委員會暨其分會，與各校訓導人員組成聯合巡察隊、組，查察少年學生易聚集、滋事及出入不良（當）場所，發現有偏差行爲者，適時予以勸導、處理。

11.爲有效預防不良及虞犯等偏差行爲，除利用巡邏查察等各種勤務經常注意勸導、檢查、盤詰、制止外，於週末例假日及寒暑假期間，並協調主管教育行政機關邀集學校、社會團體派員，組成聯合查察隊、組，加強實施上開工作。

校園防竊檢測重點包含鎖、門、窗及其他如照明、警報器、CCTV 等，有關檢測內容詳如以下學校防竊安全檢測報告表：

一、鎖的部分

1.鎖的構造是否一體成型，不要分離式的構造。

2.鎖心部分有熱處理之鋼條平行植入鎖心內；鎖頭面板下層另置入熱處理之鋼板，防制電鑽破壞。

3.多層鎖（三道門栓以上），不容易被打開。

4.晶片鎖就是沒有鑰匙洞讓工具插入，不容易被打開。

5.鎖結構是否內縮方式，隱藏在門板裡面。

6.具有警報器聲響的鎖。

二、門的部分

1.不鏽鋼材質門。

2.鍍鋅鋼板材質門。

3.ㄇ字型防撬門擋。

4.門鉸鍊強度高。

5.門板厚，門扇夾層內之鋼格結構密度，以鋼格厚度大且結構密度高之門。

6.大門裝設有警報器。

7.大門裝設紅外線感測器之閃光照明燈，當有人經過時會啓動。

三、窗的部分

1.實心不鏽鋼鐵窗。

2.氣密窗有格子裝置及保護網，裡面還要有不鏽鋼及內門栓裝置。

3.逃生窗鎖扣及鎖的堅固性強。

4.氣窗是否有不鏽鋼材質護條。

四、其他部分

1.行政大樓裝設紅外線感測器之閃光照明燈，當有人經過時會啓動。

2.學校後門，建築空間明亮，照明充足。

3.學校側門，建築空間明亮，照明充足。

4.安全梯自然通風採光設計，逃生門自動歸位警報系統。

5.梯廳自然通風採光設計及低台度開窗設計，CCTV 裝置。

五、租屋安全認證

校園竊盜預防之範圍，除校園外，應包含在校外之學生居住處所，特別是大專院校學校宿舍有限，學生必須在外租屋，警察機關如能結合學校，對學生租屋狀況加以認證、評估，於防止學生遭竊，及居住安全必有所助益。因此，租屋安全認證可以建立社會安全網絡，強化治安；推動「租屋安全認證」，結合社區治安與學生校外安全需求，以社區警政概念，強化警勤區經營效能，建立警民夥伴關係，共同維護社會治安，達到預防犯罪之目的。警察機關接獲學校提出申請後，協助校方進行現地勘查，並辦理租屋安全認證工作，有效維護校外租屋學生之安全，並達成強化社區治安及預防犯罪之任務。

（一）認證對象及申請流程

1.認證對象

合法建築物可提供學生 10 人以上租住，經所有人同意提出申請認證者；非合法之建築物均不予認證。

2.申請流程

（1）學校告知並提供房屋出租業者有關「租屋安全認證」辦法與資料，並鼓勵房屋出租業者主動提出申請認證。

（2）由房屋出租業者檢具建築物所有權狀（或委託書）、合法建築物（非違章建築）切結書、消防安檢合格證書等，以書面（申請表如附件 1）向學校學生輔導組提出申請。

（3）經學校彙整、初審後，轉送警察分局複審。

（4）警察機關複審後，派員會同學校代表及租屋業者，依址勘查、檢核後由學校及警政單位（分局）共同評定等級，並請學校製作認證標章，由轄區分局會同用印後，核發予合格業者。

（5）請學校將合格出租業者認證資訊公布於學校網站或佈告欄，提供學生（家長）租賃參考。

（二）認證標準及等級

依租屋建物之防盜、防竊、消防、逃生安全及內部管理設施、缺失改善效率等為主要標準；公平契約、周邊環境、交通安全、建物結構為次要標準，採 5 級認證，以 1~5 顆星號代表；未達標準者，不予認證。核發標準如下：

1.門禁安全

（1）建物出入口、出租房屋之門窗有無安全牢固之門、窗及鎖具（非一般之喇叭鎖、銅鎖）裝置。

（2）出租房屋之房鎖如係一般之喇叭鎖、銅鎖者，有否裝置由室內控制之門閂或安全鍊條。

（3）是否有常駐之專責保全人員或管理人負責門禁管制。

2.停車安全

（1）建物是否設有專屬停車場，是否設有感應或固定式照明、錄影監視器或門禁管制者。

（2）建物外部或周邊有非專屬停車場所，是否設有感應或固定式照明、24 小時錄影監視器及安全牢固鎖具（非一般之喇叭鎖、銅鎖）裝置。

（3）建物是否有特殊安全辨識（刷卡、密碼、指掌紋、眼瞳、掃描器等）設備管制門禁。

3.管理安全

（1）建物是否有政府立案之保全公司 24 小時派駐專責人員管理。有無設置保全防盜設備或有專責常駐管理人（屋主、棟長）同住管理。

（2）是否訂有詳細之住宿管理規則或自治公約，明定電氣、天然或液化瓦斯設備使用限制或使用安全、夜間噪音管制等注意事項、禁止容留非承租人住宿、禁止擅自使用電器、液化瓦斯、禁止存放危禁物品、禁止飼養寵物、夜間噪音、門禁管制等。

（3）對於非學生之外來人口住宿名單資料，能否於出租後即時以電話、口頭、書面、電子郵件提供學校通報派出所核對身分。

4.消防安全

（1）是否使用 CNS、TGAS 合格之電氣、天然瓦斯或液化瓦斯熱水器，其裝置是否適當，瓦斯熱水器是否設於室外或通風良好處；如設於室內有無裝置強制排氣設備等。

（2）是否裝置足夠而有效之煙霧偵測警報器、一氧化碳偵測警報器、滅火器或消防栓等器材以及緊急逃生通道、防火門或高樓緩降機等逃生器材。

（3）是否能隨時教導承租學生熟悉逃生路線及相關滅火設備使用方法或舉辦消防滅火及逃生演習。

5.建物安全

（1）是否具有主管機關核發之房屋使用執照、出租房屋非屬違章建築切結書。

（2）是否每年投保建物公共安全保險並提供投保證明。建物是否經建築師或結構技師或其公會評估認定建築結構安全證明書等。

6.契約公平

（1）屋主能否提供政府版本或公平合理之房屋租賃契約書或有無不當收費之情事。

（2）屋主是否了解出租房屋之管理或設備，例如瓦斯熱水器、消防逃生設施如有重大缺失肇生公安事故致人傷亡者，屋主或管理人應負相關民、刑事責任。

7.環境安全

（1）內部環境：出租房屋之內部環境是否維持整潔，採光及通風是否良好，1 年內有無發生重大公安事故致人傷亡情事。

（2）周邊環境：周邊環境是否單純，100 米範圍內無特種營業場所，道路交通設施及動線是否規劃良好，1 年內有無發生重大交通事故致人傷亡情事。

第四節　校園竊盜防治策略

一、校園防竊預防宣導

「預防重於治療」，校園竊盜案件發生，部分原因爲學校疏於防範，爲減少犯罪，預防宣導就顯得格外重要，透過警察機關或大眾傳播媒體，提出預防犯罪因應之道，使學校所有人員得以提高警覺，保護己身財產安全，避免遭受不法侵害，進而積極參與竊盜犯罪防制工作，共同建立安全無虞校園環境。預防校園竊盜重點如下：

（一）學校定期派員參加警察機關治安會議

學校可了解轄內治安狀況，掌握治安動態，預防竊盜案件發生，並可了解當前犯罪手法，返回學校加強宣導，以預防被竊。

（二）要求學生汽車、機車、自行車加大鎖

犯罪不可能被消滅，只能降低，竊盜犯行竊時考量便利性，當有多部車輛可以行竊，竊嫌會選擇阻力最小、時間最短、危險性最低的下手，如果學生將汽、機車加大鎖，被竊可能性將降低。例如英國在1973年實施新車必須加裝頭鎖，1969年新車被竊率20.9%，到了1973年新車被竊率是5.1%。[17]

（三）要求學生騎機車、自行車必須戴安全帽

政府於1997年6月要求騎機車必須戴安全帽，1997年機車失竊數陡然下降32,495件，追究其原因，因騎機車沒戴安全帽，警察會臨檢舉發交通違規，從情境預防的角度觀察，無形中增加竊機車風險。[18]學校如果能要求學生騎機車及自行車均應戴安全帽，未戴安全帽者出校園，學校訓導人員即予詢問，如此則竊嫌要行竊，會增加風險，產生不方便，降低竊盜案件

---

17 參見許春金、李雅琪，警察執行機車竊盜情境犯罪預防策略之成效評估，中央警察大學執法新知論衡，98年6月，7頁。

18 同前註2~9頁。

發生。

（四）製發辨識貼紙，張貼於自行車上

自行車張貼辨識貼紙，竊嫌行竊後必須除去，去除後仍留有痕跡，竊嫌會感到麻煩，而選擇沒有張貼貼紙自行車下手，可降低竊嫌偷竊之機會。

（五）持續宣導機車、自行車烙碼

持續有效烙碼機車、自行車，增加銷贓難度，阻斷銷贓管道，以利查贓肅竊，降低失竊率。

二、駐衛警勤務強化作為

目前大學均有設置駐衛警察，高中以下則部分設置駐衛警察，部分申請替代役或臨時人員擔任駐衛警察工作。駐衛警功能在於管制校園門禁，防止不相關人員進入，及發生治安或災害事件緊急通知相關單位前往處理，對於學校安全，防制竊盜案件發生，有一定功能，但因政府經費拮据及替代役人員不足，以致無法全數設置，校園無形中成爲犯罪者容易下手的處所，因此，設置駐衛警察乃當務之急，並要求以下勤務作爲，以防制竊案發生：

（一）對於進出校園應予管制，設簿登記，以防止竊嫌進入校園犯案。

（二）發生案件應迅速通報，以掌握破案先機。

（三）學校應擬定緊急應變計畫，訓練駐衛警等人員，以應付突發事故。

（四）不定時校園巡邏，發現可疑適時處理及通報。

（五）設置緊急安全按鈕，駐衛警接獲通知，立即前往，以保障校園安全。

三、偏差行為輔導

目標爲導向之犯罪預防係由學者 Brantingham 及 Faust 藉公共衛生疾病預防模式，說明犯罪預防活動分爲三個層次：

（一）第一層次犯罪預防

提供民眾避免疾病或問題發生之預防觀點。著重於鑑定出提供犯罪機會以及促使犯罪發生之物理與社會環境因素，並予規劃、設計與改善，以減少犯罪之發生。

（二）第二層次犯罪預防

鑑定那些較易發生疾病可能採取預防措施。潛在犯罪人予以早日辨識，並在其從事非法活動前予以干預。

（三）第三層次犯罪預防

對於已患疾病予以治療，真正罪犯予以干預，進行矯治與輔導，以避免其再犯，如逮捕、起訴、監禁矯治。[19]

園竊盜案件部分為學校的學生所為，對於有問題學生，應予輔導、矯正，依三級預防運用於校園偏差行為者，初級預防由學校學務處、輔導室負責，對於有問題學生予以諮商輔導，導正偏差行為；第二層預防由少年輔導委員會負責，由少輔會志工對於偏差行為個案進行關心、訪視、認知輔導，強化正確價值觀，預防再犯；第三級預防由警察機關及司法機關負責，對於觸犯刑法法律之學生，或有觸犯刑法法律之虞犯，予以移送少年法庭處理。

四、增加校園巡邏密度提高見警率

所謂見警率仍在人口密集的公共場所、住宅區或車站、市場等人潮眾多地區，由穿著制服的警察，往來穿梭巡邏或駐足守望，增加警察的能見度，讓想犯罪的人無法心存警惕而不敢犯罪，減少犯罪機會。警察機關針對學校周邊較易犯罪場所，運用警察各項警用裝備，如汽車、機車、自行車等，在犯罪熱點（Hot Spots）加強巡邏、守望勤務，增加警察人員及裝備的曝光度，讓想犯罪的人以為警察就在身旁，進而嚇阻犯罪動機。警察

---

[19] 參見蔡德輝、楊士隆，犯罪學，五南出版公司，2009年2月5版，332~333頁。

機關校園巡邏密度提高見警率具體作法，仍依治安斑點圖資料分析，找出治安熱點，加強重點時段及地區的巡邏、守望等勤務，以有效嚇阻犯罪。必要時並設置機動派出所，實施巡邏、重點守望勤務，適時疏導交通，維持秩序，加強校園週邊提高警察巡邏密度，以增加學校安全感。

五、建議學校增設錄影監視系統

科技進步設置錄影監視器已被視為改善治安的一帖良藥，透過錄影監視系統，潛在的犯罪者主觀認為增加被察覺可能性而放棄犯罪，也可以鼓勵潛在的受害者採取安全預防，並且促使警察和安全人員阻止犯罪。「監控」在犯罪學情境預防原理中一直扮演相當重要角色，其強調以較有系統且完善之方式，對容易引發犯罪之環境加以管理、設計或操作，以預防或阻絕犯罪發生。[20]

學校於進出口、校園四周、放置重要設備處所、重要出入口等裝置錄影監視系統，可以了解進出人員，發現異狀，適時採取預防措施，並能於案件發生後，作為偵查方向，及取得犯罪證據。且裝設錄影監視系統，亦可嚇阻犯罪，行竊者想進入校園犯案，一般會事先觀察，發現有錄影設備，因理性選擇及風險評估，選擇放棄在該校園犯案，另選擇其他犯罪處所；學校所有成員也會因裝設錄影監視系統，使其較有安全感，在學生學習情境，教師授課品質應有一定正面效果，因此，學校裝設錄影監視系統，在校園竊盜預防應有其必要。

六、阻斷銷贓通路

竊盜犯為什麼有犯罪趨力，因為大部分行竊物品可轉賣為金錢，當行竊物品沒有人敢買，無處銷贓，行竊者在無利可圖情況下，遂放棄行竊。銷贓之重要性在 1795 年學者 Patrick Colquhoun 之著作中曾提及：「在考量各種不同偷竊者、強盜及詐欺犯特性時，毫無疑問地，收買贓物者是當中

20　參見楊士隆、李宗憲，錄影監視系統與犯罪防制，收錄於2006全國保全論壇論文集，21-1~21-2頁。

最具邪惡者，如果缺乏他們的協助購買偷來或詐欺來的贓物，竊盜犯則必須放棄其交易」[21]。阻斷銷贓處所為偵查機關應努力方向，如能阻斷，竊盜案件一定可以下降。目前警察機關對於查贓作為，平時要求當舖業者依當舖業法，將收當物品每二週影印送警察機關備查，警察機關必要時亦得查察，以阻斷銷贓管道；同時警察機關亦針對資源回收業者、汽車修配業等加強臨檢查察，防止收贓者有利可圖；並對校園較易失竊自行車案件，列入專案評比，加強查緝，以阻斷竊盜案件發生。

七、強化嚇阻效能

刑罰的嚇阻效果存在於行為人對於犯罪成本的計算之內的，然而為發揮刑罰嚇阻之效能，刑罰嚇阻必須具備下列三要素[22]：（一）刑罰之迅速性：迅速性係指犯罪與刑罰反應之時間應予縮短，使犯罪人犯罪後迅速、立即的接受刑罰制裁。貝加利亞曾提及：「犯罪後懲罰倘能直接、立即的執行，其公正與有效率性將可直接提升，一個立即的懲罰是合乎實用原則的；因為在犯罪與懲罰間之間隔愈短，犯罪與懲罰兩者之相關將更強化與持續」。（二）刑罰之確定性：確定性係指觸法者犯罪遭逮捕與懲罰之肯定機率。犯罪者倘因犯罪卻由於執法人員之執行不力而致其逍遙法外，或犯罪者本身具有良好之社經地位，利用各種關係與行賄手段，而未受法律制裁，均將使刑罰之威嚇力大打折扣，甚至可能造成貧窮、無權勢者遭致不公平刑罰制裁之命運，因此確保觸法者確定受到刑罰制裁乃成為維持懲罰威嚇力之重要關鍵。（三）刑罰之嚴厲性：嚴厲性係指對於犯罪者應依據其犯罪行為之嚴重性給予足夠之刑罰，以確保刑罰威嚇效果。對於嚇阻主義倡議者而言，懲罰必須與犯罪相稱。換句話說，犯罪除須依比例考量其對社會之危害而給予恰當處罰外，同時必須給予足夠嚴厲之處罰以反轉其因犯罪所得之快樂。假使懲罰過輕，則無法達成威嚇之效果，而懲罰倘過嚴，則

---

21 參見蔡德輝、楊士隆，犯罪學，五南出版公司，2009年2月5版，250頁。

22 以下參見蔡德輝、楊士隆、邱明偉，重刑化刑事政策對犯罪人再犯嚇阻效能之研究，中央警察大學執法新知論衡，97年6月4~5頁。

製造出更多不公平的情況。懲罰之實施不應因犯罪人之特徵與社會背景的不同而給予不同之懲罰；犯罪行爲愈嚴重，則應給予更嚴厲的懲罰。

竊盜犯罪有初犯、累犯、慢性犯罪人等，希依其對刑罰感受，給予不同處遇[23]：一、無改善可能者：此種受刑人犯罪感受性極爲薄弱，應與予隔離。二、有改善可能且有改善必要者：此種犯罪人送進監所服刑，以達嚇阻效能，當已顯著改善，適時給予假釋，以達刑罰教化目的。三、有改善可能，但無改善必要者：此種犯罪人對社會並無潛在性的危險，只要受刑事制裁即可，應避免進入監獄，以免染上監獄惡習。校園竊盜應強化刑罰嚇阻效能，對於竊盜累再犯應科以重判，使其不能再犯；對於不用進入監獄初犯，應予教化；對於習慣性犯罪，在偵查階段檢察官儘量能聲請預防性羈押，以達嚇阻效能。

結　論

建立無竊盜學習環境，應是國家責任，也是學校的責任。校園竊盜預防要能有成效，應全校總動員，適時教育所有成員防竊方法，增加保護因子，減少危險因子。許多校園失竊案件，經常爲學校缺乏防衛能力或是疏於預防，因此，學校應強化自我防衛能力，如設置駐衛警察管制校園出入、增設錄影監視設備、以嚇阻潛在犯罪人著手犯罪、重要設備強化安全管理，增加犯罪困難等，以減少竊盜案件發生。同時配合警察機關預防作爲，如機車、自行車、重要資訊設備烙碼、校園安全檢測評估、租屋安全認證、治安風水師檢測、學生機車鑰匙未拔取代保管措施等作爲，應可增加竊盜犯罪困難，達到預防效果。政府重視校園安全，並向校園竊盜宣戰，將防竊具體作爲，警察破案經過，透過媒體報導，必能減少竊盜案件發生，對於準備於校園行竊者，在理性考量及風險評估，一定會放棄在校園行竊，達到預防目的。

23　參見柯耀程，刑法總論釋義—修正法篇（下），2005年10月，538~541頁。

參考書目

一、中文書目

林山田，刑法各罪論，2002年3月
周愫嫻，偏差與犯罪，收錄於社會學與臺灣社會，巨流圖書公司，2009年9月
孟維德，從美國堪薩斯市預防巡邏實驗評析見警率與巡邏的效能，中央警察大學警學叢刊，第39卷第4期
柯耀程，刑法總論釋義——修正法篇（下），2005年10月
柯耀程，刑法問題評釋，竊盜罪與侵佔罪之界限，2004年12月
許春金，犯罪學，2007年1月
許春金，控制理論與修復式正義，2006年4月
許春金、李雅琪，警察執行機車竊盜情境犯罪預防策略之成效評估，中央警察大學執法新知論衡，98年6月
楊士隆，何明洲，竊盜犯罪預治理論與實務，五南圖書出版公司，2003年1月
楊士隆、李宗憲，錄影監視系統與犯罪防制，收錄於2006全國保全論壇論文集
蔡德輝、楊士隆，犯罪學，五南圖書公司，2009年5月5版
蔡德輝、楊士隆、邱明偉，重刑化刑事政策對犯罪人再犯嚇阻效能之研究，中央警察大學執法新知論衡，97年6月
廖福村，犯罪預防，五南圖書出版公司，2007年10月
鄧煌發，校園安全防護措施之探討——校園槍擊、校園霸凌等暴行事件之防治，中等教育，58卷第5期
內政部警政署刑事警察局刑事犯罪網站
內政部警政署「住宅防竊諮詢執行計畫」
內政部警政署「加強維護校園安全工作之策進重點措施」規定
內政部警政署「機車烙碼」實施計畫

司法官大法官會議釋字三八〇號
彰化縣警察局建置「租屋安全認證」工作實施計畫
臺北市政府警察局「校園教學資訊設備防竊烙碼登錄」執行計畫
雲林縣警察局推動「學生校外租屋檢測」工作實施計畫
雲林縣警察局執行「自行車車主登記、烙碼防竊執行計畫」
雲林縣警察局執行「民眾機車鑰匙未拔取代保管措施」評核計畫

二、外文書目

Clark, R. V. Situation Crime Prevention: Successful Case Studies New York: Harrow and Heston, 1992.

Gruhle, H. W.: Psychopathie in Weingandts Lehrbuch D. Nerven-U. Geisteskranheiten. CaMarhold, Halle.1935.

Nicola Padfield. Criminal Law, New .York, (Oxford University Press. 2009).

Siegel, Larry J, Criminology, New York: West/Wadsworth publishing company. 2008.

Trevor Bennet and Richard Wright, Burglary: Prevention and the Offender. Aldershot, England: Gower, 1984.

第四章

校園暴力犯罪

楊士隆、曾淑萍

前言

「基隆市一名就讀高一的侯同學，入學第一天就被跆拳道班的學長當成出氣筒，不但常被打，還要幫學長洗道服，若有不從就拳腳相向，他的腳部、骨頭還被打到裂傷，現在已經嚇得不敢再去上課。」（華視新聞，2009 年 1 月 17 日）

「北縣一名國二男學生半年來慘遭同學霸凌，被當成跑腿小弟，買錯東西即以掃帚圍毆，甚至被迫吞下感冒糖漿、增高藥，同學還將過程錄影傳到部落格，有女同學私下遞紙條告知導師，才讓事件曝光。」（蘋果日報，2009 年 5 月 20 日）。

「高雄縣林園中學國中部三名女學生在學校廁所毆打女同學，還用手機錄下凌虐過程，殘暴手段讓人看了痛心，沒想到廁所外大批同學圍觀，卻沒人制止或通報師長。」（自由時報，2009 年 5 月 25 日）

「基隆市發生一起駭人聽聞的校園暴力事件！據了解，一名高二男學生，日前替學妹協調手機刮傷的賠償事宜，卻遭對方找來助陣的惡少持棒球打成重傷，顱內出血、眼睛失明，目前仍陷入昏迷，所幸生命狀態穩定，警方已掌握行兇少年追捕中。」（中時新聞網，2010 年 4 月 20 日）

「上月底，台北市一名小二生，疑似因為摸同學下體，被呂姓教師一連打了 9 個巴掌，這名男童事後臉部出現嚴重紅腫、身心受創情況；不過學校有家長希望教師返回班級任教，還在校方、議員、家長三方，引發劇烈爭執。不過這整起事件，現在急轉直下，因為呂姓教師在學校網頁上刊登聲明，說明當初根本沒有『摸下體事件』，是孩童在開『言語玩笑』，坦承自己一時情緒失控，完全冤枉了男童。」（TVBS 電視新聞，2010 年 4 月 26 日）。

一則又一則的校園暴力新聞，令人觸目驚心。校園暴力事件，不斷地在新聞媒體上被報導，而現實生活中，又有多少學生因受到校園暴力而在暗處哭泣？學校本應是可讓學生安全地求學的場所，但是校園暴力卻讓原本寧靜祥和的學校蒙上一層陰霾。

根據教育部「校園安全及災害事件即時通報系統」彙整 98 年度全國各級學校校安通報事件之統計資料顯示[1]，於民國 98 年間，學生（不含特教、行政及幼稚園）發生校園通報事件計 133,681 件。可能導因於新流感（H1N1）的爆發，疾病事件的發生件數最高，計有 115,447 件（占 86.4%）。亦即，校安通報系統受理的八大類校園安全事件中，除疾病事件之外，在民國 98 年度其他七大類的校安事件共通報 18,234 件。其中「校園意外事件」計 6,790 件，其次爲「兒童少年保護事件（18 歲以下）」（5,794 件）及「校園暴力與偏差行爲」（2,450 件）。另外，兒童福利聯盟（2007）針對臺灣校園「霸凌者」之現況進行調查，結果發現臺灣中小學校園中經常霸凌同學的孩子占 5%，甚至有 2%的孩子每天都會欺負、嘲笑或打同學，兩者合計占 7%；其中有 31.1%的孩子會對同學施以肢體霸凌。由上述之統計資料可發現校園暴力事件之嚴重性，然而這些統計資料可能還隱藏了許多犯罪黑數，實際的校園暴力事件之發生件數，很可能比這些統計數據還要高，校園暴力事件已不容小覷，值得有關單位之關注。

校園暴力事件對於學校整體及教職員工學生所可能造成的負面影響不

1 資料取自教育部軍訓處校安中心，為2010年4月30日之最新資料。校安中心在民國九十三年建置「校園安全及時通報網路系統」，核發全國小學至大學共4,055所學校每校一組帳號與密碼，藉由網路24小時即時通報校安事故傷害，通報類別包括：意外事件、安全維護事件、暴力事件與偏差行為、管教衝突事件、兒童少年保護事件（18歲以下）、天然災害事件、疾病事件及其他事件等八大類。

容小覷。校園安全一旦出了問題，影響力往往擴及學校整體。校園暴力不僅會造成校園的校譽、校風與財務等方面之傷害與損失。對於教職員工以及學生，除了造成被害人身體上及心理上之創傷外，對於一般學生也造成極大的心理壓力，使整個校園蒙上一股無形的恐懼感。當學校籠罩在校園暴力的恐懼與威脅之下，維護校園安全將淪爲口號。這樣處於恐懼的心理狀態會使學生對校園生活失去安全感，而影響其上學意願、學習情緒與教學成效（許龍君，1998；鄔佩麗、洪儷瑜，1996；蔡德輝、楊士隆，2006）。

有鑑於校園暴力事件層出不窮，與其對學校、教職員工與學生所帶來的巨大傷害與衝擊，本章特別彙整國內外相關文獻對於校園暴力之現況與類型、發生之原因進行分析與探討，並於文後提出學校預防與處理校園暴力事件之對策，供關心校園安全維護工作者之參考。

第一節　校園暴力之意涵

校園暴力（School Violence）又稱爲校園犯罪（School Crime），校園暴力之概念與校園「霸凌」（Bully）相類似，惟校園霸凌係較新興之名詞，國內早期多以校園「暴力」爲研究範疇。

目前學界對於校園暴力之定義尙無統一之定論。校園暴力若以字義上來解釋，係指發生於學校內的暴力行爲或犯罪行爲（蔡德輝、楊士隆，2006）。國內學者高金桂（1993）以法律之觀點指出，校園暴力係指在學校內發生於學生與學生之間、學生與老師之間，以及校外侵入者與學生師生之間，所引發侵害生命、身體法益之犯罪行爲，及以強暴、脅迫或其他手段（如使用藥物），排除或抑壓被害人之抵抗能力與抵抗意願，以遂行特定不法意圖之犯罪行爲。許龍君（1998）則以校園安全之角度來解釋校園暴力，其認爲在校園內的教職員工生及侵入校園之人士，以言語、肢體侵犯他人，使對方心理及生理上受到傷害之行爲，即所謂校園暴力。Batsche及 Knoff（1994）則指出校園暴力通常係指諸如攻擊、竊盜、毀壞財物等行爲。另外 Forlong 與 Morrison（2000）則認爲校園暴力爲多面向之概念，包括犯罪行爲、阻礙發展與學習、且破壞校風。

由上述之定義可發現，校園暴力的定義非僅侷限於肢體攻擊，也包含對學校財物之攻擊及侵害行爲。而且，在校園內發生的暴力事件也可發生於學生與老師之間、教職員工間，或是發生在校外人士與學校教職員工生之間，猶如許龍君（1998）所整理之「校園暴力對象圖」所示（如圖 4-1）。

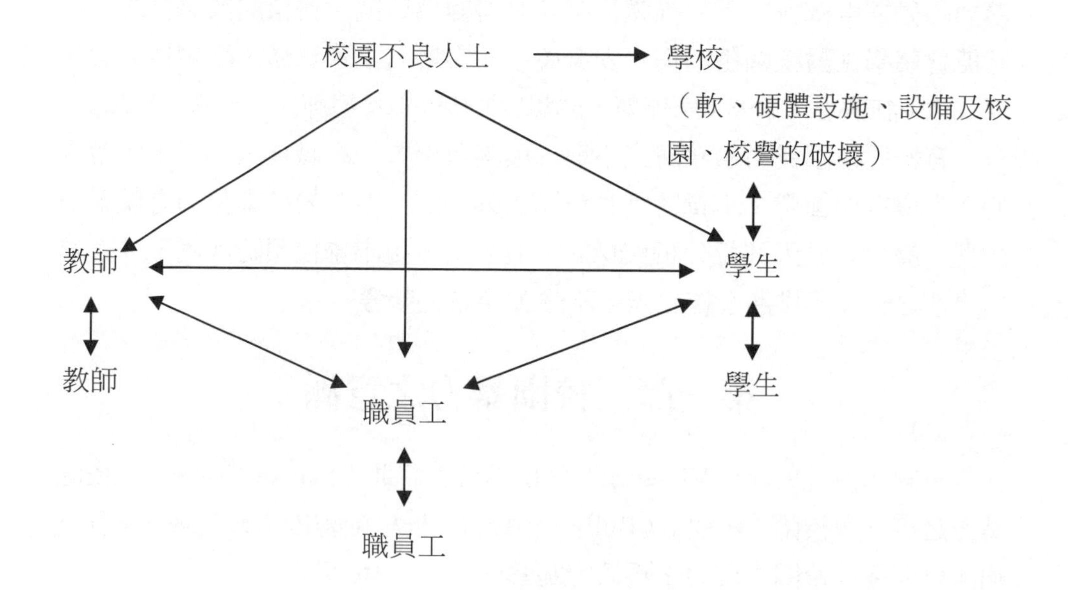

圖 4-1　「校園暴力對象圖」

資料來源：許龍君（1998）校園安全與危機處理，第 139 頁。

近來，校園霸凌漸漸受到大家的注意，也引發廣泛的討論。「霸凌」一詞主要是由 bully 音譯而來（兒童福利聯盟文教基金會，2004），基本上是長期存在於校園的一個嚴重問題，也是屬於本文「校園暴力」之範疇。根據霸凌行爲的研究先驅者 Olweus（1993）的看法，校園霸凌是一個學生長時間、重複地暴露在一個或多個學生的負面行動中，被欺負、騷擾或被當爲出氣筒的情形。而學者 Hoover、Oliver 及 Thomson（1993）則認爲，霸凌並不只是單純的身體傷害，而是一種持續性、主動、有一定頻率的侵害行爲。根據邱靖惠及蕭慧琳（2009）的定義，霸凌係指「蓄意且具傷害性的行爲，通常會持續重複出現在固定孩子之間的一種欺凌現象」。

另外，Olweus（1993）認爲霸凌應具備以下四個要素：（1）攻擊性的行爲；（2）一種力量失衡；（3）重複發生；及（4）身體的、語言的或間接的。而學者 Barton（2006）則認爲，霸凌是指人與人之間的衝突行爲，通常具備三項準則：（1）霸凌是一種衝突方式，可能直接以肢體上或口語上的強力爲之，例如：打、踢、揶揄、嘲諷或性攻擊；或以間接方式爲之，如同儕的關係排擠或故意使學童無法參加活動；（2）霸凌是針對被害者進行重複的攻擊行爲，且持續一段時間以上；及（3）霸凌是發生在權力不對等的人際關係中，如體型較壯碩者、較有錢有勢者，或在同儕關係中較具領導角色者，較易在霸凌關係中扮演較爲優勢的角色。另外，在霸凌行爲中，行爲人與被害人之間的力量，也可能隱藏著不平衡之狀態，亦即恃強（霸凌者）凌弱（霸凌被害人），力量較大之一人或多人（霸凌者）壓制他方力量較小者（被害者）。

因爲校園暴力所涉及的人員及範圍極廣，不同層級學校所涉及之校園暴力事件也有所不同，限於篇幅，實難一一討論在各級學校中涉及不同對象之校園暴力事件。因此，爲使討論焦點明確，本章以發生在校園內，學生爲被害者之暴力事件爲探討主軸，特於此說明。

第二節　校園暴力之現況

根據教育部「校園安全及災害事件即時通報系統」彙整 98 年度全國各級學校校安通報事件之統計資料顯示，於民國 98 年間，除疾病事件之外，學生（不含特教、行政及幼稚園）發生校園安全通報事件計 18,234 件。其中「校園意外事件」計 6,790 件（占 37.2%），其次爲「兒童少年保護事件（18 歲以下）」（5,794 件，占 31.8%）及「校園暴力與偏差行爲」（2,450 件，占 13.4%）。其中，「校園暴力與偏差行爲」事件造成 6 人死亡，1,100 人受傷。另將學生暴力與偏差行爲與學校類別進行交叉分析，發現國中生之 852 件最多，占所有件數之 34.8%；其次爲高職生的 662 件（27%），高中生之 538 件（22%），及國小生之 227 件（9.2%），最少則爲大學生的

167 件（6.8%）。由上述之統計資料可發現校園暴力事件以國、高中職之通報率較高，而且分析也發現鬥毆事件在各級學校比例均偏高。有鑑於青少年之暴力與偏差行為若未獲得適當之處理與輔導，則其將來成為成年犯之比例相當高，所以，此現象值得社會大眾之關注與重視。

另外，高雄市社會局及兒童福利聯盟則針對校園霸凌行為進行一系列的調查。根據高雄市社會局之中小學校園霸凌現況調查（2007）之研究顯示，高雄市國民中小學校園以言語及關係的霸凌最普遍，約有 48%之盛行率，且同時出現在男女生族群中；肢體霸凌則有 3%至 9%之盛行率，且具攻擊及外顯身體受傷之情形；六個月內曾看過或聽過霸凌者，高達 42.8%，顯示同學袖手旁觀或不通報的情形高。由此調查可發現校園霸凌在中小學之校園中是相當普遍之現象。

兒童福利聯盟（2007）針對臺灣校園「霸凌者」之現況調查，依據臺灣兒童及少年人口比例分配，從台灣北區、中區、南區及東區的中小學，選取 9 所國小及 8 所國中，針對國小四、五年級與國中一、二年級的 1,919 位學童進行問卷調查。結果發現臺灣中小學校園中經常霸凌同學的孩子占 5%，甚至有 2%的孩子每天都會欺負、嘲笑或毆打同學，兩者合計占 7%。在所有自陳曾霸凌同學的學生中，其中有 31.1%的孩子會對同學施以肢體霸凌，甚至找來校外的幫派份子協助，另有近 25%的霸凌者曾出現「性霸凌」，以身體、性別、性取向、性徵來取笑或欺負同學。同時，本調查也顯示有 29.3%的受訪中小學生表示在最近兩個月裡，每個禮拜至少被欺負一次以上。以霸凌方式來區分，其中被恐嚇、威脅或取難聽的綽號比例最高，其次是被同學性騷擾，如講黃色笑話、阿魯巴、摸屁股或掀裙子。雖然被排擠、被毆打的比例相對偏低，但因其屬於嚴重性霸凌，仍值得相關單位之注意。

另外，特別針對「性霸凌」行為的部分，兒童福利聯盟（2006）也進行一項調查。性霸凌指的是一種蓄意、具傷害性且以身體、性別、性取向或性徵作為欺凌或取笑題材的行為。而校園中的性霸凌可能涉及言語上的霸凌（如：有關性或身體部位或性取向的嘲諷玩笑、評論或譏笑），對身體隱私部位不經意或惡作劇的碰觸，或是嚴重的性侵害。在對一千多位國小五、六年級學生的問卷調查中，研究發現曾經被性霸凌過的孩子占有五成二，且有高達八成的孩子曾經看過身邊的同學被性霸凌。被性霸凌的孩子中，六成六聽過黃色笑話或是被嘲笑身材，而身體被侵犯者（碰觸或偷窺）占有半數。而且，被性霸凌的孩子中，有三成是每個星期至少都被欺負一次，甚至有一成五的孩子幾乎是每天都被性霸凌。由此調查研究可見，無論是言語上或是肢體上的性霸凌，在校園裡皆是常見的現象。

由上述官方統計資料與調查研究資料可知，校園暴力在現今校園中具普遍性，校園中充斥著不同形式的暴力犯罪事件。校園的安全不僅亮起紅燈，校園暴力在校園中所潛伏的嚴重性、傷害性與影響性也不容小覷。當校園不再是能讓學生及家長放心的求學處所時，如何維護校園安全將是相關單位值得重視之課題。

第三節　校園暴力之類型

以下分就校園暴力之對象、校園暴力之行爲類型、校園暴力之受害者類型等三方面來加以探討。

一、校園暴力之對象

校園暴力之對象又可分就施暴者與受害者來做探討。綜合上述校園暴力之定義，校園暴力之施暴者可區分爲：（一）學生；（二）教職員工；及（三）校外人士。而校園暴力之受害者則可區分爲：（一）學生；（二）教職員工；及（三）學校財物。

二、校園暴力之行為類型

依據國內外學者之見解，校園暴力之行爲類型通常可分爲肢體方面、言語方面、關係方面、性方面等四方面（Olweus, 1994；吳清山、林天祐，2005；蔡德輝、楊士隆，2006），分述如下：

（一）肢體方面：包括遭受推、打、踢、有敵意的舉動等針對肢體之暴力行爲。

（二）言語方面：羞辱、取綽號、威脅、貶損、嘲諷、恐嚇等言語傷害。

（三）關係方面：在人際方面被排擠、在團體中被孤立等，此霸凌的現象亦可涵蓋在言語方面之校園暴力類型的層面中。

（四）性方面：包括遭受有關於性或身體性徵之評論、嘲諷、或譏笑等之性騷擾。

上述這四方面之校園暴力行爲類型中，肢體方面通常是較顯著、較易被察覺的，但在言語、關係、性方面的校園暴力行爲則較不明顯，且具間接性，須經由長期地觀察或校園暴力之受害者自行透露才可能被察覺。

三、校園暴力之受害者類型

校園暴力之受害者類型，主要可分爲以下幾種類型（Olweus, 1973; Olweus, 1978；黃富源，1988；江淑如，1992）：

（一）消極型

此類型之受害者相較於同齡之同儕，其體型較爲瘦小、孱弱，且在學校大多獨來獨往，缺乏朋友作伴（Olweus, 1984）。此外，消極型之受害者的安全感與信心較低、容易感到焦慮、對自我抱持著負向觀感，如認爲自己是愚蠢的，亦常成爲他人揶揄之對象。這類型的受害者在遭受校園暴力時，通常是採取默默承受的態度來面對。

（二）挑釁型

此類型之受害者的個性較爲暴躁、自大，行爲舉止囂張。此類型之受害者通常是因爲他人對其行爲與態度感到反感，而對其施與校園暴力。Olweus（1973, 1978）認爲此類型之受害者在遭受校園暴力時，會採取反擊。

（三）凱子型

此類型之受害者經常向他人誇耀自己的財富，舉止闊綽（江淑如，1992）。因此凱子型之受害者之所以會遭受校園暴力，大多是因爲他人覬覦其財富，進而對其施與勒索與恐嚇。

（四）突出型

此類型之受害者的學業表現、家世背景、外貌、運動表現等，較一般學生來得突出與優秀，深受老師或異性同學的歡迎與喜愛，進而引發其他學生的嫉妒、自卑感等負面情緒，並對此型之受害者施加校園暴力。

另外，在校園霸凌行爲方面，Olweus（1993）將其分爲肢體的、口語的及性霸凌等三類。而隨著科技的技不及時代的演進，對於校園霸凌行爲的分類也有所改變。目前，學者普遍將霸凌分成下列六種類型（吳清山、林天祐，2005；張信務，2007；邱靖惠、蕭慧琳，2009；雷新俊，2009）：

1.肢體霸凌：這是臨床上最容易辨認的一種型態，包括：踢打同儕、推擠同儕、惡作劇或是搶奪同儕的物品等行爲皆屬之，通常此種霸凌行爲易導致身體上的傷害。

2.言語霸凌：係指利用口語威脅、嘲諷或刺傷他人，例如：直呼同學之不雅綽號、嘲諷、揶揄、傳播謠言等。口語霸凌雖然不似肢體霸凌會造成身體上的傷害，但是其帶來的心理傷害卻不容小覷，且常會被伴隨關係霸凌之發生。

3.關係霸凌：係指人際關係的操弄，使被欺凌的一方被排拒或孤立在團體之外，或切斷其社會連結，例如：操弄友誼關係、故意孤立某人，使之不被同儕所接納或故意使學童無法參與應有之相關活動等。與言語霸凌經常一起發生，且兩者同樣是屬於霸凌剛開始發生的階段。

4.反擊型霸凌：係指受欺凌學生長期遭受霸凌之後的反擊行爲。此種反擊行爲可能以幾種方式呈現，其中一種是出自於報復心態，受欺凌者爲了報復霸凌者，會對其口出威脅或是直接攻擊；另外一種則是將欺凌行爲轉嫁至比自己更弱小的對象身上，去欺負比他更爲弱勢的人。不論是哪一種方式，從 Olweus 之定義觀之，作者認爲此類型可更名爲轉移型霸凌，反擊型行爲多爲自然生、心理反應。

5.性別霸凌（性霸凌）：根據兒童福利聯盟（2006）的定義，「性霸凌」指的是一種蓄意、具傷害性且以身體、性別、性取向或性徵作爲欺凌或取笑題材的行爲。而校園中的性霸凌可能涉及言語上的霸凌（如：有關性或身體部位或性取向的嘲諷玩笑、評論或譏笑），對身體隱私部位不經意或惡作劇的碰觸，或是嚴重的性侵害。

6.網路霸凌：隨著科技的日益發展及網路的普遍，新型態的霸凌也可透過「網路」執行之。所謂的網路霸凌行爲包括：使用網路的部落格、聊天室、BBS、網路電話、MSN、facebook、plurk 或 twitter 等，散佈不實謠言、貼文辱罵或嘲笑他人、或是利用網路執行上述的言語霸凌、反擊型霸凌或關係霸凌。網路世界的無遠弗屆，使得霸凌行爲的執行，不受時間及地點的限制，也使得受害的範圍更大，影響更爲深遠。

雖然霸凌行爲可分爲上述六種方式，但這些霸凌行爲不一定是單獨呈現。在霸凌關係中，這些霸凌行爲經常重複出現，也就是說即便是同一位受害者，可能會被肢體、言語所攻擊或是遭受性攻擊，並伴隨關係的操弄與孤立。由此可見，霸凌行爲之惡質性，霸凌加害者利用各種微妙、隱約的霸凌技巧，導致被害者的身體、心理及情緒遭受嚴重傷害。

第四節　校園暴力之特徵

根據陳皎眉（1998）、蔡德輝與楊士隆（2006）之見解，校園暴力事件具備以下特徵：

（一）行為日趨暴力化

近年來許多校園暴力之案例中，受害者死亡或是受傷不在少數，其中甚至有模仿電影之暴力情節之案例出現，或是將暴行過程錄影之後，放在網路上供人觀看，顯示校園暴力行爲日益凶殘與冷血。

（二）任何時間、地點均可能發生校園暴力事件

教育部國中小校園安全管理手冊（2008）中指出，校園暴力發生之時間通常是在早自習、下課期間、午間休息時間、放學後、放假期間等；而發生地點可能是在教室、走廊、廁所、操場、校門口等。顯示校園暴力事

件發生之時間、地點是不受限制的，在學校的任何一個角落、任何一個時機點，都可能正在發生校園暴力事件。

（三）校園暴力施暴者低齡化

依據教育部之各級學校校園事件統計（2008），國小在「校園暴力與偏差行爲」此類別之通報數，每年平均增加約兩成；尤其，在98年度的校安通報事件統計中，國小通報的「校園暴力與偏差行爲」事件數比大專院校的通報事件還多。顯示校園暴力事件的施暴者年齡層有下降之趨勢，如此嚴重的現象，値得有關單位的關注。

（四）幫派勢力介入校園事件

日前近期媒體報導不良組織吸收國、高中學生涉入簽賭案件，並教唆學生參與校園之暴力討債，這起嚴重之校園安全事件，讓教育部緊急呼籲社會大眾共同關注此一事件，警方也將在近期安排校園掃黑活動，希望能還給學生純淨的學習環境（教育部，2010）。而研究亦顯示，近來幫派與少年互蒙其利之情況下、彼此滿足需求之情況下，有結合之趨勢（蔡德輝、楊士隆，2002），一旦校園被幫派染黑，校園安全將亮起紅燈。

（五）共犯之情況普遍化

就如本文所節錄的校園暴力新聞顯示，校園暴力的施暴者通常爲兩人以上。顯示校園暴力之行爲人有共犯之情形甚爲普遍，此與一般少年犯罪之特徵相符（高金桂，1993）。

（六）施暴者與受害者經常相熟識

在許多調查研究中，不少校園暴力事件係發生在同學之間，顯示校園暴力事件往往是熟人所爲（兒童福利聯盟，2007；高雄市社會局，2007）。事實上，在不少暴力犯罪中，被害者本身的行爲即爲犯罪原因之一部分，甚至是由被害人促成犯罪人與犯罪行爲（蔡德輝、楊士隆，2006）。由此可見，施暴者與被害者間的互動關係與互動品質對暴力行爲之發生具有重要之意義（高金桂，1993）。

第五節　校園暴力施暴者之特性

根據學者的研究，涉及校園暴力及霸凌行為之施暴者在生理、心理、家庭、學校、人際關係等方面，表現出獨特的特性，茲分述如下：

一、生理方面

校園暴力之施暴者通常身體強壯、精力旺盛、活動力強（Olweus, 1994）。而大部分的調查研究顯示校園暴力可能同時出現在男、女性中，但男性的校園暴力行為普遍高於女性（鄔佩麗、洪儷瑜，1996；Olweus, 1993; Charach, Pepler & Ziegler, 1995; Pepler, Craig, Yuile & Connolly, 2004）。研究也發現，男女生在霸凌行為上有顯著差異，一般而言，男生多肢體霸凌，而女生則較多是屬於言語霸凌及關係霸凌（魏麗敏、黃德祥，2003；洪福源，2003；周秀玲，2008）。

二、心理方面

研究顯示具校園暴力行為的孩童與青少年，其心理特質較其同儕來得負面（Veenstra, Lindenberg, Oldehinkel, De Winter, Verhulst & Ormel, 2005）。校園暴力施暴者通常具以下的心理特性：

（一）有從眾的個性，缺乏自主性責任的行為（蔡德輝、楊士隆，2006）。

（二）自我中心行為，罪惡感淡薄，帶給他人困擾、麻煩等卻事無關心的傾向強烈（蔡德輝、楊士隆，2006）。

（三）較無焦慮感與不安全感，具衝動、敵意、攻擊性、跋扈、反社會性、強烈的自尊心等之負面特質（Craig, 1998; Olweus, 1994）。

（四）校園暴力施暴者通常藉由對他人施與暴力行為來獲得滿足感，且對受害者缺乏同理心，且對其施暴行為不具罪惡感，甚至將責任推卸於受害者身上（Olweus, 1994; Banks, 1997）。

三、家庭方面

研究證據顯示，校園暴力施暴者通常來自慣用體罰的家庭。而施暴者的雙親具低劣的問題解決技巧，有時會對孩子表現敵意與拒絕，並放任孩子於童年時表現攻擊行爲，甚至教導孩子在遇到挑釁時應予以反擊（Demaray & Malecki, 2003; Loeber & Dishion, 1984）。研究顯示，若父母疏於管教，或是使用權威式的管教方式，經常對孩子打罵，則可能增加孩子出現暴力或霸凌行爲的可能性。因爲，根據學習理論的觀點，若父母採用權威與打罵的教養方式，易讓孩子學習、模仿父母的行爲，而將這套行爲模式帶入手足或同儕的相處上，進而產生暴力攻擊或霸凌的情形（黃妙紋，2008；Olweus, 1993; Sullivan, 2006）。

四、學校方面

研究顯示校園暴力施暴者在學校有適應不良的情形出現，例如低學業成就（Nansel, Overpeck, Pilla, Ruan, Simons-Morton & Scheidt, 2001; Nansel, Craig, Overpeck, Saluja, Ruan & the Health Behavior in School-Aged Children Bullying Analyses Working Group, 2004），亦較無法自學校教師獲得社會支持（Demaray & Malecki, 2003）。

五、人際關係

校園暴力施暴者在同儕中表現的較不合群（Craig, 1998），而在團體中，自我表現慾望強烈，活動性甚強（蔡德輝、楊世隆，2006）。但令人訝異的是，根據自陳報告顯示，校園暴力施暴者較易結交朋友，且可在同學中獲得與未參與校園暴力者相等的支持（Demaray & Malecki, 2003; Nansel et al., 2001; Nansel et al., 2004）。

第六節　校園暴力之成因

校園暴力之成因相當多元與複雜，無法以單一理論或因素來做周延解釋，本章將校園暴力之成因分爲個人因素、家庭因素、學校因素、社會因素等四方面來探討校園暴力之可能成因，以期能更深入且完整地解釋校園暴力。

一、個人因素

（一）生理（生物）缺陷

以生物觀點來解釋暴力行為之學者大致認為，缺乏 MAO-A 基因、腦部功能失常、罹患注意力欠缺過動活躍症（ADHD）、T 型人格、內分泌混亂失調，以及營養攝取不均衡等因素，將導致青少年之自我控制與因應壓力之能力較弱，而容易衍生暴力、攻擊行為（楊士隆、曾淑萍，2007）。

（二）性　別

大部分的調查研究顯示校園暴力可能同時出現在男、女性中，但男性的校園暴力行為普遍高於女性（Olweus, 1993; Charach, Pepler, & Ziegler, 1995；鄔佩麗、洪儷瑜，1996；Pepler, Craig, Yuile, & Connolly, 2004）。此外，不同性別其校園暴力之類型亦不同。男性較常使用肢體攻擊，女性則較常使用言語攻擊（Craig, 1998; Crick & Bigbee, 1998）。

（三）心理特質

心理特質亦是影響暴力行為的重要因素之一。許多研究均顯示暴力犯的負面心理特質明顯多於正常人，例如自我概念較消極、自我控制能力較弱、情緒控制能力較差、挫折容忍度較低、神經質、疑心病、無法信任他人等。

研究文獻指出暴力犯罪少年具有某些獨特之心裡與人格特性，而容易在特定情境中以暴力方式反應，主要包括：自卑感、低度自我控制、認知偏差、行為強化與慣性等（楊士隆、曾淑萍，2006；蔡德輝、楊士隆，2006）。

某些個體在體型或其他身體特徵上可能顯得特殊或有異狀，容易造成同伴間之取笑或惡作劇，在自覺與自卑感的導引下，他們極易以言語或肢體暴力來做回應，因而爆發衝突。在自我控制方面，Megargee（1966）之研究則指出高度攻擊性之青少年者具有低度控制（Under-controlled）及過度控制（Over-controlled）兩種心理人格特性。低度控制者無法抑制攻擊行為，當被激怒或面臨挫折時，即暴力相向。至於過度控制者基本上具有高度挫折忍受力，能經得起一般之挑釁，並接受社會規範約束，但在超過其容忍度之情況下，其可能比前述低度控制者更具暴力反應。

認知偏差亦為研究證實與青少年暴力行為之形成有關，比如：以自我為中心、歸咎他人、錯誤之標示與做最壞之打算等。另外，研究也發現許多暴力行為之衍生係青少年自人際衝突中習得與獲得增強，主要的學習與強化機制包括：自身的暴力行為獲得酬賞，觀察到他人的暴力行為得到讚賞或認可，以及暴力行為之結果使青少年的自尊提昇等。一旦暴力行為獲得強化，青少年則極易以慣性之方式採取暴力行為而獲益。

二、家庭因素

家庭是個體社會化的重要場域之一。在導致個人從事暴力犯罪行為之因素中，家庭常被認為是最主要的因素，因為家庭對個人之人格、情緒及行為之影響最為深遠。個體若是在暴力充斥的環境成長，如目睹家庭暴力，或是本身即為家庭暴力之受害者，則個體極有可能在日後出現暴力行為（楊士隆、曾淑萍，2007）。此外，當父母具有精神疾病、懷抱敵意、缺乏解決問題之技巧、教導孩子以攻擊來解決問題等等負面特質時，孩子們將很有可能出現校園暴力或偏差行為（Demaray & Malecki, 2003; Floyd, 1985; Greenbaum, 1988; Loeber & Dishion, 1984）。由此可知，家庭環境、親子關係、父母管教方式、家庭氣氛等家庭因素，均將影響個體出現暴力行為。

三、學校因素

從 7 歲開始至 18 歲的這段人生黃金時期，有大部分的時間均是在學校中求學。以我國國中生為例，其在學校的時間，扣除掉寒暑假，一個禮拜約有五、六天會待在學校。在這段期間，學校的種種病理因素，如填鴨教育、升學主義掛帥、學校教育枯燥乏味、師生關係疏遠、少年呈現學習障礙及學習成就低落、不當的體罰、學校生活適應不良等，均可能導致校園暴力的產生（鄔佩麗、洪儷瑜，1996；Henry, 1998）。

四、社會因素

影響校園暴力之社會因素相當多，例如社會價值觀、居住環境、經濟狀況、社區結構與環境、次文化、偏差同儕、大眾傳播媒體、社會變遷等，以下就偏差同儕、大眾傳播媒體等這兩項因素來加以探討。

（一）偏差同儕

眾多之研究與理論顯示，當個體與偏差同儕的接觸頻率愈高，則愈容易學習到犯罪技巧或是產生偏差與犯罪行爲（Sutherland, 1939; Akers, 1997；蔡德輝、楊士隆，2000；董旭英，2003）。在青少年階段，同儕的影響力漸增，甚至是勝過於父母（黃德祥，1994），尤其青少年的身心發展尚未成熟，若此時青少年所接觸的同儕均有校園暴力行爲，則青少年可能在同儕的鼓舞下，或是爲了獲取同儕的認同感，而出現校園暴力行爲。

此外，接觸幫派亦與校園暴力之發生亦有關聯性。近年來校園染黑之新聞頻傳，幫派份子利用學生在校園內進恐嚇、暴力討債等等暴力行爲，讓社會大眾人心惶惶。相關之研究均顯示，加入幫派或結交幫派份子之青少年，其出現暴力行爲之頻率倍增，且行爲更趨暴力化（Thornberry, Krohn, Lizotte, & Chard-Wierschem, 1993; Malek, Chang, & Davis,1998）。

（二）大眾傳播媒體

在這個資訊日新月異的時代，媒體的影響力日以遽增，而時下青少年的休閒活動，許多均與大眾傳播媒體有關，例如閱讀報章雜誌、收看電視節目、使用網路等，若此時青少年接觸到大量的暴力、血腥、色情媒體，則青少年很有可能受媒體之影響，而產生暴力行爲。Bandura（1978）認爲當個體觀看具暴力情節的電視節目或電影，則會增加個體的暴力取向與行爲；而接觸愈多的暴力媒體，個體若容易加以模仿或學習，並導致暴力行爲產生。研究亦顯示，青少年愈常接觸暴力、色情媒體，則其愈容易出現暴力行爲（Belson, 1987；王淑女，2002）。

第七節　校園暴力之影響

校園暴力之影響非常廣泛，除了對被害人造成身心上之創傷外，對於目睹校園暴力之師生，也會產生心理創傷，更會重創學校之校譽，並危及校園安全，而校園暴力之影響力甚至會擴及施暴者。由此可見校園暴力之影響力相當深遠。以下分就校園暴力之施暴者、受害者等這兩方面來探討其影響。

一、校園暴力對於施暴者之影響

校園暴力之施暴者在從事暴力行爲時，可使他們感到權力感與控制感，而部分研究證據顯示校園暴力之施暴者之所以會有暴力行爲出現，是因爲自卑感作祟（Batsche & Knoff, 1994; Olweus, 1993）。若校園暴力之施暴者在遂行其暴行之後，未獲得適當之輔導，將會導致其在日後遇到問題，便選擇以暴力行爲來解決問題。Olweus（1993）之研究調查發現，在相當於我國之國中生這個階段中，在有出現校園暴力之行爲者中，其中 60%的人到 24 歲前至少會有一項犯罪紀錄。因此，校園暴力之施暴者除了學會用暴力解決問題外，亦會導致其未來之偏差與犯罪行爲。

二、校園暴力對於受害者之影響

校園暴力之受害者在遭受校園暴力後，將會對其所處的環境感覺焦慮與恐懼，或對學校有逃避、退縮之行爲出現，如不想去學校、逃學、甚至是自殺，較極端者甚至會有反撲之行爲出現，如對施暴者採取報復行動，或者是轉而去施暴他人（Batsche & Knoff, 1994）。校園暴力對於其受害者之影響可說是最嚴重也最值得重視的，若其受害之狀況未被察覺或未獲得適當之輔導，將可能對其身心造成深遠之影響，並在其人生中留下永遠無法抹滅之創傷。

第八節　預防校園暴力之建議

世界各國的校園均可能發生校園暴力事件，如何防範校園暴力事件，是值得社會大眾關注與省思之議題。以下將就家庭、學校、社會等這三面，提出可行之建議，期能作爲家長、教師及有關單位之參考。

一、家庭方面

（一）注重親子溝通

現今的工商業社會裡，家庭結構大幅改變，家長在忙碌於工作時，往往會疏忽孩子，導致親子關係日益疏遠。不少犯罪事件的參與者或是受害者之父母，往往是最後一個知情的。因此，家長在平時即應注重親子溝通，隨時關切孩子的身心發展，並參與孩子的各個成長階段。但是切勿使用責罵或是體罰教育，因爲這會造成孩子在面對問題時，也會選擇用同樣之方式來解決。在孩子有狀況出現時，給予適當的輔導、支持與關懷，並教導孩子正確的解決問題方式，以協助孩子度過難關。

（二）培養孩子正確之價值觀

不少研究顯示父母對於孩子的價值觀有強大之影響力，因此家長應從小便應培養孩子良好之生活習慣與情緒管理，並教導其正確之價值觀。

（三）定期與學校師長交流

許多家長認爲孩子在學校的一切狀況均應由學校來負責，但若家長能隨時與教師交流與溝通，將能更加了解孩子在學校的狀況，以給予孩子恰當的協助與關懷。

（四）教導孩子如何保衛自身安全

現今的社會處處埋藏危機，家長應教導孩子如何預防被害以及保衛自身安全，並教育孩子在遇到問題與威脅時，應盡速向師長反應，如此才能協助孩子處理問題，共同面對困境。尤其，研究也發現，在學校被欺負、被霸凌的學生大多採取「忽略」或「壓抑退縮」等較爲負面的因應策略，他們會默默忍受或是嘗試選擇遺忘，但這樣的因應方式其實必無法解決問題，反而會使其受欺壓的情況繼續延續下去，會讓其受害的情形更加嚴重（謝筱梅，1993；黃成榮，2004；鄭如安、許傳勝、蔡素芬、葉玉如、王馨、王瑞安、王純琪，2007；李卓穎，2010）。因此，在家時，父母可以教導孩子，若在同儕間遇到不合理的對待或是欺負，不要一個人默默的承受、隱忍，應該尋求父母、師長的協助，共同找出積極解決問題的方法，以改善被欺凌的情形，保護自身的安全。

二、學校方面

以下就學校環境、教師、學校來做探討。

（一）學校環境

要能有效預防及減少校園暴力或霸凌事件之方生，最重要的是要加強學校的防範措施，其主要的目的在於降低犯罪之酬賞，促使犯案更加困難，以及提升犯罪之風險原則。相關的策略包括：

1.加強校園門禁管制，確實執行外部安全管制措施

要有效預防校園暴力之發生，尤其是校外人士對學校學生及人員的施暴，進、出口之管制是重要防治措施之一。比方說，學校應限制校園進出口之數目、強化門禁管制、明訂校園開放時間及限制條件、建立訪客篩選制度，或是隔開福利社、餐廳等之進出口，以防因尖峰時間之擁擠所導致之暴力衝突事件。

2.加強巡邏暴力及侵害事件易聚集之特定地點

研究顯示，校園暴力與侵害事件有集中於某些特定時間與地點之傾向（王志立，2005；陳麗欣，2002）。Astor 等人（2005）建議可使用質化的繪圖（mapping）方法來顯示學校在當學期暴力事件發生的熱點（hot spots）與危險時段，並分析暴力事件的類型、加害者與被害者之模式，以澄清校園暴力問題之本質。

因此，在找出校園事件發生的熱點與時段後，學校訓輔老師及相關人

員應針對這些暴力及侵害事件易聚集之區域及地點加強巡邏，無論是課間或下課時間，應規劃巡堂措施，並隨時掌握校園死角的狀態，以便防止學生鬥毆、欺凌，以及不良份子之侵入、騷擾等情事，以達遏阻與預防校園暴力事件之效。

3.加強照明設備並減少校園死角，並強化軟硬體之保全措施

每個校園內都難免會有一些安全上的「死角」，例如空教室、偏僻的走道、放學後的廁所……等。這些校園中的死角，往往正是許多校園暴力發生的地點。因此，學校應自建築物的設計、校園的規劃、及加強夜間照明設備等方式，盡量減少安全死角的產生，以降低校園暴力發生的機會與可能性（陳皎眉，1998）。

另外，為有效預防與及時處理突發之緊急危機事件，學校應對於建築物的安全、消防安全系統、教學設施及電話、警鈴、監控設備、路燈、門鎖、欄杆、圍牆等校園安全相關設備進行定期的檢修，掌握學校各項軟硬體保全措施之運作情形，並強化其維護校園安全之功能。

（二）教師

1.經營良好的師生關係

經營良好的師生關係是建立一個和諧校園環境的關鍵因素之一（Bucher & Manning, 2005）。當學生與老師之間建立了良好的關係，且認為身在一個有歸屬感的地方時，則霸凌與其他暴力行為較不可能發生（Kohn, 2004）。同時，學生會信任老師，願意接受老師的指導與管教，願意向老師吐露心聲，並傳遞校園訊息，使老師隨時了解校園安全狀況，而得以對可能的危機事件做立即與妥善之處理，以避免事件之發生與惡化（許龍君，1998）。

2.隨時注意學生出、缺席記錄，確實掌握缺席者行蹤

研究顯示，被害者之缺席率高於未被害者，而曠、缺課也是加害者特質之一（陳麗欣，2002）。因此，學校若能隨時注意學生的出席與缺席狀況，並能掌握住缺席者之行蹤，必然有助於學校對於潛在校園暴力加害者

與被害者行蹤之了解，進而減少校園暴行之發生。

3.強化自我保護意識，避免成為合適之犯罪標的物

經由加強被害預防教育，使師生具備預防被害的基本常識，使他們了解如何辨識潛在的加害者、了解如何避免成爲校園暴力的被害者、如何因應被害的情境等，增加他們的防衛警覺與自我保護意識，因而使潛在加害者找尋被害對象的困難度增高，進而減少校園暴力事件之發生。

4.加強學生拒絕誘惑之能力，避免貪念

研究顯示，青少年加入幫派的誘因之一爲受到幫派領袖擁有之財富與氣派打動，加以青少年加入幫派後，可以耀武揚威，也可在無須辛勤工作之情形下，輕鬆的獲取鉅額金錢（蔡德輝、楊士隆，2006）。因此，學校訓、輔人員應聯繫家長共同輔導，加強學生拒絕誘惑之能力，以避免學生因血氣方剛、貪圖物慾享樂，而受引誘加入黑幫，影響前程。

5.勿偏愛或歧視特定學生

當老師偏愛特定學生時，這些學生易生驕縱之心，可能以此特權去欺壓其他學生；當老師歧視特定學生時，對於他們的行爲較爲挑剔，易使這些學生萌生含冤或不平之感。不管是偏愛或歧視學生，皆易造成師生間的管教衝突。因此，在管教學生方面，學校當局應提醒教師避免偏愛或歧視特定學生。Blauvelt（1999）曾建議，對於那些因違反規定而被交付處置（referral）的學生，學校應對所發生的事情概要做記錄。透過這些記錄，學校當局可注意是否有一群學生一直被懲處，或是否有某些教師對學生行爲的反應較不一樣，他們可能較容易被觸怒或是對於某些行爲有較低的容忍度，因此他們移交的較多的學生做處置。

6.勿公開羞辱，顧及學生之自尊心

對犯錯或有偏差行爲的學生施予管教或處罰時，在教導其爲自己的行爲負起責任時，應同時顧及學生自尊心之維護，避免公開羞辱或過於嚴重的處分或指責，以避免學生因受處罰後覺得自尊心受損，憤而產生報復之心或爆發更激烈暴力行爲之可能性。

（三）學　校

1.五育均衡發展

根據研究顯示，有暴力傾向的同學大多對讀書不感興趣，學業成績欠佳，因而學校適應不良、自我放棄，無法在以升學為主的校園中得到滿足與重視。同時，因學校太過度專注於提升學業成績（考試成績）上，而壓縮了教授其他課程的時間與努力，比方說憤怒的控制、暴力預防、人際關係之學習，同時教師也較缺乏時間培養良性師生關係（Kohn, 2004；程又強，1996）。因此，有學者建議應將教育目標從目前的升學、考試，回歸到重視德、智、體、群、美等五育均衡發展的境界。以學科教育與生活教育並重的教育方針，培養學生健全的身心發展，以有效降低校園的暴力事件（陳皎眉，1998）。

2.訂立明確、合時宜的校規，並確實執行

校園暴力發生的引爆點之一是校規的規定不甚明確，使受獎勵或懲處的學生產生不公平或是不合理的感覺，而有反抗之情形發生。因此，學校應訂立明確可遵行的校規，以使導師與訓輔人員在執行獎懲上有所依據，並避免受獎懲學生的不平之感（Astor et al., 2005；陳皎眉，1998）。同時，因應時代的進步與會社的多元化，學生與學校訓輔人員所面臨的情境也將不同，學校應對於校規做相對的檢討與調整，以使校規能具合理性、適切性與可行性。並且，要求校規之確實執行，給予潛在暴力學生一個難以實施暴力之環境，以導正學生之偏差行為（鄧煌發，2002）。

3.全面檢討獎懲制度，多給予鼓勵、獎賞，少懲戒

陳麗欣（2002）認為，目前學校訓育工作似乎以限制與懲戒為主，獎勵不多，即使有也只針對班級幹部及校方代表等少數人，學生因而覺得不公平或動則得咎。另外，研究也顯示，給予學生鼓勵與支持、應用正向行為支持（Positive Behavior Supports）策略，包括：給予口頭讚許、矯正不適當的行為、主動監督、強化正向行為等，能大幅改善學生的行為表現，並有助於學生的成功與克服困境的能力（Dufresne & Dorn, 2005; Oswald,

Safran, & Johanson, 2005）。因此，學校應全面檢討獎懲制度，擴大獎勵內容與獎勵對象，除了在校規與管教上致力於減少學生的偏差行爲外，也應在見到表現合宜時給予鼓勵、稱讚與獎賞之正向回饋等方式，培養學生的正向、優良行爲。

4.避免體罰之使用

Kohn（2004）認爲一個安全的學校環境是一個學生可以真正認識與信任成人與被成人認識與信任的地方，用體罰、處罰而不用解決問題的方式來處理學生問題的學校，這些連結（bonds）會被破壞掉。而且，依賴傳統的紀律、威脅的處罰與體罰方式，不僅分散我們對於攻擊行爲根本原因的注意力，無濟於訓育工作及校園安全，同時對學生造成霸凌與權力的展示作用，使學生學習到以暴力手段來處理事情，反而使得校園更佳暴力化。另外，學校使用威脅式的處罰與體罰方式，也易引發師生間的管教衝突，故學校應避免體罰之使用。

5.加強校園暴力宣導教育

學校應加強校園暴力宣導教育，除使學生更加地認識校園暴力，也讓學生了解施暴者所必須負擔的法律責任、學習如何辨識潛在的加害人，讓已存在之加害者無所遁形，也讓潛在的加害者不敢冒然而行、以身試法。

6.實施校園生活問卷調查，主動發覺校園暴力事件

學校可研擬學生校園生活問卷，透過問卷調查之方式，主動發覺校園暴力、霸凌事件發生之情形，與受暴、受欺負之學生。以此方式探詢校園暴力發生之情形，發覺那些已發生或發生中但未被知曉的暴力侵害事件，以主動出擊之方式，讓潛在暴力加害者明瞭學校對抗校園暴力之決心，也讓暴力受害者感受到學校對此事件之重視與對他們的保護。各校可參考教育部針對國中學生所編制之「校園生活問卷」爲基礎（教育部，2006），依各校之需求與特性來編制符合之問卷。

7.處罰前聆聽申辯與處罰後的輔導

鄔佩麗及洪儷瑜（1996）認爲，要減少或消弭學生的暴力行爲，必須

致力於提高學生以理性態度來面對其生活環境裡必須面對的問題。當對有偏差行爲的學生施予處罰之前，應給予學生一個申辯的機會，傾聽當事人對事件發生的描述與感受，讓其內心的不滿與憤怒有適當的發洩機會，避免其有「冤屈無處申」之感。另外，在處罰之後，藉由學校輔導體系之協助，詳細地與之分析與說明，使其了解以暴力手段無法真正問題，反而要付出代價，而接受處罰就是暴力行爲的代價之一。處罰暴力行爲傳遞一個重要訊息給暴力行爲者與其他學生，那就是，要當事人學習爲自己的行爲負責。

8.設置匿名投訴系統，落實當事人隱私之保護

Brunner and Lewis （2005）建議學校或教育主管當局應設置一個匿名的報案專線、申訴信箱或報案系統（如語音答錄機），安排專人輪值接聽、受理，當學生發現任何可能危及自己或他人之危機、緊急情況時，可以透過這個匿名通報系統提供相關訊息。這個報案專線或系統的電話號碼及申訴信箱之位置，應該透過各種宣傳方式讓學生知道。不過，設置此通報系統最重要的是保護當事人之隱私，不論是提供資料的報告者或是被舉發當事人之隱私，均需予以確實保密，以免擴大事端，造成無謂之傷害。

9.建立校園緊急事件反應計畫

面對校園內可能發生的暴力及其他緊急事件，Brunner 及 Lewis（2005）建議學校應發展一套緊急事件反應計畫。針對不同的緊急事件，將可能協助處理的單位處室及人員、該處理之事項、各事項之負責人員及處理之流程詳列出來，以供事件發生時，參與處理之人員有標準及詳細計畫可遵循，俾以妥善處理緊急事件，減少事件所帶來的衝擊與影響。此外，應經常針對各種可能狀況進行模擬演習，使教職員工能熟悉緊急事件的處理流程、熟練各種可能的因應策略與技巧（唐璽惠，1998）。另外，學校當局應於每年邀集校園內不同單位的教職員工來共同檢討校園緊急事件計畫，仔細的審視，並視情況對其做適當的修改或增減。

10.加強人員面對危機之訓練

鄔佩麗及洪儷瑜（1996）認爲，爲了提升學校對校園安全的控制能力，

學校教職員工必須具備處理校園暴行與危機事件的能力，如此才能給予學生安全的照顧與保護。因此，學校應針對校園內的教職員工生實施校園危機處理教育及相關訓練，提供資料以助個人增加對校園暴力問題類型與嚴重性之認知程度，提升其對校園暴力之危機意識，並強化教職員工生處理緊急、危機事件之應變能力。例如，在發生校外人士侵入校園尋仇事件時，應保持鎮靜、立即報警，以冷靜的態度將當事人雙方隔開，千萬不要與侵入者爭吵或激怒之。同時，應保持鎮靜，熟記歹徒的各項特徵，拖延時間，並保持現場之證據，等待警方的到來與處理。

三、社會方面

1.建立完善通報機制，並確實紀錄與呈報校園安全與災害事件

確實利用教育部所建構之「校園安全及災害事件即時通報系統」，將校園內發生之緊急災害與侵害事件確實呈報，並詳實記載事件的類型、發生的時間與地點、涉及事件的人員、事件發生的原因以及學校所做的處置等。另外，教育部亦設置 0800-200885（耳鈴鈴幫幫我），24 小時免付費專線電話，供國中、小學生、家長、師長、媒體及民眾反映與校園安全之有關訊息，並將陳報事件列管處理（教育部，2006）。

藉由蒐集詳細並即時之訊息，可定期統計分析校園事件消長現象、可能因素，將有助於主管機關及學校當局在事件發生之初即能加以掌握，而在其惡化成重大事件並對學校造成嚴重傷害之前，給予必要之協助並及時採取對策予以因應，以有效維護校園及學生安全（Blauvelt, 1999）。

2.設置學校警備安全人員，正式納編，且給予更完善之設備與訓練

陳麗欣（2002）建議，為有效預防與處理校園暴力及緊急事件，建議相關教育主管單位考慮設置警備安全人員於學校編制內，並給予更完善之設備與訓練，以提升其素質。如此，不僅可以維持校內學生之安全，也可阻止外來者侵入校園鬧事，並協助處理緊急事件。

3.結合社區多元的資源來共同維護校園安全

校園安全不僅是全校教職員工學生之共同責任，也需要社區資源的投

注。要預防及減少校園暴力之發生，學校除應動員全體師生之外，亦應重視社區資源的無限與潛力，並結合社區多元的資源來共同維護校園安全。例如，彰化縣章安國中曾商請學生家長擔任學校義工，他們不但在學生上學、放學時，實施交通安全看護與指揮，也協助學校實施校外聯巡，到電動玩具店、網咖等場所勸導學生勿過於沈迷。另外，義工導師團也在每天清晨六點多就到學校協助維護校園安全，而且每節下課都安排有義工老師巡視校區，以防止學生鬧事，實施以來校園安全改善良多（許龍君，1998）。

另外，警力的協助也是安定校園的重要力量。教育行政機構應透過協調合作之方式，和縣市警察局建立緊急聯絡網，協助學校和當地警察機關建立警備網，以應付任何緊急突發事件，並協請警方在假日、夜晚，或針對校園外圍、角落、偏僻處……等地區加強巡邏。在遇到緊急事件或有外人闖入學校時，學校應立即主動聯絡警方以請求其協助。此外，學校也可請警方協助，遴派妥適人員，赴校講解灌輸法律、人身安全等常識，以充實危機應變能力。

4.規劃正當之休閒活動

如何引導青少年旺盛的精力，並發洩在正當場所，是防治青少年暴力的重點工作。因此，建議教育相關主管單位、學校及社會團體設計與舉辦各種不同的活動，例如各種舞蹈比賽、野外求生、游泳、球類訓練與時下熱門之漆彈野戰活動等，鼓勵青少年學生參加，讓其在團體活動中，一方面消耗多於精力，避免產生暴力行為；另一方面則可供學生在參與有意義之活動之際，學習人際間相互尊重、鼓勵，並訓練其解決人際衝突之技巧。

結論

校園應是讓學生安心求學之處所，然而校園暴力事件卻嚴重危及校園安全，為本應寧靜祥和之校園投下一枚未爆彈，使得校園籠罩在恐懼之中。校園安全之成因往往錯綜複雜，而其影響力又相當深遠，若社會大眾或相關單位忽視此問題之嚴重性，則導致更多之社會問題。

如何因應校園暴力及如何預防校園暴力，這是需要全體社會之努力，而非將責任推至部分單位或人事身上，如同「打擊犯罪，人人有責」這句標語一樣，要預防校園暴力亦是每個人的責任，若能結合警政、學校、民間單位、社區，以及社會大眾之資源與力量，校園安全將會更加牢固，校園也將更加純淨祥和，讓每個學生都能安心、安全地在學校學習及成長！

參考書目

一、中文部分

TVBS 電視新聞（2010 年 4 月 26 日）。摸下體打 9 耳光？ 教師坦承冤枉孩童。2010 年 4 月 30 日，取自：http://www.tvbs.com.tw/news/news_list.asp?no=sunkiss20100426120226&&dd=2010/4/26+%E4%B8%8B%E5%8D%88+09:25:06

中時新聞網（2010 年 4 月 20 日）。校園暴力：手機引發糾紛，將人打瞎。2010 年 4 月 30 日，取自：http://video.chinatimes.com/video-bydate-cnt.aspx?cid=4&nid=29971

王志立（2005）。環境設計預防犯罪理論應用於國民中學校園規劃之探討——以永和地區國民中學爲例。華梵大學建築學系研究所碩士論文。

王淑女（2002）。大眾傳播媒體與青少年暴力行爲。載於蔡德輝、楊士隆（主編），青少年暴力犯罪：原因、類型與對策。臺北：五南。

自由時報（2009 年 5 月 25 日）。林園國中霸凌，學生看熱鬧。2010 年 1 月 7 日，取自：http://www.libertytimes.com.tw/2009/new/may/25/today-life1.htm

吳清山、林天祐（2005）。校園霸凌。教育研究月刊，130，143。

李卓穎（2010）。高中職同儕間霸凌行爲極其因應策略之研究——以花蓮地區爲例。未出版碩士論文，國立中正大學犯罪防治研究所，嘉義。

兒童福利聯盟文教基金會（2004）。國小兒童校園霸凌（bully）現象調查報告。

兒童福利聯盟（2006）。兒童校園「性霸凌」現況調查報告。

兒童福利聯盟文教基金會（2007）。兒童校園「霸凌者」現況調查報告。2010 年 1 月 8 日，取自：http://www.children.org.tw/database_report.php?id=204&typeid=4&offset=0

周秀玲（2008）。高中職受凌因素之研究——以嘉義市爲例。未出版碩士論文，國立中正大學犯罪防治研究所，嘉義。
邱靖惠、蕭慧琳（2009）。台灣校園霸凌現象與危機因素之解析。兒童及少年福利期刊，15，147-170。
洪福源（2001）。國中校園欺凌行爲與學校氣氛及相關因素之研究。未出版碩士論文，國立彰化師範大學教育研究所，彰化。
唐璽惠（1998）。校園危機處理。學生輔導，58，44-56。
高金桂（1993）。校園暴力之現況與型態。校園暴力研討會，國立台灣師範大學成人教育中心主辦，臺北市。
高雄市社會局（2007）。96 年度高雄市中小學校園霸凌現況調查之研究。2009 年 10 月 5 日，取自：http://grbsearch.stpi.org.tw/GRB/quickSearch.jsp
張信務（2007）。營造友善校園——「從去霸凌開始」。北縣教育，61，31-35。
教育部（2006）。教育部改善校園治安——倡導友善校園，啓動校園掃黑實施計畫。行政院公報，第 012 卷，第 079 期，20060428，教育文化篇。http://www.govbook.com.tw/eguploadpub/eg012079/ch05/type2/gov40/num14/Eg.pdf.
教育部（2008）。各級學校校園事件統計。2009 年 12 月 15 日，取自：http://www.edu.tw/files/site_content/B0013/98edu_app11.xls
教育部（2008）。教育部國中小校園安全管理手冊。2009 年 10 月 01 日，取自：http://www.edu.tw/files/publication/B0055/校安手冊_1.pdf
教育部（2010）。教育部呼籲學校、家庭及社會共同關注孩子的問題行爲。教育部即時新聞。2010 年 2 月 10 日，取自：http://www.edu.tw/news.aspx?news_sn=3085&pages=0
許龍君（1998）。校園安全與危機處理。台北：五南圖書出版有限公司。
陳皎眉（1998）。校園的衝突與暴力。學生輔導，57，20-31。
陳麗欣（2002）。國中校園學生與教師被害之問題與防治對策，在蔡德輝、楊士隆主編之「青少年暴力犯罪：原因、類型與對策」一書（頁

325-352）。台北：五南圖書出版有限公司。

程又強（1996）。談影響校園暴力之家庭因素。學生輔導，第三十七期，頁 44-49。

華視新聞（2009 年 1 月 17 日）。學弟出氣包!體育班學長拳腳相向。2010 年 1 月 7 日，取自：http://news.cts.com.tw/cts/society/200901/200901170259993.html

黃成榮（2004）。香港校園欺凌現象與面對策略。讀者文摘，2004 年 2 月號，20-30。

黃妙紋（2007）。父母管教方式、收看暴力電視節目與校園霸凌之相關研究——以台北縣國小高年級學童為例。未出版碩士論文，銘傳大學教育研究所，桃園。

江淑如（1992），談校園恐嚇被害之防範，諮商與輔導，77，42-43。

黃富源（1988）。校園暴行之研究與抗制。現代教育，12，24-41。

黃德祥（1994）。青少年發展與輔導。臺北：五南。

楊士隆、曾淑萍（2006）。暴力犯罪型態與防治對策。治安良策民眾安居研討會，財團法人向陽文教基金會與東吳大學法學院主辦。

楊士隆、曾淑萍（2007）。校園暴力犯罪與防治對策。教育研究月刊，154，60-76。

董旭英（2003）。一般化緊張理論的實證性檢驗。犯罪學期刊，6（1），103-128。

雷新俊（2009）。校園霸凌事件的防制與輔導。學生事務，48（1），19-26。

鄔佩麗、洪儷瑜（1996）。校園暴行之預防及處理策略模式研究，在「校園暴力行為之預防、診斷及處理策略模式研究」（頁 1-159）。台北：行政院教育改革審議委員會。

蔡德輝、楊士隆（2002）。幫派入侵校園問題與防治。載於蔡德輝、楊士隆（主編），青少年暴力犯罪：原因、類型與對策。臺北：五南。

蔡德輝、楊士隆（2000）。青少年暴力犯罪成因：科際整合之實證研究。

犯罪學期刊，6，1-34。

蔡德輝、楊士隆（2005）。少年犯罪：理論與實務。台北：五南。

鄭如安、許傳勝、蔡素芬、葉玉如、王馨、王瑞安、王純琪（2007）。96年度高雄市國珠國小校園霸凌現況調查之研究（計畫編號：PG9606-0133）。高雄：高雄市政府社會局委託研究。

鄧煌發（2002）。青少年暴力犯罪與校園安全維護，在蔡德輝、楊士隆主編之「青少年暴力犯罪：原因、類型與對策」一書（頁353-392）。台北：五南圖書出版股份有限公司。

謝筱梅（1993）。校園中的欺凌行為。諮商與輔導，22-24。

魏麗敏、黃德祥（2003）。高中職校園欺凌行為相關因素之研究（I）（計畫編號：NSC 91-2413-H-142-010）。台北：行政院國家科學委員會。

蘋果日報（2009年5月20日）。高壯少年遭霸凌，吞增高藥。2010年1月7日，取自：http://tw.nextmedia.com/applenews/article/art_id/31641887/IssueID/20090520

二、外文部分

Akers, R. L. (1997). *Criminological theories: Introduction and evaluation*. Chicago: Roxbury.

Astor, R. A., H. A. Meyer, R. Benbenishty, R. Marachi, & M. Rosemond. (2005). School Safety Interventions: Best Practices and Programs. *Children and Schools*, 27(1), 17-32.

Bandura, A.(1978). Socail Learning Theory of Aggression. *Journal of Communicaton*, 28(3), 12-29。

Banks, Ron. (1997). *Bullying in Schools*. ERIC digest (Urbana, Ill.). EDO-PS-97-17.

Barton, E. A. (2006). *Bully prevention: Tips and strategies for school leaders and classroom teachers*. Thousand Oaks, California: Corwin press.

Batsche, G. M., & H. M. Knoff. (1994). "Bullies and their victims: Understanding a pervasive problem in the schools." *School Psychology Review, 23*(2), 165-174.

Blauvelt, P. D. (1999). *Making Schools Safe for Students: Creating a Proactive School Safety Plan.* CA: Thousand Oaks: Corwin Press, Inc.

Belson, W. A. (1978). *Television Violence and the Adolescent Boy*. Westmead, England：Saxon House.

Brunner, J., & D. Lewis. (2005). A Safe School's Top 10 Needs. Education Digest: *Essential Readings Condensed for Quick Review*, 71(1), 21-24.

Bucher, K. T., & M. L. Manning. (2005). *Creating Safe Schools. Clearing House: A Journal of Educational Strategies*, Issues and Ideas, 79(1), 55-60.

Charach, A., D. Pepler, & S. Ziegler. (1995). "Bullying at school: A Canadian Perspective." *Education Canada*, 35, 12-18.

Craig, W. M. (1998). "The relationship among bullying, victimization, depression, anxiety, and aggression in elementary school children." *Personality and Individual Differences*, 24, 123-130.

Crick, N. R., & M. A. Bigbee. (1998). "Relational and overt forms of peer victimization: A multi-informant approach." *Journal of Consulting and Clinical Psychology*, 66, 337-347.

Demaray, M. K., & C. K. Malecki. (2003). Perceptions of the frequency and importance of social support by students classified as victims, bullies, and bully/victims in an urban middle school. *School Psychology Review*, 32, 471-489.

Dufresne, J., & M. Dorn. (2005). Keeping Students and Schools Safe. *Reclaiming Children and Youth: The Journal of Strength-Based Interventions*, 14(2), 93-96.

Floyd, N. M. (1985). "Pick on somebody your own size? Controlling victimization." *The Pointer*, 29, 917.

Furlong, M., & G. Morrison. (2000). "The School in School Violence: Definition and Facts." *Journal of Emotional and Behavioral Disorders*, 8(2), 71-82.

Greenbaum, S. (1988). *School Bully and Victimization (Resource Paper)*. Malibu, CA: National School Safety Center.

Henry, S. (2000). What is school violence? An integrated definition. Annals, AAPSS, 567.

Hoover, J., R. Oliver, & K. Thomson. (1993). Perceived victimization by school bullies: New research and future direction. *Journal of Humanistic Education and Development*, 32, 76-84.

Kohn, A. (2004). Rebuilding School Culture to Make Schools Safer. *Education Digest: Essential Readings Condensed for Quick Review*, 70(3), 20-30.

Loeber, R., & T. J. Dishion. (1984). "Boys who fight at home and school: Family conditions influencing cross-setting consistency." *Journal of Consulting and Clinical Psychology*, 52, 759-768.

Megargee, E. (1966). Undercontrolled and Overxontrolled Personality Types in Extreme Antisocial Aggression. *Psychological Monographs: General and Applied*, 80, 1-29.

Malek, M. K., B. H. Chang , & T. C. Davis. (1998). "Fighting and weapon-carrying among seventh-grade student in Massachusetts and Louisiana." *Journal of Adolescent Health*, 2, 94-102.

Nansel, T. R., M. Overpeck, R. S. Pilla, W. J. Ruan, B. Simons-Morton, & P. Scheidt. (2001). Bullying behaviors among US youth: Prevalence and association with psychosocial adjustment. *Journal of the American Medical Association*, 285, 2094-2100.

Nansel, T. R., W. Craig, M. D. Overpeck, G. Saluja, W. J. Ruan, & the Health Behavior in School-Aged Children Bullying Analyses Working Group. (2004). Cross-national consistency in the relationship between bullying behaviors and psychosocial adjustment. *Archives of Pediatrics & Adolescent Medicine*, 158, 730-736.

Olweus, D. (1973). *Personality and aggression*. In J. K. Coie & D. D. Jensen (Eds.), *Nebraska Symposium on Motivation*. Lincoln: University of Nebraska Press, pp. 261-321.

Olweus, D. (1978). *Aggression in the Schools: Bullies and Whipping Boys*. New York: Wiley.

Olweus, D. (1984). Aggressors and their victims: Bullying at school. In N. Frude & H. Gault (Eds.), *Disruptive Behavior Disorders in Schools (pp. 57-76)*. New York: Wiley.

Olweus, D. (1993). *Bullying at School: What We Know and What We Can Do*. Cambridge, MA: Blackwell Publishers.

Olweus, D. (1994). "Bullying at school: Basic facts and effects of school-based intervention program." *Journal of Psychology and Psychiatry*, 35(7), 1171-1190.

Oswald, K., S. Safran, & G. Johanson. (2005). Preventing Trouble: Making Schools Safer Places Using Positive Behavior Supports. *Education and Treatment of Children*, 28(3), 265-278.

Pepler, D., W. Craig, A. Yuile, & J. Connolly. (2004). "Girls who bully: A developmental and relational perspective." In Putallaz M, Bierman K. L. (eds), *Aggression, Antisocial Behavior, and Violence Among Girls: A Developmental Perspective* (pp. 90-109). New York: Guildford.

Sullivan, K. (2006). *Bullying: How to Spot it and How to Stop it: A Guide for Parents and Teachers*. London: Rodale.

Sutherland, E. H. (1939). *Principles of Criminology*. Philadelphia: J. B. Lippincott.

Thornberry, T. P., M. D. Krohn, A. J. Lizotte, & D. Chard-Wierschem. (1993). The role of juvenile gangs in facilitating delinquent behavior. *Journal of Research in Crime and Delinquency* 30(1): 55-87.

Veenstra, R., S. Lindenberg, A. J. Oldehinkel, A. F. De Winter, F. C. Verhulst, & J. Ormel. (2005). Bullying and Victimization in Elementary Schools: A Comparison of Bullies, Victims, Bully/Victims, and Uninvolved Preadolescents. *Developmental Psychology*, 41(4), 672-682.

第五章

台、日校園霸凌基本概念形成與釐清

從現象面與防治教育之二個問題而言

陳慈幸※

前　言

校園霸凌，在於其定義而言，筆者認為部分之型態雖可屬校園暴力類型之一，但並非等同於一般校園暴力。霸凌與一般校園暴力之共通者，乃在加諸身體暴力或者言語暴力等之具體行為行使，惟霸凌卻可以一種消極、抽象之方式進行，例如網路登載他人照片、斷絕人際關係等消極方式進行等等。因霸凌行為涵括積極之暴力行為與抽象之人際關係等之問題，因此其加諸被害人所產生後續影響甚大。其中於校園內所發生之校園霸凌，近年來實證研究已證明影響被害人之學習意念甚大，除造成被害人中途輟學外，亦有被害人可能因通報霸凌被害後所可能產生之二度被害問題；除此之外，加害人之面向亦不能忽視，加害人若有小團體，極易形塑為校園暴力集團等問題……[1]。在於前述之背景之下，校園霸凌已非傳統之

※ 日本中央大學法學博士、日本比較法研究所囑託研究員、日本常盤大學國際被害者學研究所研究顧問，國立中正大學犯罪防治學系副教授。

1 陳慈幸（2005），「組織犯罪與被害者學：二個犯罪現象與對策問題之論理型塑」，濤石文化，頁77後。

校園暴力之類型，因其行爲樣態多重，所產生之被害情形亦有所不一，並且對於被害人之加害狀況而導使目前國內外兒童福利團體之重視，並使此議題之研究，有其相當程度之重要性。

校園霸凌所牽涉之周邊問題，相當繁複，本文所即將探討者，主要使學習者釐清以下幾點基本概念：首先，就我國與日本近年來對於霸凌定義見解之變革如何？其次，我國與日本近年來對於霸凌型態有何轉變？最後再針對筆者所進行之我國國中小教職人員對於霸凌意識型態之問卷調查而爲探討。

需說明的是，本文所採用之研究方法主要爲法學研究方法當中之文獻探討，除此之外，本文亦採簡易之量化問卷進行觀察研究。惟本研究所採之量化研究，僅在於輔助本文進行說明並觀察教育人員對於校園霸凌認知現象，並非傳統之社會科學實證問卷研究，僅此說明。

雖國內對於霸凌研究已非少數，惟學習者在於何謂霸凌之幾個基本概念問題，例如定義爲何？或者是霸凌型態之探討，以及日本文部科學省（相當於我國教育部）對於霸凌之見解與防制策略究竟如何……等之幾個概念性問題，仍有需進行基本性之釐清與學習，本文僅就幾個基礎性之概念針對討論，以期學習者能從中習得更爲基本性之概念。

第一節　校園霸凌定義、現象與類型

「霸凌」一意，乃從美國之 bully 或者爲 bullying 之定義而來，主要爲指「to hurt or frighten someone who is smaller or less powerful than you, often forcing them to do something they do not want to do」或「someone who hurts or frightens someone who is smaller or less powerful than them, often forcing them to do something they do not want to do」[2]，中文之意主要爲「恃強欺弱」之意涵。從前述推斷，霸凌僅要在一個團體當中造成兩方面不平等之結構

2 參閱Cambridge Advanced Learner's Dictionary，http://dictionary.cambridge.org/define.asp?key=10197&dict=CALD，2009年8月15日造訪。

氛圍即可，惟目前因校園安全問題的重視，目前討論霸凌之問題，其重心漸漸偏向校園當中所發生之霸凌行爲。需注意的是，此所稱之「校園霸凌」，在於台灣與日本而言，皆爲指國小、國中至高中階段。

前述所稱日本對於霸凌之行爲，亦與台灣、美國相同，漸由一般概括性之定義，亦即團體當中之強弱不均等情形，近來漸轉爲校園內所發生的校園問題。首先，先從日本對於霸凌定義之轉變而爲闡述：

日本對於霸凌之定義，近年發生轉換性之改變。根據傳統日本學理意見，構成「霸凌」（いじめ）現象之要件爲：「同一集団内の相互作用過程において優位にたつ一方が、意識的に、あるいは集合的に、他方に対して精神的・身体的苦痛をあたえること（中譯：同一集團內同儕互動中處於優勢一方施予弱勢的一方精神與生理之痛苦）[3]」。平成十八年（2006）十一月六日時，日本國內發生一封寄交日本文部科學省大臣（相當於我國教育部部長）之匿名信當中指出：「若校園霸凌狀況於十一月八日無法獲得解決，將於十一月十一日在校內自殺……[4]」。爾後，日本文部科學省緊急進行此封匿名信之後續對應，並針對後續處理狀況，發出以下圖之公文書，雖此封匿名信發出後，至當年十一月底爲止無任何因校園霸凌自殺之案例通報，惟日本卻於當年進行了霸凌定義上之修正。

3　森田洋司・清水賢二（1994），「新訂版いじめ」，金子書房。轉引於陳慈幸（2005），「組織犯罪與被害者學：二個犯罪現象與對策問題之論理型塑」，濤石文化，頁77後。

4　參東京都教育委員會資料：http://www.kyoiku.metro.tokyo.jp/press/pr061109i.htm，2009年8月16日造訪。

文部科学大臣からのお願い

未来のある君たちへ

弱いたちばの友だちや同級生をいじめるのは、はずかしいこと。

仲間といっしょに友だちをいじめるのは、ひきょうなこと。

君たちもいじめられるたちばになることもあるんだよ。後になって、なぜあんなはずかしいことをしたのだろう、ばかだったなあと思うより、今、やっているいじめをすぐにやめよう。

。　。　。

いじめられて苦しんでいる君は、けっして一人ぼっちじゃないんだよ。

お父さん、お母さん、おじいちゃん、おばあちゃん、きょうだい、学校の先生、学校や近所の友達、だれにでもいいから、はずかしがらず、一人でくるしまず、いじめられていることを話すゆうきをもとう。話せば楽になるからね。きっとみんなが助けてくれる。

平成十八年十一月十七日

文部科学大臣　伊吹　文明

圖 5-1　日本文部科學省（教育部）對於霸凌所導致的自殺問題所發表的公文書（一）[5]

文部科学大臣からのお願い

お父さん、お母さん、ご家族の皆さん、学校や塾の先生、スポーツ指導者、地域のみなさんへ

このところ「いじめ」による自殺が続き、まことに痛ましい限りです。いじめられている子どもにもプライドがあり、いじめの事実をなかなか保護者等に訴えられないとも言われます。

一つしかない生命。その誕生を慶び、胸に抱きとった生命。無限の可能性を持つ子どもたちを大切に育てたいものです。子どもの示す小さな変化をみつけるためにも、毎日少しでも言葉をかけ、子どもとの対話をして下さい。

子どもの心の中に自殺の連鎖を生じさせぬよう、連絡しあい、子どもの生命を護る責任をお互いに再確認したいものです。

平成十八年十一月十七日

文部科学大臣　伊吹　文明

圖 5-2　日本文部科學省（教育部）對於霸凌所導致的自殺問題所發表的公文書（二）

5　http://www.mext.go.jp/a_menu/shotou/seitoshidou/06110713.htm，2009年8月15日造訪。

承前述，日本至目前對於霸凌之定義爲：「子供が一定の人間関係のあるものから、心理的、物理的攻撃を受けたことにより、精神的な苦痛を感じているもの（中譯：未成年兒童與少年受到有某程度人際關係者之心理、物理性之攻擊，而受到精神上之痛苦…）…[6]」。從前述之定義再進行傳統定義之比較，可查知日本對於霸凌之文彙見解，從以往側重於團體內欺凌不平等之現象，轉爲針對探討未成年人間人際關係行爲所產生之欺凌行爲。爲何有此大幅度之變革，主要是日本國小至中學（高中）之校園霸凌案件發生案例，並無減輕之趨勢。

除傳統霸凌之外，日本近年來非常重視網路霸凌之現象，而日本文部科學省亦對於何謂網路霸凌進行解釋：

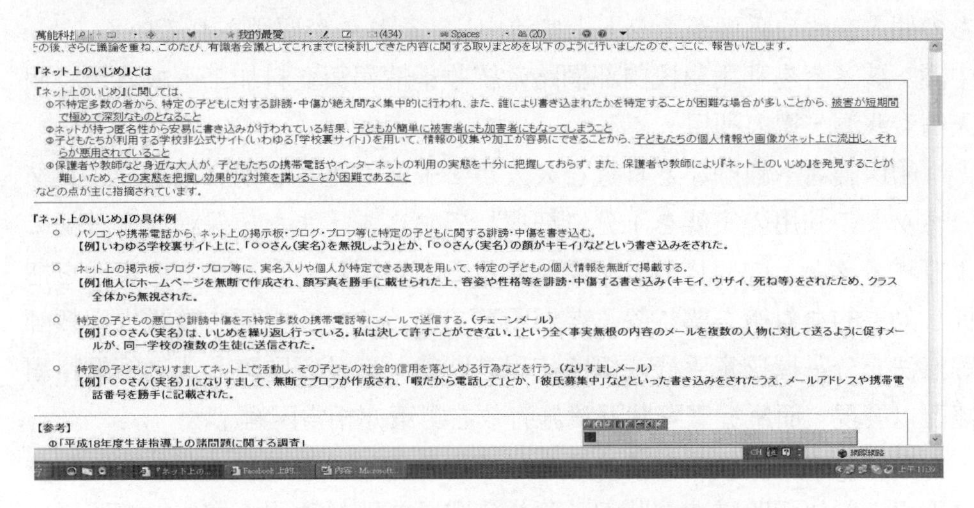

その後、さらに議論を重ね、このたび、有識者会議としてこれまでに検討してきた内容に関する取りまとめを以下のように行いましたので、ここに、報告いたします。

『ネット上のいじめ』とは

『ネット上のいじめ』に関しては、
①不特定多数の者から、特定の子どもに対する誹謗・中傷が絶え間なく集中的に行われ、また、誰により書き込まれたかを特定することが困難な場合が多いことから、被害が短期間で極めて深刻なものとなること
②ネットが持つ匿名性から安易に書き込みが行われている結果、子どもが簡単に被害者にも加害者にもなってしまうこと
③子どもたちが利用する学校非公式サイト（いわゆる「学校裏サイト」）を用いて、情報の収集や加工が容易にできることから、子どもたちの個人情報や画像がネット上に流出し、それらが悪用されていること
④保護者や教師など身近な大人が、子どもたちの携帯電話やインターネットの利用の実態を十分に把握しておらず、また、保護者や教師により『ネット上のいじめ』を発見することが難しいため、その実態を把握し効果的な対策を講じることが困難であること
などの点が主に指摘されています。

『ネット上のいじめ』の具体例

- パソコンや携帯電話から、ネット上の掲示板・ブログ・プロフ等に特定の子どもに関する誹謗・中傷を書き込む。
  【例】いわゆる学校裏サイト上に、「○○さん（実名）を無視しよう」とか、「○○さん（実名）の顔がキモイ」などという書き込みをされた。
- ネット上の掲示板・ブログ・プロフ等に、実名入りや個人が特定できる表現を用いて、特定の子どもの個人情報を無断で掲載する。
  【例】他人にホームページを無断で作成され、顔写真を勝手に載せられた上、容姿や性格等を誹謗・中傷する書き込み（キモイ、ウザイ、死ね等）をされたため、クラス全体から無視された。
- 特定の子どもの悪口や誹謗中傷を不特定多数の携帯電話等にメールで送信する。（チェーンメール）
  【例】「○○さん（実名）は、いじめを繰り返し行っている。私は決して許すことができない。」という全く事実無根の内容のメールを複数の人物に対して送るように促すメールが、同一学校の複数の生徒に送信された。
- 特定の子どもになりすましてネット上で活動し、その子どもの社会的信用を落としめる行為などを行う。（なりすましメール）
  【例】「○○さん（実名）」になりすまして、無断でプロフが作成され、「暇だから電話して」とか、「彼氏募集中」などといった書き込みをされたうえ、メールアドレスや携帯電話番号を勝手に記載された。

【参考】
①「平成18年度生徒指導上の諸問題に関する調査」

圖 5-3　日本文部科學省對於網路霸凌之解釋[7]

在於日本之解釋當中，可發現主要之含意爲：

「『ネット上のいじめ』に関しては、中譯：網路霸凌之定義，①不特定多数の者から、特定の子どもに対する誹謗・中傷が絶え間なく集中

6　參考日本文部科學省網站http://www.mext.go.jp/b_menu/b002.htm，2009年8月16日造訪。
7　http://www.mext.go.jp/b_menu/houdou/20/06/08061612/002.htm，2009年8月12日造訪。

的に行われ、また、誰により書き込まれたかを特定することが困難な場合が多いことから、被害が短期間で極めて深刻なものとなること　。中譯：不特定多數之人對於特定的兒童進行不斷、集中性的誹謗、重傷，以及無法特定加害人之點，可造成短期間很嚴重的被害。

②ネットが持つ匿名性から安易に書き込みが行われている結果、子どもが簡単に被害者にも加害者にもなってしまうこと。中譯：網路有其獨特的匿名性容易讓人肆意地上傳自己的意見，故孩童容易變成加害人亦容易變成被害人。

③子どもたちが利用する学校非公式サイト（いわゆる「学校裏サイト」）を用いて、情報の収集や加工が容易にできることから、子どもたちの個人情報や画像がネット上に流出し、それらが悪用されていること　。中譯：孩童容易利用學校內部網路系統收集情報與資料加工，故容易將個人情資洩漏，遭人利用。

④保護者や教師など身近な大人が、子どもたちの携帯電話やインターネットの利用の実態を十分に把握しておらず、また、保護者や教師により『ネット上のいじめ』を発見することが難しいため、その実態を把握し効果的な対策を講じることが困難であること。中譯：監護人與教師等無法充分掌握孩童手機或網路使用之狀態，以及因監護人或老師網路霸凌難以發現，而掌握實際狀況實施有效之對策亦相當困難」。

根據上述日本網路霸凌含意之詳細與精確，可得知日本對於網路霸凌之重視，對於網路霸凌之狀況，近幾年我國亦開始重視，惟對於網路霸凌之意義，我國學理之定義似乎不似日本之詳細與精確，結合主要學理之意義，多半爲止「在於網路上行使對他人之不平等與欺凌行爲[8]」

再看看目前校園霸凌現象面之發展：

相對於我國兒福聯盟對於校園霸凌行爲所進行之報告，「有超過六成

8　Cathy T.H.CHEN（2009/6），「A Legal Empircal Study of Juvenile Cyberbullying in Taiwan」，日本比較法雜誌第43卷第1號，pp89-pp111。亦參考劉世閔（2007）。網路霸凌（cyber-bullying）。教育研究月刊，第158期，頁144-149。

的孩童有受霸凌之經驗，其中以言語霸凌占大多數，高達 54.7%，其次則是肢體霸凌占 36.8%....[9]」，除此之外，國內實證亦指出，目前台灣受霸凌學童多數遭受霸凌之類型爲言語霸凌[10]。除傳統霸凌以外，目前國內實務機構之統計發現有半數以上與三成左右的國中生、國小學生遭致網路霸凌。

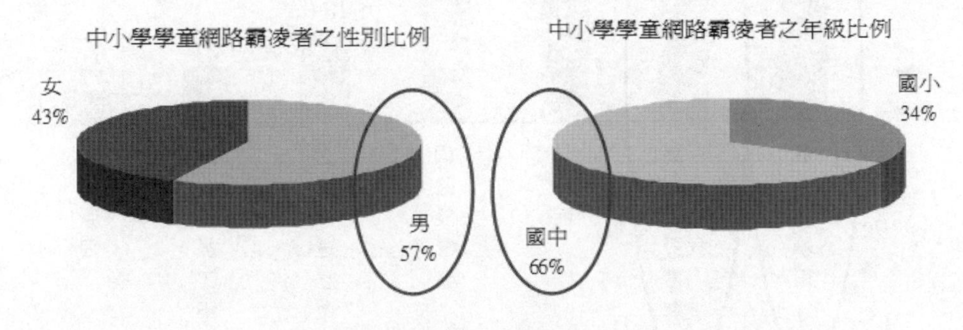

圖 5-4 兒童福利聯盟對於網路霸凌之實證調查[11]

而在於動機方面，參考圖 5-5，可發現以個人交往情形衝突爲最多：

---

9 http://www.children.org.tw/Items_2/index_2.asp?UnitID=1159&PageNo=2&PageTitle= 活動花絮，2004/12/31造訪

10 吳紋如（2005），國小高年級學童人格特質、親子關係與受霸凌知覺及反應之研究，國立嘉義大學研究所碩士論文中實證資料顯示。除此之外，實證研究尚包括劉炘衢（2009/7），國小校園霸凌現況與防治教育需求調查研究：以雲林縣為例，國立中正大學犯罪防治研究所碩士論文中之實證研究顯示。

11 參閱兒童福利聯盟，2007年調查。目前網頁已移除。轉引Cathy T.H.CHEN（2009/6），「A Legal Empircal Study of Juvenile Cyberbullying in Taiwan」，日本比較法雜誌第43卷第1號。國科會NSC 97-2914--I-194-003-A1，pp89-pp111。

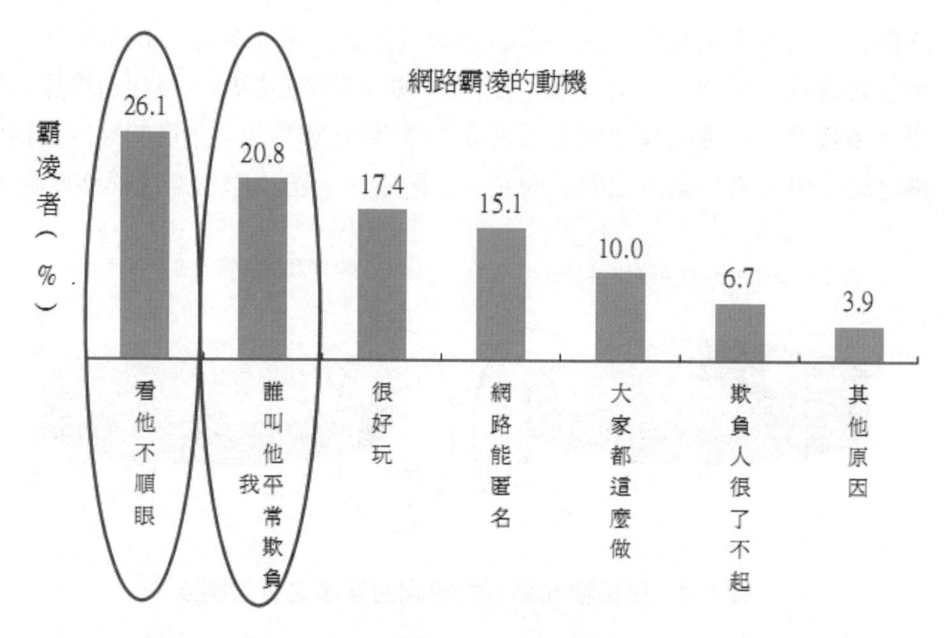

圖 5-5　兒童福利聯盟所從調查網路霸凌之動機[12]

除上述之外，筆者所從事之網路霸凌實證調查當中亦有發現：「……招致霸凌之類型，主要爲網路上之謾罵、誹謗爲主（占 100 人），其次則爲要脅、恐嚇言論（占 32 人）。至於爲何遭致網路霸凌之原因由被霸凌經驗者自陳報告中顯示，可發現多數網路上謾罵、誹謗之發生，主要由於線上遊戲、電玩導致之人際關係失調而言（占 80 人），……[13]」。

參考目前爲止之統計數字，可發現近十年來，日本校園霸凌統計呈現一個相當不穩定的現象，首先就 2001 年之調查結果，首先於以下之統計當中，可發現到日本霸凌通報數據減低：

---

12 參閱兒童福利聯盟，2007年調查。目前網頁已移除。轉引Cathy T.H.CHEN(2009/6)，「A Legal Empircal Study of Juvenile Cyberbullying in Taiwan」，日本比較法雜誌第43卷第1號。國科會NSC 97-2914--I-194-003-A1，pp89-pp111。

13 Cathy T.H.CHEN（2009/6），「A Legal Empircal Study of Juvenile Cyberbullying in Taiwan」，日本比較法雜誌第43卷第1號。國科會NSC 97-2914--I-194-003-A1，pp89-pp111。

表 5-1　2001 年日本文部科學省所調查校園霸凌現象[14]

	1985 年度	1986 年度	1987 年度	1988 年度	1989 年度	1990 年度	1991 年度	1992 年度	1993 年度
小學	96,457	26,306	15,727	12,122	11,350	9,035	7,718	7,300	6,390
中學	52,891	23,690	16,796	15,452	15,215	13,121	11,922	13,632	12,817
高中	5,718	2,614	2,544	2,212	2,523	2,152	2,422	2,326	2,391
計	155,066	52,610	35,067	29,786	29,088	24,308	22,062	23,258	21,598

	1994 年度	1995 年度	1996 年度	1997 年度	1998 年度	1999 年度	2000 年度	2001 年度	
小學	25,295	26,614	21,733	16,294	12,858	9,462	9,114	6,204	
中學	26,828	29,069	25,862	23,234	20,801	19,383	19,371	16,636	
高中	4,253	4,184	3,771	3,103	2,576	2,391	2,327	2,159	
計	56,601	60,096	51,544	42,790	36,396	31,359	30,918	25,076	

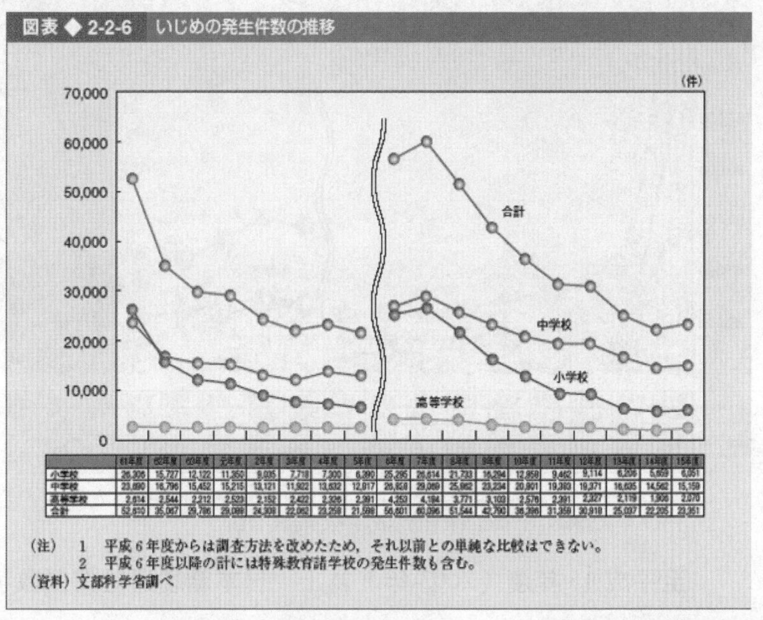

	61年度	62年度	63年度	元年度	2年度	3年度	4年度	5年度	6年度	7年度	8年度	9年度	10年度	11年度	12年度	13年度	14年度	15年度
小学校	26,306	15,727	12,122	11,350	9,035	7,718	7,300	6,390	25,295	26,614	21,733	16,294	12,858	9,462	9,114	6,206	5,659	6,051
中学校	23,690	16,796	15,452	15,215	13,121	11,922	13,632	12,817	26,828	29,069	25,862	23,234	20,801	19,383	19,371	16,635	14,562	15,159
高等学校	2,614	2,544	2,212	2,523	2,152	2,422	2,326	2,391	4,253	4,184	3,771	3,103	2,576	2,391	2,327	2,119	1,906	2,070
合計	52,610	35,067	29,786	29,088	24,308	22,062	23,258	21,598	56,601	60,096	51,544	42,790	36,396	31,359	30,918	25,037	22,205	23,351

圖 5-6　平成十四年度（2001 年）為止，日本霸凌通報案例數字[15]

---

14 http://members.jcom.home.ne.jp/i-network/，2004年12月24日造訪。

15 參考日本平成十四年版文部科學省白皮書第二節第二部分。http://www.mext.go.jp/

根據前述之數據與圖示，可發現日本霸凌通報數字，確實有輕減之趨勢，而日本文部科學省白皮書之資料亦有顯示：「平成 13 年度において全国の公立小・中・高・特殊教育諸学校におけるいじめの発生件数は,8,085 校において 2 万 5,037 件であり,6 年連続で減少傾向にあります（中譯：平成十三年度全國公立國小、中、高中與特殊教育學校所發生之霸凌件數，8,085 校當中約有 2 萬 5,037 件，連續六年有減低之趨勢）....[16]」。

而上述之數據，卻於爾後之統計當中有了相當大之變革，此為 2003 年之統計：

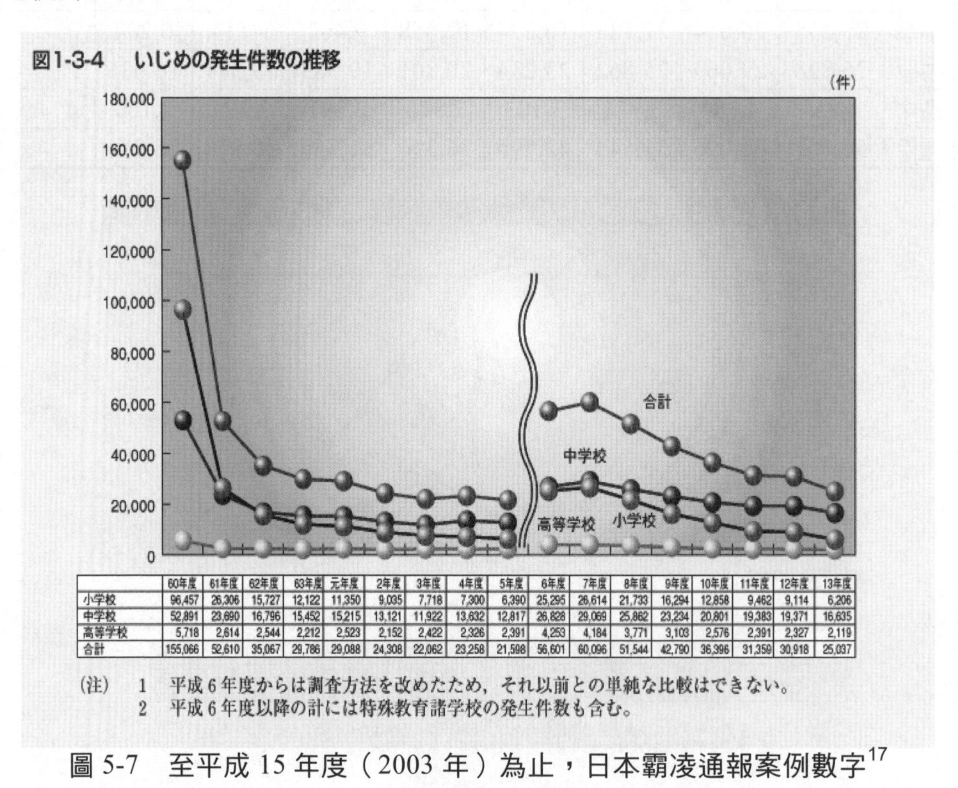

	60年度	61年度	62年度	63年度	元年度	2年度	3年度	4年度	5年度	6年度	7年度	8年度	9年度	10年度	11年度	12年度	13年度
小学校	96,457	26,306	15,727	12,122	11,350	9,035	7,718	7,300	6,390	25,295	26,614	21,733	16,294	12,858	9,462	9,114	6,206
中学校	52,891	23,690	16,796	15,452	15,215	13,121	11,922	13,632	12,817	26,828	29,069	25,862	23,234	20,801	19,383	19,371	16,635
高等学校	5,718	2,614	2,544	2,212	2,523	2,152	2,422	2,326	2,391	4,253	4,184	3,771	3,103	2,576	2,391	2,327	2,119
合計	155,066	52,610	35,067	29,786	29,088	24,308	22,062	23,258	21,598	56,601	60,096	51,544	42,790	36,396	31,359	30,918	25,037

(注)　1　平成 6 年度からは調査方法を改めたため，それ以前との単純な比較はできない。
　　　2　平成 6 年度以降の計には特殊教育諸学校の発生件数も含む。

圖 5-7　至平成 15 年度（2003 年）為止，日本霸凌通報案例數字[17]

---

b_menu/hakusho/html/hpab200201/hpab200201_2_025.html，2009年8月27造訪。

16 參考日本平成十四年版文部科學省白皮書第二節第二部分。http://www.mext.go.jp/b_menu/hakusho/html/hpab200201/hpab200201_2_025.html，2009年8月27造訪。

17 參考日本平成十六年版文部科學省白皮書，第二部第二節2。http://www.mext.go.jp/b_menu/hakusho/html/hpab200401/hpab200401_2_109.html，2009年8月27日造訪。

於 2003 年日本文部科學省白皮書當中指出：「平成 15 年度において，全国の公立小・中・高・特殊教育諸学校におけるいじめの発生件数は 2 万 3,351 件であり，8 年ぶりに増加しました（中譯：在平成十五年當中，全國公立小、中、高中與特殊教育學校當中所發生之霸凌件數爲 2 萬 3,351 件，八年以來創新高……）[18]」

歸納上述之實證統計，吾等可窺知日本霸凌現象與定義變革爲下：

其一，在於現象面，日本國內針對霸凌現象，並無具體之輕減，特於 2003 年霸凌統計有增高之趨勢。

其二，因 2003 年以後之日本文部科學省白皮書已無全國霸凌具體統計數字，除可能爲國內政策之目標已有改變外，也可能導致 2003 年以後至 2006 年校園霸凌現象並無具體獲得改善。

其三，從前述 2006 年所發生之霸凌事件所導致之政府積極對應，直至霸凌定義之變更，可發現日本國內校園霸凌問題爲政府所重視之問題。

我國對於霸凌問題之探討，爲二十一世紀以後兒童福利機構重視而肇始，此外，我國對於霸凌之文彙解釋，主要參照國外學者 Olweus 之定義，亦即「霸凌」是爲：「一個學生長時間重複地被暴露於一個或多個學生主導的欺負或騷擾，或是該學生被鎖定爲霸凌對象而成爲受凌兒童的情形[19]。」從以上可知，我國對於霸凌之解釋，已有明確性之概念詮釋，從此詮釋當中可與校園暴力有相當程度之區隔，除此之外，我國對於霸凌之文彙定義，特已集中於校園問題而論。

然而，在於霸凌之行爲樣態上，我國學理當中特別引註實務界之概念，可歸納以下幾種概念：

首先，加害人主要以團體之方式進行霸凌行爲，此可查閱：「……可發現的是，霸凌事件之背後，加害人往往是以團體之方式進行霸凌之手段。

---

18 參考日本平成十六年版文部科學省白皮書，第二部第二節2。http://www.mext.go.jp/b_menu/hakusho/html/hpab200401/hpab200401_2_109.html，2009年8月27日造訪。

19 http://www.children.org.tw/Items_2/index_2.asp?UnitID=1159&PageNo=2&PageTitle= 活動花絮，2004/12/31造訪，此部分資料乃引用學者吳清山等之資料。

學理同時也指出，霸凌兒童之青少年期與幫派結合、成年之後的犯罪率較高、成年後對政府部門的矯治服務（法院服刑、毒品或酒精濫用戒癮、因人格違常所需之心理衛生）需求較大[20]……」

除此之外，霸凌之行為樣態，主要有區分為傳統霸凌與網路霸凌，依據實務界之見解，傳統霸凌，主要為發生於現實社會之霸凌行為，包括：

「肢體的霸凌：包括踢、打弱勢同儕、搶奪財物等。

言語的霸凌：包括取綽號、用言語刺傷、嘲笑弱勢同儕、恐嚇威脅等。

關係的霸凌：包括排擠弱勢同儕、散播不實謠言中傷某人等。

性霸凌：以身體、性別、性取向、性特徵作取笑或評論的行為；或是以性的方式施以身體上的侵犯。

反擊型霸凌：這是受凌兒童長期遭受欺壓之後的反擊行為。通常面對霸凌時他們生理上會自然的予以回擊；有部分受凌兒童會去欺負比他更弱勢的人。[21]」

然而，相對於傳統，我國與日本學理對於網路霸凌之行為傾向重視，此主要之原因在於青少年使用網路行為已相當普遍，而導使網路霸凌之案件日益提高之外，網路霸凌之類型，雖無現實社會所發生之具體肢體傷害，惟因青少年活躍於網路社會之時間與機會增加，而對於被害人所產生之影響亦深……[22]」，於前述之研究當中，也突顯我國校園霸凌當中，除保持著傳統的霸凌方式外，網路霸凌亦是目前位居校園霸凌型態之相當大比例，而網路霸凌之形式，多以網路上上傳誹謗他人之言論等為最多[23]。除前述實

---

20 http://www.children.org.tw/Items_2/index_2.asp?UnitID=1159&PageNo=2&PageTitle= 活動花絮，2004/12/31造訪。轉引於陳慈幸（2005），「組織犯罪與被害者學：二個犯罪現象與對策問題之論理型塑」，濤石文化，頁77後。

21 http://www.children.org.tw/Items_2/index_2.asp?UnitID=1159&PageNo=2&PageTitle= 活動花絮，2004/12/31造訪。轉引於陳慈幸（2005），「組織犯罪與被害者學：二個犯罪現象與對策問題之論理型塑」，濤石文化，頁77後。

22 Cathy T.H.CHEN（2009/6），「A Legal Empircal Study of Juvenile Cyberbullying in Taiwan」，日本比較法雜誌第43卷第1號。pp89-pp111。

23 Cathy T.H.CHEN（2009/6），「A Legal Empircal Study of Juvenile Cyberbullying in Taiwan」，日本比較法雜誌第43卷第1號。pp89-pp111。

證研究外，而國內亦有實證研究亦顯示目前我國校園霸凌之種類，除傳統霸凌模式以外，亦包含網路霸凌之型態，而對於網路霸凌之闡述，主要為「霸凌者藉由自我的資訊能力，利用網路的便利性、匿名性以及廣泛性，去從事對他人散佈不實謠言，譏諷以及辱罵等行為。[24]」。

相對於我國實證研究資料顯示對於網路霸凌之重視，目前日本亦有同樣之傾向，日本近年來對於霸凌之探討不勝餘力，依據日本文部科學省之資料，可發現目前所鎖定之政策目標，主要為阻斷網路霸凌為首要外，其他則為傳統霸凌之防制，例如輔導霸凌防制親職教育之規劃、防範霸凌專線……等。

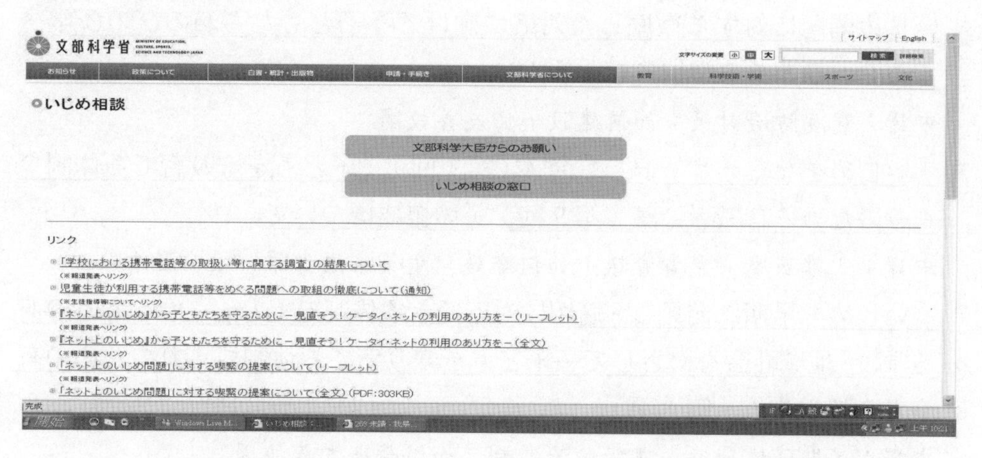

- 「学校における携帯電話等の取扱い等に関する調査」の結果について
  中譯：校園手機使用的狀況
- 児童生徒が利用する携帯電話等をめぐる問題への取組の徹底について（通知）中譯：學生使用手機所發生問題之指導與防治
- 『ネット上のいじめ』から子どもたちを守るために－見直そう！ケータイ・ネットの利用のあり方を－（全文）
  中譯：網路霸凌之防治：特別在於手機、網路使用之手則

---

[24] 劉炘衢（2009/7），國小校園霸凌現況與防治教育需求調查研究：以雲林縣為例，國立中正大學犯罪防治研究所碩士論文，頁13。

- 「ネット上のいじめ問題」に対する喫緊の提案について（全文）（PDF：303KB）（平成19年9月27日～）

  中譯：網路霸凌問題防治之緊急提案（2007年9月27日）
- 子どもを守り育てる体制づくりのための有識者会議まとめ（第1次）等へ寄せられた意見について

  中譯：如何守護兒童策略思考第一次公聽會
- 「いじめをなくそう」子ども会議（第2回）（子どもを守り育てる体制づくりのための有識者会議（第10回））の概要について

  中譯：「零霸凌」兒童會議：如何守護兒童策略思考第二次公聽會
- いじめ問題に対する徹底した対応に向けて－子どもたちがのびのび学べるぬくもりのある学校にしよう！－

  中譯：霸凌防治對策：如何建設一個友善校園
- 「いじめをなくそう」子ども会議（第1回）（子どもを守り育てる体制づくりのための有識者会議（第9回））の概要について

  中譯：「零霸凌」兒童會議：如何守護兒童策略思考第一次公聽會
- 「いじめを早期に発見し、適切に対応できる体制づくり」―ぬくもりのある学校・地域社会をめざして―子どもを守り育てる体制づくりのための有識者会議まとめ（第1次）

  中譯：早期發現霸凌，建設防治體制：如何營造友善校園
- いじめ問題に関する取組事例集

  中譯：霸凌問題案例集
- 24時間いじめ相談ダイヤルの設置等について

  中譯：二十四小時反霸凌專線之設置
- 『24時間いじめ相談ダイヤル』の6ヶ月間の運用状況について

  （※報道発表へリンク）中譯：二十四小時霸凌專線六個月使用狀況
- 問題行動を起こす児童生徒に対する指導について（通知）

  中譯：霸凌加害兒童之指導手則
- いじめ問題などに対する喫緊の提案について（2006年12月4日　子ども

を守り育てるための体制づくりのための有識者会議）

中譯：霸凌防治緊急提案：2006 年 12 月 4 日兒童守護會議

「子どもを守り育てるための体制づくりのための有識者会議」について

中譯：兒童守護體制會議

「子どもを守る-安倍総理ライブ・トーク官邸　第 8 回-」（政府インターネットテレビ　2006 年 11 月 30 日）

深刻な問題になっているいじめや児童虐待など「子どもの人権」について、安倍総理が自らの想いを語りました。

中譯：兒童守護：安倍首相官邸現場談話節目（談論有關嚴重之未成年人霸凌、兒童虐待等兒童人權之問題）

児童生徒のいじめ問題に関する都道府県・指定都市生徒指導担当課長緊急連絡会議について

中譯：學生霸凌之日本全國學務主管主管緊急會議

いじめの問題への取組の徹底について（通知）

中譯：霸凌防治問題

圖 5-8　日本文部科學省對於霸凌之政策圖示與具體內容[25]

（時間序列：最新資料排至最前頭）

從前述文部科學省之資料，從時間序列而言，可發現日本對於霸凌之型態亦從傳統霸凌轉為網路霸凌之重視，特於前述 2007 年之資料當中，可明確發現日本實務單位已從實施網路霸凌之相關策略，此策略並從學生們所使用手機對策進行防治。從此，可發現我國與日本所謂的網路霸凌概念，有著相當之分歧，以下，特就台灣與日本二國霸凌防治策略進行延展性之探討。

[25] http://www.mext.go.jp/a_menu/shotou/seitoshidou/06112015.htm，2009年8月28日造訪。

第二節　校園霸凌防制策略之台、日比較

若先以一個概括性的說法整合台灣與日本近年防制校園霸凌政策，台灣藉以通報系統與防制等級整合，而日本則以防制校園使用手機以防制學生肆意上網造成霸凌行爲的產生。

日本近年來對於網路霸凌之著重，可從文部科學省之政策當中查知。據前述圖 5-8、圖 5-9 資料可發現，日本國中小普遍地禁止學生攜帶手機進入校園，即使有許可手機攜入校園，亦是有明訂使用的手則。

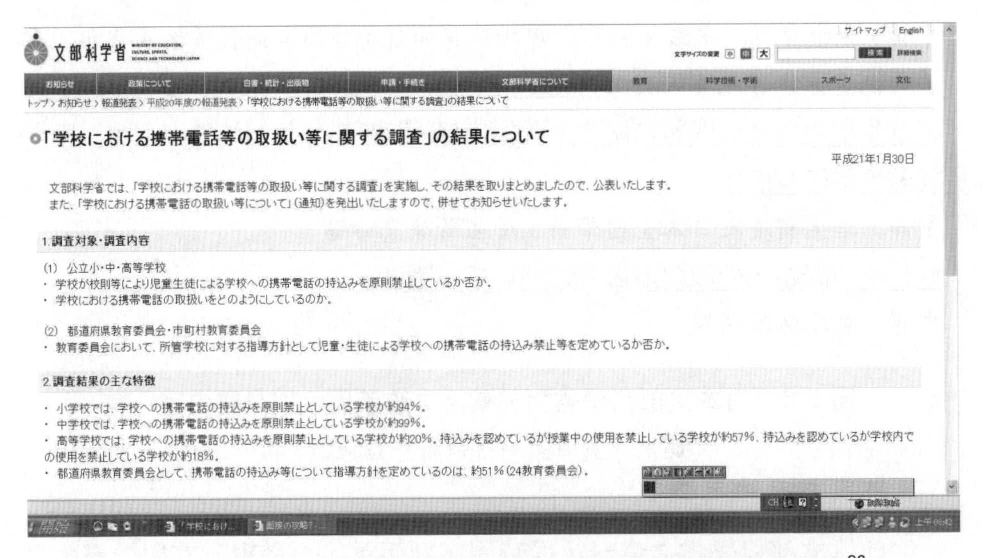

圖 5-9 日本文部科學省對於校園手機可攜帶與否進行調查[26]

在日本文部科學省的資料當中發現，在於防制未成年者之網路霸凌手機禁止政策當中，目前所調查出來的情形爲以下：

「小学校では、学校への携帯電話の持込みを原則禁止としている学校が約 94%。中学校では、学校への携帯電話の持込みを原則禁止としている学校が約 99%。高等学校では、学校への携帯電話の持込みを原則禁止としている学校が約 20%。持込みを認めているが授業中の使用を禁止

[26] http://www.mext.go.jp/b_menu/houdou/21/01/1234723.htm，2009年8月20日造訪。

している学校が約 57%、持込みを認めているが学校内での使用を禁止している学校が約 18%。都道府県教育委員会として、携帯電話の持込み等について指導方針を定めているのは、約 51%（24 教育委員会）。……中譯：目前日本國內約有 94%的小學原則上禁止攜帶手機至學校。在於國中，約有 99%禁止，約有 20%的高中禁止攜帶手機入校。在於可以攜帶手機到校的學校中禁止在校使用者約有 18%。各縣市教育委員會約有 51%制訂手機攜帶入校之規範……[27]」

從以上之規定當中可得知，日本爲防制校園霸凌之產生，非常嚴格學生攜帶手機入校，此種原因主要是日本近幾年手機工業十分發達，學生利用手機發 email 與上網之情形相當普遍，日本實務機構亦發現因爲手機結合網路資訊工業的發達，故經由手機之網路霸凌新形態已在日本悄悄定型，故目前日本對於霸凌防治政策，主要偏向於學童校園手機禁止策略[28]。

相對於日本對於網路霸凌防治策略之重視，我國教育實務機構對於校園霸凌之狀況亦非常重視，相對於日本當局對於網路霸凌政策的集中，我國在於近年已逐步制訂「校園暴力霸凌高關懷學生二、三級預防流程[29]」以及 2009 年現階段至 2012 所實施強化校園計畫（請參考表 5-2）。

表 5-2　台灣教育部校園霸凌防治計畫[30]

（九）強化安全校園 賡續推動「改善校園治安——倡導友善校園，啓動校園掃黑實施計畫」，97 年即將委託國內大專校院專業團隊研究「校園暴力霸凌現況調查與改進策略研究計畫」，針對各級學校校園暴力霸凌現況實施田野調查，並針對各學制現況提出因應策略分析，提供本部防制校園暴力霸凌實施策略之重要參

27 http://www.mext.go.jp/b_menu/houdou/21/01/1234723.htm，2009年8月25日造訪。

28 此為平成20年(2008年)7月31日，日本文部科學省之資料。http://www.mext.go.jp/b_menu/houdou/20/07/08073101.htm，2009年8月31日造訪。

29 轉引自：劉炘衢（2009），國小校園霸凌現況與防治教育需求調查研究：以雲林縣為例，國立中正大學犯罪防治研究所碩士論文，頁49-53。

30 參閱教育部中程施政計畫草案（98至101年度），2008年，頁6-52至6-53。

考依據。

持續高關懷學生三級預防策略：

一級預防：強化法治、親職、品德教育及教師輔導知能。

二級預防：建立各類型暴力、霸凌處理 SOP，供各校及基層人員參考，強化霸凌通報機制、實施認輔制度，落實校園霸凌事件輔導及危機處理機制、落實高關懷類型學生輔導、加強校園防護，篩檢高危險群個案，給予協助與輔導。

三級預防：強化校園暴力事件通報、輔導網絡及危機處理機制，完善暴力受害、加害學生輔導作爲、辦理多元型態中介教育措施，妥善提供暴力偏差學生適性引導之教育課程。

更新建置第二代校園安全事件通報系統：

本部針對現行校園安全通報系統進行檢討，並委請交通大學研究設計改良，建立第二代校園安全通報系統，重點置於前端（學校使用者）改良成操作更具人性化及親和力之使用者介面，後端（本部各督考單位）加強更符合需求的管理及查詢功能，同時修改程式碼成爲模組化方式，以利後續增減其相關功能，期能全面掌握各級學校校園安全狀況，發揮先知快報、即時協處之應變機制。

推動反霸凌安全學校計畫：

整合學校行政、教學、空間環境、健康服務、社區合作等策略推動安全學校，以提升學校主動防禦功能，消弭危害校園安全因子。

96 學年度以「學生意外傷害事故防制」爲主要議題推動安全學校，計有花蓮縣花蓮高中、康樂國小、豐濱國小、臺北市成德國小、宜蘭縣東澳國小、台中縣東勢國小等 6 所學校通過世界衛生組織（WHO）國際安全學校委員會認證，成爲世界前 10 所通過認證之學校，其中國立花蓮高中更成爲世界第 1 所通過認證的高中。

97 學年度以推動「防制校園暴力霸凌」爲主要議題之安全學校，業已

制定「補助推動反霸凌安全學校要點」，未來每年將持續補助各公私立高級職業學校及國民中學推動以「反霸凌」為中心議題之安全學校，97 學年度，計補助國立土庫商工、私立達德商工、臺南市立南寧高中、民德國中、延平國中、宜蘭縣人文國民中小學、基隆市立八斗國中 7 所學校推動，未來一學年將以 3E 策略（Education、Environment、Enforcement Intervention）系統化推動反霸凌安全學校，並成為所屬縣（市）之示範學校及交流平台，共同為校園反霸凌意識紮根。

除此之外，前述日本之反霸凌專線電話，我國目前亦有實施，請參考下表：

表 5-3　台灣教育部反霸凌專線電話規定[31]

0800 反霸凌專線暨免付費電話接聽規定
一、設置地點：本部校安中心。
二、服務對象：學生、家長及一般民眾。
三、提供服務項目：校園霸凌事件協處、緊急救援、危安通報（例如山、海難等意外事件）、心理諮商（例如意圖自裁或憂鬱症學生之救援）、疑難解答等相關服務。
四、為保持線路暢通，便於緊急聯絡，本電話禁止做為其他公務通聯之用。
五、接聽電話應問明相關人、事、時、地、來電者聯繫方式及狀況發生之梗概，以便於掌握全般狀況，即時予以疏處並予以回復。
六、接獲學生發生緊急事故時，應依校安狀況劃分表，聯絡業管及救難單位，掌握時效，即時處理。
七、接獲學生意圖自裁時，應運用諮商技巧予以開導，同時並設法聯絡當地教官、心輔人員、精神專科醫師前往處理。
八、接獲其他諮詢或意見反應，應轉請有關單位處理。
九、接聽電話均應記錄在案，並須註明接聽者之姓名及時間，以明責任。

31 參閱教育部網頁資料：http://www.edu.tw/files/regulation/B0023/%aa%fe%a5%f313-0800%a4%cf%c5Q%ad%e2%b1M%bdu%ba%5b%a7K%a5I%b6O%b9q%b8%dc%b1%b5%c5%a5%b3W%a9w.doc，2009年9月1日造訪。

從以上台灣之政策而言，可發現目前台灣之政策與日本等先進國家似乎等同，此也可發現台灣目前校園霸凌實施體制已有相當程度完整之結構。

惟仔細觀測台灣教育機構之反霸凌政策，可發現防治校園霸凌之政策上，並無區分傳統霸凌與網路霸凌之樣態。爲何有此結果，筆者就目前台灣國中小之霸凌狀況，實施了部分之問卷調查。

以下，就問卷結果進行簡要說明：

本研究問卷主要實施期間爲：2009 年 7 月至 8 月底爲止，筆者於台灣中、南部地區所進行之友善校園法治教育訓練活動當中，對於參與活動之國中小校長（部分爲主任）對於校園霸凌之看法，進行了簡略式問卷調查，三次活動當中，寄發 200 份問卷，回收有效問卷 198 份，回收率共 99%。

第一個部分主要爲參與問卷調查結果之國中小校長（部分爲主任）之個人資料、學歷、年資等各項結果。

問卷第一部分：個人資料

1. 性別比例

性別

		次數	百分比	有效百分比	累積百分比
有效的	男性	107	54.0	54.9	54.9
	女性	88	44.4	45.1	100.0
	總和	195	98.5	100.0	
遺漏值	9	3	1.5		
總和		198	100.0		

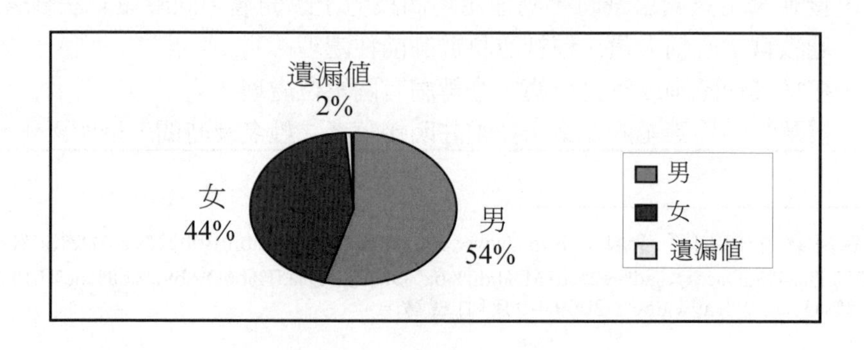

2. 學歷分布

學歷

		次數	百分比	有效百分比	累積百分比
有效的	大學	102	51.5	52.8	52.8
	大學進修學分班	14	7.1	7.3	60.1
	碩士	75	37.9	38.9	99.0
	博士	1	.5	.5	99.5
	其他	1	.5	.5	100.0
	總和	193	97.5	100.0	
遺漏值	9	5	2.5		
總和		198	100.0		

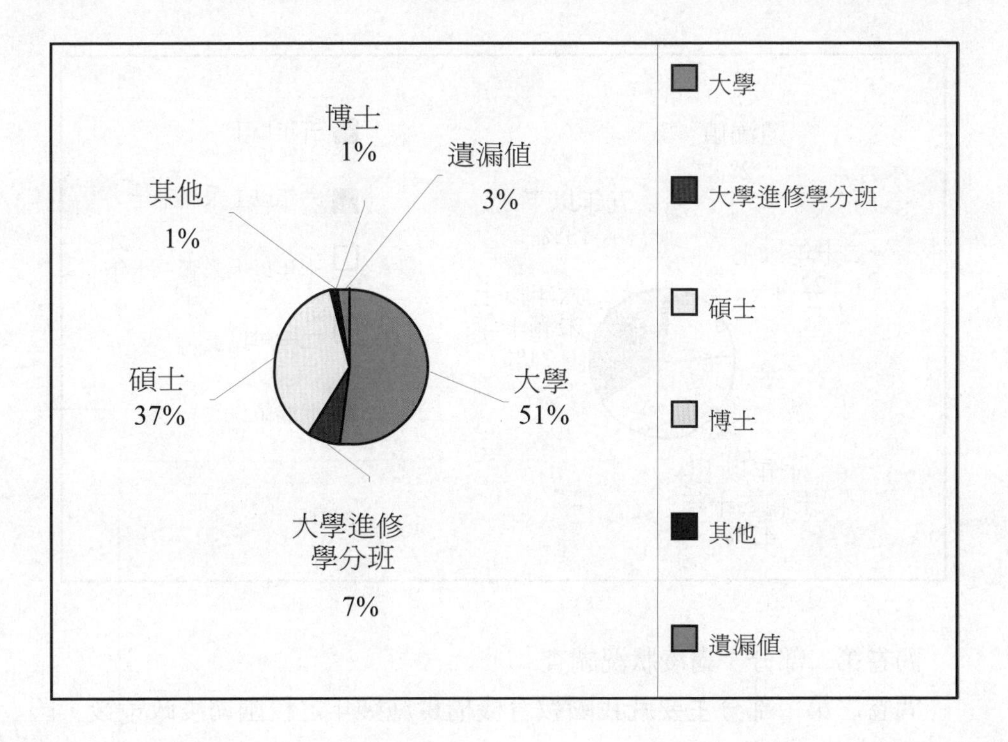

3. 年資分布

年資

		次數	百分比	有效百分比	累積百分比
有效的	五年以下	25	12.6	12.8	12.8
	六年以下十年未滿	41	20.7	21.0	33.8
	十年以上二十年未滿	85	42.9	43.6	77.4
	二十年以上	44	22.2	22.6	100.0
	總和	195	98.5	100.0	
遺漏值	9	3	1.5		
總和		198	100.0		

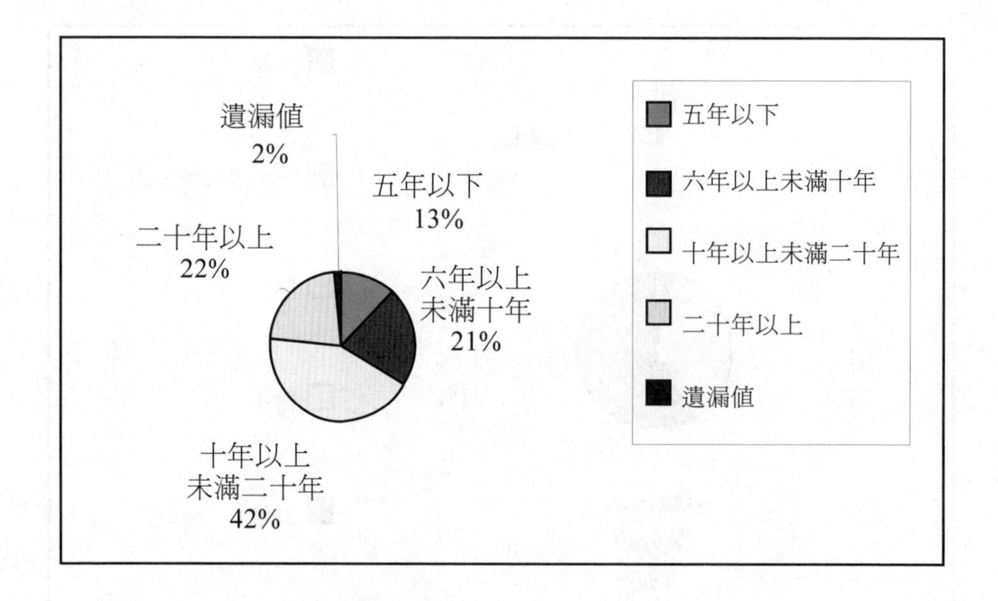

問卷第二部分：霸凌狀況調查

問卷之第二部分主要就我國教育機構實施幾年之校園霸凌政策後，國中小校長（部分爲主任）對於霸凌之定義是否有正確之認知。

於下圖之顯示當中，有多數之校園主管對於霸凌之定義已有概念，惟仍有少部分主管對於霸凌之定義仍未有所知。

1. 您知道霸凌的定義是什麼嗎？

是否知悉霸凌定義

		次數	百分比	有效百分比	累積百分比
有效的	知道	173	87.4	88.3	88.3
	不知道	23	11.6	11.7	100.0
	總和	196	99.0	100.0	
遺漏值	9	2	1.0		
總和		198	100.0		

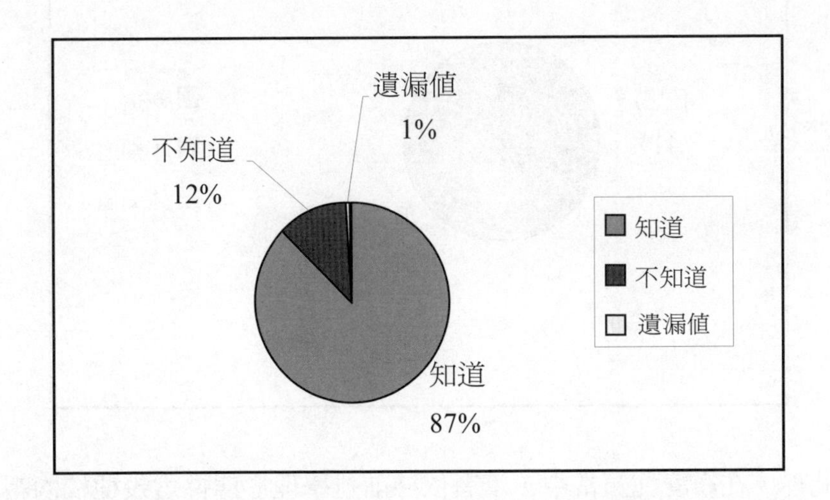

根據此問卷當中，亦問到國中小校園主管對於霸凌與校園暴力定義區別之認識，從下述結果顯示，雖霸凌亦隸屬於校園暴力之一種種類，惟前述已言，近幾年學界已逐步將霸凌逸脫於傳統校園暴力之屬性當中。惟從問卷之結果顯示，仍有多數校園主管對於霸凌與校園暴力之區分認知並無顯著性差別。

2.您知道霸凌與校園暴力的定義是有點不同的嗎？

是否知悉霸凌與校園暴力之差異

		次數	百分比	有效百分比	累積百分比
有效的	知道	114	57.6	58.2	58.2
	不知道	82	41.4	41.8	100.0
	總和	196	99.0	100.0	
遺漏值	9	2	1.0		
總和		198	100.0		

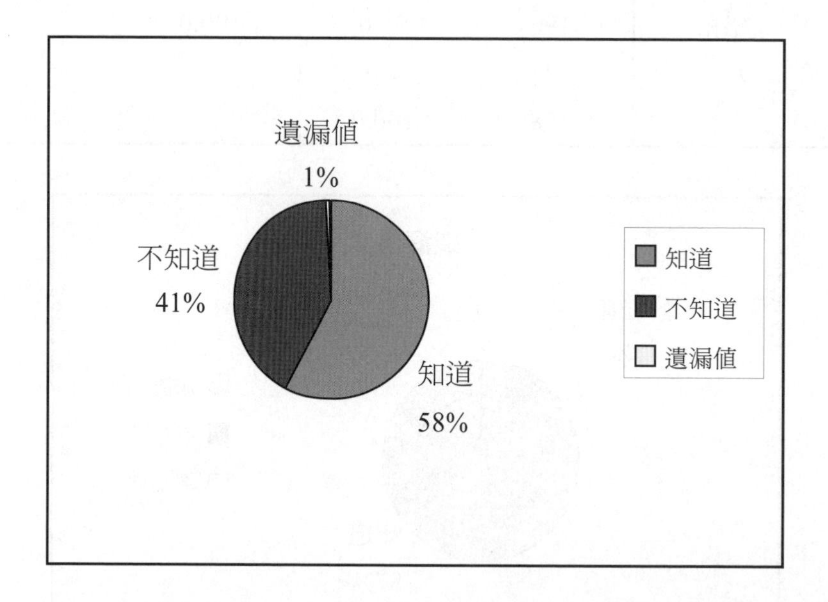

此外，在霸凌種類當中，筆者依據前述學理形態挑選幾種校園霸凌之種類給予選擇，從下述之複選結果顯示，傳統校園霸凌形態當中之關係霸凌[32]與肢體霸凌仍屬於多數，而網路霸凌之種類卻無明顯。

32 利用個人人際關係團體結構對被害人施加霸凌行為。

3.您覺得您在教學中學生所發生的霸凌案件是什麼樣的型態（可複選）

類別	性霸凌	網路霸凌	肢體霸凌	關係霸凌	遺漏值
次數	12	22	121	151	3
百分比率	4	7	39	49	1

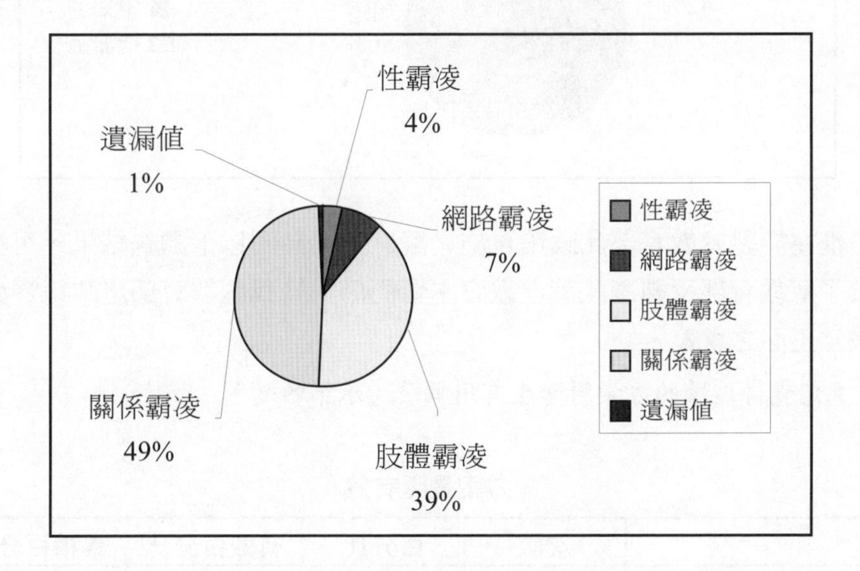

在於教育部所實施的反霸凌政策之認知狀況當中，可發現仍有相當多校園主管對於教育部所實施之反霸凌政策不甚了解。

4.目前教育部有進行「友善校園、校園暴力防範」等試辦方案，請問您知道嗎？

是否知悉教育部方案

		次數	百分比	有效百分比	累積百分比
有效的	知道	112	56.6	57.4	57.4
	不知道	83	41.9	42.6	100.0
	總和	195	98.5	100.0	
遺漏值	9	3	1.5		
總和		198	100.0		

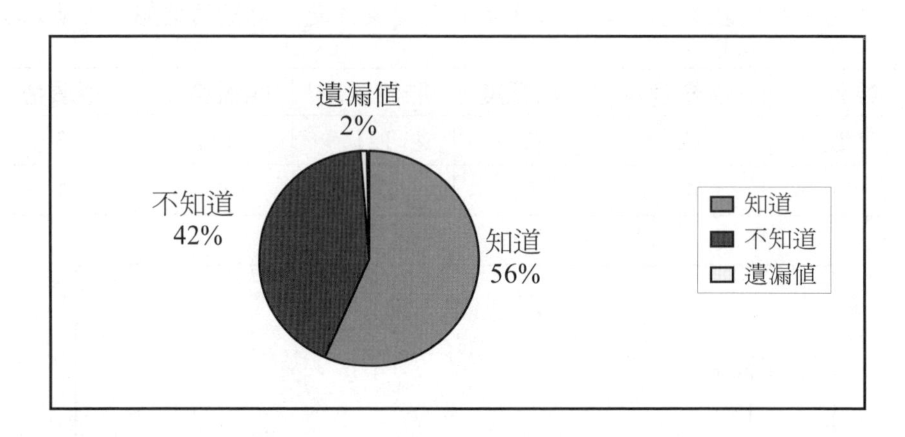

惟在於對於教育部此政策實施之觀感上，參閱以下調查結果，可發現對於了解教育部反霸凌政策之教育主管們仍對於我國教育部之政策實施感到較爲正面之意義。

5.您覺得這樣的方案對學生有用嗎？（承第四題）

方案是否有效

		次數	百分比	有效百分比	累積百分比
有效的	誤答	6	3.0	3.4	3.4
	有	70	35.4	40.2	43.7
	無	21	10.6	12.1	55.7
	無須回答	77	38.9	44.3	100.0
	總和	174	87.9	100.0	
遺漏值	9	24	12.1		
總和		198	100.0		

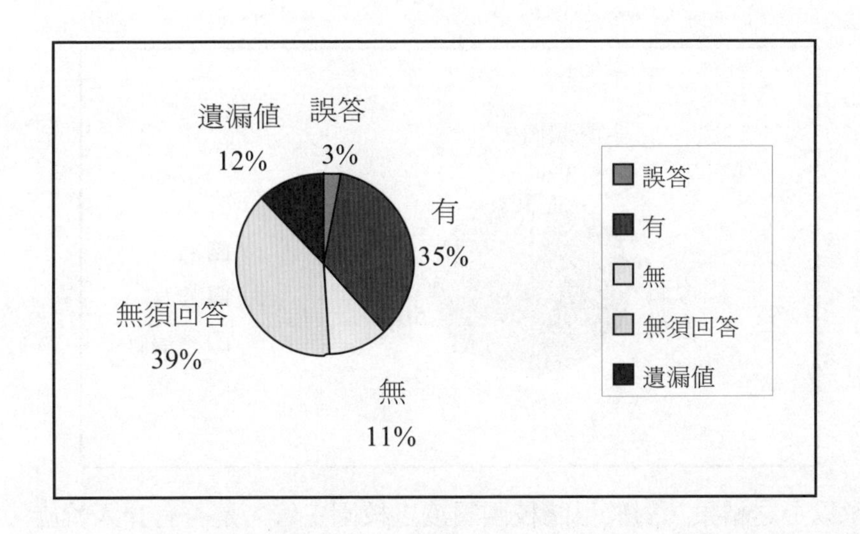

在於校園主管們對於霸凌事件之察覺上，依照下表之統計結果，可發現「有目睹霸凌行爲」與「無目睹過霸凌行爲」恰巧爲各佔半數，此或可與前述學理所探察之日本、台灣學理資料一致，亦即霸凌黑數程度較高以外，另外對於霸凌無法充分掌握之現狀仍可察覺。

6.您曾經親眼目睹學生發生霸凌嗎？

是否親眼目睹霸凌

		次數	百分比	有效百分比	累積百分比
有效的	有	99	50.0	51.6	51.6
	沒有	93	47.0	48.4	100.0
	總和	192	97.0	100.0	
遺漏值	9	6	3.0		
總和		198	100.0		

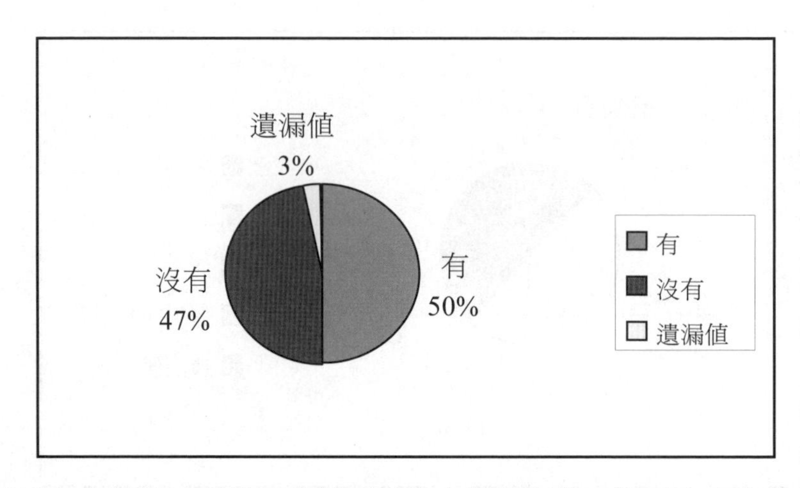

承以上之結果，對於目睹校園霸凌之校園主管，是否有介入斡旋、調解之調查當中，多數師長仍表示有介入斡旋。

7.您親眼目睹，但有加入斡旋、調解嗎？

目睹後是否調解

		次數	百分比	有效百分比	累積百分比
有效的	誤答	12	6.1	6.2	6.2
	有	96	48.5	49.2	55.4
	沒有	4	2.0	2.1	57.4
	無須回答	83	41.9	42.6	100.0
	總和	195	98.5	100.0	
遺漏值	9	3	1.5		
總和		198	100.0		

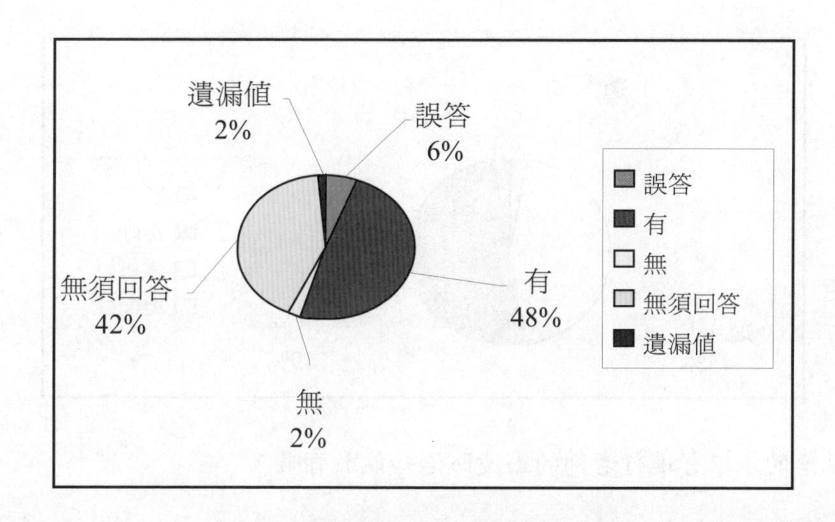

惟在於以下之二統計當中，可發現目前多數校園主管對於目前台灣霸凌防治之推行狀況表示成效並非預期，此外，對於校內是否有舉辦反霸凌知能教育上，相對「有舉辦反霸凌知能教育」之結果，「沒有舉辦反霸凌知能教育」之情形較多。

8.您覺得目前台灣校園的霸凌防治狀況如何？

校園霸凌防治狀況

		次數	百分比	有效百分比	累積百分比
有效的	好	5	2.5	2.6	2.6
	不好	99	50.0	51.3	53.9
	還可以	89	44.9	46.1	100.0
	總和	193	97.5	100.0	
遺漏值	9	5	2.5		
總和		198	100.0		

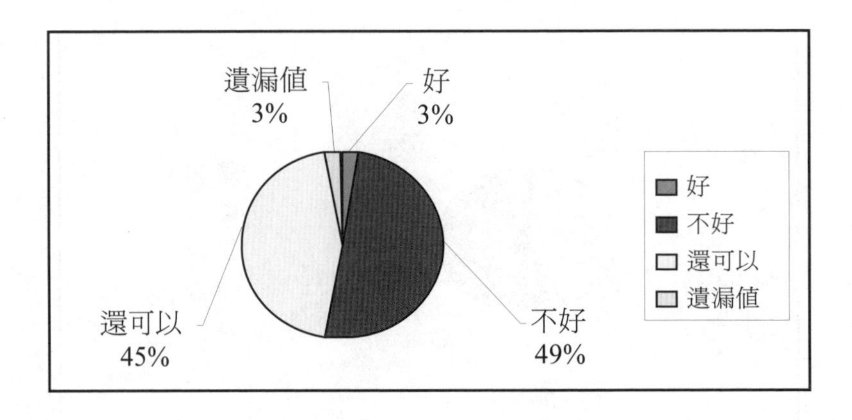

9.您的學校有進行老師的霸凌防治知能教育嗎？

學校是否有霸凌防治教育

		次數	百分比	有效百分比	累積百分比
有效的	有	72	36.4	36.5	36.5
	沒有	95	48.0	48.2	84.8
	不清楚	30	15.2	15.2	100.0
	總和	197	99.5	100.0	
遺漏值	9	1	.5		
總和		198	100.0		

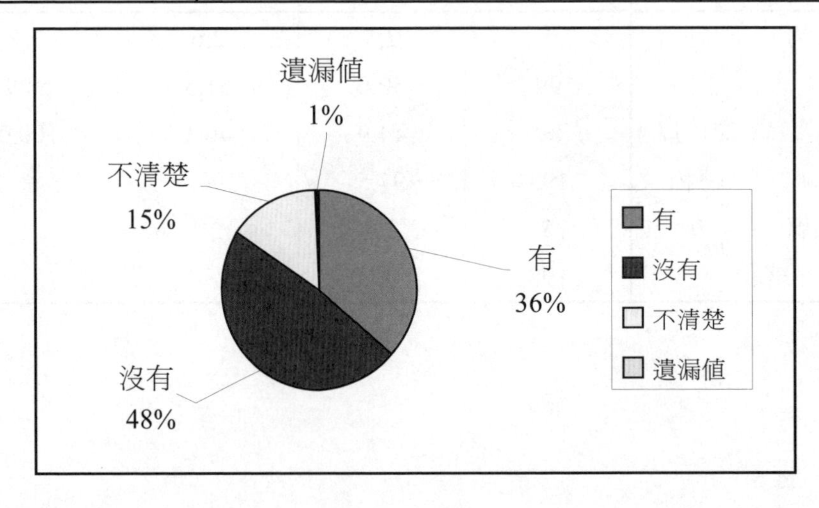

10.若您有機會，您願意參與這種霸凌防治知能教育嗎？

是否願意參加霸凌防治教育

		次數	百分比	有效百分比	累積百分比
有效的	會	190	96.0	96.9	96.9
	不會	6	3.0	3.1	100.0
	總和	196	99.0	100.0	
遺漏值	9	2	1.0		
總和		198	100.0		

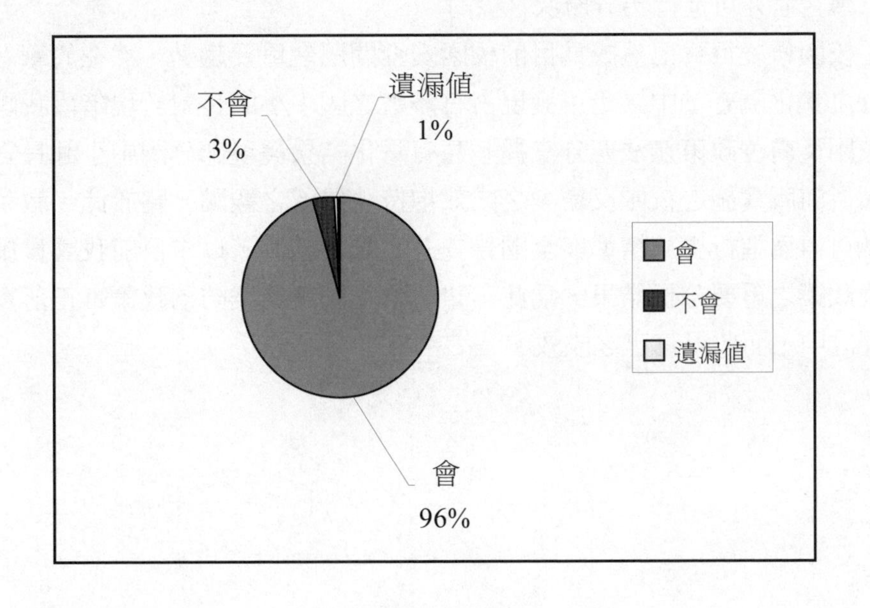

結　論

根據以上各種資料之統合，相信學習者對於校園霸凌之基本觀念，特別在於日本、台灣之比較上，已有深刻之概念，此不再贅述。然關於前述校園霸凌基本觀念認識與學習後，學習者需進行延展性之探討，所謂的延展性之探討與學習，首重在加害者組成霸凌團體之類似組織犯罪性質之理論，除此之外，如何構成霸凌被害相關論述，例如日常生活理論等之探討，亦是學習者進行延展性探討最重要之方向所在。

除前述霸凌當事人之犯罪學理論外，對於霸凌之防治，例如霸凌者法律懲處亦是學習者進行延展性學習之重大方向。惟目前校園霸凌之霸凌者多半爲十八歲以下，依照台灣法制，此種霸凌行爲人主要爲依據少年事件處理法而爲懲處。需注意的是，台灣少年事件處理法對於十八歲以下之少年，主要有二大方向進行懲處，其一爲保護處分，其二爲刑事處分，觀察此二層次之處分，可能依據霸凌加害者之年齡，可能對於被害人無法實施刑事處分，而以單純保護處分處理之[33]。關於此部分少年事件處理法之依據，學習者亦可進行另一層次之探討。

校園霸凌行爲已然成爲目前校園安全問題之重要趨勢，然在於筆者所進行之量化調查當中，仍可發現占有多數之國中小師長對於現階段我國實施校園反霸凌政策無法充分掌握，甚有量化結果發現部分國中小師長對於我國目前所實施之校園反霸凌之成效抱持著保留之觀點。關於此，教育單位應可再爲進行更爲精準與全國普查式之量化施測，以求目前我國實施反霸凌政策之重要分析結果，爲此，才可讓我國反霸凌防治政策真正落實於校園之中，而收得真正之成效。

---

33 參照陳慈幸、蔡孟凌（2009），少年事件處理法學理與實務，元照出版。

調查內容：台灣中、南部國中小學生霸凌狀況調查
調查者：陳慈幸
調查時間：2009年7月至8月
問卷：200份
實際問卷內容

個人資料調查：
我是：1.男性　2.女性
我的學歷：1.大學、2.大學進修學分班、3.碩士、4.博士、5.其他
我的年資：1.五年以下（包括五年）2.六年以上未滿十年以下、3.十年以上未滿二十年、4.二十年以上。

霸凌狀況調查：
您知道霸凌的定義是什麼嗎？1.知道 2.不知道
您知道霸凌與校園暴力的定義是有點不同的嗎？1.知道 2.不知道
您覺得您在教學當中學生所發生的霸凌案件是什麼樣的型態？ 1.性霸凌 2.網路霸凌 3.肢體霸凌（毆打同學） 4.關係霸凌（利用小群體說別人壞話）
目前教育部有進行「友善校園、校園暴力防範」等試辦方案，請問您知道嗎？1.知道 2.不知道（請答1.的老師繼續回答下題，答2的老師跳過第五題回答第六題）
您覺得這樣的方案對學生有用嗎？
您曾經親眼目睹學生發生霸凌嗎？1.有 2.沒有（回答1的請繼續回答下題，答2的老師跳過第六題，回答第八題）
您親眼目睹，但有加入斡旋、調解嗎？1.有 2.沒有
您覺得目前台灣校園的霸凌防治狀況如何？1.好 2.不好 3.還可以。
您的學校有進行老師的霸凌防治知能教育嗎？1.有 2.沒有 3.不清楚
若您有機會，您願意參與這種霸凌防治知能教育嗎？1.會 2.不會

謝謝您的回答。

第六章

校園霸凌與防治

林滄崧

前　言

當今研究「霸凌」議題的提倡者——Olweus（1993）曾指出，「霸凌」（bullying）：是一種在一段時間內，對他人不斷重複行使的負向行爲，並且在霸凌者與被霸凌者之間，無論於身體上、社會上或心理上都存在勢力（地位）不對等的情形。此一議題的提出不但掀開了存在人類社會已久的現象，也引起了諸多關於霸凌的研究，尤其集中在校園霸凌的領域。但是，霸凌事件不僅僅是校園內的產物，更可能在人類聚集（居）的任何場域，尤其是具有封閉或組織次文化特徵的場域內發生，例如：工作職場（Bowling & Beehr, 2006; Nielsen et al, 2008）、監獄（Ireland, 2005; South & Wood, 2006; Ireland, Archer, & Power, 2007）和軍隊（Ostvik & Rudmin, 2001）等。

現今所討論的「霸凌」現象，其概念根源於斯堪地納維亞語言（Scandinavian languages）地區，係在描述一種聚眾滋擾的偏差行爲樣態（在瑞典地區稱之爲 mobbing），形容一群兒童集體且長期反覆施暴、騷擾和折磨同一個受害者的現象。這種長期性的滋擾（mobbing）是由無組織性（unorganized）、情緒性（emotional）、反社會性（antisocial）與具攻擊性（aggressive）的兒童聚合後所操作（Lagerspetz et al, 1982）。甚至，在此之前，有關霸凌或聚眾滋擾的研究就已經存在，且對霸凌的觀察重心從行爲層次轉移到情境或氛圍層次，例如：Heinemann（1972）發現聚眾滋擾乃是在形容一種情境（situation），而此一情境會瀰漫在整個或大部分校園當中，藉以攻擊其他學童；也從聚眾型態的層次轉移到勢力評估的層次，例如：霸凌概念的提倡者 Olweus（1978）認爲：無論是個體霸凌或是集體霸凌，都太強調於集體方面的聚眾滋擾，其實，防治霸凌事件應該注意來自於個人、小團體或是全班教室對某一個人具系統性攻擊的霸凌情境。

從上述有關霸凌現象根源概念的探究可知，對於霸凌事件的觀察重心其實不在於偏差行爲的類型、輕重或參與人數多寡，而是決定在霸凌情境是否形成，並對該場域內的個體是否造成具體攻擊與形成恐懼氛圍而論。因此，霸凌事件的處理重心就不能僅針對霸凌者，更應該思考如何打破霸凌情境以做爲防治霸凌事件的基礎。

第一節　霸凌與校園霸凌

何謂霸凌（bullying）？至少到目前爲止，無論國內外都還沒有一個令人信服與滿意的定義，原因很簡單，因爲霸凌一詞所描述的是一種人與人之間具欺凌互動結果的抽象狀態，每一個人對此一狀態的描述，會因其經驗上量的多寡與質的輕重而有不同的感知與描述。就以台灣地區而言，教育部於 2010 年發布校園霸凌的定義後，隨即引發諸多的爭議與批評，原定義當中之「欺凌行爲長期反覆不斷」此一要件，即在社會輿論諸多壓力下，將之更改爲「具有欺負他人的行爲」即是一例。霸凌雖然在人類社會當中存在已久，卻可能會因個體經驗感知的差異而異其描述。

然而，從前述有關霸凌事件的根源探究中可知，霸凌之所以引起人們的重視，並且在世界各國掀起了一股研究之風，主要不是因爲霸凌行爲的結果有多麼嚴重，而是在於霸凌情境是如何產出，以至於霸凌者經由霸凌情境的支持下去實施欺凌他人的行爲。因此，一旦可以有效控制霸凌情境的產生，基於霸凌情境所支持下的暴力或偏差行爲便可相對減少。

一、霸　凌

有關霸凌的定義一直眾說紛紜，且常常與「暴力」（Violence）一詞混淆。所謂「暴力」，依據世界衛生組織（World Health Organization, WHO）

的定義乃稱：「暴力是個體對某一人、他人、一個團體、或整個社區，透過肢體武力、或權力威脅、或真實勢力等故意的使用，而造成其傷害、死亡、心理創傷、發展遲緩或受到剝奪等結果或提高其風險的一種狀態」（WHO, 2011）。從前述的定義可知，暴力乃是一種橫斷面的觀察，視實施暴力的個體對他人或團體的攻擊行爲，在某一個時間點上是否造成生理或心理上侵犯的結果，其可歸結出：「具有故意傷害的意圖」與「造成心理或生理侵犯的結果」等兩項要件。

然而所謂「霸凌」，Olweus（1993）認爲：「霸凌」（bullying）是一種在一段時間內，對他人不斷重複行使負向行爲，並且在霸凌者與被霸凌者之間，無論於身體上、社會上或心理上都存在勢力（地位）不對等的現象。又世界衛生組織（World Health Organization, WHO）所屬之「學齡兒童健康行爲調查」（Health Behaviour In School-Aged Children, HBSC）實施霸凌現象調查時，針對霸凌行爲的定義乃稱：「霸凌乃是具有敵意下的肢體或口語負向攻擊，並可導致被害者緊張焦慮的行爲，其在霸凌者與被霸凌者之間存有攻擊行爲反覆不斷，以及兩者之間存有權力差異的現象」（Currie, Gabhainn et al., 2008）。從而可知，霸凌乃是一種縱斷面的觀察，視在某一段時間內，霸凌者與被霸凌者之間是否呈現出相對勢力（地位）不對等的狀態，且在該時間內霸凌者對被霸凌者的攻擊行爲是否有反覆不斷的現象，其要件可歸結爲：「兩造雙方相對勢力不對等」、「攻擊行爲長期反覆不斷」、「具有故意傷害的意圖」與「造成心理或生理侵犯的結果」等四項。因此，兩者可比較如表6-1：

表6-1　「暴力」與「霸凌」定義要件差異比較表

暴　力	霸　凌
	1.兩造雙方相對勢力不對等。
	2.攻擊行爲長期反覆不斷。
1.具有故意傷害的意圖。	3.具有故意傷害的意圖。
2.造成心理或生理侵犯的結果。	4.造成心理或生理侵犯的結果。

從表 6-1 可知，霸凌除了具有暴力定義的要件特徵外，更比暴力多了「兩造雙方相對勢力不對等」與「攻擊行爲長期反覆不斷」等兩項要件特徵。基此，霸凌亦屬於暴力行爲的一種樣態，而且在實施暴力之時，乃是沉浸在「兩造雙方相對勢力不對等」且「攻擊行爲長期反覆不斷」的情境狀態下，而此兩種情境狀態即可稱之爲霸凌情境（bullying situation）。簡扼之，霸凌與暴力的關係可用以下等式與圖示說明之：

霸凌（bullying）＝霸凌情境（bullying situation）＋暴力（violence）

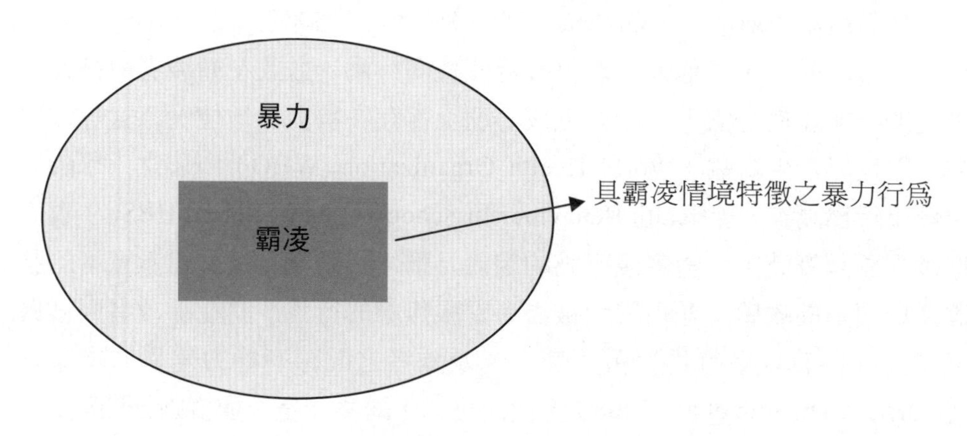

圖 6-1　「暴力」與「霸凌」關係示意圖

霸凌情境是霸凌行爲重要的要件特徵，也是區隔暴力行爲重要的條件。自 2009 年起台灣地區媒體輿論大幅報導校園霸凌事件，觀察其報導內容皆著重在對「霸凌」行爲後果的描述，而缺乏對該「霸凌」行爲是否存有霸凌情境的探究與描述，因而導致許多校園暴力事件被誤認或錯認爲校園霸凌事件，更在其推波助瀾下，迫使教育部修正霸凌定義，將原有霸凌情境當中極爲重要的要件特徵——「攻擊行爲長期反覆不斷」，修正爲只要「具有欺負他人行爲」即可成立校園霸凌事件，殊不知當代研究或防制校園霸凌的目的，不僅在處理霸凌者的暴力行爲而已，更著重在研究處理「霸凌情境」的生成，進而從打破霸凌情境的作爲當中，去緩和或降低暴力事件的發生。

從上述有關暴力事件與霸凌事件的差異比較可知，霸凌本就屬於暴力行爲的一種，並將之從暴力事件研究處理的範疇中抽離，並賦予霸凌情境的要件，使之成爲霸凌事件重要的特徵。如此區隔的原因，主要乃霸凌事件對該事件中當事人（霸凌者、被霸凌者、旁觀者）的影響有別於暴力事件，其傷害性更是甚於暴力事件，尤其是在霸凌情境的恐懼氛圍瀰漫下，其受害者往往不僅止於被實際霸凌者而已，處在霸凌情境所及之處的個體通常都會受制於該恐懼情境下，產生諸多負向的心理症狀（Nishina & Juvonen, 2005; Isaacs et al., 2008）。

因此，統整霸凌與暴力兩者的差異後可得，暴力事件與霸凌事件在認知與處理上有其差異，依兩者的性質可概分兩者之處理差異如表 6-2：

表 6-2 暴力事件與霸凌事件處理差異示意表

	暴力	霸凌
觀察面向	暴力成因來源	霸凌情境來源
影響因素	一般影響因素（淺層偶發犯或機會犯）	特別影響因素（深層核心犯或慢性犯）
呈現型態	大多數可直接觀察	大多數需經過判定
處理重心	以偏差者爲核心（學校資源）	以偏差者週遭影響因素爲核心（學校與外在資源並行）
結論	霸凌一定是嚴重的暴力事件，但嚴重的暴力卻不一定是霸凌事件	

資料來源：林滄崧（2011）。

二、校園霸凌的意義與特徵

霸凌事件並非校園內特殊的產物，反而在人類社會當中各場域都可能發生的一種社會現象，而霸凌事件發生在校園場域之中者，則稱之爲校園霸凌（bullying in campus）。依據教育部於 2011 年所制定之「各級學校防制校園霸凌執行計畫」而言，我國乃以「身分」做爲認定校園霸凌是否成立的前提要件，換言之，只要學生雙方在一段時間內，一造學生相對於他造學生在身體上、社會上或心理上具有權力（地位）不對等的狀態，並基於此一狀態下，反覆不斷從事攻擊行爲時，即可稱爲「校園霸凌」。此一定義方式與現今我國教育界從事校園性侵害或性騷擾的定義模式稍有不同。

校園性侵害或性騷擾的定義對象，乃對該種事件當中之任一當事人身分爲學生時即可成立，但校園霸凌的定義對象卻是該事件雙方當事人皆必須爲學生，以符合應具「同質地位」（peer to peer）的特徵。換言之，具「同質地位」也是決定是否爲霸凌事件的另一重要特徵（Salmivalli, 2010）。2009年至2010年之間，台灣地區的輿論興起一股校園霸凌的報導之風，除了報導內容是否爲校園霸凌仍有爭議外，更報導出類似「老師霸凌學生」、「學生霸凌老師」、「校長霸凌老師」……等等之詞句，誤用了霸凌的意義，誠屬遺憾。

霸凌事件不同於一般的暴力事件，除了需具備「兩造雙方相對勢力不對等」與「攻擊行爲長期反覆不斷」等兩要件特徵外，在當事人的原始角色分配上亦應屬同質或同等地位。例如：監獄當中的受刑人對受刑人，在原始地位上同屬於應受矯治教化之受刑人，但因另一方受刑人因其他變項介入（如：具幫派勢力背景、監獄次文化……），而使其在服刑期間因監獄內的勢力地位相對高於其他一般受刑人，進而產生相對勢力（地位）不對等的傾斜現象；又如在軍隊當中，兩造雙方的原始角色皆屬於役男（士兵），但在服役期間因有其他變項介入（如：攏絡其他役男、軍隊次文化……），使得在服役期間其在軍隊中的勢力地位高於一般役男，進而產生相對勢力（地位）不對等的現象。

這種應原屬同質地位下，卻因有其他變項介入後所產生的相對勢力不對等，已成爲判定是否爲霸凌事件的另一重要特徵。若原已屬相對勢力（地位）不對等的情況下（如：老師對學生、軍官對士兵、管理員對受刑人……）所爲之攻擊行爲，一般而言皆應被排除在霸凌事件的討論，而應該是落在管教不當（老師對學生）或凌虐（軍官對士兵、管理員對受刑人）的範疇。而這些促使原屬同質地位卻轉變成相對勢力（地位）不對等的變項，即是防治霸凌事件發生的首要目標。

三、校園霸凌的類型

校園霸凌的類型眾多且至今也仍無一致的分類，Olweus（1993）在早期研究霸事件時，將霸凌分爲直接霸凌（direct bullying）及間接霸凌（indirect bullying），前者是公開對受凌者進行攻擊，後者則與社會孤立或排除有關。後來的校園霸凌研究者則對直接霸凌與間接霸凌給予更具體的描述，稱直接霸凌爲直接的肢體攻擊行爲（如：打、踢、捏、推）、搶奪財物或金錢、直接辱罵、嘲笑與恐嚇等；而間接霸凌則指透過惡意散布流言中傷、或離間與他人情感關係等具社會排除性（social exclusion）的作爲（Wolke et al., 2000）。自此，肢體霸凌、言語霸凌以及關係霸凌便成爲校園霸凌的古典類型，也是最具核心地位的類型。

然而，隨著社會電子傳播科技的發達，除了便利於人們之間的溝通之外，也提供了兒童及少年一種新興的霸凌平台，諸如：聊天室（chat room）、電子郵件（e-mail）、即時通訊（instant messaging）或透過行動電話……等等，將電子訊息或影像傳送至他人電子設備，因此而創造了所謂「網路霸凌」（cyber bullying）或「電子霸凌」（electronic bullying）的類型（Wang et al., 2009）。除此之外，Beaty 與 Alexeyev（2008）認爲：某一個體若意圖對他人的性別及性取向上，不斷的採取羞辱污名的方式以達到性騷擾他人的目的時，則也可視爲一種霸凌的型態，稱之爲「性霸凌」。我國於 2011 年 6 月 7 日立法院三讀通過性別平等教育法的修正案，其中乃將「性霸凌」一詞入法，將原屬「性騷擾」規範的某部分（如：性別特徵、性別氣質、性傾向或性別認同）抽離，並賦予「性霸凌」一詞加以規範。但對於「相對勢力不對等」與「攻擊行爲長期反覆不斷」等兩重要條件，卻未融入此次修法當中，也屬憾事。

最後，在諸多研究當中發現，許多被霸凌者經歷長期的欺凌之下，也可能出現反擊的狀態，因而形成所謂「反擊霸凌」的型態，然而此一類型大多與個體的個人特質有關，例如規範失調、情緒暴躁等（Salmivalli & Nieminen, 2002; Schwartz, Proctor & Chien, 2001），是否可稱之爲「反擊霸凌」仍尚有爭議。

綜合前述現今有關校園霸凌的類型，計可分類爲肢體霸凌、言語霸凌、關係霸凌、網路霸凌、反擊霸凌及性霸凌等六項，若結合其要件與攻擊行爲特徵，則可說明如表 6-3：

表 6-3　「校園霸凌」之定義、類型與具體型態示意表

	定　　義	類　型	攻擊行為特徵
校園霸凌	1.兩造勢力（地位）不對等。 2.攻擊行爲長期反覆不斷。 3.具有故意傷害的意圖。 4.呈現生理或心理侵犯的結果。	肢體霸凌	毆打身體、搶奪財物、……
		關係霸凌	排擠孤立、操弄人際、……
		言語霸凌	出言恐嚇、嘲笑污辱、……
		網路霸凌	散布謠言或不雅照片、……
		反擊霸凌	受凌反擊、「魚吃蝦米」……
		性霸凌	校園性侵害或性騷擾

資料來源：林滄崧（2011）。

另外，加拿大公安部（2011）亦針對校園霸凌的類型與具體型態加以整理分類如下（表 6-4）：

表 6-4　加拿大公安部定義「校園霸凌」之類型與具體型態示意表

肢體性	心理性	
	口語性	社會性
➢ 撞 ➢ 踢 ➢ 沖壓 ➢ 推擠 ➢ 竊取物品 ➢ 約會強暴	➢ 辱罵 ➢ 取綽號 ➢ 對他人外表或言行不友善的評論 ➢ 威脅 ➢ 性騷擾 ➢ 種族歧視	➢ 談論他人誹聞或是非 ➢ 傳播謠言 ➢ 刻意疏離、孤立 ➢ 故意排擠
結果		
傷害他人身體、損壞財物或使他人產生自我感覺低劣的狀況。	致使他人產生自我感覺低劣的狀況。	致使他人感覺孤獨或不屬於所屬團體一份子的感覺。

資料來源：加拿大公安部（2011）網站：http://www.publicsafety.gc.ca/res/cp/res/bully-eng.aspx#a06

在諸多有關校園霸凌類型的研究調查發現，言語霸凌與關係霸凌乃是比較常見的（Wang et al., 2009；兒福聯盟，2011），主要原因乃關係與語言霸凌不似肢體霸凌般明顯，且不易引起大人們（家長與老師）的注意。但此種霸凌侵犯所造成的傷害是不易見的心理侵犯，而通常容易被加暴者托詞或被旁觀者認爲那只是個玩笑而已（Teräsahjo & Salmivalli, 2003），因此導致這些受非肢體性霸凌者經常用隱忍的方式去適應這種欺負，甚至會與團體逐漸愈走愈遠，造成一種結構性與被迫性的團體疏離效果，因爲團體內的同儕並不真正了解他心裡的感受，因此也導致關係與語言霸凌在「量」上通常比其他霸凌類型來得多。

此外，一般人總認爲肢體霸凌所受到的侵犯性似乎比起其他霸凌類型來得深，但 Dukes 等人（2009）的研究則認爲：關係霸凌的傷害性通常是較爲長期與深沉，且有時容易激發受霸凌者展開較爲激烈的的反擊意識。他們例舉發生在 2007 年 4 月 16 日美國維吉尼亞理工學院的校園槍擊事件的觀察，造成 33 人死亡，數十人受傷的校園槍擊事件的加害者，其在學期間即不斷的遭受同儕的戲弄與嘲笑，顯見該案兇手在案發前即是關係與語言霸凌的被害者。因此，就受侵犯的「質」上而言，關係與語言霸凌所受到的傷害性恐怕也不低於肢體霸凌。統整而言，肢體霸凌所產生對人體的傷害固然需要重視，但對於質重、量大且具有高度隱匿的關係與語言霸凌更需要受到人們的重視。

校園霸凌事件在性別的分布上，在以往的研究發現：男孩無論在霸凌者或被霸凌者的比率都高於女孩（Currie, Gabhainn et al., 2008；鄭英耀，2010），且男孩有較多的直接霸凌，女孩則傾向於間接霸凌（Dukes et al., 2009；鄭英耀，2010）。而霸凌事件的發生在性別之間也產生「男孩對男孩」以及「女孩對女孩」的情況，也就是說當霸凌者爲男孩時，其被霸凌者通常也是男孩，相同的，當霸凌者是女孩者時，其選擇霸凌的對象通常也會是女孩居多數（Salmivalli, 2010）。因此，大多數校園霸凌事件的發生較少發生在跨性別之間。

最後，有關校園霸凌事件在年齡的表現上，依據世界衛生組織所屬之「學齡兒童健康行爲調查（HBSC）」的調查結果：校園霸凌受暴比率會隨著學齡年資的增加而逐漸減少（Currie et al., 2008），其中肢體霸凌減少幅度較爲明顯，但言語霸凌則仍會維持在一定的比率（Boulton & Underwood, 1992）。

四、校園霸凌狀況調查

校園霸凌現象面的調查其實不太容易，且所調查出來的數據也未必能真正符合事實，原因很簡單，即使有一個非常明確的定義內容當作依據，但每個人對侵犯他人或被他人侵犯的感知程度並不相同；再者，若又缺乏一致性的調查內容時，則此地與他地所得到的校園霸凌現象恐怕也會不一致，甚至無法進行質量上的比較。因此，就校園霸凌現象的調查結果而言，與其視其爲是一種「現象」，不如以可能的狀況來加以描述會更爲貼近。

（一）台灣地區

台灣地區關於校園霸凌的調查研究起於近 10 年內，兒童福利聯盟文教基金會於 2004 年針對國小學童實施校園霸凌的調查，其中發現：有被欺負過的學童占了受訪樣本的 63.4%，其中語言霸凌占了五成以上，肢體霸凌則占了 36.8%，關係霸凌約占了 26.9%（林項爵，2010），鄭如安等人（2007）自編國民中小學學生學校生活經驗調查問卷，針對高雄市國中、小學生進行調查，結果發現言語霸凌的盛行率在 40%以上，肢體霸凌約在 3%-9%左右；郭惠玲（2008）以高雄縣公立小學六年級學生爲研究對象，從中選取 856 名學生做爲施測對象，其研究結果發現，有 10%至 77%的學童曾受過同學的霸凌，而有 6%至 53%的學童曾霸凌過同學；楊宜學（2009）以台南市國小高年級爲研究對象，選取 976 名學生爲施測樣本研究發現，關係和言語霸凌率爲 35%左右，肢體霸凌率則有 11%；林項爵（2010）以新北市公立小學之五、六年級爲對象實施調查發現其霸凌率約在 12.2%，被霸凌率則在 14.3%；鄭英耀（2010）以台灣地區國、高中（職）學生（含進修學校）爲研究對象，選取 3,937 個學生樣本進行問卷調查發現，霸凌者占施測樣本 10.3%，受凌者爲 10.1%，旁觀霸凌者爲 28.6%，兼爲霸凌／受凌者占 5.2%；兒福聯盟（2011）以台灣本島五、六年級國小學童、國中一、三年級學生爲母群體，採分層隨機抽樣法，總計回收有效樣本 2,728 份，調查發現有 18.8%國小、國中學生表示「最近兩個月內，經常被同學霸凌（每月 2、3 次以上）」，有 10.7%學生坦承「最近兩個月內，會霸凌（欺負、嘲笑或打）同學（每月 2、3 次以上）」。

（二）國外地區

在國外的調查上，Liang 等人（2007）在南非研究統計結果得知，超過 36.3%的學生涉入校園霸凌事件，其中 8.2%爲霸凌者、19.3%爲被霸凌者、8.7%同時爲霸凌與被霸凌者；另根據鄭英耀（2010）所蒐集世界各國之霸凌率而言，加拿大於 2003 年針對 6、8、10 年級學生的一項調查研究發現，在六週的時間內，有 54%男性和 32%女性曾霸凌他人，34%男性和 27%女性至少被霸凌一次；希臘於 2008 年針對 10-14 歲希臘學生的研究調查發現，有 8.2%是受凌者，5.8%是霸凌者，1.1%是霸凌／受凌；美國於 2006 年針對 5、6、10 年級的一項自陳調查研究發現，女生的霸凌盛行率爲 11.45%、男生爲 11.11%；巴西於 2005 年的一項自陳調查結果也顯示，在調查前 30 天內，60%的巴西高中生曾有一次霸凌行爲，有 14%的學生則是經常霸凌他人；日本在 1994-1995 年進行大規模的國家霸凌調查研究，結果顯示 26%的國小及 20%的國中生爲霸凌者；澳洲於 2006 年的一項自陳調查研究也顯示，有 50%的學生在校內被霸凌，其中有 10%學生則經常受凌。

另外，世界衛生組織（WHO）「學齡兒童健康行爲調查（HBSC）」曾於 2005 年至 2006 年期間，針對全球 40 個國家進行校園霸凌調查，其發現 11、13、15 歲學生的平均被霸凌盛行率分別爲 15%、14%、10%，其中男孩部分的被霸凌率分別爲 16%、15%、11%，女孩部分的被霸凌率則分別爲 13%、13%、8%。若以國家別盛行率的比較來說，11 歲組學生的被霸凌率最低者爲瑞典（4%）、最高者爲土耳其（30%）；13 歲組學生的被霸凌率最低者爲瑞典（4%）、最高者爲立陶宛（29%）；15 歲組學生的被霸凌率最低者爲冰島及匈牙利（3%）、最高者爲保加利亞（34%）；而在霸凌盛行率上，11、13、15 歲學生的平均霸凌盛行率分別爲 9%、12%、12%，其中男孩部分的霸凌率分別爲 12%、15%、16%，女孩部分的霸凌率則分別爲 6%、9%、7%。若以國家別盛行率的比較來說，11 歲組學生的霸凌率最低者爲瑞典（2%）、最高者爲格陵蘭（24%）；13 歲組學生的霸凌率最低者爲瑞典（2%）、最高者爲拉脫維亞（28%）；15 歲組學生的霸凌率最低者爲捷克（3%）、最高者爲立陶宛（28%）（Currie et al., 2008）。

從上述國內外關於霸凌率與被霸凌率的調查可以發現，各國所調查出的霸凌率與被霸凌率並不盡相近，霸凌率從瑞典（2%）至 60%（巴西）不等，被霸凌率也從冰島及匈牙利（3%）至 50%（澳洲）不等；即使在同一國家內，每一次霸凌率與被霸凌率的調查結果也會有極大的差異。以台灣地區爲例，霸凌率從 10.3%（鄭英耀，2010）至 53%（郭惠玲，2008）不等，被霸凌率從 10.1%（鄭英耀，2010）至 77%（郭惠玲，2008）不等。會有如此大之差距，可推估原因主要有兩項，一是各個國家或地區內的校園霸凌現象，本就基於社會體質之不同而有不同之表現；但主要還是基於第二項理由，「霸凌」本來就是一項難以明確定義的行爲，因此，在進行調查時所實施的操作定義也會有極大差異所致。

長期進行校園霸凌研究的加拿大多倫多大學社會工作學院院長 Faye Mishna 即認爲，無論是被害學生、老師或家長要明確辨認校園霸凌與否並不是件容易的事，主要乃受到兩個重要層面的影響：一是學生對霸凌的認知以及對霸凌具體事件的理解程度並不足夠。例如：或許可以提供受害學生，老師或家長一個具有一致性的霸凌定義，但只要給一個校園霸凌的實例時，卻往往無法具體的去確認該實例是否爲霸凌行爲；再者，具有朋友關係的校園霸凌，其實也是難以確定兩者之間是否真的存有權力（地位）失衡的現象（Mishna, 2006）。而這種對於校園霸凌難以明確定義，也難以具體操作的現象，乃一直困擾著學術研究與教學實務工作者，甚至引起許多的爭嚷（Pellegrini, 2002; Mishna, 2004; Sawyer et al., 2008; Salmivalli & Peets, 2008）。

第二節　校園霸凌事件參與者與其反應

處理校園霸凌事件時，通常都著重於霸凌者以及被霸凌者的處理與輔導，在整個角色分配與互動觀察上，似乎也都偏向於對霸凌者的抑制與被霸凌者的權益保障。然而，許多的研究指出，「旁觀者」在抑制校園霸凌其實乃扮演相當重要的角色（Hawkins et al., 2001；鄧煌發，2010）。以下茲就校園霸凌事件參與者與其反應特徵加以介紹。

一、校園霸凌者

在人類眾多行爲模式當中，爲何會有「大欺小、強凌弱、眾暴寡」等霸凌行爲出現，依據早期研究的解釋，乃稱霸凌者具有其獨特且具侵略性的人格模式（Olweus, 1978），是一種個體因具有社會病徵或情緒失調所造成的結果，且其行爲屬性具偶發、隨機、缺乏主動性等特徵。然而；隨著霸凌行爲逐漸受到重視與研究，且人類的攻擊行爲依其功能被分類爲反應式攻擊（reactive aggression）與主動式攻擊（proactive aggression）之後，看似隨機偶發的霸凌行爲其實隱含了具主動性與目標導向的攻擊，換言之，霸凌並非是一種情緒失調的問題，而很有可能是一種具有目的性與主動性，爲實現某種社會目標而踐行的一種攻擊行爲，同時也是一種具熟練性而非偶發性的偏差行爲（Garandeau & Cillessen, 2006）。因此，就霸凌行爲的研究史來說，就可歸納出兩種面向的解釋，一種是來自於傳統偏差行爲學的觀點，另一則是來自於當代社會適應的觀點。

（一）偏差行為學觀點

Bowers 等人（1994）從事校園霸凌研究當中發現：「父母」是影響少年個體是否從事校園霸凌的重要因素，若少年可以從父母處獲得情感溫暖或支持時，通常較有較低的機會觸及校園霸凌事件；Raskauskas & Stoltz（2007）則認爲：「朋友」是決定少年是否接觸霸凌事件的重要因素，從數量上來說，朋友愈多則該少年個體遇上霸凌被害的可能性也就愈低，因此而形成所謂的「友誼保護假說」（friendship protection hypothesis）。但不幸的是，此一「友誼保護假說」雖然可以解釋免於霸凌被害，但卻也升高了其成爲霸凌者的可能（Wang et al., 2009）。Dukes 等人（2009）則認爲，校園霸凌事件與各種青少年偏差問題行爲有關，甚至其觀察到許多少年偏差問題通常不會單獨出現，相反地，反而是群集的發生，此種偏差問題多次發生的特徵，其實代表了一個結構性的問題，即問題行爲症候群（Problem Behavior Syndrome, PBS），而霸凌行爲極有可能亦與多元問題行爲相關，換言之，霸凌者是具有問題行爲傾向者，其偏差或暴力行爲在質量上通常是多元且反覆的。

上述個體與父母親之間連結的家庭動力問題、與同儕交往質量問題，以及因低自我控制狀態所生成的「問題行爲症候群」等，皆在以往校園霸凌相關研究上被證實與從事校園霸凌行爲有密切的關係，而這些影響因素似乎與傳統研究偏差行爲之影響因素相重疊，因而使得偏差行爲與霸凌行爲之間產生高度相關的現象，更添加兩者之間難以辨識的困難度。

（二）社會適應觀點

繼傳統偏差行爲觀點研究校園霸凌之後，許多研究者發現校園霸凌行爲並不如校園偏差行爲一般，具有如此多元性的肇因。且在論及校園霸凌行爲的動機時，認爲霸凌者只不過是透過欺侮他人的過程中，去追求、建立或展示其在同輩之間較爲崇高的地位、權力與優勢而已，尤其是在青春期階段更加明顯（Salmivalli & Peets, 2008; Sitsema et al., 2009）。換句話說，當一個人企圖追求地位、權力與優勢時，在動機上乃必須與團體運作緊密相關，因爲地位、權力與優勢是象徵一個人在同儕團體群裡的層次，乃在評價這個人在團體當中受尊敬與聲望的程度，甚至可將「地位」視爲團體成員的一種角色分配狀態，而霸凌乃是透過反覆欺凌同儕以實現其地位目標的一種手段。因此，霸凌行爲就個體來說是一種手段，並非如偏差行爲般是一種結果，而這也成了辨識兩者之間最大的差異點。

從「追求優勢地位」此一角度出發，其實就不難發現校園霸凌事件爲何會呈現「大欺小、強凌弱、眾暴寡」的現象，此乃因霸凌者需要的是地位的建立。就理性選擇觀點而言，他們應該較有可能去選擇特定的受害者、時間和地點去實施攻擊行爲，而通常也會選擇那些比較會順從、不具自我保護能力、身體較殘弱者、低權力資源以及遭受團體排擠的人（Hodges & Perry, 1999; Salmivalli & Isaacs, 2005）。從這些低權力特徵同儕身上實施霸凌，使得霸凌者可以反覆不斷的從他們身上去證明他們的權力，並且在他們所屬團體中宣示他們的高地位立場，甚至在沒有適當的介入干預下，霸凌者若爲了追求更高地位權力，則其攻擊行爲的質量恐怕會更加廣泛與深重。

因此，相關研究發現，在校園霸凌事件發生的過程中，霸凌者實施攻擊時並不避諱有同儕者在場旁觀，甚至霸凌者還希望有同儕者在場，藉以宣示其地位乃高出於一般同儕（Hawkins et al., 2001）。再者，霸凌者通常也相信他們的霸凌行爲有助於提高他們在同儕之中的地位。曾有研究指出：具有攻擊性的孩子（包括霸凌者），即便是在主流的同儕團體當中，仍舊可以被視爲是相當「酷炫」(cool)、強大(powerful)和受歡迎的(popular)（Rodkin et al., 2006; Caravita et al., 2009），致使這些從事霸凌的孩子深信霸凌行爲確實有助於贏得聲望與地位。此一現象可突顯出適逢青春期的霸凌者，其許多反社會以及強硬的作爲，同時也回應（體現）出同樣處在青春期的其他團體同儕急欲挑戰成人的規範與價值的想法，使得霸凌者即使欺侮了他人，卻仍然可在同儕當中受到歡迎。

Hawley 等人（2007）更延伸霸凌者在同儕團體中的互動狀況，以資源控制理論（Resource control theory）的觀點，說明在青少年團體當中，誰能夠有效的達成目標、獲得與控制社會資源，誰就可以在其同儕團體當中獲得有價值的認同。而資源控制的方式可以基於脅迫策略、或友善策略、或兩者兼而有之，尤其是特別受到歡迎的霸凌者，通常會藉由此一管道而將其侵犯行爲發揮的淋漓盡致，甚至將霸凌行爲與親和友善的行爲結合起來，以放大他們的資源控制能量與知名度。

無論是以特質論所代表的的偏差行爲學觀點，或是情境論所代表的社會適應觀點，同時都代表著對校園霸凌事件的重視，只不過以當代社會或教育環境特徵而言，特質論的偏差行爲學似乎無法將一般性的校園偏差行爲與校園霸凌行爲予以有效的區隔，甚至造成許多實務工作者身陷在兩者定義區隔不清的泥淖當中。所幸後來諸多校園霸凌研究者逐漸發現，霸凌行爲除了具有偏差行爲的特徵之外，更存在個體處在同儕團體中的適應問題，亦即霸凌者之所以從事霸凌行爲乃是受到追求崇高的地位所驅使，他們期待被尊重（respected）、受人讚賞（admired）以及佔有優勢與具支配感（dominant）。同時，霸凌者似乎也是具有理性選擇，他們會選擇特定可欺負的目標，就和選擇時間與地點一樣，經由細密的理性選擇下進行各種侵犯行爲，用以放大並向同儕證明他們具有優勢權力或地位的機會，以俾於在各種事件當中求取獲得成功的機會。

二、校園被霸凌者

在傳統印象裡，霸凌事件被害者總是居於弱勢、消極、懦弱與躲避等印象，但隨著校園霸凌研究的開展下，校園中被霸凌者的角色似乎逐漸分化出諸多獨立的類型，就以目前所研究出來的被害類型來說，可分成「攻擊型被霸凌者」（aggressive victims）、「順從型被霸凌者」（passive victims），以及「霸凌／被霸凌者」（bully-victim）等三種類型。此三種被霸凌類型當中，除了被害個體本身具有弱勢的傳統特質之外，在諸多研究當中也發現，許多個體發展上獨特的特徵也與校園霸凌事件有關，例如：「亞斯柏格症」（Asperger syndrome）以及「注意力缺失與過動障礙」（Attention-Deficit/Hyperactivity Disorder, ADHD）等。此等研究的發現，不但讓人們更加了解校園霸凌事件的複雜性，也添加校園裡教師從事學生教育輔導的難度。

（一）攻擊型被害者

校園霸凌被害者除了具有抑制、消極或順從等社會行為特徵之外，其實也有不少比例的被霸凌者顯示出一種較為積極的行為方式。換句話說，攻擊性被害者除了具有不受同儕歡迎、沮喪、焦慮，以及其他形式內在煩惱等問題外，他們也容易出現嚴重的「外化行為問題」（externalizing behavior problems）（Haynie et al., 2001），因此在遭受校園霸凌時，他們比起一般校園霸凌的被害者經歷更多極端與持久的同儕欺凌（Salmivalli & Nieminen, 2002）。

攻擊型被霸凌者的理論觀點，乃強調自我調節不足的角色，這些孩童的攻擊行為反映出其潛在調節憤怒和煩躁不佳的狀態，而非具有目標導向的社會性攻擊行為。換言之，此一類型被害者乃經歷一般人所不能感知的衝動行為、情緒性反應與過動的障礙等（Haynie et al., 2001），導致這種攻擊型被霸凌者的攻擊常常被視為有意的攻擊，但遺憾的是，往往是基於個體所無法自我控制的因素所造成，其中最典型的案例即是「注意力缺失與過動障礙」（Attention-Deficit/Hyperactivity Disorder, ADHD）以及「亞斯柏格症」（Asperger Syndrome）等（Taylor et al., 2010; Humphrey & Symes, 2010）。

患有 ADHD 的兒童通常會有攻擊、破壞、欺壓、侵略和吵鬧的傾向，並且具有注意力不集中（Inattention）、過動（Hyperactivity）、衝動（Impulsivity）等三大特徵，以及對立反抗與行爲規範障礙（Oppositional Defiant Disorder & Conduct Disorder）及躁鬱症（Bipolar Disorder）等併發症，因而容易在與他人、尤其是同儕的互動過程中產生衝突。據估計約有50%的 ADHD 孩童在與同儕互動的社會關係上會出現明顯的問題，極易造成同儕間的衝突，並且遭受同學的排斥（「ADHD 注意力不足過動症」官方網站，2011）。另外，若屬亞斯柏格症之孩童，則其往往無法理解某些社交線索（social cue）造成許多社會交往上的障礙，又因具有特殊的語言溝通方式（如：無法拿捏與人談話的適當距離、不會察言觀色……等）使得與他人互動上也產生許多衝突，而其他特徵如：一或多種刻板而侷限的興趣模式、無彈性且固執於特定且不具功能性的常規或儀式行爲、刻板而重複的身體動作、經常過於敏感等等（Van Roekel et al., 2010），此等行爲特徵通常也容易在與同儕互動過程中，因他人的不了解而產生遭受排斥或暴力相向的結果。

因此，這類的孩童雖然偶具有攻擊的特徵，但卻是校園霸凌事件的被害者，相反的，雖然他們是校園霸凌的被害者，可是卻同樣與霸凌者具有攻擊的特徵，兩者之間的差異僅在於其攻擊行爲是否具有目標導向以及故意意圖的差異，因此亟需校園處理人員細心加以辨識。

（二）順從型被害者（passive victims）

大多數順從型被霸凌者與攻擊型被霸凌者一樣具有同儕拒絕、情緒困擾與失調等特徵，只是順從型者的症狀乃是基於情境性或機會性的境遇所產生，換言之，順從型的被霸凌者相對於霸凌者或旁觀者而言，乃是居於相對順從與孤僻，因而被選擇爲霸凌的對象，在情緒失調與衝突上比起攻擊行者較爲淺層（Nansel et al., 2001）。Kärnä & Salmivalli 更進一步認爲：順從型的被霸凌者可能面臨兩個重要的風險因素——「社交焦慮症」（social anxiety）與「同儕拒絕」（peer rejection）。這兩個風險因素對一個在教室或校園裡發生的霸凌事件而言，是決定強化或遏止其發生的重要角色。換句話說，當受霸凌者患有社交焦慮症或受到同儕拒絕的可能性愈高的話，則在教室或校園裡的同儕去支持霸凌者的可能性也就相對高於去挑戰他（Salmivalli, 2010）。

這種順從型的被霸凌者通常在一個霸凌情境空間當中，僅會是極爲少數的型態存在，因爲霸凌者通常在教室當中只會找 1-2 個順從型的被害對象去實施霸凌行爲，因爲這樣的欺負通常是會有效且較低風險的。誠如 Garandeau and Cillessen（2006）認爲：倘若霸凌者在教室裡不是僅找 1-2 個霸凌目標，而是同時具有很多欺負對象時，則被霸凌者之間就會成爲相互支持的對象且霸凌情境也較不易形成。若此，同學們就會把霸凌發生的原因歸咎於霸凌者的不是，此時霸凌情境更加難以形成；但在教室裡若僅有一個遭受霸凌的弱勢者時，則霸凌行爲很容易被正當化，或者這位被霸凌者若在教室裡的人緣不好或朋友很少時，則又容易將之歸咎於被霸凌者（Ladd & Troop-Gordon, 2003）。

（三）霸凌／被霸凌者

在校園霸凌事件中，還有一種身分者稱之爲「霸凌／被霸凌者」（bully－victim），係指該學生既是霸凌者又是被霸凌者，此種霸凌者在許多特徵上都與一般霸凌者有顯著的不同，尤其在對他人的攻擊理由上也有顯明的不同。比起那些具有技巧性或策略性的霸凌者來說，這些（被）霸凌者似乎較顯規範失調、情緒暴躁及同時具有高度主動攻擊與被動攻擊的傾向。

基本上，霸凌／被霸凌者比起單純霸凌者或被霸凌者而言，有較爲廣泛的行爲與情緒困擾問題，這乃因爲他們經常性的處在霸凌情境之下，所以導致出現經常性的社會性與情緒性問題，例如遭受同儕的欺負，感受到焦慮、壓力、受到同儕的排擠以及缺乏親密的同儕關係等。從事霸凌／被霸凌者的研究當中也不斷發現，此一角色者確實在與同儕互動上會有許多心理性與社會性的問題存在，諸如：缺乏良好的社交技巧與調節自我情緒的能力（poor social adjustment）、社會孤立（social isolation）、行爲失序（behavior disorders）、心理健康症狀（mental health symptoms）、行爲困擾（behavior disorders）、人格障礙（personality difficulties）與關係障礙（relationship difficulties）等（Stein et al., 2007; Kokkinos & Panayiotou, 2004;

Juvonen et al., 2003）。這些認知與行爲障礙，通常是這些被霸凌者無意中成爲霸凌他人的主因，其中包括大範圍的違反相關社會或校園規範、躁動、反應具侵略性等特徵。這種具廣泛性情緒與社會行爲困擾者，不但在同儕團體當中可能成爲經常性的侵略者，更可能因他的經常性侵略，造成同儕的反感而產生集體排斥的效果，尤其是在關係霸凌行爲上更可能發生（Dukes et al, 2009）。

從前述三種霸凌事件被害者的特徵當中可知，無論哪一類型的校園霸凌被害者或多或少都具有程度與層次不同的情緒與社會行爲障礙，而亟需家長與教師人員注意了解與輔導，甚至提供相關治療資源以協助這些霸凌事件被害者走出被霸凌的情境。另外，在少數教育現場當中或可聽到被霸凌者本身是「白目」、「自找的」、「天兵」……等等的說法，但當家長或教師們深入去理解他們乃是處在社會行爲與情緒障礙時，也許可以得到一些反思，他們需要的不僅是同情，更需要的是各種積極性資源的介入。

三、校園霸凌事件旁觀者

校園霸凌事件與一般校園偏差事件最大的差異，乃在於前者具有後者所未有的「霸凌情境」，而如何打破霸凌情境的氛圍，也成了抑制霸凌事件發生的重要關鍵。近年來有關校園霸凌的研究發現，許多校園霸凌事件的霸凌者並不避諱其欺侮行爲受到張揚，甚至希望藉由張揚其霸凌行爲所形成的霸凌情境，去向同儕證明他們具有優勢權力或地位，並藉以在各種事件當中去求取獲得成功的機會（Juvonen et al., 2003）。因此，如何讓霸凌者與被霸凌者之外，處在同一霸凌事件的旁觀者發揮其打破霸凌情境的功能，變成了抑制霸凌事件重要的課題，也成爲近年來校園霸凌研究的主題。

Hawkins 等人（2001）研究發現：霸凌事件發生當時的旁觀者若站在被害者一方，或出面捍衛被害者的利益時，則可以有效結束或制止該霸凌事件的發生。但是，校園霸凌事件旁觀者的角色非常多元，除了具有上述抑制校園霸凌事件發生的功能外，亦有可能激化其發生的效果。因此，旁觀者所居於校園霸凌事件的角色與反應，乃是決定當時霸凌事件繼續或停止、輕微或惡化的重要關鍵。Kärnä 等人於 2008 年在美國教育研究協會（American Educational Research Association, AERA）年會中，針對校園霸凌事件旁觀者角色的專文中提出：在一個教室當中，當旁觀者們愈去強化霸凌事件的發生，則其發生的頻率也就愈高；反之，當教室裡的旁觀者對霸凌事件被害同學的支持與捍衛程度愈高時，則可以得到消弭或抑制霸凌事件在該教室裡發生的效果（Salmivalli, 2010）。所以，校園於防制校園霸凌事件時，應該善用旁觀者的正向功能，以有效抑制霸凌事件的發生。

如上述所言，校園霸凌事件旁觀者的角色與態度是相當多元的，以至於旁觀者在校園霸凌事件發生當時的反應，也會因其角色與態度的不同而異其內涵。Salmivalli 等人（1996）運用「友伴評選法」（Peer nomination technique），將校園霸凌事件進行過程當中的旁觀者，分類為下列四種角色：

1.霸凌從犯者（assistants of bullies）

乃跟隨霸凌主犯從事霸凌行為者，一般來說，霸凌從犯並不會主動發起霸凌攻擊，而都是處於等候或跟隨霸凌主犯的作為或指示。

2.在場助勢者（reinforcers of bullies）

透過在旁觀看、吶喊或大笑歡呼等舉止，不斷去強化與刺激霸凌者。

3.局外旁觀者（outsiders）

在霸凌事件過程中，會在現場探求霸凌事件的內容，一但了解之後便會離開霸凌現場。

4.受暴捍衛者（defenders of the victim）

目睹霸凌事件後，會出面挺身保護或捍衛被霸凌者利益，且能伸出援助與支持者。

觀察 Salmivalli 等人所提列的四種旁觀者身分而言，「霸凌從犯者」及「在場助勢者」等兩種旁觀者，都具有積極助長霸凌情境及行為的功能；「局外旁觀者」雖然未具主動參與的特徵，但對眼前的霸凌情境也未能提出任何抑制的作爲或訊息，因而會造成消極助長霸凌情境及行爲的功能；僅有「受暴捍衛者」因在霸凌事件過程中，能伸出援助或捍衛被霸凌者利益，而有抑制霸凌事件的可能。

此外，Olweus 亦於 2001 年針對校園霸凌事件的參與者，提出所謂霸凌圈「bullying circle」的概念，用來表現霸凌事件當中參與者的態度，並分類出 8 種參與者角色（正向反應、中性反應、冷漠反應、負向反應）×（行動、不採取行動）（Salmivalli, 2010）。

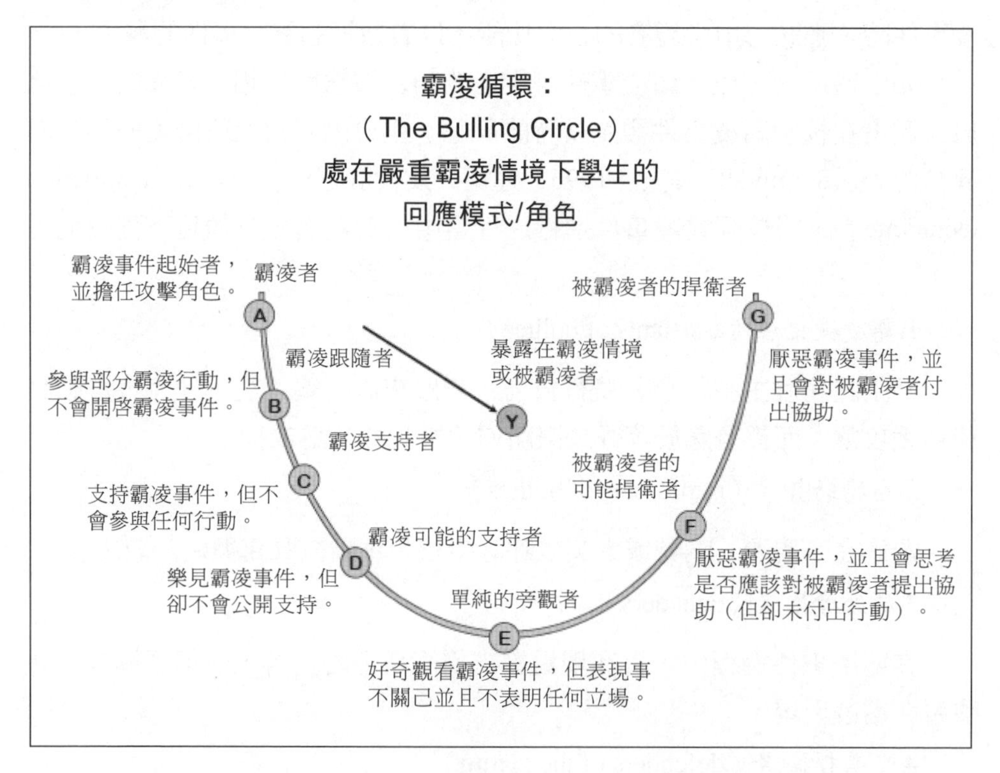

圖 6-2　Dan Olweus 之「霸凌圈」（The Bulling Circle）圖

本圖引譯自 Dan Olweus（2007）Bullying in schools：facts and intervention.（p.9），網址：http://www.vaikulinija.lt/。

在圖 6-2「霸凌圈」的八種角色當中，從霸凌者至被霸凌者、霸凌行爲的支持者至捍衛者等，都有其獨特的回應模式與角色特徵，茲說明如下：

A－霸凌者：霸凌事件起始者，並擔任主要攻擊角色。

B－霸凌跟隨者：參與部分霸凌行動，但不會開啓霸凌事件。

C－霸凌支持者：支持霸凌事件，但不會參與任何行動。

D－霸凌可能的支持者：樂見霸凌事件，但卻不會公開支持。

E－單純的旁觀者：好奇觀看霸凌事件，但表現事不關已並且不表明任何立場。

F－被霸凌者的可能捍衛者：厭惡霸凌事件，並且會思考是否應該對被霸凌者提出協助（但卻不會付出行動）。

G－被霸凌者的捍衛者：厭惡霸凌事件，並且會對被霸凌者付出具體的協助與支持。

Y－暴露在霸凌情境或被霸凌者。

上述八種角色與回應模式當中，「A－霸凌者」是整起校園霸凌事件的起始者也是主導者；另B、C、D等三種角色者，對校園霸凌事件的發生都具有積極鼓舞或強化的功能；「E－單純的旁觀者」在角色分配上雖然只是單純的旁觀者，但不表明任何立場對霸凌者而言，可能產生默許支持的解釋，進而產生消極鼓舞校園霸凌事件的作用；「F－被霸凌者的可能捍衛者」在態度立場上傾向於反對霸凌事件，其會去思考如何反霸凌，但卻因缺乏支持資源而未付出任何具體反霸凌行動；「G－被霸凌者的捍衛者」乃厭惡霸凌事件，並且會對被霸凌者付出具體的協助與支持；Y 角色即是處在霸凌情境當中或是正處於被霸凌者。

從上述 Salmivalli 等人及 Olweus 對於霸凌事件參與者的分類可知，校園霸凌事件過程中所存在的角色分配，與一般校園暴力事件最大的不同乃該事件不僅存在加暴者與受暴者而已，更存有觸發持續或中止欺侮行爲極爲重要的關鍵角色—旁觀者。因此，我們便可以理解爲何現今處理校園霸凌之研究者都在大聲疾呼，應重視對校園霸凌事件旁觀者的教育與輔導，使這些足以影響校園霸凌事件持續或中止的關鍵人物，可以發揮有效抑制校園霸凌發生的作用，換句話說，校園霸凌事件的預防與處理不再僅是針對加害者或被害者等個體性的問題，而是應擴及到整個校園（教室）情境改善的議題。

然而從霸凌圈現象當中可發現一個有趣的現象，爲何旁觀者不去支持被霸凌的同儕，反而是去加入或強化校園霸凌事件（如：圖 6-2 當中，B 至 D 的旁觀者角色）。原因可能與校園霸凌典型的情境特徵，以及霸凌者與被霸凌者在團體中的社會地位有關，尤其當校園霸凌事件旁觀者的成分來源愈傾向於多元複雜時，則介入制止的可能性也就隨之逐漸降低，此稱之爲「旁觀者效應」（bystander effect）（Darley & Latane, 1968）。換句話說，所謂「旁觀者效應」係指：當許多個體目睹一項潛在危險事件或有害情境時，此時會伸出援手的旁觀者可能是很少的，此乃導因於一種責任擴散（the diffusion of responsibility）的現象（沒有一個現場目擊者會覺得在其個人身上，有什麼責任要去制止該霸凌事件的發生，或只是會期待看到有人伸出援手與付出行動）；或者是旁觀者們在校園霸凌事件發生當時雖然會彼此相視，但是同時也會猜想，若沒有人出面制止時，表示該事件「應該不是怎麼嚴重才對！」，此一責任擴散效應通常是造成無人願意出面援助被霸凌者的主要原因。又 Gini 等人（2008）的研究也指出：旁觀者對被霸凌者的態度，通常會受到他們所觀察到其他旁觀者反應所影響。因此，校園應適時的進行教育宣導以激發可能旁觀者的正義感，進而從旁觀者的正義作用去打破、抑制校園霸凌發生的頻率。

第三節　防治校園霸凌事件之計畫方案

從前兩節有關校園霸凌事件的基本特性可知，校園霸凌事件的處理與輔導並不能僅針對霸凌者與被霸凌者，更重要的是，要去思考如何打破由霸凌者發動、或在校園與教室裡自然生成的霸凌情境。既然要處理的對象係屬情境層次，其所需要的方案就不會僅停留在個體層次，而是擴及到至少是教室團體層次以上的方案。

從事校園霸凌事件防治方案實驗的起始者，首推挪威卑爾根大學（the University of Bergen）教授 Dan Olweus，他從事校園霸凌防治工作將近 40 年，自從 1973 年在斯堪地納維亞地區（Scandinavia）研究校園霸凌現象，並在 1978 年在美國出版《*Aggression in the Schools: Bullies and Whipping Boys.*》一書後，有關校園霸凌的研究以及各種防治校園霸凌方案即不斷被提出。1993 年，Olweus 又出版《*Bullying at School: What We Know and What We Can Do*》一書，至今已被翻譯 15 種語言發行全球，可謂是理解校園霸凌最佳的參考書。另其本人關於校園霸凌防治方案的產出，最著名的應屬「Olweus 霸凌預防計畫」（Olweus Bullying Prevention Program, OBPP）。

後來因網路霸凌問題逐漸興起，網路霸凌本身的隱匿屬性乃有別於傳統霸凌，因此，除了透過傳統的防治計畫方案去理解網路霸凌外，有研究單位特別針對網路霸凌提出相關的追蹤措施，以探求網路霸凌現象的完整性。其中可以美國網路霸凌研究中心（Cyberbullying Research Center）所提出網路霸凌報告卡（Cyberbullying Report Card）以及網路霸凌事件追蹤卡（Cyberbullying Incident Tracking Form）爲代表。

然而，近年來隨著社會不斷的變遷，許多教育的問題被外界更加細緻化的看待，更認爲校園霸凌事件不僅僅是校園中學生偏差或適應上的問題，更該被視爲威脅「促進並維護學生健康」的問題，因而有許多基於「健康促進學校」（Health promoting school）概念下的霸凌預防方案被提出，本章乃以「密西根健康模式的霸凌預防方案」（Bullying Prevention in the Michigan Model for Health）爲代表加以介紹。

一、「Olweus霸凌預防計畫」（Olweus Bullying Prevention Program, OBPP）

「Olweus 霸凌預防計畫」（OBPP）在 1980 年代開發之時，乃是針對挪威地區國小至高中校園（6-15 歲）一種多層次、多構成且以學校爲基礎的校園霸凌防治計畫，其原始計畫內容包括三大領域：學校層次的計畫介入（包括：校園內教師與相關職員的訓練、發展出對抗霸凌事件的校園規範……）、教室層次的計畫介入（包括：舉辦親師座談會、針對霸凌事件舉辦定期的班會討會……），以及個人層次的計畫介入（針對霸凌者的個別談話、與霸凌者父母的會談……）等，其後乃又加入社區層次元素，使完整為現今所操作之「Olweus 霸凌預防計畫（OBPP）」（如圖 6-3）。Olweus 提醒學校於操作「Olweus 霸凌預防計畫（OBPP）」時，除了應落實四層次結構要素的內涵外，更應該營造出下列四項環境特徵：1.具溫暖性、正向積極、且有成人們的參與；2.對令大家無法接受的行為，應設立明確限制；3.對做出令大家無法接受的行為或違反規定者，要堅持使用非體罰、非懲罰性的處理；4.成人們應該要保持開放的態度並扮演正向角色的模範等。期盼透過此四大領域的介入操作與四大情境特徵的營造下，達成「減少存在於學生之間的霸凌事件」、「預防新的霸凌問題」，以及「增進在校園之中的同儕關係」等三大目的。

圖 6-3 「Olweus 霸凌預防計畫（OBPP）」之結構要素

學校層次要素
成立霸凌預防委員會。 引導委員會及學校成員實施訓練。 實施全校性的霸凌事件問卷調查。 常態性學校成員團體聚會及討論。 公布學校反霸凌相關規範。 評估與修正學校監督體系。 運用學校發生的事件來操作 OBPP 方案。 鼓勵家長參與。
個人層次要素
➢ 監督學生行為。 ➢ 確認所有學校成員在發生校園霸凌事件時，都能即時介入阻止。 ➢ 定期與學生晤談有關校園霸凌議題。 ➢ 定期與校園霸凌施暴學生的家長進行會談。 ➢ 為涉入霸凌學生擬定個別處遇計畫。
教室層次要素
➢ 張貼並執行學校反霸凌的規定。

➢ 定期舉行班會。 ➢ 定期舉行親師座談會。
社區層次要素
➢ 將社區成員納入校園霸凌預防委員會之內。 ➢ 與社區成員發展出夥伴關係，以俾社區能支持學校各項方案的推動。 ➢ 協助宣傳反霸凌相關訊息及處理原則。

資料來源：本圖引譯自 Olweus Bullying Prevention Program 官方網站。

Olweus 為了檢測「Olweus 霸凌預防計畫」（OBPP）在預防校園霸凌的有效性，乃於 1983-1985 年間在挪威卑爾根（Bergen, Norway）地區進行 OBPP 第一次的評估研究，他在該地區的 42 所小學以及國中低年級當中，用了兩年半的時間實施其計畫，受影響學生將近 2,500 人，並獲得以下結論：

➢ 分別在 8-20 個月的「Olweus 霸凌預防計畫（OBPP）」實施之後，從學生的霸凌／被霸凌的自我報告調查當中發現，顯著的減少超過 50%以上的校園霸凌事件量，而且對於男孩與女孩都具有同等的效果。

➢ 很明顯的降低了有關人為破壞，攻擊警察，順手偷竊，酗酒和逃學等一般性反社會行為。

➢ 很顯著的改善教室內的社會氣候（social climate），例如：改善了教室內的秩序和紀律、更具積極的社會關係、生活態度以及學校的課業，與此同時，也增加學生對學校生活滿意度。

雖然 Olweus 自行進行的成效評估，呈現出上述的正面成效，但在後續諸多有關成效實驗評估上卻呈現正反兩面的評價。在正面評價上，認為「Olweus 霸凌預防計畫」（OBPP）可以有效降低校園霸凌事件，其有效原因大多呈現出：學校或教室當中張貼反霸凌規定、規定的實施具有一致性、提供正向誘因、提供適合該年齡的活動、成人與學生一對一會談等措施；而實施成效不彰的學校所遭遇的問題包括：方案實施不夠徹底、各種方案或政策未加整合、學校人員無力實施、教師在教學和方案實施間猶豫並持觀望態度等（鄭英耀，2010）。

二、「網路霸凌報告卡」（Cyberbullying Report Card）以及「網路霸凌事件檢核表」（Cyberbullying Incident Tracking Form）

爲因應當代資訊科技發達所生成的新興網路霸凌事件，在美國地區乃成立了「網路霸凌研究中心」（Cyberbullying Research Center），針對各種網路霸凌的定義、型態與防治進行長期性的研究，並擬定出諸多相關防治策略。該中心認爲網路霸凌乃有別於傳統校園霸凌，而應該另外獨立加以研究並投注不同於一般校園霸凌的防治方法。

其定義網路霸凌爲：「反覆不斷透過電腦，手機和其它電子設備的使用，以達到傷害他人的目的與結果」，並認爲網路霸凌與一般霸凌不同之處有四：1.被霸凌者通常無法了解霸凌者是誰，且爲何會找他（被害者）爲目標；2.網路霸凌所造成的傷害就像是中了電腦病毒一般非常廣泛，其傷害範圍可能是在一所學校、一個鄰里社區、一座城市、甚至是全球性；3.網路霸凌可以很輕易的被粗暴使用，因爲它不需要透過肢體接觸或關係情境的營造，而且霸凌者也不需要看到被害者立即的傷害，因爲網路霸凌慢性傷害性的程度遠勝於傳統霸凌；4.即使父母或老師對於孩子在家裡或學校的監控程度做得愈來愈好，但因爲對於電腦操作技術的缺乏，或沒有開發出網路霸凌追蹤技術，因此可能導致聽任網路霸凌的危害持續發生（Hinduja & Patchin, 2011）。

網路霸凌這四項特徵，乃使現今網路霸凌在防治上面臨兩個極大的挑戰：一是人們對於網路霸凌的傷害感知性低，不易引起人們對它的注意，甚至認爲「還有比網路霸凌更嚴重的事要擔心」，因此導致對網路霸凌失去予以適當控制的契機；二是沒有人有意願去建立某些防治機制或去承擔制止這種不適當電子資訊使用的責任，父母會說他們不懂這些電子技術，老師則會認爲這些網路霸凌並不發生在校園裡，所以並不是他們的責任，而執法單位則會說：「若有明確的證據證明違法，我們會依法究辦」。如此的處境通常使得網路霸凌形成監控上的空窗（Hinduja & Patchin, 2011）。

基於上述不利網路霸凌防治的狀況，美國網路霸凌研究中心乃建立網站，並針對青少年、教育人員與父母提供了許多有關於網路霸凌的資訊，尤其針對教育人員開發了「網路霸凌報告卡」（Cyberbullying Report Card）以及「網路霸凌事件檢核表」（Cyberbullying Incident Tracking Form）（Hinduja & Patchin, 2011），以提供給教育人員做爲篩檢網路霸凌事件，以及與父母共同追蹤網路霸凌動向的工具。

網路霸凌報告卡（教師版）			
您的學校是否對於網路霸凌議題有充分的說明或準備?塡寫以下的報告卡來進行檢視。對於所有的陳述，如果您的回答爲「是」，表示您已經做好準備；如果您的回答爲「否」或是「？」，表示您有工作要開始做了！			
一般評估	?	否	是
我們知道學校有多少學生曾經爲網路霸凌的被害人。			
我們知道學校有多少學生網路霸凌他人。			
在我們學校網路霸凌不是一個嚴重的問題。			
學校氛圍／文化	?	否	是
目睹網路霸凌的學生，能夠儘速通知值得信任的大人，而不是做一個保持沈默的旁觀者。			
老師在處理有關網路霸凌或線上安全的問題時，能夠定期叮嚀、幫助學生。			
學生很清楚使用不當的方式，是不被學校允許的。			
我們努力建立一種學校氛圍，使學生不會覺得網路霸凌是「酷」的。			
課程和教育	?	否	是
學生在學期間經由提交報告或集會時，學習可接受的電腦和網路知識。			
學生學習有關安全密碼和個人資料的保護。			
學生學習如何辨識網路霸凌，以及線上安全的威脅。			
學生學習如何以適當的態度反應網路霸凌。			
老師知道如何辨識網路霸凌問題，以及以適當的態度介入。			
我們分發資料給學生和家長，教導他們有關網路霸凌的資訊。			

在學期間，我們在放學後針對家長和社區成員，召開有關青少年間線上安全的會議。			
我們利用高年級的學生教導低年級的學生，有關網路霸凌的辨識和預防，以及如何反應。			
我們熟悉有關學生在電腦或網路上言論的相關專業法庭裁決。			
我們熟悉學校因疏於預防或不當應對網路霸凌事件的法律責任，並且避免發生。			
網路霸凌反應	?	否	是
我們抱持著「網路霸凌事件是嚴重的」心態。			
我們制定並公布網路霸凌事件的懲戒方法。			
我們知道我們介入的網路霸凌事件有可能起源於校外。			
我們制定調查網路霸凌事件的正式流程。			
我們建立匿名報告系統，使學生和老師能夠免於恐懼遭受報復地報告網路霸凌事件。			
我們和當地警察機關建立正式關係，其能夠在需要時進行電腦和網路的調查。			
政策	?	否	是
我們學校有明確的網路霸凌政策。			
我們的網路霸凌政策包括違規的校外行爲。			
我們學校對於手機和其他可攜式的電子儀器，訂有明確的規範與政策。			
學生知道上述有關的規範與政策。			
家長知道上述有關的規範與政策。			
有關可接受的電腦和網路標誌，張貼於學校的電腦教室。			
科技	?	否	是
我們將網站攔截和內容監控的軟、硬體，安裝在我們的網絡，以確保適齡者對於網頁的瀏覽和通訊。			
我們避免把學生的資訊放在網頁上。			

資料來源：本表引譯自美國網路霸凌研究中心，出處：
http://www.cyberbullying.us/Cyberbullying_Incident_Tracking_Form.pdf

網路霸凌事件檢核表

（第1頁，共3頁）

報告人：　　　　　　　　　　報告日期：

申訴人資料

姓名：		學生　　　職員 （圈選一個）
年齡： 性別：	學校：	年級：

被害人資料

姓名：		學生　　　職員 （圈選一個）
年齡： 性別：	學校：	年級：

加害人1資料

姓名：		學生　　　職員 （圈選一個）
年齡： 性別：	學校：	年級：

加害人2資料

姓名：		學生　　　職員 （圈選一個）
年齡： 性別：	學校：	年級：

加害人3資料

姓名：		學生　　　職員 （圈選一個）
年齡： 性別：	學校：	年級：

其他人資料（證人、旁觀者）

姓名：		學生　　　職員 （圈選一個）
年齡： 性別：	學校：	年級：

（第2頁，共3頁）

事件地點：＿＿＿＿＿＿＿＿＿＿＿＿＿＿＿＿＿＿＿＿＿＿

案情描述（如不敷使用，請浮貼）：

案件是否包括以下的特點？

	是
威脅他人的身體安全。	
性騷擾。	
因種族、階級、性別，性取向或其他原因，而有歧視情形。	
在前次調查之後，再次網路霸凌。	
圖片或影片或錄音的騷擾。	
其他顯著的特點（請列舉）	

案件是否導致學校環境的具體破壞，或者其他學生或職員的權利? □是 □否

（如果是，請儘可能加以詳細描述）

（第3頁，共3頁）

行動計畫的描述：

- 應用何種制裁以及採用何種步驟，以確保行為不會繼續?
- 如果加害者無法遵守上述行動計畫時，可採取其他何種方法?

校長或其他行政人員的評語：

其他評語：

我警覺到此事件，並且將進一步和我的小孩討論此問題。

家長簽名：＿＿＿＿＿＿＿＿＿＿＿＿＿＿＿＿　日期：＿＿＿＿＿＿＿

結案日期：＿＿＿＿＿＿＿＿　結案理由：＿＿＿＿＿＿＿＿＿＿＿＿＿

資料來源：本表引譯自美國網路霸凌研究中心，出處：
http://www.cyberbullying.us/Cyberbullying_Incident_Tracking_Form.pdf

三、密西根健康模式（Bullying Prevention in the Michigan Model for Health）

前述「Olweus 霸凌預防計畫」（OBPP）以及「網路霸凌報告卡」與「網路霸凌事件檢核表」主要是針對傳統校園霸凌事件與網路霸凌事件的預防模式，其作用具有單一性與針對性。而近年來在世界衛生組織（WHO）的關注下，於 1998 年起積極推動「健康促進學校計畫」（Health-promoting School Programs），建立並開啓對「健康促進學校」（Health promoting school）的概念與推廣，其認爲兒童和青少年是國家重要的資產，因此任何有關兒童和青少年的福利服務與教育教養都必須妥切運用各項促進健康機會的策略，其中校園霸凌乃被視爲威脅「促進並維護學生健康」的重要事件而應該加以抑制。此一觀點乃具有濃厚「國家親權主義」（*parens patriae*）的味道。

換言之，「Olweus 霸凌預防計畫」（OBPP）以及「網路霸凌報告卡」與「網路霸凌事件檢核表」的預防作法乃是以防治校園霸凌爲核心，拓展出學校的相關作爲必須達成降低校園霸凌發生的機會；而「健康促進學校」的概念即在於先營造出學校總體健康的情境後，進而可以有效的預防校園霸凌的發生。兩者的出發角度雖然不同，但在防制校園霸凌工作上卻可得獲得相同的結果。目前「健康促進學校計畫」在世界各地實施的狀況非常盛行，而我國教育部也在 2005 年投入「健康促進學校」的推廣，並在 2006 年訂定「健康促進學校計畫」，以作爲我國推動該項計畫的依據。

另外，美國中密西根大學（Central Michigan University）也基於「健康促進學校」的概念，發展出一套具體的健康促進學校操作模式，稱之爲「密西根健康模式」（Michigan Model for Health），並在此一模式下針對校園霸凌的防治提出從幼稚園到 12 年級（相當我國高中程度）的計畫設計（如表 6-5）。經檢視「密西根健康模式」的校園霸凌預防計畫後可以發現，該計畫乃是一項綜合性課程，在校園當中的每個年級都有其專屬或共通的活動與訓練，並教導學生面對校園霸凌時應有的態度與處理技巧，藉以消弭校園霸凌事件發生。總言之，「密西根健康模式」的校園霸凌預防計畫強調學生、學校、父母以及社區的共同參與，從事各類人際互動認知與技術的教育訓練，並透過引導與示範的作法，使學生發展出積極的生活方式和行為，進而遠離校園霸凌。茲將該計畫課程內容引述如下以供參考。

表 6-5 密西根健康模式之校園霸凌預防計畫

Grade	Objectives
K (**Kindergarten**)-6	Communication, conflict resolution, and problem solving skills are taught at each grade
K-6	Personal Safety is taught at each grade. Students are taught how to avoid inappropriate touch and what to do if it occurs. Bullying is apparent in the lessons in kindergarten through third grade.
K-6 Families	Family Resource Sheets are sent home at each grade. Topics include conflict resolution, communication, anger management, friendships, and bullying.
K	*Learning to Show Respect and Caring*: Students discuss the importance of manners. They practice using please, thank you, excuse me, and I am sorry to show respect and caring for each other
K	*Making Friends:* Students learn strategies for making friends.
K	*Caring Touch*: Students learn how positive touch can express caring between friends and family
K	*What to Do About Strong Feelings & Sharing Our Feelings*: Students learn ways to settle down when strong feelings arise. Students practice telling friends and family how they feel, and they recognize and express feelings.
K	*Helping Ourselves Stay Safe*: Students describe dangerous and destructive situations that need to be reported to an adult
K	*Staying Safe Around Dangerous Objects*: Students learn what to do if dangerous objects or weapons are present.
1	*Predicting How People Feel & Asking Others How They*

Grade	Objectives
	Feel: Students feelings and how to predict how others might feel is situations. Students discuss mixed feelings and practice predicting and asking others how they feel.
1	*Showing Courtesy to Others*: Students discuss a video on courtesy. They practice using please, thank you, excuse me, and I am sorry to show respect and caring for each other
1	*Building Friendships by Listening*: Students practice listening skills to improve friendships.
1	*Three Steps for Solving Problems and Making Decisions & Practicing the WIN Steps*: Students learn when to tell an adult if a situation is dangerous, destructive or disturbing. Students learn and practice the steps for making decisions and solving problems.
1	*The Three D's for Telling*: Students describe dangerous, destructive, and disturbing situations that need to be reported to an adult
2	*Tending Our Garden of Feelings; Handling Mixed Feelings*: Students analyze why it is important to identify feelings to maintain personal health and healthy relationships. They recognize a variety of personal feelings and the feelings of others, and express a variety of personal feelings nonverbally. They describe situations that may elicit mixed emotions.
2	*Expressing Feelings Respectfully; Listening to Others With Respect:* Students express a variety of personal feelings respectfully. They identify strategies for effective listening, and practice effective listening and attending skills.
2	*Everyone Deserves Respect; Showing Respect for Other People*: Students identify and demonstrate ways to show respect for the feelings, rights, and property of others.
2	*Surfing Safely on the Internet*: Students describe safety hazards when using the Internet and develop strategies to stay safe when using the Internet.

Grade	Objectives
3	*Identifying Positive Role Models and Friends; Creating Positive Friendships*: Students identify characteristics of positive role models and analyze how friends influence others' behavior and well-being. They describe the benefits of positive friendships and practice strategies for making and keeping positive friends.
3	*Everyone Has Special Talents*: Students recognize that each person has unique talents and skills. They identify a personally unique talent or skill and one of another person.
3	*Respecting Our Differences*: Students describe ways to show acceptance of differences and demonstrate the ability to support and respect people with differences.
3	*Helping Others by Protecting Them From Bullies; Helping Others and Getting Help*: Students demonstrate the ability to support and respect people with differences. They identify ways people help each other.
3	*Expressing Annoyance Respectfully*: Students demonstrate how to confront annoying behavior.
3	*Safety First*: Students identify dangerous, destructive, and disturbing situations that need to be reported to an adult. They describe how to access help when feeling threatened.
3	*Street Smarts*: Students describe strategies to stay safe in potentially harmful situations and how to ask a trusted adult for help. （includes internet safety）
4	*Using Self-Control to Manage Strong Feelings*: Students learn to use three steps to manage strong feelings in situations involving others: acknowledge the feelings, calm down, and talk with "I-messages."
4	*Feeling Better Through Positive Self-Talk*: Students learn to use positive self-talk to manage feelings and get along with others.
4	*Bullying Hurts Everyone, but No One Is Helpless*:

Grade	Objectives
	Students distinguish between positive and negative friends. They learn how to protect themselves from bullying and when to tell an adult.
4	*Practicing Ways to Protect Self and Others From Bullying*: Students describe three roles in bullying situations and explain the power of bystanders to end bullying.
4	*What to Do When You Disagree*: Students learn the steps to resolve conflicts peacefully, including speaking and listening respectfully.
4	*Using the Internet Safely*: Students identify Internet hazards and safety rules. They discuss ways to handle Internet situations that could lead to harm.
5	*Managing Strong Feelings*: Students identify types of feelings and learn that feelings change. Students discuss how different feelings can coexist and ways to calm down.
5	*Telling Others What Bothers Us*: Students discuss effective and ineffective ways to express upset feelings. They use three steps for managing strong feelings in situations involving others: acknowledge the feelings, calm down, and talk with "I-messages."
5	*Healthy Ways to Handle Harassment or Bullying*: Students define harassment and bullying and discuss their negative effects. They identify ways to protect themselves and others, including telling an adult.
5	*Practicing Positive Ways to End Bullying*: Students describe three roles in bullying situations and explain the power of bystanders to end bullying.
5	*Speaking With Respect for Self and Others*: Students distinguish between passive, aggressive, and assertive communication behaviors. They practice using assertive communication.
5	*Listening With Respect*: Students distinguish between

Grade	Objectives
	inattentive and respectful listening skills. They practice listening and speaking skills.
5	*Making WISE Decisions to Avoid Trouble*: Students identify situations that might lead to trouble, including violence. They use decision-making and problem-solving steps to resolve a situation that could lead to violence.
5	*Practicing the WISE Way to Avoid Trouble*: Students focus on developing positive friendships as a strategy for avoiding trouble.
5	*Getting Help From Adults for People in Danger*: Students discuss ways to develop courage to tell adults about disturbing situations and why it is important to tell adults about potential violence.
5	*Using a Secret Formula to Resolve Conflicts*: Students learn how to use conflict resolution skills and identify the benefits of using them.
5	*Finding Healthy Solutions to Conflicts*: Students practice using conflict resolution skills and ways to speak and listen with respect. They review the importance of walking away and telling an adult if conflicts cannot be resolved without violence.
5	*Practicing Our Conflict Resolution Skills*: Students practice using conflict resolution skills. They review strategies to use if attempts at non-violent conflict resolution do not succeed.
5	*Making Our School a Caring and Respectful Place*: Students assess the school environment to determine behaviors demonstrated that show caring and respect. They plan and implement a project advocating for a caring and respectful school environment.
5	*Staying Safe in Public*: Students identify strategies for staying safe in public situations, including one involving bullying.
6	*Taking Healthy Risks in Friendships*: Students analyze

Grade	Objectives
	positive and negative risks in friendships.
6	*Listening to and Appreciating Our Friends and Others*: Students demonstrate effective listening strategies and expressing appreciation.
6	*Speaking Assertively and Respectfully*: Students demonstrate assertive communication skills and identify appropriate times to use them.
6	*Managing Strong Feelings in Healthy Ways*: Students demonstrate strategies for managing strong feelings.
6	*Expressing Anger Without Angry Behaviors*: Students explain the difference between angry feelings and angry behavior.
6	*Getting Help From Others*: Students identify criteria for identifying people who can help with healthy decisions and analyze the importance of seeking adult help when needed.
6	*Making Healthy Decisions*: Students describe decision-making and problem-solving steps.
6	*Practicing How to Make Decisions and Solve Problems*: Students demonstrate decision-making and problem-solving and use criteria to evaluate possible solutions.
6	*Finding Ways to Resolve Conflicts*: Students describe conflicts that can be resolved and use conflict resolution steps.
6	*Learning How to Manage Stress*: Students describe common causes of stress, identify strategies to reduce stress, and develop a personal plan for stress management.
6	*Protecting Yourself From Hazards, Hackers and Humiliation While on the Internet, Parts One and Two*: Students describe safety hazards related to using the Internet, apply strategies to stay safe and identify when to get adult help.

Grade	Objectives
7-8	*The Wisdom to Know the Difference Between Healthy and Harmful Relationships:* Students describe characteristics of healthy and harmful relationships. They identify personal characteristics that make them positive friends.
7-8	*Showing Respect and Acting Responsibly:* Students describe respectful and disrespectful, verbal, nonverbal, and physical behaviors between people. They identify and communicate personal boundaries to others.
7-8	*Showing Respect and Acting Responsibly When in Conflict Situations:* Students practice assertive communication of personal boundaries to others. They identify reasons conflicts might turn to violence.
7-8	*When Conflict Resolution Is Tough:* Students practice empathy, listening and assertive communication skills. They practice anger management and responding to others' anger.
7-8	*Keep Practicing:* Students practice recognizing intimidation, such as an accusatory or angry tone of voice, a pointed finger, angry facial expression and aggressive motions and movements.
7-8	*When Trying to Resolve Conflicts is Not a Good Idea:* Students recognize intimidating and bullying behaviors. They practice skills by writing scenarios on how to handle intimidation and bullying situations by getting help from an adult, avoiding the bully, and staying with a group of friends. Students learn to seek help from an adult if they witness bullying.
7-8	*Just Teasing OR Sexual Harassment?:* Students learn that sexual harassment is a very serious and illegal form of bullying. Students watch and discuss a video on sexual harassment and how it affects people. They practice skills for dealing with sexual harassment and how to document and report incidents.

Grade	Objectives
7-8	*Safety First:* Students learn how to identify trouble and avoid potentially dangerous situations. They review refusal skills and identify safe ways to respond if violence occurs. Students write safety tips to stay out of potentially violent situations.
7-8	*Planning Ahead for Healthy Relationships--Part I and Part II:* Students define violence within a dating relationship and summarize warning signs of unhealthy relationships. They discuss how abusive relationships develop, describe ways to stay out of danger, and practice skills to avoid or escape a potentially violent dating situations. The Laws governing sexual conduct are explained.
7-8	*Getting Help: A Sign of Strength:* Students describe situations when help is needed and identify where and how help can be accessed. Students discuss the importance of peers getting help for each other.
Family Involvement	This module promotes family, school and community partnerships: * Family-School meetings on relationships and bullying（4 sessions） * Informational articles for use in school newsletters on topics, such as relationships, bullying, and violence（12 articles）
9-12	*Peace Is Possible:* Students explore attitudes and beliefs about conflict and violence. They examine how conflict relates to violence and how conflict can be resolved to prevent violence.
9-12	*Violence Has a Price Tag:* Students examine case studies for the effects of violence, including bullying.
9-12	*Rocket's Stage One--Lift Off or Abort the Mission:* Students evaluate how thoughts and emotions might lead to violence. They practice skills for conflict resolution: thinking differently, listening, anger management, empathy, and constructive communication.

Grade	Objectives
9-12	*Resolving Conflicts Peacefully:* Students analyze situations to determine which conflict resolution skills could be useful.
9-12	*Stage Two--Stop the Escalation, Part I:* Students describe factors that can cause a conflict to either escalate or deescalate. Students identify skills that can cool down an intimidating confrontation.
9-12	*Stage Two--Stop the Escalation, Part II:* Students practice the skills for managing intimidating confrontation. They examine thoughts and beliefs of people who choose peace over fighting.
9-12	*Stage Three--Protect Yourself Always:* Students learn what to do to help themselves and others stay safe in a violent situation. They list strategies for avoiding dangerous situations, including conflicts involving weapons and gangs.
9-12	*Sexual Harassment:* Students learn the laws on sexual harassment. They define sexual harassment and differentiate it from flirting. They learn skills and strategies for avoiding and dealing with sexual harassment.
9-12	*Abusive Relationships, Parts I & II:* Students learn the characteristics and warning signs of an abusive relationship. They also learn and apply skills and strategies for dealing with an abusive relationship.
9-12	*Helping Others Who Are in Violent Situations:* Students question the unspoken rule of not telling. They debate the necessity of telling authorities about life-threatening situations and identify ways to report to authorities without fear of retaliation.

資料來源：引用並整理自 *Michigan Model for Health* 官方網站，網址：
http://www.emc.cmich.edu/mm/default.htm

第四節　校園霸凌事件之輔導觀點與策略

根據校園霸凌研究者的看法，由於霸凌者往往被看作是受歡迎以及具權力者，因此對於他們的種種行為便需要給一些挫敗感，要不然就必須讓這些具霸凌特徵者，距離那些低勢力地位的被霸凌者遠一點。換言之，就是要「避免形成霸凌情境」以及「打破霸凌者受到歡迎」的現象（Juvonen & Galvan, 2008）。再者，當霸凌情境一旦形成，霸凌者及其從眾對被霸凌者的攻擊行為，似乎已變成像是一種趨勢，被害者的角色以及被對待的方式也會被定位，尤其對那些順從型的被霸凌者尤是如此。因此，這種現象對某些孩子來說，足以讓孩子理解到在教室或校園當中，他應該採取某種行為策略去適應，以避免產生焦慮和緊張。反之，若缺乏行為適應能力者，則會因受到霸凌或感受到霸凌氛圍而產生焦慮且不知如何回應的困境（Nishina & Juvonen, 2005）。因此，事先教育孩童如何在此一霸凌情境當中自處與回應乃成為防治校園霸凌的重要工作。而這部分的技巧訓練在前節當中已略有介紹。

此外，就校園實施輔導或生活教育者而言，究應採取何種輔導觀點與策略去面對霸凌者、被霸凌者、旁觀者、甚至是全體學生，其實也是一項極大的挑戰。如前節當中所言：霸凌者，除了具有傳統偏差行為的特徵之外，尚有在同儕當中追求取得優勢地位的特徵類型。因此在防治處理上就必須先加以分類，不能概以處理傳統偏差行為防治的角度去看待之，而需要更具開闊性的處理技術。基本上，國家親權主義（parens patriae）是當今世界各國培育未成年兒童與少年的重要理念，亦即未成年人在各種行為上都必須接受國家所賦予多一層的約束與保護措施。因此，除了被霸凌者之外，旁觀者、甚至是校園霸凌者，都必須讓家庭、學校與社區基於該主義的立場，提供必要的輔導資源與協助。

一、對校園霸凌相關參與者之輔導觀點

（一）對被害學生而言

在校園中遭受暴力攻擊或霸凌的學生，通常在身心上都會產生嚴重程度不一的創傷症，如：出現害怕或不願上學、翹課或逃學、上課難以專心、成績表現低落、學校適應能力降低、與家人或同儕產生衝突、自我封閉、難與人建立友誼關係、形成低自尊、焦慮、孤獨……等情況。因此，學校可視這些心理創傷症狀的嚴重程度，給予陪伴諮商至心理治療不等之協助，若因心理復原之需，所從事各種活動的時間，亦應在其差假上予以彈性處理；且若有利於心理復原之需，亦建議可在學習空間上予以彈性調整。

對遭受校園霸凌者而言，其復原過程首重支持與信任。在支持上，透過家長與學校之聯繫合作，共同從事各種具支持陪伴的作爲，諸如：鼓勵家長在短期內陪伴被害學生到校上學、導師可指定同一班級較爲友善之同學與其共同從事學校活動、導師可在各種學校活動當中陪伴在旁或伺機與之談話……等，任何可以表達出支持被害學生「你有權力在學校正常生活學習」的行爲樣態，都可視爲一種支持行動。

就信任而言，學校可先將令被害學生感受恐懼的霸凌情境予以破除，並在面對霸凌事件發生時，皆能秉持「嚴謹了解、立即反應、確實處理」的態度，讓被害學生相信學校有決心處理校園霸凌事件；再者，透過導師平時的觀察以及對友善同學們的詢問，以了解被害學生的近況，或適時的與被害學生談話並從中了解其需求加以協助，從主動與溫暖的作爲當中取得被害學生對教師同儕們的信任，以加速其心理復原。

（二）對加害學生而言

少年階段是偏差行爲出現較爲頻繁的時期，但絕大多數少年經歷過此一時期的發展乃至成人階段後，皆能恢復其正常言行而融入於社會之中。因此，學校面對與處理校園偏差或霸凌事件之加害學生時，有以下三個要項應加以注意：

1. 辨別是為「次文化」（Subcultural）現象或「中立化」（Neutralization）現象

少年偏差（霸凌）的原因眾多，一時之間要去分辨其實不太容易，因此造成學校在處理偏差學生時產生許多困擾，往往也令教師在輔導策略上束手無策。基本上，要輔導偏差或霸凌學生之前要先了解其偏差質性，換句話說，要先了解學生究竟是不知道該偏差或霸凌行為的錯誤性？還是知道該偏差或霸凌行為的錯誤性但卻是裝糊塗而明知故犯！

有些少年因受其生長環境的影響，無論是其父母管教內涵、鄰里氣氛或是社區文化都可能在少年成長過程中對其產生重大的影響，甚至今日各種暴力偏差資訊來源多元的情況下，學生接收到的偏差訊息，所學到的偏差言行恐怕都超出父母及教師們的想像與掌握。這種來自於對偏差訊息缺乏過濾與檢視的學習，此時若使學生在認知系統中產生偏誤，就形成了所謂「次文化」現象。所以我們常常可以看到或聽到許多學校發生偏差事件時，經調查結果，學校會稱該事件是「（加害）學生玩過頭」、「（加害）學生沒有惡意」……等語，但遺憾的是，有時其玩過頭或沒有惡意下，卻對受害學生造成嚴重的傷害。當教師處理學生偏差或霸凌事件時，若發現學生具有此類「次文化」現象特徵時 ，輔導策略乃在深入了解他的偏差「次文化」現象建構的範圍有多大、建構的強度有多深，再據以去解構其偏差或霸凌認知並重建正確的觀念給該學生，必要時還必須配合與其家庭溝通配合。

相對於「次文化」（Subcultural）現象的學生偏差特徵，稱之為「中立化」現象。所謂偏差少年的「中立化」現象係指有些偏差學生清楚了解正確的價值觀念與態度，但是他們卻學習到一些「技巧」，使他們能中立（合理）化這些偏差行為，藉以衝破正確價值觀的束縛，好讓他們的行為能漂浮於合法與不合法之間。當學校面對這樣的偏差學生時，輔導策略即在於深化這些偏差或霸凌學生對正確價值觀與言行的信仰，並降低偏差或霸凌學生對中立化藉口的使用。

2. 辨別是為「初級偏差」(Primary Deviance)或「次級偏差」(Secondary Deviance)

所謂「初級偏差」係指初次偏差或輕微的偏差，其對一個人自我形象的影響而言很小，根據犯罪學標籤理論的觀點，偏差行爲若是因生理、心理或其他社會因素所造成，均屬「初級偏差」，舉凡情緒衝動、煩躁挫折、家庭變故……等因素下所產生的偏差行爲皆屬之；又若學生在初級偏差行爲產生後，他人如果不斷地對其偏差行爲給予不適當的負向反應，則會令該偏差學生逐漸修正其角色與形象，最後即會毫無保留的投入到偏差活動當中，此即爲「次級偏差」，若學校在處理學生偏差或霸凌事件時，發現該事件的偏差或霸凌學生呈現低羞恥感現象，基本上即可判定是爲「次級偏差」。

面對「初級偏差」學生的輔導策略，一方面要投以同理的態度，另一方面要取得其控制自己情緒與言行的承諾，至於是否要採取校規懲處策略，則可視其偏差或霸凌行爲在客觀上的侵害程度，以及在主觀上是否具有惡性而定。因此，面對「初級偏差」學生時，大多會配合「個別化」處理策略。

而面對「次級偏差」學生的輔導策略，因該類偏差學生的羞恥感較低、對處理者的敵意較深，因此在處理時應以更深層的同理與其相處，任何輔導作爲都必須待與其建立信任關係後爲之方能見諸效果。然而，因「次級偏差」學生於早期因不斷遭受他人污名標籤其言行與形象，因此其回復正常言行的時間，通常較「初級偏差」學生所需的時間較長，在回復期間內其再發生偏差行爲的可能性也較高，可是當教師們發現「次級偏差」學生於輔導後所產生的偏差行爲，在數量上逐漸減少，在質性上逐漸減輕，即表示該「次級偏差」學生已漸有改誨的現象，應持續投注溫暖性的輔導，培養其成就感，轉移其注意力，切莫半途而廢。

3.避免「標籤效應」(Labeling)的產生

前述已稱，當學生在初級偏差行爲產生後，他人如果不斷地對其偏差行爲給予不適當的負向反應，則會令該偏差學生逐漸修正其角色與形象，最後即會毫無保留的投入到偏差活動當中。這種原本可以透過簡單輔導即可喚回其正常性的偏差，但卻遭受缺乏了解學生的人，無端加諸污名與苛責於其身上，造成學生改善無門、回頭無路的過程，即稱為「標籤效應」。

並不是每個人對「初級偏差」學生給予負面回應都會造成「標籤效應」的產生，而是該學生認為重要的人所做出的言行回應，對其傷害尤其深重，諸如：父母、師長、重要同儕、令學生尊敬或學習的對象……等等皆屬之；另外，對學生的負面回應也並不一定需要故意造成，有時不經意的一句話、缺乏情緒控制下的言行……等等，都可能在學生的內心當中造成創傷，進而啟動其「標籤效應」的運作。因此，處理學生偏差或霸凌事件時，輔導與管教人員應注意避免有太多情緒性的言行。

（三）對旁觀者而言

當學校處理校園偏差事件，尤其是校園霸凌事件時，通常都會論及應鼓勵旁觀者通報給學校知悉。基本上，所謂旁觀者可概分為在場助勢者（包括顯性與隱性支持者）、好奇觀看者、想通報學校卻有所顧忌者，以及挺身捍衛者。對第一者而言，其具有助長激發霸凌者攻擊能量的效果，於處理時應與霸凌者列為同一面向處理；至於第二者則可能因事不關己、或懼於遭受報復，或顧慮遭人標籤為「爪耙子」而不願通報；又如第三者，即使想通報卻因不熟悉管道、或因不敢挺身而出而作罷；至於第四者，則容易因見義勇為挺身捍衛被霸凌者而觸怒霸凌者，此乃需要處理人員於事後進行輔導工作時所應注意。

其應注意及輔導事項概可分為：1.對在場助勢者而言，除應加強法治教育外，並應強化學校各項反霸凌計畫方案內之措施，以遏止此類行為；2.對好奇觀看者而言，除給予適當之法治教育外，應強化其學習互助與正義之觀念，以減少好奇圍觀之行為；3.對想通報卻有所顧忌者而言，可強化其道德勇氣並讓其詳知通報校園霸凌之管道，因為這群孩子是有能力改變當時霸凌現狀的人，因此，輔導重點可培養其同理、勇氣與判斷等能力；4.對挺身捍衛霸凌者，應深化其行為的正確性，並輔導其打破霸凌情境之技巧與自我保護觀念，以避免該類學生遭受到負向回饋。

（四）對全體學生而言

每當學校發生重大的校園偏差或霸凌事件時，學校應該都會實施所謂的「案例教育」、「機會教育」、或在各班級當中實施團體輔導，以防止該類事件再度發生。若僅是如此，則此類的「案例教育」、「機會教育」或團體輔導都僅是治標，尚無法達到治本目標。

美國研究校園霸凌行為的學者 Allan L. Beane 曾提出一項防止校園霸凌事件的治本觀點，即從事「校園總體情境營造」以達到降低校園偏差與霸凌行為發生的機率。基此，他提出「校園 3R」觀點，做為營造校園友善環境的基本原則（Beane, 2005）：

1.規則（Rule）

學校應制訂各種處理校園霸凌的規範與機制，並且要讓學生清晰知道，學校有處理校園霸凌的規範與機制，當校園中發生霸凌事件時，這些霸凌者都將受到這些規範與機制公平且公正的處理。

2.權利（Rights）

學校應該透過各種教育活動的場合，讓學生清晰知道，每一位學生都有權力在一個安全的環境下學習，並不會因為學生個別條件的優劣高低而在學校當中受到不同的待遇。

3.責任（Responsibility）

學校應該從各種制度或教師們的言行當中，讓學生清晰知道，老師們一定會對所有的學生盡到「輔導」及「監護」的責任。因此，當有人從事霸凌行為時，老師們一定會對這些霸凌者進行糾正輔導；又當有人受到同學的欺負或霸凌時，老師們也一定會對這些被欺凌的學生盡到保護的責任。

二、正向管教技巧的建議

（一）培養「溫和理性」的管教態度

教師處理校園偏差（霸凌）事件主要目的，乃在於了解該偏差（霸凌）事件發生的「事實」，不是如同警察辦案般查辦學生的「犯行」。因此，如何讓偏差（霸凌）學生能夠真誠面對老師的詢問，老師方面可以透過溫和理性的態度，一方面去感染學生真誠互動的氣氛，一方面也可以透過此一氣氛去了解該偏差（霸凌）行爲產生的經過與事實。一般而言，溫和理性的特徵可包括以下的態度作爲：

1.了解與控制自己（教師）的情緒。

2.與學生建立信任關係。

3.具備溝通的能力。

4.運用基本的輔導與諮商技術。

5.對事（偏差（霸凌）行爲）不對人（偏差（霸凌）者）。

（二）理解「既愛又恨」（ambivalence）的管教關係

曾有心理學家探討人類個體成長的過程，發現孩子在與其父母的互動關係當中，一方面必須依賴父母親一切資源的提供，一方面也要接受父母親對他的管教，因此而形成一種「既愛又恨或愛恨難明」（ambivalence）的關係（黃富源，2000）。這種關係經驗是人類很早的一種體會，但卻一直隱藏在內心深層當中，當日後個體感受到這種既依賴又受到限制的管教關係情境出現時，「既愛又恨」的矛盾情結便會浮現出來。在社會上的「民眾對警察」、在校園裡的「學生對老師」、在軍隊裡的「士兵對軍官」等，都會有複製此種矛盾情結的可能。

因此，教師可能在校園當中感受學生時而依賴教師的指導協助，時而排拒或反抗教師的指導糾正，當教師感受這種矛盾情境出現時，此乃正常的管教關係型態。此時教師們可以耐心的等待學生自行接受指導及糾正，或者發現學生無法予以體會時，可伺機主動予以溝通輔導。反之，教師在教學實務當中也常常會對偏差學生有一種評價——「其實他（偏差（霸凌）學生）的本質並不壞，只是……」，這種偏差（霸凌）學生本質並不壞，但卻會做出偏差（霸凌）行爲的現象，也是從教師觀點出發所形成的「矛盾情結」；又者，當學生偏差（霸凌）行爲一發生當時，教師可能極爲生氣、憤怒，可是當要對該名學生實施懲罰時，通常又會慮及該名學生的本質或前途，通常又輕輕放下，此也是種另類的矛盾情結。

（三）採取「循序漸進」的管教過程

偏差（霸凌）行爲的矯正並無法一蹴可及，就如同許多偏差（霸凌）行爲的養成也是歷經一段期間的涵化一樣。再者，教師在校園當中面對學生產生偏差（霸凌）行爲時，在短時間內其實也很難去辨別出該學生偏差（霸凌）行爲的深度與廣度。因此，在矯正輔導上有所謂「個別化」策略，在操作上可根據學生的偏差（霸凌）深度，採取「循序漸進」的管教路徑。

從圖 6-4 中可知，對學生實施管教的過程可橫跨 5 個階段，管教強度由弱至強分別爲「溝通」、「勸導」、「說服」、「談判」與「強制」等：

項目	溝通	勸導	說服	談判	強制
管教強度	弱 ←→ 強				
管教型態	啓發	指引	灌輸	命令	懲罰
互動狀況	平等	感情	理解	立場	明恥整合
管教效果	認識	吸收	接受	清楚	?

圖 6-4　管教路徑圖

（資料來源：黃富源和林滄崧）

1.溝通

溝通的管教強度，師生相對地位比爲 5：5，管教型態著重於啓發學生對某一項價值觀念或行爲輕重的認識。因此師生的互動，可立於朋友般的平等狀態。換言之，當遇到學生的偏差行爲是爲初犯、偶發犯或意外犯時，教師可成爲學生「亦師亦友」當中「亦友」的平等角色，以補充學生在生活教育上之不足，或矯正學生遭受扭曲的觀念言行。

2.勸導

勸導的管教強度，師生相對地位比爲 6：4，管教型態著重於指引學生對某一項價值觀念或行爲輕重的再認識。因此，師生的互動尙還可立於朋友般的平等狀態，但此時還要再涉入許多情感成分以循循善誘。換言之，當遇到學生的偏差（霸凌）行爲是爲再犯時，教師可成爲學生眼中苦口婆心的朋友或老師，以矯正其偏差言行。

3.說服

說服的管教強度，師生相對地位比爲 7：3，管教型態著重於讓學生去理解該偏差（霸凌）行爲的後果，如何對被侵犯者以及自己造成何種程度的傷害性。因此，師生的互動會跨入到如父母或長輩般，以灌輸正確價值觀及言行舉止的方式，讓學生去接受老師的糾正與指導。換言之，當遇到學生的偏差（霸凌）行爲又爲再犯時，教師可逐漸採取正式嚴謹的態度，讓學生感受到該偏差（霸凌）行爲已受到老師的監控與注意。

4.談判

談判的管教強度，師生相對地位比爲 8：2，管教型態乃轉變成以命令的方式令學生遵守相關規範。此時，從事輔導管教的老師可以針對該偏差（霸凌）行爲表明立場，讓學生很清楚的知道當其偏差（霸凌）行爲再犯時，會受到學校校規或社會法律何種程度的制裁。換言之，當遇到學生的偏差行爲是爲累犯或成爲霸凌者時，教師可針對校規如何規範該偏差行爲，當學生再犯時會受到何種程度的處分，應當讓學生完全清晰了解。甚至當其行爲已觸及違反刑罰法令的邊緣時，亦應一併告知其偏差或霸凌行爲已有涉及犯罪之虞，若又再犯時，學校會依照規定通報警察機關介入處理。

5.強制

強制的管教強度，師生相對地位比爲 9：1，管教型態乃以懲罰方式爲之，令學生從相對的懲罰當中達到嚇阻其再犯偏差（霸凌）行爲的可能。

當管教路徑走到需要採取強制懲罰時，基本上，這些偏差學生都已是在校園當中不斷累犯或長期反覆不斷實施霸凌者。因此，在處理上更應謹慎，甚至應尋求外在資源加以協助處理。學校針對實施懲罰的內涵可包括三方面：一是接受校規上的行政懲罰，諸如：申誡、記過、記大過……等；二是令偏差學生或霸凌者履行「受輔導義務」，諸如：接受諮商輔導中心的輔導課程、校園義務勞動……等；三是若學生的偏差或霸凌行為已觸及犯罪領域時，則應通報警察機關協助判斷處理。在強制階段的管教上，教師對偏差學生的互動狀態應採取「明恥整合」的態度（意即「改過與接納」的作法），換言之，當學生透過懲罰而知錯且也激發出他的羞恥感之後，應當再展開雙臂接納他並整合到整個校園當中，而且不僅僅是輔導管教的老師需要如此，整個校園都應該針對接受懲罰後的學生抱持「明恥整合」的態度，讓犯錯受到懲罰的學生不致因受到異樣的眼光而逐漸「標籤化」、逐漸遠離校園。

參考書目

一、中文書目

林項爵（2010）父母教養型態、教師管教方式與國小高年級學生霸凌行為之相關探討，國立台北教育大學教育學院教育學系碩士論文。

郭惠玲（2008）國小學童人格特質、親子關係與霸凌行為之研究，國立花蓮教育大學國民教育研究所碩士論文。

黃富源（2000）警察與女性被害人——警察系統回應的被害者學觀察，台北：新迪文化。

楊宜學（2009）台南市國小高年級學生校園霸凌行為之研究，國立台南大學教育經營與管理研究所碩士論文。

鄭如安、許傳盛、蔡素芬、葉玉如（2007）。96年度高雄市國中小學校園霸凌現況調查之研究。高雄市：高雄市政府社會局。

鄭英耀（2010）校園霸凌現況調查與改進策略研究計畫報告，台北：教育部。

鄧煌發（2010）管教與霸凌事件的新思維。師友，515，55-59。

二、外文書目

Beane, A.L. (2005) *The Bully Free Classroom*. MN: Free Spirit Pub.

Beaty, L. A., & Alexeyev, E. B. (2008). The problem of school bullies: What the research tells us. *Adolescence, 43*(169), 1-11.

Boulton, J. J. & Underwood, K. (1992). Bully/victim problems among middle school children. *British Journal of Educational Psychology, 62*, 73-87.

Bowers, L., Smith, P.K., & Binney, V. (1994) Perceived family relationships of bullies, victims and bully/victims in middle childhood. *Journal of Social and Personal Relationships. 11*, 215–232.

Bowling, N., & Beehr, T. (2006). Workplace harassment from the victim's perspective: A theoretical model and meta-analysis. *Journal of Applied Psychology, 91*, 998–1012.

Caravita, S., DiBlasio, P., & Salmivalli, C. (2009). Unique and interactive effects of empathy and social status on inovlvement in bullying. *Social Development, 18*, 140-163.

Currie, C., Gabhainn, S. N. et al. (Eds.). (2008). *Inequalities in young people's health: HBSC international report from the 2005/2006 survey*. Copenhagen, Denmark: WHO Regional Office for Europe.

Darley, J., & Latane, B. (1968). When will people help in a crisis? *Psychology Today, 2*, 54-57, 70-71.

Dukes, R.L., Stein, J.A., Jazmin I., & Zane, J. I. (2009) Effect of relational bullying on attitudes, behavior and injury among adolescent bullies, victims and bully-victims. *The Social Science Journal. 46*, 671-688

Garandeau, C., & Cillessen, A. (2006). From indirect aggression to invisible aggression: A conceptual view on bullying and peer group manipulation. *Aggression and Violent Behavior, 11*, 641-654.

Gini, G., Pozzoli, T., Borghi, F., & Franzoni, L. (2008). The role of bystanders in students' perception of bullying and sense of safety. *Journal of School Psychology, 46*, 617-638.

Hawkins, D. L., Pepler, D. J., & Craig, W. M. (2001). Naturalistic observations of peer interventions in bullying. *Social Development, 10*, 512-527.

Hawley, P., Little, T., & Card, N. (2007). The allure of a mean friend: Relationship quality and processes of aggressive adolescents with prosocial skills. *International Journal of Behavioral Development, 31*, 170-180.

Haynie, D. L., Nansel, T. R., Eitel, P., Davis Crump, A., Saylor, K., & Yu, K.0. (2001). Bullies, victims, and bully/victims: Distinct groups of at-risk youth. *Journal of Early Adolescence, 21*, 29-49.

Hodges, E. V. E., & Perry, D. G. (1999). Personal and interpersonal antecedents and consequences of victimization by peers. *Journal of Personality and*

Social Psychology, 76, 677-685.

Humphrey, N., & Symes, W. (2010). Perceptions of social support and experience of bullying among pupils with autistic spectrum disorders in mainstream secondary schools. *European Journal of Special Needs Education, 25*, 77-91.

Ireland, J. (2005). *Bullying among prisoners: Innovations in theory and research Devon*, UK: Willan Publishing.

Ireland, J., Archer, J., & Power, X. (2007). Characteristics of male and female prisoners involved in bullying behavior. *Aggressive Behavior, 33*, 220-229.

Isaacs, J., Hodges, E., & Salmivalli, C. (2008). Long-term consequences of victimization: A follow-up from adolescence to young adulthood. *European Journal of Developmental Science, 2*, 387-397.

Juvonen, J., & Galvan, A. (2008). Peer influence in involuntary social groups: Lessons from research on bullying. In Prinstein, M. & Dodge, K.(Eds.), *Peer influence processes among youth* (pp. 225-244). New York: Guilford Press.

Juvonen, J., Graham, S., & Schuster, M. A. (2003). Bullying among young adolescents: The strong, the weak, and the troubled. *Pediatrics*, *112*, 1231-1237.

Kokkinos, C. M., & Panayiotou, G. (2004). Predicting bullying and victimization among early adolescents: Associations with disruptive behavior disorders. *Aggressive Behavior*, *30*, 520-533.

Kowalski, R.M. & Limber, S.P. (2007). Electronic bullying among middle school students. *Journal of Adolescent Health* , *41*, 22-30.

Ladd, G., & Troop-Gordon, W. (2003). The role of chronic peer difficulties in the development of children's psychological adjustment problems. *Child Development, 74*, 1344-1367.

Lagerspetz, K. M. J., Björkqvist, K., Berts, M., & King, E. (1982). Group aggression among school children in three schools. *Scandinavian Journal of Psychology, 23*, 45-52.

Langdon, N. A., Carr, E. G., & Owen-DeSchryver, J. S.(2008)Functional Analysis of Precursors for Serious Problem Behavior and Related Intervention. *Behavior Modification, 32(6),* 804-827

Liang,H., Flisher,A.J., & Lombard, C. J. (2007). Bullying,violence,and risk behavior in South African school students. *Child abuse and neglect, 21,* 161-171.

Marini, Z. A., Dane, A,V., Bosacki, S. L., & YLC-CURA. (2006). Direct and indirect bully-victims: different psychosocial risk factors associated with adolescents involved in bullying and victimization. *Aggressive Behavior, 32(6)*, 551-569.

Mishna, F. (2004). A qualitative study of bullying from multiple perspectives. *Children & Schools, 26(4)* , 234-247.

Nansel, T. R., Overpeck, M. D., Pilla, R. S., Ruan, J., Simons-Morton, B., & Scheidt, P. C. (2001). Bullying behaviors among US youth: Prevalence and association with psychosocial adjustment. *Journal of the American Medical Association, 285*, 2094-2100.

Nielsen, M., Matthiesen, S., & Einarsen, S. (2008). Sense of coherence as a protective mechanism among targets of workplace bullying. *Journal of Occupational Health Psychology, 13*, 128-136.

Nishina, A., & Juvonen, J. (2005). Daily reports of witnessing and experiencing peer harassment in middle school. *Child Development, 76*, 435-450.

Olweus, D. (1993) *Bullying at school：What we know and what we can do*. Cambridge, MA: Blackwell.

Ostvik, K., & Rudmin, F. (2001). Bullying and hazing among Norwegian army soldiers: Two studies of prevalence, context, and cognition. *Military*

Psychology, 13, 17-39.

Pellegrini, A. D. (2002). Bullying, victimization, and sexual harassment during the transition to middle school. *Educational Psychologist, 37*, 151-163.

Raskauskas, J., & Stoltz, A.D. (2007) Involvement in traditional and electronic bullying among adolescents. *Developmental Psychology*, *43*, 564-75.

Rodkin, P., Farmer, T., Pearl, R., & Van Acker, R. (2006). They're cool: Social status and peer group supports for aggressive boys and girls. *Social Development, 15*, 175-204.

Salmivalli, C., & Isaacs, J. (2005). Prospective relations among victimization, rejection, friendlessness, and children's self- and peer-perceptions. *Child Development, 76*, 1161-1171.

Salmivalli, C., & Nieminen, E. (2002). Proactive and reactive aggression in bullies, victims, and bully–victims. *Aggressive Behavior, 28*, 30-44.

Salmivalli, C., & Peets, K. (2008). Bullies, victims, and bully–victim relationships. In K. Rubin, W. Bukowski & B. Laursen (Eds.), *Handbook of peer interactions, relationships, and groups* (pp. 322-340). New York: Guilford Press.

Salmivalli,C.(2010)Bullying and the peer group: A review. *Aggression and Violent Behavior, 15*, 112–120

Sawyer,A.L., Bradshaw,C.P., & O'Brennan,L.M. (2008) Examining ethnic, gender, and developmental differences in the way children report being a victim of "bullying" on self-report measures. *Adolesc Health , 43*, 106-14.

Schwartz,D., Proctor, L., & Chien,D. (2001). The aggressive victim of bullying: Emotional and behavioural dysregulation as a pathway to victimization by peers. In Graham,S. (Ed.), *Peer harassment in school: The plight of the vulnerable and victimized* (pp. 147-174), New York: Guilford Press.

South, C., & Wood, J. (2006). Bullying in prisons: The importance of perceived social status, prisonization, and moral disengagement. *Aggressive*

Behavior, 32, 490-501.

Stein, J. A., Dukes, R. L., &Warren, J. I. (2007). Adolescent male bullies, victims, and bully-victims: A comparison of psychosocial and behavioral characteristics. *Journal of Pediatric Psychology*, *32*, 273-282.

Taylor, L. A., Saylor, C., Twyman, K., & Macias, M. (2010). Adding insult to injury: Bullying experiences of youth with attention deficit hyperactivity disorder. *Children's Health Care, 39*, 59-72.

Van Roekel, E., Scholte, R. H. J., & Didden, R. (2010). Bullying among adolescents with autism spectrum disorders: Prevalence and perception. *Journal of Autism and Developmental Disorders, 40*, 63-73.

Wang, J., Iannotti,R.J., & Nansel,T.R.(2009)*School bullying among adolescents in the United States--physical, verbal, relational, and cyber*. Bethesda, Maryland：National Institutes of Health.

Wolke, D., Woods, S., Bloomfield, L., & Karstadt, L. (2000). The association between direct and relational bullying and behaviour problems among primary school children. *Journal of Child Psychology and Psychiatry, 41*, 989-1002.

三、網　站

「ADHD 注意不足過動症」官方網站，http://www.adhd.club.tw/index.asp，最後造訪日期：2011/06/25。

兒童福利聯盟文教基金會(2011)2011 年台灣校園霸凌現象調查報告發表暨反霸凌行動宣示記者會新聞稿，引用自兒福聯盟網站，網址：http://www.children.org.tw/news.php?id=2451&typeid=31&offset=5，最後造訪期：2011/06/13。

Olweus, D.(2011)*Bullying in schhools：Facts and intervention.* 資料來源網站：http://www.nigz.nl，出處：http://www.nigz.nl/upload/presentatieolweus.pdf，最後造訪日期：2011/06/19。

Olweus Bullying Prevention Program 官方網站，網址：http://www.olweus.org/

public/bullying_prevention_program.page，最後造訪日期：2011/06/19。
WHO(2011)「Health topics—Violence」，世界衛生組織網站，網址：http://www.who.int/topics/violence/en/，最後造訪日期：2011/06/12。

第七章

校園霸凌案件
個案處遇原則及技術

鄭瑞隆

前　言

校園霸凌（campus bully）存在台灣社會不是一個新的現象，從過去到現在早已在各級學校普遍存在，其中以國中最多、高中職次之，國小更次之。大學院校也有校園霸凌問題，不過發生的情形不若中小學嚴重，大學生的自我保護能力、人際互動觀念及技巧可能都比中小學生成熟，加上從2010 年年底以來被各種媒體揭露與追蹤報導的校園霸凌事件主要以中小學校園案件爲主，故當前在台灣談論校園霸凌問題，主要都將其場域設定在中小學。教育部所研議頒布的「防制校園霸凌執行計畫」也設定適用在各級中小學，大學雖可參考使用，但更應自行依照學校規模、特性、專業，辦理各項防制校園霸凌之事項。

根據國立中正大學犯罪研究中心（2011）最新的全國性電話民調顯示，家中未滿 18 歲的少年及兒童在過去一年（民國 99 年）中曾遭受校園霸凌的比例有 6%，如果以全國至少有 780 萬戶的數據進行推估，過去一年當中兒童青少年學生有大約有 46.8 萬人曾遭受霸凌，或許受訪者對於霸凌的定義及概念並不相同，但這樣的數字仍值得台灣社會共同關注。

一般人似乎認爲，校園霸凌在 2010 年至 2011 年突然變得更爲惡化，其實這當中可能有媒體（含網路族群）及公益團體的關心效應，使得大眾將之視爲校園突然霸凌瘟疫蔓延，透過媒體傳播，似乎每日一爆，甚至2011年桃園縣八德國中的校長也因爲被指控未積極處置校園霸凌事件，導致師生人心惶惶，因而去職。南部某特殊教育學校也因處理及防治校園性侵害及性騷擾事件不當，導致校長下台、教育部介入暫時接管學校，監察院監察委員也主動介入調查。這些校園性侵害與性騷擾案件也有甚多符合校園性霸凌定義之處。

俗語有云：「冰凍三尺，非一日之寒」，長久以來霸凌現象在教育現場被輕忽，許多教育行政主管習慣於粉飾太平，以爲學校沒事就是好事，對於學生之間發生的乖張行徑常視而不見，甚至還積極掩蓋事實，以爲學生改天畢業了就好；想面對問題的校長卻常苦無對策、不知如何處理、不懂如何運用社會資源，導致今日霸凌問題治絲益棼。在校園之外，部分霸凌事件行爲人的家長消極不理，或對於孩子被學校處分或管教卻有積極的不當或過激反應，加上部分地方的民意代表或學校家長委員刻意干預學校對學生衝突問題的處理，忽略了依法及依理的正當處理流程，扭曲了處理霸凌事件的本質及正當性與專業性。

暴力的源頭是人類社會或動物社會的本性使然，雖是動物的本能（instinct），但文明的人類社會皆認爲暴力或欺凌不是處理人際糾紛的好辦法，人類文明、社會秩序及素質的提升通常都是理性的結果，而非暴力及對抗所能達成。兒童及少年年紀尚輕，智慮淺薄，加上血氣方剛容易衝動，校園在處理學生之間霸凌問題，更應重視處理流程、正當程序、適當社會資源之導入及後續輔導處遇（身心治療及輔導教育）之落實，且不應輕忽家庭對學生行爲問題的影響力及家長的責任。方能得到較佳的效果，輔導及社工專業也才有發揮的空間。

筆者看到當前社會變遷的結果，導致少子化情況日漸惡化，許多學校紛紛減班，甚至面臨裁併的命運；現在的孩子在巨大壓力下，身心失衡者比比皆是；我們的國民義務教育不只是零拒絕，更要強迫入學，學生將家庭內或社會上的一些錯誤觀念及不正行爲模式帶入校園，誠屬常態，所以，教育場域裡比過去發生更多的脫序現象，可以理解，但令人痛心。在此同時，台灣的矯正機關（監獄、看守所）卻面臨過度擁擠、人滿爲患的窘境，不禁讓人擔心，我們的教育怎麼了？我們的社會怎麼了？教育教不好的、家庭教育或管教失敗的，是不是都被送進監所去作爲社會的終結處理？國家該多投資教育還是該多投資監獄？納稅人的錢要拿來做更多預防、輔導及教育的事，還是等到犯罪了、出事了才在鐵籠裡免費的照顧他們？個人要沈痛呼籲，「今日不投資家庭與教育，明日就要多蓋監獄」！

第一節　霸凌的定義與類型

根據教育部延請專家學者研究及專案會議研議的結果，霸凌的定義如下，這些事件都應列甲級通報，並經霸凌事件評估及進入霸凌事件處理流程：（1）具有欺侮行爲；（2）具有故意傷害的意圖；（3）造成生理或心理侵犯的結果；（4）雙方勢力（地位）不對等；（5）其他經小組認定爲霸凌個案者（教育部，2011）。個人認爲，霸凌定義中最重要的概念是行爲人因爲故意傷害被害人的意圖，實施欺侮行爲導致被害人產生生理、心理、性方面的傷害，以及重複出現的欺凌或傷害身心的行爲。至於雙方勢力不對等，或許比較難以分辨，可能有勢力差異或不對等，常常並不明顯，且應注意未必有此情狀，實務人員應小心辨明。

霸凌的類型大約分爲下面幾類：肢體霸凌、心理（精神）霸凌、性霸凌、關係霸凌、旁觀霸凌、反擊型霸凌、網路霸凌（教育部，2011）。筆者根據社會現象觀察，詳述如下：

（一）肢體霸凌通常是學生與其同學或朋友之間，故意實施單方面或相互間的身體傷害，例如：拳打腳踢、以器具攻擊對方的身體、掌摑對方的臉部、限制對方的行動自由、強勢地壓制對方的反抗意志、命令對方從事奴隸或奴役的行爲。這樣的行爲可能會造成被霸凌者的身體外觀明顯的傷害、或皮下組織、筋骨肌肉與內部臟器的損傷。

（二）心理（精神）霸凌通常指霸凌者對於被害人故意的羞辱，或是以言語或肢體動作造成被害人的心理極大恐慌，情緒緊張焦慮，甚至可能造成被害人的鬱抑情緒，極可能使得被害人的生活受到侵擾或限制，譬如被害人可能不敢上學或外出，想到對方的辱罵言詞或威脅的方式，就產生生理方面的負面反應。嚴重的話，可能引起被害人社會退縮、自我概念低落，甚至自我傷害。

（三）性霸凌通常指霸凌者對於被害者性的部位造成傷害，譬如被害人的下體、胸部、乳房、與性相關的身體隱私部位等遭受侵犯或傷害。曾有國中生對女同學施以此類凌虐，以木棒或竹竿，甚至冰棒插入女同學的下體，造成女同學下體撕裂傷及極大痛苦，施虐者甚至邀集其同學一起觀賞，不讓被害人離開現場。另外，也有青少年強迫男、女朋友同學當眾從事接吻或是其他性行為，以供大家觀賞取樂，這些行為都是會造成性霸凌的結果。也有同儕之間對被害人之性別傾向加以嘲諷，或常以與性別相關的惡意言詞貶抑他人，這些行為都是會造成性霸凌的結果。

（四）關係霸凌通常指同學之間故意以言論或具體行動去排擠對方，使得被排擠的同學感受到被孤立，無法與其他人親近，嚴重傷害其社會人際關係互動與自我概念的完整。由於青少年時期對於同儕互動的需求非常強烈，當被同學孤立或惡意排擠之後，該被霸凌者可能會有相當負面的情緒反應，甚至會討厭上學或自我傷害，這樣的行為嚴重傷害到當事人的心理健康，甚至可能造成明顯的憂鬱症或焦慮症。

（五）旁觀霸凌通常指同學發現有人遭受霸凌，卻未能加以制止或通報學校裡具有處理權責的單位或老師，甚至還在旁加以觀看、鼓噪、助長霸凌者的氣焰或聲勢，此舉將加深被霸凌者的危機及陷入無助的境地。從社會心理學的角度來看，許多旁人對於被傷害的當事人通常會有一些責任分散的行為或表現，當考慮要不要伸出援手時，也會擔心自己是否會同樣遭受施暴者的報復或不理性攻擊，因此在校園裡必須正視沈默、消極的一群人，鼓勵他們發現上述不法的事件時，應該發揮道德勇氣，盡快予以制止，或通報學校相關處置單位。學校需給予勇於通報的學生適度保護及支持鼓勵。

（六）反擊型霸凌通常指長期遭受他人對自己實施霸凌行為之後，從一開始的忍辱或消極忍受，轉變成積極予以回擊。這樣的回擊通常會演變成雙方面的針鋒相對或劍拔弩張，或造成對方更嚴重的身體傷害，亦有可能造成兩敗俱傷，所以也構成霸凌的行爲結果。實質上而言，此類霸凌者並非一開始的加害人，可能是一開始的被害人，但因爲長期受暴、受辱，不知如何向外求助，或向外求助無法得到正向積極的回應，於是展開自力救濟或反攻行動，仍然構成霸凌的行爲結果。

（七）網路霸凌通常指透過網路的媒介或平台對同學或朋友施以各型式的霸凌行爲，特別是心理霸凌、關係霸凌及性霸凌，例如在網路裡面散播同學的個人隱私，加以誇大或負面評價，傳遞一些言論讓同學或朋友之間對某一個人產生誤解或排擠的結果，以不實的言論去誹謗別人的名譽或侮辱別人的人格。

還有部分的青少年會在網路裡面轉貼或張貼同學的不雅照片，供不特定人士點閱瀏覽，造成當事人的隱私、名譽或人格尊嚴受損，甚至亦有可能構成刑法中妨害風化罪的要件。

以上各種類型的霸凌行爲是當前較常出現的類別，且其事件之發生經常有複合式霸凌行爲出現，例如：肢體霸凌兼關係霸凌、肢體霸凌兼性霸凌、關係霸凌兼網路霸凌等。隨著時代的演進或社會變遷，仍有可能產生其他新型態的霸凌行爲，輔導人員或學輔人員應該更關注霸凌者的行爲動機及目的，對被霸凌者是否造成身心損傷或名譽損失，該霸凌行爲是否構成違犯法律的程度或要件，行爲的發生是否具有惡意的連續性等這些的判定標準，方能儘速確實的正確處理。

第二節　霸凌的處理機制（含三級預防）

筆者曾經受邀參與教育部研議校園防制校園霸凌執行計畫的諮詢會議，提供許多建言供政策制訂參考；也已研究青少年問題行爲與輔導專業十多年，更希望從社會工作生態系統（eco-systematic）及生態發展（eco-developmental）的理論觀點（Openshaw, 2008），對當前學生的霸凌事件、霸凌者、被霸凌者的問題分析，案件的處理及兩造處遇流程等加以分析，以提供實務工作人員在處理學生霸凌事件能有比較符合專業學理規範的準則。

教育部已經令頒「防制校園霸凌執行計畫」，具體的執行策略乃參考公共衛生學（Public Health）之疾病防治三級預防模式，分爲一級預防（primary prevention）、二級預防（secondary prevention）、三級預防（tertiary prevention）。

在一級預防方面，教育部強調各級學校應該加強學生的品格教育、生命教育、人權教育、法治教育及性別平等教育，期待能培養學生尊重生命，尊重人格尊嚴，具有同理心且能與他人良好互動，學習糾紛或衝突化解的正向技術，並明白各種不當行爲可能構成的法律責任，平等對待各種不同性別的特質。要達到這樣的目標，其前提是教師及各類行政人員必須先具備這些符合現代化公民的素養，才能將這些知識或素養透過系統化的教學活動或課外活動傳遞給尙待學習的年輕學子。學輔人員或學校社工人員也必須強化對於霸凌行爲的觀察能力、判斷能力與處理的行動能力，積極正向的勇於面對，才能獲得學生及家長們的信賴，鼓勵學生願意來向他們求助。

在二級預防方面，當校園中發生學生的過度惡作劇或明顯的衝突及摩擦時，導師或輔導人員即應立即關心，勿因惡小而不管、勿因輕忽而惡化。學輔人員或社工人員儘速介入、公正處理、傾聽兩造說法、調解兩造歧見，爰引校規加以適當處置。由於中學以下學生俱屬未成年人，調解過程中需要聯繫雙方家長到校，取得雙方家長對於學校處置方式的共識，道歉、立約保證、懲罰措施、預防再犯的輔導措施、如何和平相處及遵守規範的正向想法和技術等，都需要明確傳遞給兩造學生。教育部也期待各級學校能確實辦理每年兩次的記名或不記名校園生活問卷調查，期待能夠早期掌握遭遇糾紛事件或被霸凌的學生資訊，能夠在問題的初期就介入處理，以免問題擴大或惡化。教育部也期待各校能成立校內的「防制校園霸凌因應小組」，根據教育部所研訂的校園霸凌事件處理作業流程之發現期、處理期、追蹤期，三階段加以處置。

在三級預防方面，當校園中發生比較明顯而嚴重的學生霸凌事件，學校應該採取積極介入，以及不迴避的態度，依照教育部制訂的校園霸凌事件處理作業流程的原則，立即處理。教育部鼓勵各級學校應該根據學校的生態特性，與周邊的警政單位聯繫合作，共同簽訂「校園安全支援約定書」，強化警政系統對校園事件的支援能量。

首先應考慮將兩造加以隔離，勿讓彼此的接觸或糾紛擴大。同時應該聯繫兩造的家長或法定代理人，一起研商對事件的認知與處理意見。學校應有專人對有身心傷害的學生採取危機干預的諮商或輔導介入，若有需要專業醫療的協助，則應立即轉介或陪同就醫。校內的「防制校園霸凌因應小組」應指派專人對事件進行調查，製作詳細記錄，並經開會研議確認事件的始末性質及責任歸屬。校安單位也應該儘速依照事件的嚴重程度分級標準加以認定，在規定的時間之內，向教育行政機關或教育部進行校安通報，若事件涉及性侵害或性騷擾，也應同時向地方主管機關（縣市社會局或社會處）進行責任通報。假如霸凌行為已明顯觸犯刑法法律，應該向縣市警察局之少年警察隊加以通報，請少年警察協助調查及筆錄製作。少年警察進入校園時，應該以不穿著警察制服、不開警車為宜，若有需要將少年帶回警察局或派出所時，應該注意維護該少年的名譽及身心安全，切勿以強制或對成年人逮捕的方式進行處理，以不上手銬為原則。製作筆錄前應通知家長到場或告知法定代理人陪同，少年家屬也可為少年聘請律師或輔佐人到場協助少年接受筆錄訊問。少年警察機關處理之後，則會依照事件的屬性及程度將全部案卷移送給少年法院或地方法院少年法庭。在此要特別強調，霸凌事件的兩造都屬於少年或兒童，都是國家社會依法應該保護的對象，所以在事件處理的立即危機化解之後，應該規劃專業且適當的諮商輔導計畫，根據相關資料的蒐集及研判，進行處遇計畫擬定之前的評估，運用適當的心理及社工資源對兩造學生進行輔導，必要時可以考慮將兩造學生轉介給適當的組織機構及醫療單位，進行後續的關照。

在此類嚴重霸凌事件處理當中，不可遺漏對兩造家長的聯繫協調及行為人家長的責任。根據少年事件處理法及兒童及少年福利法的規定，家長或法定代理人必須對其子女對他人的傷害負擔連帶賠償之責任，且家長對於學校或其他相關輔導單位對其子女所提供之評估處遇，應該予以配合。

根據由內政部、教育部、法務部會銜共同頒佈的「少年不良行爲及虞犯預防辦法」，所稱少年不良行爲至少有超過 15 項，指下列各種行爲：

1.與有犯罪習性之人交往。

2.出入妨害身心健康場所或其他少年不當進入之場所。

3.逃學或逃家。

4.無正當理由攜帶具有殺傷力之器械、化學製劑或其他危險物品。

5.深夜遊蕩。

6.對父母、尊長或教師態度傲慢，舉止粗暴。

7.於非公共場所或非公眾得出入之職業賭博場所，賭博財物。

8.以猥褻之言語、舉動或其他方法，調戲他人。

9.持有猥褻圖片、文字、錄影帶、光碟、出版品或其他物品。

10.加暴行於人或互相鬥毆未至傷害。

11.無正當理由跟追他人，經勸阻不聽。

12.藉端滋擾住戶、工廠、公司行號、公共場所或公眾得出入之場所。

13.吸菸、嚼檳榔、飲酒或在公共場所高聲喧嘩。

14.無照駕駛汽車、機車。

15.其他有妨害善良風俗或公共秩序之行爲。

與校園霸凌行爲密切相關者，至少有第 3、6、8、10、15 項，這些行爲縣市警察局之少年警察隊及少年輔導委員會社工都應該以法予以解入處置，並協同學校與其他專業人士進行後續輔導。

霸凌學生若經由少年法院（庭）裁定不付審理，諭知少年之法定代理人或現在保護少年之人對該少年嚴加管教或由少年法官或調查官予以告誡者，應該由各縣市之少年輔導委員會綜理協調，予以妥善輔導（少年不良行爲及虞犯預防辦法第 12 條）。如果父母親或監護人發現自己的孩子有不良傾向（例如習於對他人霸凌或行爲乖張）難以管教時，可以商請少年輔導委員會綜理協調教育、衛生、社政、警察及有關的少輔機構、社會團體協助管教，或予以必要的矯治輔導（少年不良行爲及虞犯預防辦法第 15

條）。另外，7 歲以上未滿 12 歲的兒童，若有不良行為或觸犯刑罰法律的行為之虞（例如對人施暴或霸凌）者，也可準用少年不良行為及虞犯預防辦法的規定處理。

有許多霸凌行為事實上已經是觸法行為，根據少年事件處理法第 3 條規定，少年有以下情形者，由少年法院（庭）依少事法規定處理之：「1.少年有觸犯刑罰法律之行為者。2.少年有各種偏差行為，依其性格及環境而有觸犯刑罰法律之虞者（虞犯）：（1）經常與有犯罪習性之人交往者；（2）經常出入少年不當進入之場所者；（3）經常逃學或逃家者；（4）參加不良組織者；（5）無正當理由經常攜帶刀械者；（6）吸食或施打煙毒或麻醉藥品以外之迷幻物品者；（7）有預備犯罪或犯罪未遂而為法所不罰之行為者。」因此，少年警察隊在對霸凌學生介入處理之後，應依照現行法律規定將事件移送少年法院（庭）審理，以免侵犯了少年法院或法庭法官的先議權。

第三節　霸凌施暴者的評估及處遇

由於霸凌者的個人認知、人格（性格）特質、家庭環境、同儕互動情形、過去被害經驗、成長背景及歷史等都對其霸凌行為有直接或間接的影響，因此，對於霸凌者的評估就必須從這些角度及面向加以深入探索。學校可以邀集對少年的前述資訊有所了解的個人（包括家長）及相關單位，或學者專家一起研議個案評估及處遇的原則。對於霸凌者的錯誤認知或人格特質可以透過與其個別會談、導師的觀察、輔導室及訓導單位的紀錄加以了解，對於家庭環境的了解則必須透過親師會談、家庭訪視或相關助人單位的紀錄予以了解。對於社會人際關係互動的情形也需透過與學生當事人、家長、其他相關人士（含同學、朋友、校外人士）的訪談獲得資料，若有導師平日對學生有觀察紀錄，也應提供作為研判之參考。關於霸凌者過去被害的歷史及成長背景，則需透過家長的訪談、霸凌學生的個別訪談或其他助人單位的檔案記錄加以了解。以上各項資訊若能儘速蒐集齊全，將對於正確評估的製作及後續處遇計畫的提出有絕對的幫助。

當評估完成之後，學校自然可以獲知對學生當前最有幫助的處遇措施爲何。霸凌者可能需要個別的認知行爲改變，此可透過諮商心理師或臨床社工師對其進行系列的個別諮商會談，改變其對暴力行爲的認知觀點，調整其人際互動的觀念與方式，並經由事先設定達成目標的努力與學生共同調整其認知想法及行爲模式。在個別諮商會談過程中，需要特別強調對他人生命、身體、人格、尊嚴、權益的尊重，也必須灌輸學生行爲的法律後果。

對於被害人的個別諮商輔導，可以由學校輔導老師或諮商心理師或社會工作師進行情緒的安撫，對於受暴之後的緊張、焦慮，可能出現的創商症狀，予以緩解的諮商或處置，陪同被害學生獲得支持與安全感，提供被害學生日後正常學習的資源管道，並協助被害學生如何自我保護及因應人際互動的衝突。在輔導過程中，如果發現被害學生本身也有一些認知或行爲方面的缺失，特別是與被害事件直接相關連者，也應該對此類的認知或行爲進行調整，以降低被害學生日後可能再遭遇相同情形的機會，或轉變爲加害人的可能性。

對於加、被害人兩造家長的輔導方面，學校應站在中立客觀的立場，維護兩造家長的權益，但不可讓具有負擔責任義務的家長任意推卸責任。學校應善用各種溝通方式或技巧，化解家長可能的對立情緒，盡量以正向發展及對學生最佳利益的方向去進行調解或溝通，不需要動輒訴諸媒體或不相干人士的不當介入，導致校園霸凌事件之處理失去其中立客觀的應有立場。學校的家長委員或當地的民意代表或仕紳或許對於這些事件會投注一些關切，但學校必須秉持依法行政及教育部所頒布的處理原則，公正、公平、迅速的處理校園霸凌事件。若有來自外界不當的關說或壓力，學校的行政主管也必須能夠妥善因應，有超出能力範圍之情況發生時，必須儘速通知教育行政主管機關，切勿擅自掩飾處理或迫於壓力出現偏袒不公的決定，此極可能造成後續更大的風暴或反彈。當前台灣社會各式各樣媒體之爆料風氣興盛，欲蓋彌彰是許多教育行政主管必須引以爲戒者。

從過去的長久觀察經驗可知，部分的學校對於此類霸凌學生的處置方式，常常以「輔導轉學」作為了結事件的手段，此並非一種正向的輔導作為，個人站在專業的角度，並不鼓勵。因為輔導轉學只是一種丟棄問題的手段，問題仍未解決，反而容易造成被迫轉學的學生心中產生更多的被棄感（sense of being deserted），容易將這樣的挫折與憤怒持續轉向投射在與其他學校或同學互動的過程中，難保日後不會再次發生類似的霸凌衝突行為。教育現場應思考的是如何給此類學生最好的輔導介入，得到最好的改善，而非一味的只想到將問題丟給別人，將偏差的學生優先強迫轉學，此都不是教育的本質應有的行政作為。

過去到現在仍有部分的學校採取較為保守及封閉的心態，對於學生霸凌事件的處理不採取積極及正向面對的心態，通常採取私下斡旋，甚至視而不見的態度，導致學生問題得不到學校及專業單位的適當協助。桃園縣八德國中的事件導致校長去職，殷鑑不遠。

筆者從十多年前就經常在研究報告、學術研討會、專業演講、教師研習課程中強調，一位好的校長必須要能勇於任事、面對問題，以學生的利益為行政的依歸，若有學生遭受霸凌被害而學校對此類事件聽而不聞、聞而不見，形塑出學校一片祥和的假象，反而容易導致學生對學校失去信賴感，師生一起學習如何陽奉陰違、迴避問題的真相，試問這是好的教育方式嗎？這樣的辦學可以稱為績效卓著嗎？所以，個人曾經講過多年來學校沒有一些學生問題被處理的的學校，這樣的教育行政主管不應該是好的主管，一位好的教育行政主管必須有能力、膽識去協助師生面對問題、處理問題，必要時找尋校內外一切可用的資源，投入學生問題的處理當中，這樣才是一位好的校長。

教育行政主管機關在從事校長的績效考核時，不應一味的只看到學校的升學率或學生的競賽表現，應該要多關切學生日常生活當中的遭遇及問題是否得到適切的處理，學校主管在運用社會資源時，不應只想到外界或家長們對學校奉獻了多少金錢，而應該予平時多多了解及掌握學區所在社區的司法、法律、警政、社政、醫療、宗教、心理諮商輔導等專業資源，於平時就可以經常聯繫，或邀請各方面的專家到校為師生傳遞專業的知識，必要時可請這些專家來協助召開學生個案處理的研討會，經由專家的建議及協助規劃，讓學生霸凌事件的處理獲得比較完整、適切的結果。

另一方面，學校行政主管及各類學生事務或輔導人員，不只需要對教育相關法規有所認識，也需要多接觸或學習兒童及少年福利法、少年事件處理法、兒童及少年不良及虞犯行爲處理辦法、性侵害犯罪防治法、性騷擾防治法、性別平等教育法、家庭暴力防治法，以上這些法律都不是傳統教育領域的人員所熟悉的，在師培機構裡很少有這類專業課程，在教育職場上面如果教師研習的課程安排有遺漏這些的專業，難怪教師在處理學生行爲問題、衝突事件或霸凌事件時顯得不知所措。因此，教師的專業人力及專業知能在處理霸凌事件方面，均仍有待提升。

對於霸凌者個案，應該經由學校專業輔導人員、社工師、心理師或精神科醫師專業評估，提出專業的評估報告，根據報告指出之項目或方向引用專業資源加以處遇。處遇包括有身心治療或輔導教育，在身心治療方面，對於因過動症（ADHD）或行爲失調症候群（conduct disorder）的學生應該考慮轉介專業團隊進行更深入的評估及治療，必要時可考慮給予處方或心理治療，並責令家長必須配合醫療人員之指示，進行家庭生活與互動方式的調整。對於有錯誤認知導致習慣用暴力去處理人際紛爭的學生，若發現其有錯誤的學習經驗或被害經驗，應給予認知行爲模式的心理輔導或教育課程，導正其偏差的學習認知與價值觀念，協助其調整自我的行爲模式，以減少對他人在使用暴力。

對於長期處於失敗經驗或挫折經驗的霸凌者而言，雖然讓他們負起行爲責任是重要的，但也應該從教育正向引導方面思考，安排機會讓他們能夠獲得成功及滿足的經驗，以提升其內在心理對於自我肯定和自我概念的提升，當他們的心理強度能夠正向提升時，通常能夠降低他們藉由負面的行爲獲得暫時滿足的衝動，因爲他們不需要再用傷害別人的方式獲得成就和自我肯定，他們已經學到如何用正向和社會規範可以接受的方式去獲得成功跟自我滿足，因此，學校的教育活動安排中，應多思考多元價值的實踐，爲學生搭建更多元才能發揮的舞台，不需要一直以智育跟成績表現來做爲唯一評量或肯定學生的依據。

根據社會工作的生態系統及生態發展觀點（Openshaw, 2008），評估者需對霸凌事件兩造學生的家庭跟社區的特性有所認識，爲了去認識這些狀況與特性，評估者需要與學生的家長、教師、相關人員有所接觸，特別是曾經協助過該生的相關專業人員。評估的最主要目的是要確認霸凌者施行霸凌行爲的背景因素，以及受凌者受暴的因素，特別要了解過去靜態的歷史及霸凌事件發生過程的動態因素，當這些因素了解之後，才能確認應該導入何種資源對兩造加以協助。從優勢觀點社會工作專業來看，評估處遇者應該協助兩造學生找出他們的能力及強處，而非一味的強調問題有多嚴重及弱點有多明顯（Farley, Smith, & Boyle, 2003），透過這些正向觀點的實施，我們可以去幫助兩造學生達到較新及較正向的自我觀點，讓他們聚焦於自己的能力，發展新的人際互動或憤怒管理的技巧，同時評估處遇者也應該積極的與學生的家長跟相關人士接觸互動，引導他們以協同合作的方式對有助於學生改善行爲的事務積極投入。

一個完整的評估及干預的計畫必須要能夠與受幫助者有正向關係的建立（McWhirter, McWhirter, McWhirter, & McWhirter, 1998），在此前提之下，才能有正向幫助的可能。不論關係的建立或評估的工作，通常都是從個別會談開始，雙方彼此設定一些對事情觀點的想法，尋求共識，增進彼此隊於處理學生偏差行爲的一致方向，這樣的第一類接觸是後續處遇能否成功的關鍵。

評估處遇者也需要能與學生建立正向跟積極的關係，如果他們無法接納學生，也就無法對他們進行後續有意義的幫助，特別是當這些學生（霸凌者）或許已經曾被其他的學校或其他的班級、老師拒絕過，他們心中常常存有與處遇者對立的想法，因此處遇者必須能夠同理以及讓他們放心的將心中的話說出，將他們的困難放心的揭露出來。對他人的粗暴行爲，通常是這些學生的象徵性的行爲出口，他們內心的挫折、焦慮與憤怒應該是較值得深入發掘及解決的。

與學生的家長會面交談時，評估處遇者也應採取柔和、溫暖、接納及不具有威脅性的態度、語調跟他們交談，試著去引導家長願意面對問題的決心。或許有些家長對孩子的行爲問題置之不理，想推卸他們作爲親權人的職責，但評估處遇者應該以堅定的態度及專業知識明確告知父母親各項親子責任與法律規範，藉此過程方能將父母親的責任感提升，一起面對孩子未來各種行爲問題的處理過程，這一類的父母親在某一個方面上或許也是需要被幫助的對象，因此評估者也可考慮將父母親的問題，或家庭的問題納入評估的系統當中。採取轉介（referral）或資源仲介（broker）的方式提供此類父母親建設性的社會扶助資源，讓父母親也可感受孩子及他們個人都同時受到幫助，他們會更願意與學校配合來面對孩子的問題，這當中的處理無關面子問題，完全是著眼於孩子的最佳利益及未來的正向發展。

評估的內涵需要特別留意孩子行爲問題的過去、現在、未來的時間序列問題，孩子過去的成長歷史。是現在問題的根源，而現在的問題也會成爲未來問題的原因，所以應該明確的告知孩子及其父母親們爲了他們日後的健全成長，此時此刻就是好好面對問題的關鍵時候，不應該再以敷衍、逃避的心態，以爲不面對就沒有問題，以免日後問題更形擴大與難解。

評估的結論需要設定具體的目標，提供霸凌者以及家長共同努力的方向，也爲後續接手進行處遇的專業人員指出必要的處遇方向。以上這些的目標及方向的訂定應該有正式的文件書寫及報告提出，方能進行較佳的個案管理與個案研討。在適當的情況之下，或許需要考慮霸凌者學生及家長簽訂書面契約，作爲共同遵循的依據，並成爲後續治療或輔導行動的標準，其內涵通常要經由專業治療或輔導者、霸凌學生、學生的家長或法定代理人、學校行政主管等方面共同研議確認，對於個案處理的後續狀況，學校有責任定期召開各相關人士或單位的聯合個案研討會，以定期檢視處遇的成效及是否有調整處遇內容或方向的需要。在召開個案評估處遇會議時，可由學校最高主管或學輔主管召集，邀請行爲科學專家或少年偏差行爲輔導的專家一起參與，其他應被邀請的人士還包括霸凌者學生家長或法定代理人、學校輔導老師或級任導師、學校社工人員或專業輔導人員、負責處理該案之少年警察單位代表、社會處或社會局兒少保護或兒少福利社工人員、心理衛生單位或精神醫療單位的專家，若案情需要也可邀請少年法院或地方法院少年法庭的少年調查官或保護官參與。前述這些專業人員都是對於少年偏差犯行具有專精研究或處置輔導的權責機關代表，將能爲學校在處理學生霸凌個案提供較爲全方位的關照意見。至於個案管理工作應可考慮由學校社工人員或專業輔導人員擔任，負責與處理學生霸凌事件相關的單位或專業人員進行聯繫、協調，並製作完整的個案評估及處遇紀錄。

第四節　評估的要項

評估要項包括學生成長史、疾病史、心理健康的狀態、孩子的問題行爲實況與成因、社會人際關係及社會互動功能狀態、生活中的危機因素、學校的學習適應問題、曾否接受過特殊教育的協助、家庭問題及家人互動情形、學生個人的生理健康情形、求學歷程、課外活動參與的情形、休閒活動的項目及情形、有利於矯正處遇的因素、不利於矯正處遇的因素、社區相關資源的情形。另外對於學生家庭的相關資訊掌握也相當重要，例如家庭的特殊文化或信仰、風俗、語言等問題、家庭成員及各種角色功能的狀態、家庭的結構及管教功能、家庭病理因素或家中的創傷經驗、家庭處理問題的能力、家庭的各項資源情形。以上各項評估要項都必須在個案評估表中翔實記載，以利後續處遇及案件轉介或後續輔導人員接手。

第五節　霸凌個案處遇的技術（代結語）

如果霸凌事件兩造學生有需要醫療處遇，例如：明顯的精神、心理問題，或因霸凌造成身心明顯傷害，學校訓輔人員或社工人員應儘速聯繫家長，協助學生就醫診治。霸凌個案如果可以確認不是生理缺陷或醫療問題所造成的，可以考慮多採用認知行爲治療的模式（cognitive behavioral therapy, CBT），對霸凌者的錯誤認知予以駁斥或引導，使其能以正確的新認知取代錯誤的舊認知，形成全新的思維方式及態度，進而影響其行爲的表現及人際互動的方式（McWhirter, McWhirter, McWhirter, & McWhirter,

1998）。治療者或輔導者也需要爲霸凌者設定方向及改變的進度，最好能有具體的項目及進程，或提供適當的誘因與正增強或負增強，使他們有明確的依循及改變的動力。可以考慮使用的處遇方式有個別式的或團體式的（Openshaw, 2008），個別式的治療或輔導可委由學校專業人員、學校社工師、或接受委託的專業心理諮商或治療機構來執行，團體式的認知行爲治療可以在校內邀集有類似問題困擾的學生 8～12 人，共同參與團體，由資深富有經驗的團體輔導人員來負責團體的帶領，並配屬共同帶領者（co-leader）及觀察員（observer），對於每次的團體需設定具體的單元、主題、活動內容、欲達成的目標，根據這些的項目去確定所需的材料及課程內容的安排，每次團體結束之後，都需對團體的進行及成效進行評估，作爲微調團體課程內容或方向的參考依據。

團體課程內容可以依照學生不同的行爲問題略做調整，一般包括：認識憤怒情緒、情緒管理、暴力的根源、暴力對人的影響、同理心與尊重、性別平等與兩性關係、人際溝通技巧、自我概念與自我肯定、家人關係與自我成長歷史、法律的認知與違法後果。

霸凌加害人通常有源自家庭中不當學習經驗、受暴經驗、負面同儕不當接觸經驗、觀察或模仿影劇媒體中，或成人世界的不當（挑釁、暴力、衝突、冒犯）處事方式，所以，對霸凌學生進行評估及處遇工作，必須特別留意其過去的生活經驗、學習經驗或被害經驗，從中引導霸凌學生去體悟自己的問題根源，並產生想要改變及獲得新生活的動機。

對於霸凌的被害人之處遇，可以參考暴力被害人輔導處遇的相關方案，加以研訂。主要應讓被害人感受安全感、支持、接納，協助被害人能面對被害的創傷經驗，減除因暴力或各型式的霸凌被害導致的失眠、孤立、焦慮、不安、抑鬱、憤怒等負面情緒，被害人的處遇課程也可以引導被害人去探討自己被害的原因，並理解加害人出現不理性行爲的可能因素，從當中去找出適當的安全計畫，經過與輔導治療者或其他同儕討論交流的經驗，可以學到更多具有彈性的因應方式或行爲策略，作爲自己與他人互動的調整方針，改變自己被害的特質。再者，輔導者也可以引導被害人學習如何寬恕及放下心中的憤怒，如此方能迎向未來更寬闊的生活及心理空間。

如果可能的話，學校輔導人員也可考慮扮演糾紛調解者（mediator）的角色，當事件的兩造個別經過一段時間的處遇之後，都能有所改善或產生新的思維方式，更能面對彼此時，學校輔導可經由適當的安排兩造學生、家長或法定代理人進行類似修復式正義（RJ: restorative justice）的道歉及寬恕的儀式，在調解人士的見證之下，彼此選擇接納及包容，協助加害人能勇敢道歉及補償被害人的損失，甚至可考慮書面和解書的書寫及訂定，這些過程可以幫助霸凌事件的兩造以更健康的方式走向未來，不至於留下彼此心中的恨意與遺憾，對兩造的心理復原及關係修補都有極爲正面的價值。

*本文初稿曾發表於 2011 年 3 月 25 日教育部防制校園霸凌個案處理研討會，國立中正大學犯罪防治學系承辦。本文經過修訂及調整而成。

參考書目

一、中文部分

法務部（2011）民國99年少年兒童犯罪概況及其分析。台北市：法務部編印。

國立中正大學犯罪研究中心（2011）。九十九年全年度全國民眾被害暨政府維護治安施政滿意度調查報告。嘉義縣：國立中正大學犯罪研究中心，未出版。

教育部（2011）校園重大偏差或霸凌事件之預防與處理建議（防制校園霸凌案例彙編）。林滄崧主筆。台北市：教育部發行。

二、外文部分

Farley,O. W., Smith, L. L., & Boyle, S. W. (2003). *Introduction to social work (9th ed.)*. Boston: Allyn & Bacon.

McWhirter, J. J., McWhirter, B. T., McWhirter, A. M., & McWhirter, E. H. (1998). *At risk youth: A comprehensive response: For counselors, teachers, psychologists, and human service professionals.* Belmont, CA: Brooks/Cole Publishing Company.

Openshaw, L. (2008). Social work in schools: Principles and practice. N.Y.: Guilford Press.

第八章

校園詐騙犯罪偵防之道※

江慶興※※

前　言

民國 89 年以前，臺灣早期社會廣為盛行的詐欺案件不外乎是金光黨詐騙、虛設公司行號或老鼠會直銷與非法吸金等，其中鴻源集團非法吸金案，在當時社會造成數萬投資人血本無歸，引起政府高層關注。

而自民國 90 年開始，兩岸社會交流日趨熱絡，以香港賽馬會及六合彩等中獎通知為例，夾帶報紙廣告流傳社會階層，臺灣社會因此掀起一股中獎詐騙風潮，家家戶戶都會收到刮刮樂中獎通知，許多民眾誤以為是天上掉下來的禮物，當刮開覆蓋字膜出現鉅額獎金，興高采烈與歹徒電話聯絡時，殊不知已落入詐騙集團圈套，此種書面通知中獎犯罪手法持續了 2 年。

直至電信科技蓬勃發展，導致電信詐欺犯罪興起，此係利用電信服務不受空間限制的特性，資訊傳遞快速發達的現象，金融服務無遠弗屆的性質，增加隱匿身分與藏匿遠方的可能性，從事電信詐欺犯罪。尤其，近幾年來兩岸逐步開放交流，國內犯罪集團轉而藏匿於大陸沿海城市，利用兩岸政經情勢分隔的現象，於遠端搖控犯罪不易被逮捕而逍遙法外。

※ 本文承蒙內政部警政署刑事警察局預防科警務正傅振原及偵查科警務正詹志文協助提供與彙整資料，特此致謝。

※※ 英國李斯特大學公共秩序研究所博士，中央警察大學法學碩士、法學士，現任刑事警察局警政監、大專院校兼任副教授，曾任刑事警察局預防科科長、臺北縣、宜蘭縣政府警察局副局長

在此資訊蓬勃發展，而人際關係疏遠的時代，民眾比已往更容易相信詐騙者精心編排且隨時更換的劇情與話術，而成為詐欺集團詐騙對象，更隨著貿易自由化及金融全球化的趨勢，跨國（境）往來更加頻繁，金融帳戶、電信門號、網路科技已成為為民眾資金流通及通訊聯絡的重要工具，各先進國家都盡量減少不必要的限制，使資金得以快速流通完成交易，確保電話訊息快速暢通，然水能載舟亦能覆舟，有心從事犯罪者即可依附此一便捷通道，利用於誘騙被害人，並規避查緝並取得贓款。因此，拜資通科技文明的發展、兩岸政治環境的掩護，國際交流頻繁的便捷，電信詐欺得以持續橫行，並逐步擴展至網路詐欺犯罪。又網路為時下年輕學子常用的工具，網路擁有封閉、快速的特質，也成為犯罪的溫床，詐騙犯罪觸角也逐漸進入校園，而涉世未深的學子因不諳金融、電信產品資訊與欠缺法律常識而遭詐騙，甚至因追求一時的虛榮，出賣自己電話、帳戶或擔任提款車手參與詐欺，竟誤陷法網，引發新的社會問題，故對於校園詐騙的防制與宣導亦是本文的重點。

第一節　研究方法

本編蒐集國內學者專家對於詐欺犯罪之研究專論、內政部警政署警政白皮書、內政部警政署刑事警察局 165 反詐騙諮詢專線等相關數據，以其從中分析獲得詐欺犯罪手法之演進，與校園詐欺犯罪之關聯情形，適時找出偵防之道，並提供有關反詐騙之相關建議，以遏制詐欺犯罪，另限於篇幅及本篇之宗旨，兩岸跨境詐欺犯罪不在本篇分析研究範圍內。

一、資料分析法

從內政部警政署 91 至 96 年警政白皮書，摘擇有關詐欺犯罪之相關資料，分析出詐欺犯罪手法，並佐以警政署 165 反詐騙諮詢專線多年來相關數據，期望從中歸納出詐欺犯罪手法演變，及校園詐欺犯罪趨勢，提供政府機關、學校單位防制詐欺犯罪參考。

二、文獻探討法

本篇蒐集國內多編專家學者就詐欺犯罪有關之論著、研究報告、檔案資料等作探討。

三、案例研析法

本蒐集相關的詐欺案件報導，從社會媒體客觀角度之觀點，提供詐欺被騙案件分析，並負教育社會大眾、莘莘學子了解詐欺行爲，避免受騙上當之責。

四、小　結

（一）詐欺犯罪之演進與發展

表 8-1　詐欺犯罪之發展簡表

民國 89 年前	金光黨、虛設公司行號、老鼠會直銷
民國 90~92 年	刮刮樂中獎、假稱民眾銀行信用卡遭盜刷詐欺
民國 93~96 年	電信詐欺、假冒銀行機構退款
民國 96~迄今	網路拍賣購物詐欺、假冒公務人員詐欺，詐騙大陸人民

1.詐欺犯罪初始

民國 89 年以前，臺灣地區廣爲盛行的詐欺案件不外乎是金光黨詐騙、虛設公司行號或老鼠會直銷與非法吸金等。而自民國 90 年開始，臺灣社會更掀起一股中獎詐騙風潮，家家戶戶都會收到刮刮樂中獎通知，許多民眾誤以爲是天上掉下來的禮物，當刮開覆蓋字膜出現鉅額獎金，興高采烈與歹徒電話聯絡時，殊不知已落入詐騙集團圈套，此種書面通知中獎犯罪手法持續了 2 年，後因受害情形擴大，引起政府相關單位重視，除加強查緝之外，更輔以媒體大力宣導，詐騙集團漸漸無法得逞，遂改爲主動大量隨機撥打電話告知民眾必須先匯出稅金及費用等，此爲電信詐欺濫觴時期，至今未完全消弭。（江慶興，2006）

2.手法逐步轉型

民國92年以後，有組織的跨境詐騙集團逐漸成型，大量蒐購人頭電話及帳戶，並觀察社會脈動及最新時事，編造誘騙劇本與教戰守則，結合電子金融服務轉帳匯款功能，詐騙得手後的金錢經由人頭帳戶洗錢，隱匿犯罪所得，逃避追緝。此時各類犯罪手法推陳出新，從早期以刮刮樂中獎及假稱民眾銀行信用卡遭盜刷爲主，逐漸演變以中獎通知、假冒公務機關、知名企業行號、法院通知出庭及中華電信催繳電話費用等犯罪手法，演變迄今更以網路拍賣購物詐財爲主，再配合每日時事或例年退稅旺季等，不斷演變犯罪手法，使民眾無所辨識。加上手機通訊市場快速開放，門號核發僅形式審查，無具體實質管理機制，門號容易取得及變換，申裝者與使用者身分難辨，通訊監察速度趕不上門號變換，造成偵查困難，政府縱有多方宣導防範，也僅能將受害人數及金額控制在一定範圍內。（江慶興，2006）

3.詐欺犯罪蔓延

民國93年後，網際網路發展快速，使用人口逐年激增，個人連網普及率大幅提高，資訊與通訊合流應用成爲趨勢，通訊節費市場更是各家電信業者必爭之地，紛紛推出多種網內互打及國際節費通訊產品，迎合消費者需求。而網路追蹤及監聽本來就非常困難，尤其透過境外網路進入國內之通訊更牽涉龐大設備投資，難以立即從交換機篩選控制。詐騙集團更利用資訊科技成果與電信技術漏洞，自境外非法竄改發話原始號碼，在受話端顯示來電號碼爲政府機關或企業代表號，造成另一波新興詐騙潮流，引發新的社會問題，大眾的生活安全感不佳，社會互信受到嚴重侵蝕，政府有效治理的形象備受威脅。（江慶興，2006b）

4.境外詐欺威脅

另詐騙集團多隱身境外，遠距遙控國內共犯進行詐騙，另外經由「臺灣詐騙經驗」的複製，兩岸犯罪者相互學習，結合交織成一新型態之犯罪模式，由「大陸犯罪，臺灣受害」逐漸轉為「大陸犯罪，大陸受害」、「大陸犯罪，第三國受害」、「臺灣犯罪，大陸或第三國受害」。電信詐騙已不僅是臺灣問題，而是亞太地區共同問題，中國大陸、韓國、日本等國已屢傳詐騙案件，日本 2009 年上半年度詐騙財產損失已達新臺幣 50 億元，韓國曾逮捕臺灣籍犯嫌 200 餘名，在在顯示電信詐騙犯罪的跨境性質，正衝擊著亞太地區整體治安。（黃明昭，2007）

5.目前詐欺情勢

電信詐騙是一件高報酬、低風險的犯罪，現行法制視之為僅涉財產法益的普通犯罪，刑罰不足以讓犯罪者警惕止步，外圍嫌犯一再被交保，釋放後即另組成新集團，再度投入詐欺犯罪。而偵查電信詐騙案件曠日費時，僅僅偵辦初期，調閱通聯紀錄的費用已是昂貴，實無法針對每一件檢舉或受害案件進行密集調查；單就被害人的片面陳述，尚無法說服法庭核發監聽票令；即使修訂績效規定、提升破獲獎勵，以期動員警力，提高破案率來壓制犯罪，也只能收到短期成效。事態發展顯示政府亟需採取精進創新對策，為民眾規劃建立有效的服務機制，防止民眾受害，鞏固民眾對於政府的信心。

6.詐欺犯罪簡介

（1）中獎電話行騙民眾：

高雄某男子接獲聲稱是「香港彩券局」的電話，通知被電腦抽中大獎，須繳交保證金，被害者經匯款後遲遲未收到獎金，驚覺被騙馬上報案。未料事隔數月再度接獲自稱「香港賽馬會」、「香港六合彩公司」、「香港彩券局」中獎通知，仍受騙匯出款項，前後共計 11 次達 3 百多萬。（蘋果日報，A1，2009）

（2）假扮檢警詐騙百姓

65 歲退休李姓老師，名下擁有多筆房地產。接獲一名自稱檢察官的男子電話，指稱她的銀行帳戶被歹徒冒用即將凍結，如果有存款，必須提領出來交給國家暫時保管，待查證清楚不是犯罪所得後，即可以歸還。李老師不疑有他，將 2 千多萬存款全數提領交由對方指定的「金管會」人員保管，事後驚覺受騙上當，才向警方報案。（中國時報，C2 版，2009）

（3）假冒退休將軍誘騙女子

張姓通緝犯以假名冒稱國安局退休少將，並自稱是某知名酒店股東，與被害女子交往論及婚嫁，以結婚爲由向被害者及其家人陸續借了 90 萬元，並於婚後竊取被害者家中財物落跑，再度以相同手法詐騙，經警方查獲，被害人始知被騙。（中國時報，C2 版，2009）

（4）匡稱涉洗錢案詐騙退休行員

獨居高雄吳姓老翁，曾在某銀行服務 46 年，被詐騙集團以被害人「帳戶涉及洗錢案」爲由，要配合檢察調查把錢交給法院保管，還恐嚇被害人不可以跟他人講，曾有人把這件事跟鄰居講，結果違反偵查不公開原則被抓去關，分 7 次騙走他 1 千 4 百多萬積蓄。（聯合報，A12 版，2009）

（5）詐騙集團專騙大陸人民

一名臺商在大陸經商失敗，回臺組詐騙集團專騙大陸人民，並匡稱爲報復對岸。該詐騙集團並嚴格控管紀律，訂定分紅制度，並提供外地來的詐騙成住宿，因「福利完善、組織嚴謹」，成立近三個月，已得手新臺幣 1 億餘元。（蘋果日報，A14 版，2009）

（二）網路詐欺將成為主流

1.網路詐欺特性

網路是個極方便又快速獲得資訊及交易的工具，但它也是極危險的犯罪工具，駭客在網際網路虛設網頁及植入惡意程式，大量攻擊各大網站，以獲取大量個資，並配合精彩詐騙情境，利用貪念、緊張、恐慌等人性弱點，引誘、脅迫兼施，使民眾未及辨識真假而受騙。（江慶興，2006a）

2.網路交易日增

現在因爲網路交易日益增加，每年有上百億商機，除各大入口網站陸續建置網購平臺，也有知名企業結合物流業者開闢電視頻道，讓網路交易取代傳統零售市場，人可足不出戶也能在家買到日常生活用品或精品，且可預訂貨到付款，方便性百分百。

3.網路詐欺盛行

詐欺犯罪常依附電信、金融多元產品而調整犯罪手法，目前更發展到網購詐欺，成長速度非同小可，與電信詐欺的數量相比已不分軒輊，推估網路詐欺將成爲詐欺犯罪主流，依據警政署 165 反詐騙諮詢專線網路詐欺案件統計數據如下：（內政部警政署刑事警察局，165 反詐騙專線統計資料）

（1)自 98 年 1 月起至 99 年 4 月網路詐騙案件各月份發生數如下圖 8-1：

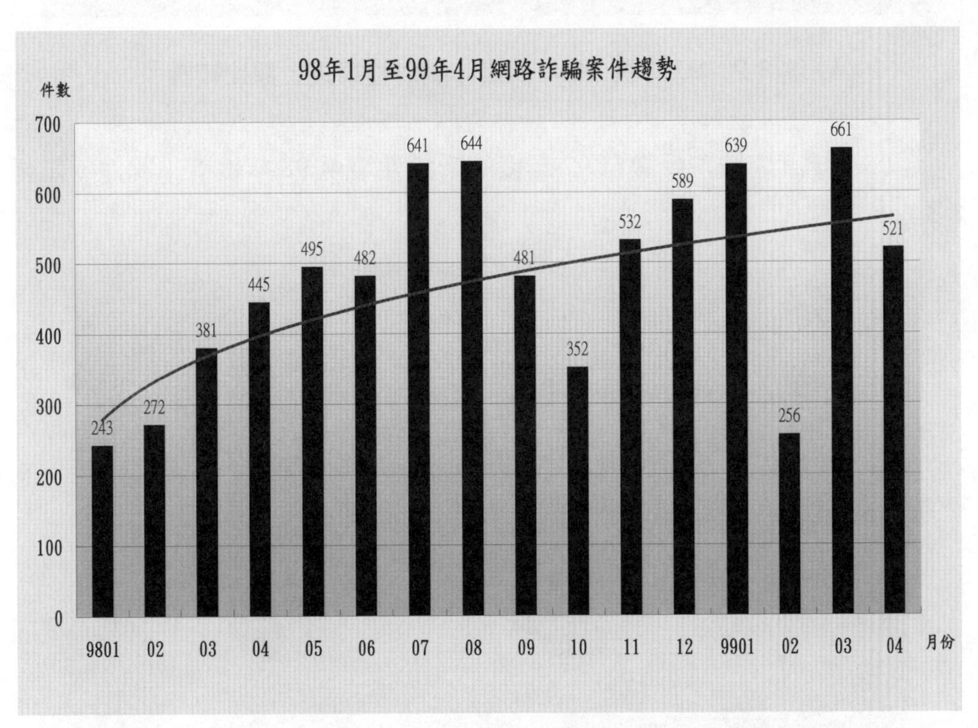

圖 8-1　98 年全年至 99 年 4 月網路詐騙案件各月份發生數分析圖

（2）總財損金額從 97 年度 6,965 萬餘元增加為 98 年度 5,574 萬餘元（如圖 8-2）。

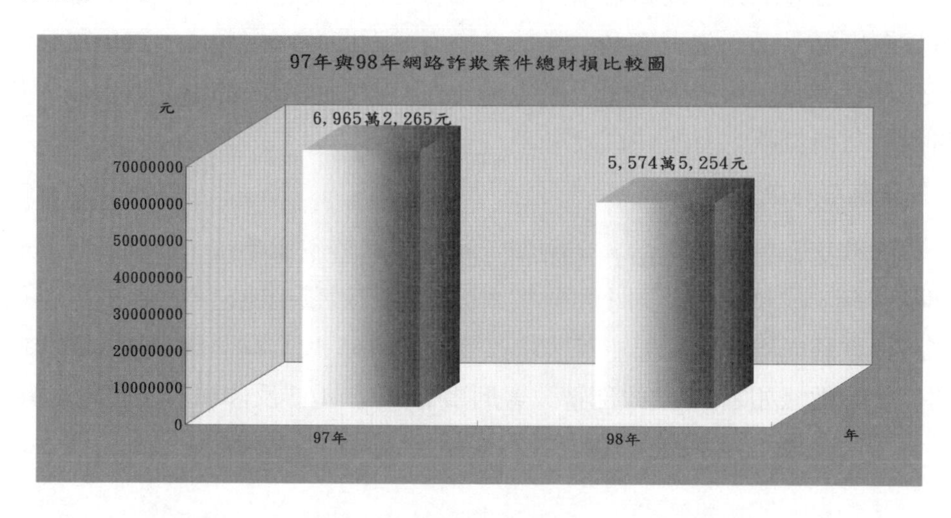

圖 8-2　97 年與 98 年網路詐騙財物損失金額比較圖

（3）年度總被害件數自 97 年度 2 千餘件增至 98 年度 5 千餘件（如圖 8-3）。

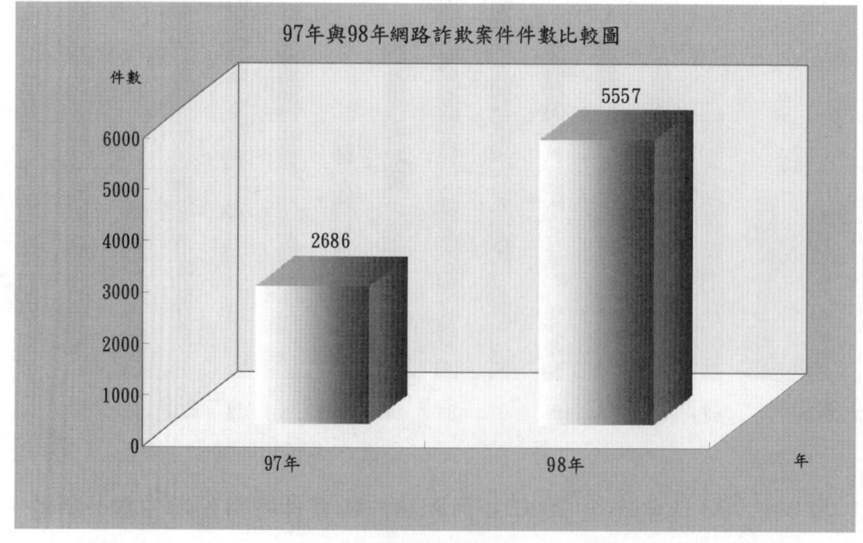

圖 8-3　97 年至 98 年網路詐騙案件年度發生數分析圖

4.網路詐欺案例簡介

（1）網路聊天室誘騙熟女

網路聊天室的興起，已成為單身、寂寞之熟男、熟女挑選對象的管道之一，南投縣張姓小姐，在網路聊天室認識自稱人在馬來西亞擔任公司顧問的「冠廷」，由於嫌犯每日噓寒問暖，取得被害者之信任，並以臺灣利息愈來愈少，邀請被害者加入投資，於一個月內共計匯款 4 百多萬元，後經對方切所聯絡管道，才知受騙上當。（中國時報，C2，2009）

（2）網路購物詐騙民眾

彰化縣盧姓男子，因工作不穩定，利用電腦網站販售物品，買家匯款後，卻無貨品可以供應，尤其渠利用網路售的物品琳瑯滿目，從 3C 電腦用品，到民生用品的衛生紙都有，短短四天淨賺近五十萬元，受害者不乏高學歷公務員，此種「宅經濟」衍生的詐騙模式，目前逐步漫延擴散。（中國時報，C2，2009）

（3）MSN 或聊天室詐騙遊戲點數

桃園縣張姓男子，就讀某私立高中，某次聊天室與網友聊天中討論遊戲內容時，該名網友表示渠可以公司名義代購較為廉價之遊戲點數，張姓男子多次透過 MSN 與該名網友連絡，並以轉帳方式購買遊戲點數卡，但後來才發現原來點數卡之密碼早已被使用過，而網友早已無法連絡。（自由時報，A5，2009）

（4）網購餐券遭騙金錢

臺中市楊姓小姐透過露天拍賣網站，購買某知名牛排連鎖餐廳餐券，經匯款至對方指定帳戶後未收到餐券，對方也失聯，始知受騙上當，立即向警方報案，並將該帳戶列為警示戶，避免其他人受害。（蘋果日報，A8，2009）

（三）詐欺威脅校園安全逐步擴大

透過網際網路超連結，學生可以在校園利用強大搜尋引擎找到所需要的資訊，改變了以往書本閱讀習慣，轉而接受網路知識。由於學校教育僅著重於網路操作方法與技術原理之傳授，卻對於使用網路所應具備的基本認識與應抱持的心態甚少著墨，導致懵懂無知的青年學子，在好奇心驅使下在網路上進行不當行為，而誤觸法網或成為被害者。甚至藉由網路架構的分散性、開放性、互通性、隱密性、立即性，使網路從媒介轉變成犯罪工具與情境，如目前屢傳校園網路色情援交、網路詐欺、扮演駭客、販賣盜版商品等多起案件，使莘莘學子已從被害者角色逐漸轉變成加害者角色，校園詐欺犯罪值得教育當局與治安單位的重視。

（四）網購詐欺入侵校園

有關校園詐欺犯罪可從加害者與被害者的角度來探討學子所面臨的詐欺犯罪問題，校園詐欺犯罪也因網際網路的興起，加上瀏覽器及搜尋引擎發展快速，網路從媒介正快速轉變成為犯罪工具與情境，即網路結合詐欺手法危及校園安全。從早期工讀應徵被騙財騙色到現在網購或網拍受騙，已是相當嚴重之問題。謹就校園最多最流行的詐欺犯罪——「網購解除分期付款設定」手法做一解析：（以內政部警政署刑事警察局 165 反詐騙諮詢專線 97 年統計被害數據為例）

1.網購詐欺手法簡介

（1）誤設分期付款詐騙：歹徒利用駭客侵入各大網站（Yahoo、興奇科技、露天、博客來）及東森、MOMO 網物電視台資料庫，植入木馬程式或不斷運用測試比對方式竊取客戶帳號與密碼，並取得最新一筆交易紀錄，含網路帳戶姓名（可能是假名或暱稱）、聯絡電話、購買商品名稱、交易金額與時間、金融卡卡號末五碼或信用卡末三碼及物流宅配公司等，惟無法得知客戶原始登錄的全部真實資料，如持用銀行名稱與持卡人姓名、出生年月日，再以竄改電話方式撥打民眾電話，以網購客服人員告知民眾誤勾選分期付款，要求民眾儘速至 ATM 解除設定，同時也請民眾拿出身上金融卡或信用卡背後的銀行客服電話（當民眾說出號碼歹徒即知那家銀行）套出銀行名稱與客服電話，立即再竄改該銀行客服電話撥入民眾的電話。此時，民眾接獲與銀行客服電話一模一樣的電話，心防立即卸下，而進入被歹徒操控情境，糊裡糊塗的前往 ATM 依據歹徒指示解除分期設定而誤按轉帳（常以金額 29998 做爲解除密碼），當民眾發現提款明細餘額少了才警覺被騙而向各警察機關或 165 專線報案。

（2）網路拍賣詐騙：詐騙集團利用非法管道取得大量拍賣帳號及密碼，或盜取合法且有良好評價之拍賣帳號，之後在拍賣網站上刊登低於市價之商品（多爲 3C 商品、商品禮券等）引誘不知情的買家下標。通常詐騙集團所僞裝之帳號所賣的商品首先亦會聲稱可以面交，惟渠常將面交地區設定爲臺東縣、金門縣等地，因而使多數買家無法選擇面交，俟買家下標後又以各種理由如將出國，若買家可以立即匯款則可給予折扣。當民眾下標後，詐騙集團則會以商品所剩不多，若不在期限內匯款，將無法順利獲得商品等理由，催促民眾匯款，而民眾在匯款後遲遲無法收到商品才發覺已遭受詐騙而向各警察機關或 165 專線報案。

2.網購詐欺犯罪模式

依據 165 反詐騙諮詢專線受理案件發現，此類案件大都集中於夜間或假日，有別於過去電信詐欺發生於銀行營業時間或白天，分析其成因，被害標的選擇網路族群或假日獨處時機，乘被害人不易與周遭人討論或查詢防護能力較薄弱時下手。雖然被害金額不高，但容易得手，被害件數急遽上升當中。

3.網路詐欺犯罪管道與路由

（1）網路購物型態分爲電子商務、電視購物及網拍購物等 3 種，前二者爲 B To C（Business To Customer）的電子商店的型態，其常因商城、平台及金流端系統管理漏洞發生資料外洩而衍生詐騙事件，商城平台：如 98 年 6 月東○購物 8,000 筆個資外洩，有心人士以每筆 0.5 元於網路上出售，96 年 11 月博○來網路書店外流 400 筆會員訂購資料；物流與供應鏈端：97 年 2 月誠○網路書店外洩 6,000 筆會員資料，警方研判漏洞出於物流業者或通路業者；駭客攻擊：97 年 8 月駭客集團入侵中華政網路銀行，盜取數百萬元 96 年 12 月駭客利用資料拼圖方式，成功取得 Pay○asy 購物網站 5,467 筆會員個人資料。至於後者爲 C To C 個人拍賣主因在於個人電腦中毒嚴重，駭客利用釣魚網頁或植入惡意程式輕易竊取個人網路帳號與密碼，製造虛假交易訊息如截標信、買空賣空、三方交易或虛設網路賣家等，此等手法當事人不會立即發現被害，都在經數日後收不到貨品始知被騙報案。

（2）犯罪管道簡述如下：

甲、盜用帳號：歹徒使用不法程式（木馬、後門）、假網頁或使用信件謊稱需更新會員資料等方式，騙取較常使用拍賣且高評價的賣家帳號密碼進行詐騙。

乙、無線溢波攔截：歹徒先使用無線網路接收他人上網之溢波，再冒用原網路連線使用人之名義，於平台刊登商品結標後，要求買家先行付款。

丙、透過無線上網：歹徒申請 3G 手機上網之功能進行詐騙，使得移動性大幅增加，隨時隨地均可以上網，亦或接收他人的無線溢波，大大增加追查難度。

丁、透過代理伺服器（Proxy）：歹徒上網設定連線到國外的 Proxy 後進行詐騙，不但調閱 IP 時僅能發現係爲國外之 Proxy，不但無法找出真實 IP，更無法確切知道歹徒位置。

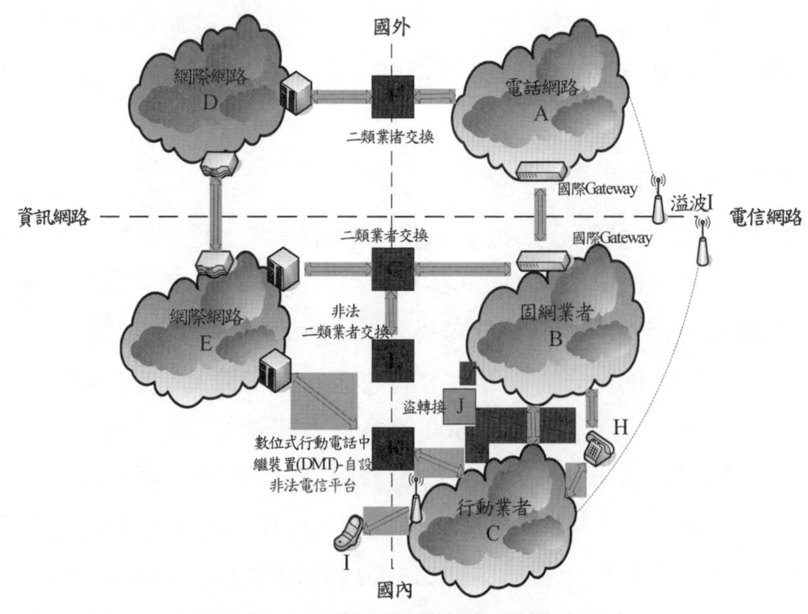

圖 8-4　詐騙犯罪電信路由意示圖

資料來源：刑事警察局通訊監察中心。

（3）網路詐騙犯罪路由

網路詐騙是傳統電話詐騙的變種，歹徒爲隱匿擬身分及規避查緝，藉由網際網路與公眾電信服務網路自由上車、下車，並配合 Proxy 及 Vpn 作爲跳板（如電話轉接方式），大量發送帶有病毒的電子郵件或虛設網頁，讓不知情民眾點擊瀏覽，再行竊取個資或帳號與密碼，並於境外設置機房發送竄改電話，再由假冒賣家的歹徒與可能上鉤的被害人進行話術詐騙。

4.被害對象族群分析

依據165反詐騙諮詢專線此類被害數據發現，70年次至80年次有7,752人占全數被害1萬2,340人的62.8%（如表8-2），其中不乏莘莘學子，由於學生懵懂無知，法律常識較爲不足，易受騙上當，且被騙後怕遭父母指責，不敢告知家人或親友。

表 8-2　165 專線網路詐騙被害案件－98 年被害年齡統計表

年次 項目	20 年次	30 年次	40 年次	50 年次	60 年次	70 年次	80年次 以上
件數	4	7	101	628	2179	2459	152
金額（元）	30,410	156,375	1,008,201	9,368,851	22,889,197	21,086,160	1,206,060

5.被害對象性別分析

再依據性別分類，女性占64%、男性占36%（如表8-3、圖8-5），其意謂女性較喜歡於網路購物，購物習慣也甚於男性，故其被害機率也較高。另外財損金額部分，女性持續增加中，其中有不乏多次匯款受害，其因女性天生防護能力較男性薄弱，且社交較男性小，資訊獲得較差，使得一騙再騙而匯款多次。

表 8-3 165 專線網路詐騙被害案件－98 年被害性別統計表

性別／月份	女	男	不詳
件數	2636	2885	9
金額	2,228 萬 696 元	3,339 萬 9,420 元	6 萬 5,138 元

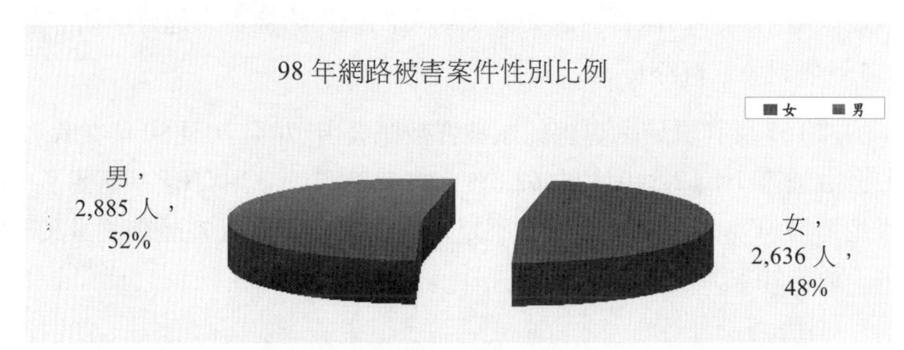

圖 8-5 165 專線 98 年網路詐騙被害案件性別分析比例圖

6.被騙金額持續上升

被害件數與財損有逐月增加之趨勢，總財損已達 5 億 2 仟餘萬元，已超越往年單年金額數十倍，此一犯罪走向值得重視。（如表 8-4）

表 8-4 165 專線網路詐騙被害案件－98 年被害總金額統計表

月份	金額（元）	月份	金額（元）
1 月	2,387,838	7 月	6,174,125
2 月	2,797,827	8 月	6,327,416
3 月	3,339,122	9 月	4,535,362
4 月	6,294,781	10 月	3,547,854
5 月	4,255,945	11 月	4,774,684
6 月	6,417,572	12 月	4,885,228
總計	55,737,754		

7.網購詐欺案例簡介

（1）網路購物連環詐騙

國內某大學陳姓同學於網路上購買電動玩具被騙 4,500 元，事後遭詐騙集團設計連環欺騙，誆稱歹徒落網後可退還這筆匯款，但是要依「金管會規定先交付保證金」，再度詐騙陳姓同學 20 萬元，此係利用網路購物詐欺，再利用學生懵懂無知，對於金融規定不了解，再假冒公務人員連環詐騙學生。（聯合報，A8，2009）

（2）網購機票遭詐財

國內某大學王姓同學爲了在暑假期間，前往西班牙與好朋友見面，從半年前就開始縮衣節食，存款準備完成旅遊夢想，並於網路上向一賣家以 4 萬元購買西班牙來回機票，並交付金錢，後因出發日期在即，查證後發現手中的訂位編號跟本沒有劃位，始知遭網路購物詐騙。（內政部警政署刑事警察局 165 反詐騙諮詢專線，2009）

第二節　研究結果

資訊化時代來臨，各級學校推動網路學習不遺餘力，學生接觸網路的機會增多，詐欺案件已逐步往校園發展，透過網路開放、隱密、即時等特性，導致校園網路援交、網路詐欺、販賣虛擬寶物等多類案件，甚至發展至網路購物糾紛、衍生成網路購物詐欺等，各類型校園詐欺案件應運而生，學生在好奇心驅使下在網路上進行不當行爲，而誤觸法網或成爲被害者，使得校園詐欺犯罪與網路的關係密不可分。

一、詐欺犯罪侵入校園

校園安全是政府相當重視的議題，不論是就讀小學、中學、大學或研究所的莘莘學子都會面臨到不同的犯罪問題，可能因涉世未深或一時好奇而成爲加害人或被害人。過去校園大都聽聞的是打架、恐嚇等暴力犯罪或幫派進入校園，近兩年來因詐欺犯罪興起，犯罪觸角也已逐漸伸入校園，莘莘學子因懵懂無知或在好奇心驅使下而誤觸法網，或成爲詐欺集團組上肉，甚至有人財兩失的慘痛案例。

二、境外遠端遙控犯罪

另因網際網路蓬勃發達，瀏覽器與搜尋引擎功能越來越強大，可無遠弗屆快速傳遞及下載大量資訊，知識似乎已變得垂手可得，虛擬世界透過影像傳輸，人與人之間距離變得近在咫尺，網路電話及 SKYPE 成爲最夯的通訊工具。而網路架構具有分散性、開放性、互通性、隱密性、立即性，同時也讓歹徒有機可乘做爲犯罪工具，從境外遠端遙控犯罪，造成社會治安史上另一挑戰。

三、衍生校園網路犯罪

校園犯罪與一般犯罪發展都具有與時俱進的同一屬性，它也是時代的產物，只是衝擊的不同族群罷了。學生防衛意識較爲薄弱，容易受到外界事物的影響，如學校老師及家庭父母不能即時發現其偏差行爲，予以告誡或開導，將步入歧途而不自知，成爲加害者或被害者。然因網路交友、網路擷取資訊、網路即時通訊（含 Emil、Msn、Skype、Voip）等爲學子常用的溝通與學習工具，可隨處上網配合隱密性極高，老師、家人實難得知其在網路世界交往情形，易生網路交友詐欺、盜取線上遊戲虛擬寶物、網路販毒案件發生。

四、網路購物詐騙學生

網路購物是時下青少年學子最常使用的購物模式，由於網路的無遠弗屆特色，只要在購物或拍賣網站上搜索自己所需要的商品擊點滑鼠兩下，就可以輕鬆購得，方便省時。但因未親眼看到實物，也未與賣家當面交易，往往產生網路購物交易糾紛，也衍生出網路購物詐欺，不法之徒利用網路結合詐欺手法欺騙校園學子，網購或網拍後交易金錢卻未獲得所購物品，已是相當嚴重之問題。

五、年輕族群受害嚴重

經由165反詐騙諮詢專線此類被害數據發現，70年次至80年次有7,752人占全數被害1萬2,340人的62.8%，其中不乏莘莘學子，顯示青年族群受害相當嚴重。經詢問相關何時警覺被害，大都是遲遲未再接獲假銀行客服的電話或發現金額短少，經洽詢銀行客服人員才得知被騙，有許多學生生活費因而損失造成困難。另外日前還發生泰裔學生被騙，盜取母親千餘萬元保險金，甚至配合歹徒演出擄人勒贖劇情，留宿汽車旅館，後警方依據反綁架規定成立專案小組，動員大批警力準備攻堅行動，於汽車旅館尋獲，始知學生遭詐騙集團利用自導自演綁架案，由於該學生懵懂無知，徒浪費社會資源。

第三節　結論與建議

一、結　論

（一）網購詐欺呈年輕化

在網路詐欺犯罪中，網路與電信只是一個媒介，本身並不犯法，而是透過其訊息交換方式從事犯罪的行爲。電腦使用頻率高的人如觀念不正確容易誤入歧途，如仰賴網路資訊做爲行事依據者也容易成爲受害。校園安全過去只重視校內空間安全與否，卻忽略學生可透過網路的虛擬世界，時時刻刻與外界溝通聯絡，透過網路認識詐欺集團成員，因而受騙上當，可能成爲新的人頭來源，也可能被詐欺集團吸收成爲提款車手，如南投縣警察局查獲詐欺集團發現有多名中輟生涉案，顯示詐欺犯罪組織有年輕化的趨勢。

（二）宅經濟助長網路犯罪

時下所謂的網路遊戲、網路拍賣等宅經濟，在國際金融海嘯風暴當中，發揮了相當經濟能力，業績逆勢上漲，支撐總體的經濟環境，但因爲年青學子沉迷網路遊戲，整日與滑鼠爲伍，對於社會環境產生陌生感，不了解社會犯罪之情形，逐漸與社會生活脫鉤，形成 1 人 1 鼠的特殊情形，也讓詐騙集團有機可趁，將目標轉移到這類青少年身上，透過網路詐騙金錢，成爲校園常見之詐欺犯罪。

（三）封閉校園所知有限

校園詐欺事件現在只是單純的財產性犯罪，聚焦在被害角色，未來學生成爲詐欺同夥應不遠，另可能衍生人身安全的暴力性犯罪也會發生，要維繫校園安全，應就多方位思考，教育如何結合治安作爲，強化學生自我防護犯罪應屬重要課題，排除過去警察不進入校園之觀念，接受警察，讓警察防治網絡深入校園，並加強學生使用網路正確認知、法律與公民道德教育，有效減少學生被害與加害之發生。

（四）資通合流助長犯罪

網際網路發展快速，通訊科技日益興盛，資訊與通訊合流應用成爲趨勢，也助長了網路詐欺的横行。詐騙集團利用人頭帳戶及人頭電話，先利用網路與被害者接觸，再透過電話取得其信任，讓被害者誤以爲因留存有賣家資訊，可避免受騙上當，疏不知詐騙集團即是利用人頭電話配合網際網路訛詐被害者，尤其網路追蹤及監聽本來就非常困難，難以追查實際的詐騙集團。

（五）網路犯罪日漸增加

詐欺犯罪在政府傾全力遏止下，以獲初步的控制，惟獨網路犯罪仍是呈現較高之情形，此與網路犯罪相關之反詐欺宣導不易，沉迷於網路的使用者，就算政府再怎麼強力宣導，宣導成果亦無法達到。另網路行銷、網路購物等行業也確有成功的案例，只要提出是類成功案例，往往能夠取信於被害者，降低被害者的戒心，一步一步陷入詐騙者的陷阱，最後造成財物損失。

（六）主管網路機關未明

網路管理不論是網路內容、服務、平台（ICP、ISP、ASP）仍不甚明確，任何人都可以在網路上進行對談交友、販售有形無形商品，但因網路涉及平臺建立者、使用者、網路公司等分屬不同主管機關，易造成網路交易發生糾紛時，各單位均自認無管理權責，而不了了之，造成客戶權益損失。網路詐騙之金額通常並非很大，因此，其惡性不在於實質損害有多大，而是造成民眾不便，及對政府形象及治安觀感影響很大，應積極研擬具體有效的作爲，強化管理機制。

二、建　議

網路結合詐欺進行犯罪已是詐欺犯罪的趨勢，校園是社會的一環也無一倖免，學生於學校接受教育，因缺乏社會知識與熟悉社會脈動而難以避免被騙，加上詐欺犯罪伎倆變化萬千，使學生更容易受到詐欺犯罪的侵害，除了應加強防騙意識的灌輸外，更應注意網路使用安全教育，避免成爲宅男宅女，自我設限於虛擬世界，讓錯誤訊息環繞生活圈，進而成爲詐欺犯罪的受害者，甚至受犯罪集團洗腦成爲加害者，有關政府目前努力的方向及學子自我防處之道如下：

（一）加強反詐騙宣導（摘自內政部警政署刑事警察局165防詐手冊）

1.防騙第一部（假警察、檢察官辦案詐騙）

（1）詐騙關鍵字

A.醫院通知：有人冒名領藥。

B.中華電信通知：有人冒辦門號。

C.警察通知：你個人資料被冒用。

D.檢察官說：你是詐欺人頭戶。

E.去超商收法院公文傳真。

F.要將存款領出來監管帳戶。

（2）反詐騙小叮嚀

預防假檢警詐騙，請牢記「一聽、二掛、三查」。

A.一聽：聽清楚這個電話說什麼？是否有以上關鍵字？

B.二掛：聽完後，立刻掛斷這通電話不讓歹徒繼續操控你的情緒。

C.三查：快撥 165 反詐騙諮詢專線查證，將剛才聽到的電話內容告訴 165。

2.防騙第二部（中獎、投資詐騙）

（1）詐騙關鍵字

【電話詐騙】

A.公司舉辦抽獎活動，要您到場共襄盛舉。

B.恭喜您已中獎。

C.提供海外銀行電話可查證獎金已入帳。

D.要交入會費、所得稅，才能領回獎金。

【網路詐騙】

A.網友在海外是六合彩、賽馬會、投資顧問公司職員，提供投資機會。

B.電話通知您已獲利，快去匯款贖回獲利。

C.海關查獲地下匯兌，要付關說費。

（2）反詐騙小叮嚀

A.中獎電話、公司地點、匯款銀行都在國外，查證不易，勿輕易匯款。

B.165 反詐騙諮詢專線數位資料庫，可協助查詢冒名詐騙公司名稱。

3.防騙第三部（家戶拜訪詐騙）

（1）詐騙關鍵字

A.自稱是台電、瓦斯公司檢查管線。

B.要更換水電、瓦斯管線並收費。

C.自稱是退輔會，關懷榮民訪問。

D.自稱是社會局，老人居家訪視。

E.可以申請生活津貼。

F.自稱是黨部，請求支持候選人。

G.可領選舉後謝金。

H.要拿出存摺並告知密碼。

（2）反詐騙小叮嚀

預防家戶拜訪詐騙，請牢記「一關、二問、三查」。

A.一關：將大門關上，以防歹徒侵入家中。

B.二問：隔著門問來者姓名、單位、何事來訪。

C.三查：快撥 165 反詐騙諮詢專線查證，可查明來者身分以及到訪是否屬實。

4.防騙第四部（假親友詐騙）

（1）詐騙關鍵字

A.自稱是您的親人（兒女、兄弟、叔伯、姐妹）。

B.自稱是同事、同學、軍中弟兄。

C.先問候話家常。

D.再藉口處理緊急狀況。

E.或正在醫院向你借錢。

（2）反詐騙小叮嚀

A.歹徒會以各種手段取得個人資料，再假冒親友熟人借錢。

B.接到親友來電，並提出借錢要求，且不斷來電表示非常緊急，請以現在不方便接聽電話，先掛斷這通電話。

C.找出自己的通訊錄，主動撥打親友電話號碼，並查證是否需要借錢。

5.防騙第五部（購物個資外洩詐騙）

（1）詐騙關鍵字

A.核對網購商品、日期、金額。

B.通知帳戶設定錯誤，變成分期付款。

C.郵局或銀行來電協助解除設定。

D.要去自動提款機取消設定。

（2）反詐騙小叮嚀：

預防購物個資外洩詐騙，請牢記「一聽、二掛、三查」。

A.一聽：聽清楚這個電話說什麼？是否有以上關鍵字？

B.二掛：聽完後，立刻掛斷這通電話不讓歹徒繼續操控你的情緒。

C.三查：快撥 165 反詐騙諮詢專線查證，將剛才聽到的電話內容告訴 165。

6.防騙第六部（網路購物詐騙）

（1）詐騙關鍵字

A.開 MSN，跳出交易平台，另談交易細節。

B.商品已缺貨，要買要快。

C.賣家在偏遠地區不便當面交易，只受理匯款。

D.不信可先付一半訂金，貨到再付另一半。

（2）反詐騙小叮嚀

A.網路世界虛擬多變，請堅持面交商品。

B.與市價相差太多商品，就要小心有詐。

C.已買不到的商品如入場券，要考慮賣家的商品來源，爲確保交易安全，務必堅持當面交易，並可請售票系統商家，查驗票卷真僞。

7.防騙第七部（網路援交詐騙）

（1）詐騙關鍵字

A.女網友主動邀約見面。

B.見面前要去自動提款機。

C.以自動提款機匯援交費。

D.要辨識身分（非軍人或警察在釣魚）。

E.自動提款機操作錯誤。

F.黑道份子恐嚇要配合更正錯誤。

（2）反詐騙小叮嚀

A.網友相約見面前，要求操作自動提款機就是詐騙。

B.自動提款機沒有身分辨識功能。

C.一旦發現自動提款機操作出錯，或遇到恐嚇，應立刻撥打 165 反詐騙諮詢專線報案。

8.防騙第八部（求職詐騙）

（1）詐騙關鍵字

A.網路或報紙刊登徵人廣告。

B.廣告只刊登行動電話。

C.電話中要求至車站、超商等公共場所面試。

D.要求交出金融卡或到自動提款機辦理薪資入帳。

E.要求先付保證金或置裝費。

F.要求申辦行動電話。

（2）反詐騙小叮嚀

A.歹徒經常以求職廣告騙取提款卡或存摺，或騙取求職者資料辦理行動電話門號，求職者勿交出重要個人資料，以免成爲詐騙人頭戶。

B.未查明公司營運、資本實際狀況下，勿輕易投資。

C.拒絕刷卡買產品衝業績的工作要求。

D.未正式工作前，不要操作自動提款機，辦理薪資入帳設定，這也是常見詐騙陷阱。

9.防騙第九部（重要證件不離身）

（1）爲獲得詐騙洗錢帳戶，歹徒經常以求職、貸款、假檢警、援交等詐騙，騙取您的身分證、存摺、提款卡或電話，您可能一時疏忽，或警覺性不夠，不但被騙錢，還可能面臨涉嫌詐欺、洗錢犯罪的司法調查。提醒您，重要證件不離身，一旦遭騙、失竊、遺失，應立刻辦理掛失。

（2）爲保護您的權益，重要證件掛失您可以這樣做：

【身分證】

A.到派出所：警察機關以受理遺失物方式，開立行政二聯單。

B.上班時間親自或以電話向戶政事務所掛失並申請補發。

C.網路掛失（下班時間）以自然人憑證，向戶役政系統網路掛失登記。

【手機】

撥打所屬電信公司客服專線申請停用。

【現金卡、金融卡、信用卡或存摺】

撥打所屬金融機構客服專線申請停用。

（二）政府機關持續努力

1.持續加強校園宣導，增強師生防騙意識

（1）由各地警察機關配合學校活動，製作反詐騙教材進行宣導，深植防騙意識，增加詐欺犯罪免疫力。

（2）動員警勤區加入宣導行列，要求各勤區員警利用家戶訪查機會，加強反詐騙宣導，務必做到戶戶宣導的目標。

（3）利用各大電視公司、通路進行宣導，並派員至各電台、學校針對目前最特殊、重大個案作重點式宣導。

（4）製作「預防十大熱門詐騙」手冊，分送各警察機關針對易受害族群宣導。

（5）將 165 反詐騙網站主動與各級學校、金融、電信及機關團體連結，提供相關反詐騙訊息及防騙知識，並設置協助報案網頁與留言板，使案件順利獲得處裡。

2.加速網路主管機關的運作，確保網路交易安全

過去因網路尚無主管機關，導致網路活動與網路交易糾紛或案件頻傳，同時也因個人資料保護法並未規範非公務機關之權責關係，任由網路公司或購物頻道未能善盡管理人責任，造成客戶權益損失。雖經消費者保護協會召開協調會議更因無法可管而作罷。迄今網路管理不論是網路內容、服務、平台（ICP、ISP、ASP）仍不甚明確，任何人都可以在網路上進行對談交友、販售有形無形商品，衍生許多治安事件，傷害民眾頗深。有鑑於此，政府業於 98 年由行政院出面整合，並將網路交易與電視頻道購物律定目的事業主關機關分別由 NCC 及經濟部管理，兩部會刻正與警政署研商建立相關規管理規範，期能早點解決網路詐騙之問題。

3.加強電信業務管理，阻斷國際不法話務

電信主管機關將加強監理，並主動彙整民眾檢舉情資及蒐購電話與帳戶廣告等訊息，並對於容易成為人頭電話的通訊產品，如預付卡、二類電

信（含 MVNO）、電話秘書等，經由嚴謹查證程序確定爲不法電話，透過停話交換平台連結電信業者系統，以電子化方式進行停話作業。此外，對於靜態且較低成本的不法簡訊發送，則運用關鍵字模組加以攔截，成功阻斷訊號源；另外於 98 年起將推動強迫統一顯示國碼（+886）措施及要求各電信業者全面提升交換機功能，已於 99 年 3 月獲得 NCC 同意制訂「電信使用安全服務規範」，除要求國際固網業者應做好標示國際話務工作，對於異常話務於字頭強行插碼顯示「00」等符號或考慮加入提式語音（IVR），讓民眾清楚分辨國際與國內來話外，也將推動國際話務建立異常話務偵測過濾機制，以阻斷國際竄改話務，如有疑問更可向各門號所屬客服詢問，或撥打 165、110 由警察機關提供諮詢服務。

4.加強金融帳戶管理，斷絕非法金融流通

帳戶爲詐騙犯罪最爲常用的洗錢工具，被害民眾匯入所指定的帳戶時，過去由於欠缺相關攔阻機制，難以追回被騙款項。然事實上，仍有許多案件正在無聲無息中發生，潛在被害人渾然不知自己已受害，往往要警察機關通知後才發現。爲解決上述問題，已與各金融機構建立「警示帳戶聯防機制」，以求迅速通報、攔阻，截斷不法資金流動，並推動「異常帳戶預警機制」與金融機構即時交流檢舉及不法情資，積極發掘不知情的被害人，並關懷催促完成報案程序，以防止下一個被害人再匯款，或通知其他關聯性帳戶所屬金融機構加強監控不法帳戶，避免更多民眾受害。

5.加強網路巡邏密度，嚴厲查辦網路詐騙

網路世界浩瀚無涯，加上跨境連結快速且容易，過去 IP 追查與 LOG 查詢受政治的時空背景發生許多困難，惟目前兩岸氛圍緩和，並已逐步開啓對話，兩岸對談已將電信詐欺犯罪列入治安首要議題，未來將突破長期存在跨境查緝的瓶頸。網路偵查也隨之開啓新頁，配合各警察機關網路巡邏及提供多元檢舉管道，廣泛蒐集網路非法情資，將有助於機先反應防處網路被害案件發生。

6.建立網路身分驗證機制，有效遏阻網路詐騙

由於個人電腦中毒嚴重，據雅虎奇摩指稱大約有 6 成以上的電腦遭駭客植入惡意程式，使得網路帳號與密碼遭到竊取冒用，為防止是類事件一再發生，將推動「虛擬交易，實體驗證」之半實名制，以手機作為網路身分證，在網路登錄 LOG-IN 或發生交易時於 WEB 產生動態密碼，再由手機輸入該組動態密碼，讓駭客既使竊取帳號與密碼也無法進行下一次的登錄或進行交易，係因駭客不會有當事人的手機，且所有網路活動歷程都會完整記錄，當事人無法於案件發生或糾紛時再有理由推諉卸責。

7. 建立可信賴IP話務安全管理機制，標示非來自可信賴IP且未通過驗證的IP話務

固網與行動電信業者必須針對 IP 來源的話務（含 PSTN 轉為 IP 介接）建立可信賴 IP 話務安全管理機制，對於不是來自可信賴 IP 之 IP 話務，提供偵測與標示未通過驗證的 IP 話務之功能。讓可信賴 IP 話務順利通過（含來自可信賴 IP 或來自不可信賴 IP 但通過驗證之 IP 話務），同時讓未通過驗證的 IP 話務受到標示（用符號或語音），以提醒用戶該通電話是來自國際或網路未通過驗證的來話，藉以有效判斷是否為詐騙電話。

（三）培養自我防護意識

1.充實反詐騙知識

接到警察或法院辦案電話，通知您可能涉及詐欺、洗錢案件，必須先詢問對方單位、姓名、通知內容。並於通話結束後務必掛斷這通電話，免遭歹徒遙控，並主動撥打內政部警政署 165 反詐騙諮詢專線查證。

2.勿輕信網路消息

網路消息有許多是轉發的訊息，不乏造假或揑造，有關己身權益應循正當管道查詢，不要輕易相信網路搜尋或轉傳之訊息，避免受騙或造成生命、財產上之危害。

3.養成查證良好習慣

詐騙訊息滿布社會各角落，不論電話、簡訊、電子郵件、網路電話、

網頁等，不管是被動或主動都可能是誘發犯罪的工具，均應養成事事必查證的習慣，形成自我防護網，避免犯罪因子侵害，有效抵抗詐騙。

（四）注意網路交友安全

由於可輕易經由網路認識朋友，年輕學子因涉世未深，常常被誘騙離家或遭騙財騙色，網路透過 MSN 或電子郵件溝通，並無法了解對方背景與動機，加上誘人美麗照片與謊言下，容易因此動心而身陷受害。故呼籲學子們應建立交友正確觀念，不要被物質、金錢所迷惑，更不要任意單獨依約前往認識網友，盡量有同學、朋友陪同，並約在白天及公開場所見面，另於回家後應告知父母、師長，聽取長輩建議，以減少被騙。

（五）偵查資料運用原則

由於 165 專線匯集各地案件，其建置的資料庫蒐集之詐騙集團資料，藉由歸納、整理、關聯性分析、時間序列分析等資料析技術，可以推測出大致之詐騙集團特徵及作案手法等。

1.詐騙集團的行為特徵

（1）詐騙話術：詐騙集團原先僅使用單一機關之名義，現已轉變成使用數個機關連續詐騙，應先從詐騙集團所使用之機關、人名、職稱、理由、要求付款管道等，來分析各詐騙集團慣用詐騙話術，在偵查階段，提供偵查人員找尋詐騙集團的一個方向。

（2）犯罪工具：詐騙集團慣用之詐騙竄改電話，應有其慣性，如喜好假冒特定警察局、地檢署號碼，並藉由分析國際路由，以特定國家之電信業者發出之特定號碼來區分詐騙竄改電話之所屬詐騙集團。

（3）取款習性：詐騙集團取款方式有國內匯款、國外匯款、當面交付、ATM 領款、車手臨櫃提款等，不同之集團會有不同之慣用方式。

（4）被害目標：詐騙集團非法取得之個資管道，會集中在某特定範圍，如商務交易明細、投保就醫資料、刷卡資料等，詐騙集團對於下手目標之使用話術也同樣會以非法個資爲基礎。

2.研判詐騙集團的作案手法

對於上述詐騙集團之行爲模式，可以約略推敲出詐騙集團態樣，在偵查人員對於犯罪集團毫無所悉的情況下，尤其是在詐騙集團以藏身竄改電話背後之詐騙犯罪而言，藉由剖繪所提供的資訊，能夠使偵查人員能夠集中有限的人力與物力，更有效率的去追緝犯罪人，而不至於大海撈針，所以犯罪剖繪在偵查初期，事實上是有某種程度上助益的。

3.強化跡証鑑驗加速破案

詐騙款項均需人頭帳戶隱匿犯罪所得及靠車手提領或轉帳，故人頭開戶資料與提款單據遺留指紋，以及贓款提領銀行內與路口監視錄影至爲重要，另發現爲面交之案件，對於嫌犯所交付之收據亦應立即予以封存保全，儘速完成鑑驗比對，以利後續追查。

參考書目

一、中文部分

王朝煌、廖有錄、蔡田木（2007），金融防詐騙之資訊應用研究計畫，臺北：財團法人資訊工業策進會委託研究案。

王秋惠（2006），網路詐欺被害特性與被害歷程之研究，臺北：中央警察大學犯罪防治研究所碩士論文。

江慶興、傅振原（2006），2006 年網路與金融詐騙犯罪防制資訊應用研討會論文集，反詐騙尖兵——165 專線執行研析，2006 年網路與金融詐騙犯罪防制資訊應用研討會，桃園：中央警察大學。

江慶興（2006），2006 年犯罪防治學術研討會論文集，防詐騙最佳守門員——165 專線功能研析，2006 年犯罪防治學術研討會論文集，桃園：中央警察大學。

江慶興（2009a），國際警察首長協會亞太年會，中華民國警察防制跨國犯罪執法現況研析，2009 年國際警察首長協會亞太年會報告論文集，臺北：內政部警政署。

江慶興（2009b），校園詐騙犯罪之探討，2009 年校園犯罪預防國際研討會論文集，嘉義：國立中正大學。

江慶興（2009c），防制跨國犯罪執法現況研析，警光雜誌第 634 期，臺北：內政部警政署編。

江慶興（2009d），中華民國警察防制跨國犯罪執法現況研析，警專學報第 4 卷第 6 期，第 87 頁~第 100 頁，臺北：臺灣警察專科學校。

林清榮（2006），新興詐欺犯罪被害歷程之研究——以信用貸款詐欺為例，嘉義：國立中正大學犯罪防治研究所碩士論文。

周文科（2004），臺灣地區詐欺犯罪問題之研究，臺北：政治大學行政管理研究所碩士論文。

洪漢周（2003），新興詐欺犯罪趨勢與對策研究，桃園：中央警察大學警學叢刊第 34 卷第 1 期，第 141 頁~第 164 頁。

洪漢周、曾景平（2003），刮刮樂及手機簡訊詐欺集團組織結構及偵查實務之研究，臺北：刑事警察局刑事科學第 55 期，第 57 頁~第 82 頁。

范國勇、張平吾、蔡田木、劉擇昌（2004），ATM 轉帳詐欺犯罪之實證研究，臺北：內政部警政署刑事警察局委託研究案。

張意唐、李中宇（2006），兩岸資訊戰——地下基地台詐騙案偵辦紀實，臺北：刑事雙月刊第 12 期，第 29 頁~第 32 頁。

曾百川（2006），網路詐欺犯罪歷程之質化研究，桃園：中央警察大學犯罪防制研究所論文。

黃富源（2003），社區警察與犯罪防治，桃園：2003 海峽兩岸警政與犯罪防制學術研討會。

黃富村、張仁傑（2003），刮刮樂詐欺犯罪之探討，桃園：中央警察大學警學叢刊第 33 卷第 6 期，第 275 頁~第 290 頁。

黃明昭（2007），反詐騙策略成效分析，2007 年治安表現檢視研討會論文集，臺北：臺北大學。

楊士隆、鄭瑞隆（2004），九十二年度臺灣民眾被害經驗暨對政府防制犯罪滿意度調查研究，嘉義：國立中正大學犯罪研究中心。

楊士隆、何明洲（2004），竊盜犯罪防治-理論與實務，臺北：五南圖書公司。

楊士隆、曾淑萍（2007），臺灣地區詐騙防治策略之評估研究——民眾與警察之觀點，2007 年犯罪防治學術研討會論文集，臺北：國立臺北科技大學。

楊士隆等（2009），九十八年全國犯罪被害調查研究，嘉義：國立中正大學犯罪防治中心。

溫怡婷（2008），詐欺犯罪之重複被害特性及其歷程，中央警察大學犯罪防治研究所碩士論文。

蔡田木、陳永鎭（2006），新興詐欺犯罪趨勢與防治對策之探討，桃園：中央警察大學犯罪防治學報第 7 期，第 309 頁~第 331 頁。

內政部警政署，91 年警政白皮書，臺北市：內政部警政署編。

內政部警政署，92 年警政白皮書，臺北市：內政部警政署編。

內政部警政署，93 年警政白皮書，臺北市：內政部警政署編。

內政部警政署，94 年警政白皮書，臺北市：內政部警政署編。

內政部警政署，95 年警政白皮書，臺北市：內政部警政署編。

內政部警政署，96 年警政白皮書，臺北市：內政部警政署編。

內政部警政署刑事警察局，165 防詐手冊——十大詐騙手法，臺北市：內政部警政署刑事警察局編。

內政部警政署刑事警察局，165 防詐手冊——預防十大熱門詐騙，臺北市：內政部警政署刑事警察局編。

內政部警政署刑事警察局，165 反詐騙專線統計資料，臺北市：165 反詐騙諮詢專線。

二、外文部分

Akers, Ronal L & Gary F Jensen (2003) Social Learning *Theory and the Explanation of Crime*, New Jersey: New Brunswick.

Chiang, C.S. (2009) *The Crackdown of Transnational Crimes by the R.O.C. police*, 10th IACP Asia Pacific Executive Policing Conference, March 29-31, 2009, Taipei, Taiwan.

Clark, R & Cornish, D. (1986) *The resoning criminal: ration choice perspectives on offending*, New York：Springer-Verlag.

Gennaro F Vito & Ronald M Holmes, (1993) *Criminology: Theory, Research, And Policy*, California: Wadsworth Publishing Company.

Hennessey Hayes & Tim Prenzler (2003) *Profiling Fraudsters--A Queensland Case Study in Fraudster Crime*, Criminology and Criminal Justice Griffith University.

Ma, J. H.(2009), *Cross-Border Telecom Fraud in Taiwan*, 10th IACP Asia Pacific Executive Policing Conference, March 29-31, 2009, Taipei, Taiwan.

Reiboldt, Wendy; Vogel, Ronald E (2003) *A Critical Analysis of Telemarketing*

Fraud in a Gated Senior Community, Journal of Elder Abuse and Neglect, 13,4 p21-38.

Van Wyk, J & Mason, K.A. (2001) *Investigation vulnerability and reporting behavior for consumer fraud victimization*, Journal of Contemporary Criminal and Justice, 17(4)：pp.328~345.

三、網路及媒體資料部分

江慶興（2006 年 12 月），千變萬化的新興詐騙犯罪與防範之道，法務部法律常識犯罪問題焦點網站。

王煌忠（2009 年 4 月 1 日）。網購西堤餐券、兩人遭詐財。蘋果日報，A8 版。

周敏鴻、余瑞仁、劉慶侯、張文川、黃其豪、黃敦硯（民 98 年 3 月 13 日）。大一僑生、被騙千萬搞失蹤。自由時報，B3 版。

洪榮志（2009 年 2 月 6 日）。詐財老招、海削退休老師 2025 萬。中國時報，C2 版。

莊亞築（2009 年 3 月 14 日）。銀行待 46 年、被騙 1455 萬。聯合報，A12 版。

陳金松（2009 年 4 月 12 日）。歹徒落網錢還你、又詐 20 萬，聯合報，A8 版。

黃泊川（2009 年 3 月 31 日）。創紀錄、史上最好騙的人。蘋果日報，A1 版。

湯寶隆（2009 年 2 月 27 日）。報復、失利台商詐大陸億元。蘋果日報，A14 版。

蕭承訓（2009 年 2 月 23 日）。網路聊天動芳心、她情財兩空。中國時報，C2 版。

鐘武達（2009 年 2 月 23 日）。詐路詐宅男、四天得手 50 萬。中國時報，C2 版。

內政部警政署全球資訊網：http://www.npa.gov.tw

刑事警察局網站：http://www.cib.gov.tw

第九章

校園幫派現況與個案處遇原則

程敬閏

前　言

2009 年 6 月 29 日，Frederick 警方爲了該鎭的學校職員，舉辦了一場幫派研討會，地點位於 Oakdale（位於美國加州）高中，該研討會係由馬里蘭區的律師提供資助。訓練課程包含：提供學校行政助理與教育人員可利用的資源管道，以供其處理涉及幫派活動的潛在學生[1]。校園幫派的相關議題，長期以來備受各方關注，且中外皆然。然而，不論官方單位或民間團體，相繼提出各種可能的解決方案，最後仍多礙於幾個老問題，終究達不到預定的成效。校園幫派的問題，也總是在重大校園暴力事件一再發生之際，才又引發注意，政府當局並又一次的提出已不見成效的舊方案，例如：防制黑道勢力介入校園行動方案（教育部於 100 年 2 月函告各級學校停止適用）、護苗專案等等，文後也將進一步檢視是類的防治方案，爲何難收成效？以及國外最近的發展趨勢做爲參考。

旅美華裔犯罪學學者陳國霖教授曾經感嘆：幫派與色情是其研究生涯中，最難突破的兩個區塊。的確，在談校園幫派的議題之前，我們必須再一次定義，何謂幫派？目前有多少幫派的存在？校園中可有學生幫派存在？如果各界無法對幫派的定義有所共識，我們便無法清楚調查統計社區當中，或者鄰近校園的社區裡，有多少幫派存在！以致於，教育當局多次

1　US Fed News Service, Including US State News. Washington, D.C.: Jun 20, 2009.

訂定防制黑道（幫派）介入校園的方案，無法有明顯的成效，因爲我們並不清楚要打擊的敵人是誰？更遑論描述敵軍的勢力。國內外對於「幫派」並沒有一個普遍性公認的定義。在美國，一個青少年幫派可被認爲是一個青春期少年（女）和年輕成人的集合體，其包含以下特質（Ken, 2006）[2]：

- 成員頻繁的互動。
- 經常和蓄意的涉入非法活動。
- 認同一個共有的集體身分（特徵）。
- 採用某種典型的身分識別方法／或主張相當的支配權。

關鍵因素依舊在於其集團頻繁與蓄意的涉入非法活動和妨害學校政策與傳統規範，而學校與執法者亦將焦點置於校園內與幫派行爲有關的違規或犯罪行爲。從國外對「幫派」（Gangs）的界定，比較傾向於「組織行爲」的釐清。

我國現行法律規範亦無對「幫派」一詞有明確之界定。惟民國 85 年立法通過的「組織犯罪防制條例」中，所謂「犯罪組織」，係指三人以上，有內部管理結構，以犯罪爲宗旨或以其成員從事犯罪活動，具有集團性、常習性及脅迫性或暴力性之組織。該條例立法之目的，在彌補刑法第 154 條之不足。刑法第 154 條所禁止之行爲客體僅爲狹義的「以犯罪爲宗旨之結社」。該條例所禁止者則爲廣義的「犯罪組織」。然而，根據法條內容對構成「犯罪組織」之要件似已相當完備，如三人以上、內部管理（上下垂直及左右平行或明訂組織章程、規則等）結構、以犯罪爲宗旨或以其成員從事犯罪活動、具有集團、常習、脅迫或暴力性。如上所示，台灣社會除了竹聯、天道、四海、松聯幫較著名的四大幫會外，各地方仍有大大小小超過一千個以上的「角頭」或「聚合」（超過三人），有哪些係該條例所界定之「犯罪組織」？又哪些爲否？當一起校園暴力事件發生，且涉及校外人士的介入時，往往連當地的執法人員都無法明確判別是否爲校園幫派事件，更遑論第一線的教育人員，如何有效預防類似事件發生。

---

2 http://www.schoolsecurity.org/trends/gangs.html

筆者綜合過去的研究經驗與實務見解，將我國幫派定義爲：該團體（以親屬關係為基礎或近似「擬制」血親關係之組合）係為三人以上、具有內部管理結構（其組織之運作上，成員間具有垂直的指揮與服從關係，也有平行的分工合作關係），並據有一特定的活動勢力範圍，且具備永續經營之理念與策略，不排除以暴力取得利益或維護勢力範圍內之利益者。倘若從此定義分析，我國校園裡頭應無自發性的幫派存在，因爲在校園裡的同儕團體，縱使具備了集團、管理、脅迫或暴力的特性，但絕大多數會因成員休、退（轉）學或畢業而自然瓦解，故缺乏「常習」的永續經營的延續性，難以構成「幫派」；而本文所要討論的應是如何防治幫派爲了永續經營，進而滲入校園（招募新血）的問題。

第一節　概　況

一、盛行率

多年以來，政府、民間皆投入相當大的資源在各項的防治策略對抗校園幫派。然而，成效不彰的最主要原因，應首推教育機關的駝鳥心態。如2000年10月27日，一份由台北市教育局清查89學年度，各級學校學生「疑似」涉入幫派的報告中指出：僅有五名高中生與一名國小學童被列為「極有可能涉入幫派的學生」。2001年警政署的資料復指出，各警察機關發動多次強力掃蕩，查獲幫派侵入校園吸收學生加入幫派案件，計台北市四海幫二件十二人、萬國幫及天台組合一件二十六人、中興會一件四十四人，共計八十二人[3]。新北市警局公布90年至99年共查獲不良組織幫派入侵校園僅17件（竹聯幫8件、四海幫1件、陣頭組合幫派1件、臨時聚集團體7件），成員人數424人（在學學生：高（國）中：262人，少年：100人、成人：62人）[4]。造成統計數據的起落差異的原因主要有二：其一，從中央到地方並沒有對已存在的「幫派」進行清查、正名，以致統計對象曖昧模

3 http://www.epochtimes.com/b5/2/2/24/n172567.htm
4 http://www.jpdb.police.ntpc.gov.tw/_file/1495/SG/35205/D.html

糊；其二，當疑似校園幫派事件發生後，校方必須面對事實通報與影響校譽（進而影響招生）的兩難。

筆者（2004）曾調查北、中、南都會區，345 名在學國中生發現：其交往的朋友當中，有幫派背景者，計有 106 人，占 30.7%；另有 16 名（4.6%）曾經加入幫派。筆者（2008）訪談 18 名涉入幫派之女性成員發現，其中有半數（9 名），在學階段即因同儕關係，曾出現少年「虞犯」行為或犯罪行為，而同儕關係中，又以「兩性交往」關係因而涉入幫派，影響最鉅。周文勇（2004）調查北台灣二十二所國中學校，在回收的 2,159 份問卷中，幫派的參與率，國中男性樣本為 7.6%，國中女性樣本為 3.2%；研究也發現幫派入侵校園的情況普遍，有 11%的學生表示擔心幫派的侵害。相較於官方所公布的資料，校園幫派事件，在今日仍存在著相當比例的黑數。

二、涉入幫派活動的動機與需求

筆者利用網路，以「校園、幫派」二個關鍵詞，透過「Google」[5]、奇摩、蘋果新聞等新聞入口網站進行搜尋結果，摘錄三年（2008～2011）來，台灣社會所發生的校園幫派事件，並回顧吾人過去，針對現階段台灣幫派議題所做的觀察與研究，提出綜合性觀點，供實務工作者參考。

編號	標題	內容摘要	日期	來源
1	19 歲幫主販毒 討債毀家擄人	（陳凱勛／台中報導）偵六隊一組組長謝有筆說，年僅十九歲的梁〇儒，就讀后綜高中時，就招攬人馬成立幫派，動輒對不順眼的人集體霸凌，還在校園販毒，他謊稱K他命可提振精神，還能讓人減輕壓力，讓數十名學生染上毒癮。 梁〇儒去年畢業後變本加厲，除遙控在校	2011/02/24	中國時報

5 http://www.google.com.tw/

編號	標題	內容摘要	日期	來源
		的弟弟與十多名手下繼續販毒，還承接暴力討債業務，有人拖延債務，梁○儒就率人上門恐嚇叫囂、趁半夜砸車，或毆打被害人逼迫就範。 還曾指揮手下，在校園要當眾押走一名國中生，教官出面阻止才罷手。奇怪的是，校方卻從未報案。		
2	剝光女生剩內衣褲　天龍堂涉霸凌14嫌落網	（社會中心／台北報導）刑事局偵二隊指出，這群青少年以幫派自居，號稱是竹聯幫天龍堂的成員，彭姓男子爲這群青少年的首謀，綽號「天龍菊」，動輒以行動電話召集手下，幫眾內許多青少年視彭姓男子爲偶像，生日時還做大型生日賀卡祝壽，99年9月間，曾經將一名女學生拖到公園圍毆，並將被害人剝光到只剩內衣褲；有次到校園中看到一名打籃球的國中生，就誣賴國中生是告密者，接著施以暴力。	2011/02/10	Now news
3	竹聯侵校園霸凌　利用中輟生牟利	一名自稱「鬼王」王姓男子，他以竹聯豹堂名義，南下高雄專門吸收國高中未成年學生和中輟生，還利用少年在校園裡販售K他命和仿冒名錶，企圖牟取暴利。 只要加入幫派就能領到這些冰鋸和棒球棒和鯊魚箭，在校園逞凶鬥狠，霸凌被害學生。	2011/01/19	東森新聞網
4	北聯幫7少	「北聯幫」7名青少年，涉嫌利用幫派勢	2009/	自由

編號	標題	內容摘要	日期	來源
	校園內販毒	力在各國中恐嚇勒索學子，利用在學身分於校內販售 **K** 他命毒品。 一名住在北投區綽號「福哥」的男子涉嫌在幕後操控，不僅命令這些青少年加入「北聯幫」，同時提供 **K** 他命毒品供他們吸食，並藉此掌控學子在校園販賣。	08/14	時報
5	23 歲招收 18 歲組「金門幫」	離島破獲一個自稱「金門幫」的幫派，自封幫主的帶頭大哥年僅二十三歲，專門吸收未滿十八歲的青少年，從事酒店圍事、暴力討債等。	2009/08/08	蘋果日報
6	校園招「黑幫」包吃包住給錢花	在國中校園門口發送「入幫申請書」；遭校方制止，還出言恐嚇。 成員之一的余姓少年說，起初聚在飲料店只是好玩，後來有人起鬨成立幫派，他跟著入幫，「這樣很講義氣，不會被瞧不起」。范姓少年說，同學很多加入幫派，他「不想輸人、不想被欺負」，因此選擇加入。 另一名余姓少年說，因為貪玩、不想讀書，便和朋友在飲料店瞎混，「我只是跟著大家做、跟著玩，又有零用錢、有靠山，感覺比讀書實在」，後來他拉著哥哥一起加入。	2008/07/11	聯合新聞網
7	血照 PO 網幫派毒染國中校園	「魁星會」幫派，吸收國中生、中輟生加入「八家將」，利用成員涉及多起恐嚇、暴力討債案，還在校內販售K他命。警方初估加入「魁星會」的國中生超過 **200** 人。	2009/06/12	聯合新聞

編號	標題	內容摘要	日期	來源
		「魁星會」竟直接到一所國中，叫學務主任在校內廣播「魁星會員要參加陣頭的，到校門口集合」，遭主任拒絕，就出言恐嚇；還將成員的活動、訓練過程等血淋淋照片，全都上網展示，以招攬更多國中生加入，非常囂張。 成員想脫離，卻在公園被打得頭破血流，在加護病房住了 2 個多月才脫險，偵查隊調查時，家屬抱怨「警察都不管，才讓魁星會一天天壯大…」，才知有這個幫派。		
8	國中校園遭竹聯幫派滲透分工細膩、毒「引」學生	幫派分工細膩，上從老大、堂主、副堂主，下到會長和組長，最後才是被吸收的學生，加入幫派的人，每各月還要繳納 100 到 200 元不等的幫費，並利用毒品控制學生。	2009/05/14	東森新聞
9	少年後悔入幫派黑道報復砍人	幫派在台北市大學吸收學生，一名高中生加入後想退出，慘遭報復殺害。 林同學才十七歲，隔代教養是阿公阿媽在照顧，去年台北市內湖區一個新興幫派大學招兵買馬，把手伸進了校園，他一度加入，不過後來因為阿媽的眼淚，他選擇退出，沒想到所謂的大哥認為沒面子，翻臉不認人，聚眾教訓，跟蹤他的作息，選擇在球場下手，結果鬧出人命。	2009/03/31	華視新聞

(一)「經濟因素」

早期的研究文獻大多證實，經濟弱勢是影響少年從事偏差行為的主要因素之一。然而，隨著時代的變遷，過去影響少年偏差行為的經濟因素大多為滿足基本生活需求，是屬於「飢寒起盜心型」；相對於現代，整體經濟環境已大幅改善，各種社會救助、保險制度，也大致健全，取而代之的「愛慕虛榮心型」的經濟因素，也意味著從傳統的「不足」，轉換成現代的「不滿足」。例如：「援助交際」取代「逼良為娼」；「逼上梁山」的社會壓力條件，也不復在。而這樣的轉變也讓少年從原本消極地反應低階文化需求，轉變成積極尋求管道，涉入幫派。

(二)「尋求替代家庭」

50年代的台灣社會，是一個「閃亮」的時代，同時面對守舊的傳統，也接受西方的自由。然而，經歷兩股劇烈的社會文化洗禮的「五年級生」，如今正是台灣社會新一代「家長」的代表。他們見證了台灣經濟的奇蹟，也急於擺脫兒時的貧窮記憶，熱衷於堆砌金錢更勝於維持傳統家庭關係。因此，在他們所建構的家庭結構裡，少子化、西化是只要特色，而獨立、競爭是主要的教養下一代的價值與方式，而資訊、網路也取代以往親子間的溝通方式，以致於八年級生繼「草莓族」之後，形成「吞世代」[6]。

虛擬的網路世界，終究滿足不了少年對於父母、手足的依附需求（包含正向支持），而幫派成員所提供的心靈慰藉恰能滿足少年孤寂的心理。幫派大哥通常會扮演著「父親」（或哥哥）的角色，提供少年生活所需（無論是心理性、社會性、抑或經濟性），同儕之間也以兄弟相稱，相互支持。此種透過「擬制血親」所組成的家庭，相較於少年原本「冷冰冰」又處處

---

6 「吞世代」（Tweens）是由teens與weens組成。前者是指青少年，後者原字是「weenybopper」，形容穿著時髦、迷戀流行音樂的小孩。吞世代一詞是由全球品牌教父馬汀・林斯壯（Martin Lindstrom）於「人小錢大吞世代，一年影響全球一兆8800億美元消費的小巨人」一書中所提出。所謂吞世代（Tween，讀音近似「吞」），泛指八歲到十四歲之間的小孩，他們生來即手握滑鼠，熟悉網路世界的語彙，懂得在網路上蒐集資訊（商業週刊，2003）。

充滿限制的原生家庭而言，少年會如何取捨？似乎不難想像。控制理論的觀點指出，當青少年與其父母、學校、（正向）同儕團體的維繫產生鬆動時，則其參與偏差活動的機會將大大提升，其中關鍵因素就在於父母、師長對青少年的「監控」。然而，倘若青少年將幫派視爲「替代家庭」，將幫派領導人視爲「替代父母」，將幫派成員視爲「兄弟姊妹」所組成的親密團體，則青少年是否會因爲幫派的監控，而使其對幫派的「附著」更形牢固，而無法脫離（或無意願脫離）？

（三）「尋求保護」

校園的「霸凌」（Bullying）[7]現象，也是促使幫派涉入校園的重要因素之一。霸凌行爲的加害者，可能因其背後（或聲稱）有校外幫派成員或組織撐腰，使被害人心生恐懼。被霸凌的一方（或經常目睹），爲了保護自己抑或者想要報復，也可能積極尋求或消極接受幫派勢力的協助。這兩種狀況都可能讓幫派勢力進入校園，也可能讓原本單純的校園衝突，衍生成集體衝突，並擴散至社區當中，使得事件更爲複雜。

（四）「無聊－好玩」

幫派團體生活充滿著新鮮、刺激與挑戰，對於個性較爲衝動且喜歡冒險的少年而言，幫派無疑是一個相當「好玩」的團體。而網路世界的想像，也可以在幫派的現實世界中獲得滿足。例如：角色扮演、虛擬械鬥、飆車、抽煙喝酒、紋身等。

若綜合前述，當代少年涉入幫派並不全然是「被動」、「消極」地反映其結構緊張，或者所處的低階層文化；而是一種經由理性思考[8]的結果。

7　霸凌與一般校園暴力的最大區隔在於，行為主、客體的特定性。如一般校園暴力可能基於當下情境的衝突事件，一觸即發；霸凌則是行為人與被行為之間，存在一種權力不對等（身高、年籍、性取向、人數多寡等）的情況下，經常或多此產生衝突。本文仍建議採此一觀點。

8　理性選擇（Rational choice）之觀點強調行為之決意（decision）乃為獲取快樂，避免痛苦，而犯罪經常是對行動及事件做成本效益分析的結果。進一步來說，許多犯罪者從事犯罪行為經常是透過理性之思考與決策之過程，此涉及個人認知此論點亦可解釋，爲何多數同樣生長於低社經地位的少年並未涉入或組成幫派。

三、接觸幫派的管道

少年涉入幫派所透過的途徑有以下四種：

（一）朋友引薦

該途徑係較爲常見，而少年所指的「朋友」係多爲就學期間認識的學長、同學，或者工作期間所認識，但其共同特性均爲「具有幫派背景」。

（二）幫派主動吸收

較上者不同的地方在於少年直接與幫派接觸之後，爲幫派所吸收，進而成爲幫派一份子。而提供少年與幫派有第一類接觸機會的場合，通常爲具有幫派淵源的娛樂場所，如電玩店、PUB等。

（三）網友引薦

這是筆者（2004）的研究中，一項最爲特殊的發現，也是過去中西文獻上所未曾記載。隨著資訊工業的進步，少年結識朋友的管道也已延伸至「虛擬世界」，當然也包含認識具有幫派背景的朋友。新興的幫派勢力運用網路的便利性，在各網站中成立「家族」做爲成員彼此聯繫的據點，也透過該家族吸收少年入會。這個部分則無相關文獻可供比較，但其中有關青少年係經由「網際網路」而接觸幫派，甚至加入幫派，這個發現所透露的重要訊息是值得各界注意的。青少年加入幫派的管道已由過去傳統類似「老鼠會」面對面接觸的型態，轉變成透過虛擬網路，以無遠弗屆的傳播方式，快速地、廣泛地傳銷手法，入侵網路世界。研究者也預測，此一新興「網路幫派」將如雨後春筍般，急遽成長，其所將造成的連鎖效應，亟待相關研究持續關注。

（Cognition）之思考層面，而並非完全為環境之外在影響。

（四）繼承家業

雖然此種情況較爲少見，但在少年的成長歷程中，父母兄長一直是最重要的行爲典範，倘若家族成員之中（特別是長輩）具有幫派背景，則少年極可能從小耳濡目染，很容易將幫派的價值觀念內化，進而對幫派產生認同。

四、涉入幫派活動的型態與影響

從前述國內外文獻整理中得知，少年參與幫派活動主要有：參與幫派聚合、參與幫派糾紛、參與幫派圍事、參與幫派買賣以及參與幫派其他活動，如八家將、收保護費、暴力討債、白吃白喝等；其中又以參與幫派聚合及買賣（Yablonsky, 1962；張景然，1999；侯崇文、侯友宜，2000；程敬閏，2004）居多。另外，筆者曾訪談十名幫派少年參與幫派活動，分析結果顯示：圍事、械鬥及暴力討債爲少年在幫派中主要工作。其次爲廟會陣頭，以及販賣違禁藥物。另外，則有少數會參與廟會陣頭及擔任「馬伕」的工作。其中，參與廟會活動（如家將）需要經過一段時間的訓練與不斷的練習，非新進人員即能上手。擔任「馬伕」[9]的工作，過去經常會讓「道上」的兄弟看不起，故而多數幫派少年寧可多做些可能會流血流汗的暴力工作，也不願意浪費太多時間學習「家將」或從事「賺女人錢」的工作。

雖然文獻中指出：幫派與犯罪少年間雖然無法全然畫上等號，但研究顯示，一旦成爲幫派成員，其比非幫派成員更容易產生偏差與犯罪行爲，且觸犯之頻率更高（Spergel, 1989）。但 Glueck（1960）的研究卻提出了不同的見解，其認爲少年在加入幫派之前，已經或多或少從事過非法行爲，而成爲非行者（Delinquent）。所謂物以類聚，在未聚之前，必須先成爲同類（許春金，1996）。

筆者研究的結果則再次驗證了，美國紐約州立大學 Thornberry 等（1993），提出三種模式可對幫派與少年犯罪之關係加以解釋中的——選

9　為色情傳播業中，專門載送「小姐」從事性工作之司機。

擇與社會助長之混合增進模式（Enhancement Model）。幫派不僅吸引了本身原具有偏差行爲或傾向的少年，也因幫派特殊的生活型態（絕大多數的幫派活動，其本質均屬偏差或違法），讓參與其中的少年，有了更多的機會從事或學習偏差行爲，進而成爲一名習慣偏差者，甚至走向犯罪生涯。

第二節　防治對策評析

一、國內防治幫派介入校園方案與評析

教育部爲有效防制黑道勢力介入校園，於民國88、92、95年，多次發函中小學（亦藉由春暉專案，加強大專校院防制校園幫派）推展各式行動方案，其目標也從早期結合教育、警政、法務及民間資源力量，全面檢肅組織犯罪，防制黑道勢力介入校園，維護校園安寧，增進教育功能；轉型成爲有效防範校園「幫派化」、「組織化」，使學校教學、訓導、輔導合而爲一，並結合警政及民間資源力量，採主動積極原則，全面檢肅，透過宣導教育、全面清查、輔導轉化等步驟防制幫派滲入校園，以確保純淨安寧之學習環境。要求各級學校配合執行事項包含以下十八項應作爲：

（一）透過縣市中小學訓導工作協調會報或學生校外生活指導委員會，主動與警察機關密切互動。

（二）學校警衛、訓輔人員、值日人員定期或不定期與警察機關密切聯繫；結合警政之社會資源，合作維護校園安全。

（三）協請警察機關針對學生上、放學所經路線，加強巡邏，防範不良事故生。

（四）主動協請警察機關對學校園區特別加強早、中、晚、深夜時段之巡邏。

（五）若有侵入校園之不良青少年，迅速通報地區警察機關派員依法查處。

（六）適時反映校園周邊不良場所及可疑人物，俾警察機關臨檢取締，防範於先。

（七）各級學校應定期將寄居校外學生名冊，送請警察機關協助注意維護

其安全。

（八）請警察機關定期派員來校，向師生、家長講授安全應變知能。

（九）建立輔導網絡及危機處理小組。

（十）落實執行「校園事件通報管理系統」，依規定時限迅速通報校園事件，有效處理。

（十一）落實執行「中途輟學學生通報及復學輔導方案」，依時限通報及輔導中輟生復學。

（十二）輔導暴力行為直接受害師生。

（十三）輔導暴力傾向學生參與社會服務。

（十四）加強校園安全保全系統及校園防護工作，消除校園易衍生犯罪事件之死角。

（十五）鼓勵教師、退休教師、社區義工參與認輔制度，協助學校教師關懷照顧學生。

（十六）建立學生課業、行為、感情異常之校園預警制度，並適時採取有效防範措施。

（十七）邀請法學專家、檢察官來校講解法律常識，加強學校法治教育。

（十八）舉辦親職教育講座、父母效能訓練、親職座談…等，期能激勵父母善盡教養之責。

然而，上開工作缺少明文法案支持，以致於各行政單位間，權責不明，分工不清，學校、警政、法務等單位又分屬不同行政體系，難以協調、調度，最後演變成學校教師必須在第一線面對「疑似」幫派份子！就實務工作而言，教師根本沒有能力判別校園危安事件是否參雜「幫派」因素，縱使事件明確，教師也和一般民眾一樣，對於幫派的神秘與暴力色彩，抱持著敬畏之心，如何有效因應？以致於，長期以來，我國校園防治幫派行動，最成功的也僅只「教育講座」。

二、國外防治幫派介入校園方案與評析

2009年[10]，洛杉磯首席律師Brown及城市律師Delgadillo，像法院提起訴訟，以尋求在洛杉磯學校周邊，創造1.4平方英里的「幫派禁區」(a daytime curfew）強制令，禁止幫派隨意憑藉著暴力恐嚇學生。

在這項禁制令提交之前，洛杉磯警方第77分局對Fremont高中附近的幫派活動進行九個月的調查。調查發現，幫派成員經常性地在上下學途中，迎面遇到、恐嚇、脅迫、攻擊和搶奪 Fremont 高中的學生。這些幫派成員也任意破壞財產、侵入和遊蕩，並在學校附近的人行道和街道上販賣、使用毒品。例如：

* 2009年4月間，一名年輕男子在大白天被一名年輕女子槍殺，地點就位於Fremont高中旁的第79街和Avalon林蔭大道間。
* 2009年3月間，Swan Blood的幫派成員大白天在一家鄰近Fremont高中，位於第78街和San Pedro街的自助洗衣店中，攻擊一名年輕女性並偷走了他的項鍊。
* 2009年2月間，一名Main Street Crip的幫派成員攜帶一把手槍壓制一家人做為人質，距離Fremont高中只有七個街區距離處。
* 2008年11月，三個Swan Blood幫派成員接近一個16歲大的學生，將之毆打倒地，朝其頭部和臉部拳打腳踢，直到他失去意識後，便拿走他身上的財物。這個犯罪事件發生在第80街的McKinley大道上，距離Fremont高中僅四個街角遠。
* 2008年10月一個7-Trey Hustlers/Gangster Crips幫派成員持一把來福槍，在人群中射殺一名敵對的Swan Blood幫派成員，然而卻殺死的一名8歲大的女孩，發生地位於第76街和San Pedro街上，距離Fremont高中只有一個街角遠。
* 2008年，Florencia13個幫派成員圍住一個Fremont高中學生，質問他來

---

[10] US Fed News Service, Including US State News. Washington, D.C.: Jun 17, 2009. http://proquest.umi.com/pqdweb?did=1748660011&sid=6&Fmt=3&clientId=23862&RQT=309&VName=PQD&cfc=1

自哪裡，並一邊叫喊著「我們是 Florencia！」一邊對他拳打腳踢，隨後拿走他的錢和電腦。此犯罪事件發生在距離 Fremont 高中不到一個街角遠的地 79 街和 Avalon 林蔭大道上。

* 2007 年 10 月，一個 Florencia 13 幫派成員試圖刺殺一名沿著河岸正要走回家的 15 歲學生。五至六名幫派成員隨後便對該學生拳打腳踢，造成學生一隻眼睛受傷、雙頰腫脹、嘴唇流血、頭部有腫塊且不停嘔吐。
* 2007 年 6 月，一名 Swan Blood 幫派成員在一條巷弄內謀殺二名年輕男子，發生地在第 84 街和 San Pedro 街附近，距離 Fremont 高中約六個街角遠。

還有許多發生在 Fremont 高中附近的犯罪事件並未被報導出來，因爲被害人和目擊者面臨如果報警將會被報復和訴諸暴力的恐懼。

這項一級的強制令，對於四個街頭幫成員（the Swan Bloods, Florencia 13, the Main Street Crips, and the 7-Trey Hustlers/Gangster Crips）[11]劃定幫派禁區（a daytime curfew），以預防其在學生上下學的時間待在街頭上，並避免幫派成員間的聚集與騷擾、威脅到守法的民眾。Brown 表示「這些野蠻的暴力街頭幫派任意地恐嚇只想單純上下學的學生。」「這樣的一極強制令將爲 Fremont 高中鄰近地帶，創造一個幫派禁區，保護學生免於暴力、恐嚇和毒品買賣。」

這個禁制區的區域爲 Florence 大道以北、中央大道以東，Manchester 大道以南和 110 快速道路以西，並向外延伸到 100 碼的範圍內。在此區域內，警察將實施嚴厲的管禁，避免幫派成員在學生在上下學期間待在街上，包括上午 6 點至 9 點及下午 2 點至 6 點。這項禁制令也一併保護到 Fremont 高中鄰近的居民。幫派成員從晚上 10 點至凌晨 5 點也必須遵守夜間宵禁。

此項強制令阻止幫派成員從事以下行爲：

（一）站立、蹲坐、行走、駕駛、聚集或出現在任何公共領域、公共地方或可通往公共地區的地方與其他已知有幫派成員的地區。

---

[11] LA幫派主要有Blood（紅色）和Crip（藍色）但不只這些，也有其它大大小小約兩百多個幫派。

（二）面對面恐嚇、打擾、騷擾、威脅、挑戰、刺激、攻擊、毆打任何在此生活、工作或來此拜訪、經過的人。

（三）在此區域內的公眾地方或可通往公眾的地方持有或隱藏任何槍枝、彈藥或武器。

（四）在此區域內販賣、運輸、持有或施用任何管制藥物、毒品或毒品相關器材。

（五）在此區域內吹口哨、叫喊或暗號等警戒的動作，以警告其他人從事犯法的或妨害執法者接近的活動。

（六）在此區域內的任何街道、走道、人行道、車道、巷弄或停車場，堵塞、妨礙、阻礙經過的人車。

（七）在此安全區域內的公共場所喝酒或持有已開瓶裝有含酒精飲料的容器。

（八）在此區域內損害、毀壞、標記、繪圖或用其他方法在任何公眾或私人財產上塗鴉，或支配任何項目以達成類似活動。

（九）在此區域內爲了進行塗鴉、毒品相關活動或其他犯法及妨害他人的活動而在公共地區徘徊、逗留。

（十）在未徵得所有權人的同意下，出現在非開放給一般公眾者進入的私人場域中。

根據 California’s Tom Bane Civil Rights Act，這些幫派活動侵害學生的合法權利，包括獲取安全的公開受教權、人身安全、和諧的校園與上下學的路途安全。Bane 法案保護個人從事和平活動時，免於受到威脅、恐嚇或強迫干擾的合法權利。此項禁制令也根據 California Civil Code 第 3479 條和第 3480 條，提出幫派活動造成了公眾性危害的爭論。迄今，傳統的執法方法並不能爲在 Fremont 高中周遭生活、工作、來訪和經過的人們，除去其生命和財產隨時可能受害的風險。

2009 年 5 月，Brown 公布逮捕 15 名 Merced Gangster Crips 成員，渠等被控訴從事共謀集團、毒品交易和武器買賣等。Brown 也聯合 San Diego 地區律師 Bonnie Dumanis 提出 347 重罪，係控告數十個幫派成員和 San Diego

街頭幫派聯合利用僞造帳單和 Indian 賭場的現金兌換機，詐取 Navy Federal Credit Union 超過 50 萬的所得。

綜合評析國內外所提出防治校園幫派問題的作爲，各有其優缺。國內以行政命令的方式頒布行動方案，政策落實迅速，但缺乏強制性的整合，以致於教育、警政、法務無法緊密配合，基層教師必須站在第一線對抗幫派入侵校園，成效可想而知。國外以法案的方式，整合各單位的資源，以強制的作爲，限制幫派的活動，短期間可以達到明顯的效果，但因國情不同，學校的分布密集也有相當的差異，台灣或許難以效法。不過，清查學區內的幫派與其成員的特徵辨識、強化警政與教育的交流，以及在學生上下課時間，針對主要的路徑，進行嚴密的巡邏與查察，都是相當值得參考的作法。

第三節　實務建議

一、司法警政當先，阻絕幫派於校園境外

（一）修訂犯罪組織定義，進行全國幫派審查

不論從經濟學上市場供需法則[12]或者社會學上自然團體生成原理[13]來看，幫派的存在是自然也是必然的，縱然一個社會的政體已被消滅，幫派依舊存在。因此，與其打著「消滅犯罪」、「消滅黑社會」這種不切實際的想法，何不向日本學習，大方承認幫派存在的事實（日本稱暴力團），將它從黑暗的地下，重新攤在陽光下。第一步，利用警政單位既有審查「流氓」的機制，從新（強制）讓現有的幫派再次認證，但不再是諭令解散，而是納入管理。將幫派依其性質劃分爲社團、協會、基金會、公司等，再依法管理。如營利事業予以扣稅、將幫會成員視爲「勞工」享有與一般勞工應有的權利與義務，讓幫會正式成會社會結構的一環，享有權利也需負

12 因某些需求係主流社會所禁止，或取得不易，自然會有某一機制將孕育而生，提供該項需求。

13 當某一群人具有相同興趣、特性、或需求時，自然會相互吸引，形成團體。

起社會責任。故「組織犯罪防制條例」也應正式回歸立法之初用以打擊黑幫暴力犯罪之原意，正名為「組織暴力犯罪防制法」，如此才能比較清楚掌握，學校所在的社區之中，幫派存在與活動的實況。

（二）徹底掃蕩積極吸收少年入幫之幫派

由於幫派組織之發展，除了需要大量的資金之外，仍須不斷的注入新血，招收新成員，以維持幫派的正常運作。而少年因年紀輕，體力好，又較為忠誠，故為幫派所樂於吸收（蔡德輝、楊士隆，2001）。筆者研究發現：少年加入幫派是一種理性選擇的結果。因此，無論是幫派積極吸收少年，或者少年主動選擇加入幫派，對兩者而言就如同磁鐵一樣，相互吸引。

然而，從研究的危險因子探究過程中發現，要如何阻卻少年加入幫派？事實上是相當不容易。因多數促使少年加入幫派的危險因子係屬結構性（如家庭結構、社經地位、教育體制等）或文化層面的（如鼓勵追求成功、整體社會價值丕變等），相當難以改變。筆者認為，透過現行法律規定，直接由幫派本身著手，或許能對源頭產生一些嚇阻作用。雖然吸收少年入幫所應承擔的（刑事）處罰之重，卻仍不如警調人員偵破案件之「確定性」，以及司法人員審查案件之「迅速性」具有更強的嚇阻效果（蔡德輝，1999）。由此可見，唯有積極偵辦，迅速且周詳的審理、判決，才能迫使幫派不再吸收少年、甚至拒絕少年加入幫派。

二、教育行政果斷，釐清事件本質差異

（一）區隔一般校園偏差事件與幫派涉入校園事件的輔導模式

根據前述校園幫派的新聞事件報導，以及筆者過去所從事的實證研究均發現，涉入幫派的在校學生，有相當高的比例變身成校園霸凌者（少數曾是被霸凌的對象）。

然而，自從八德國中事件經網路媒體大幅報導以來，教育部在與論媒體的龐大壓力之下，竟也修改了傳統（霸凌）的定義與構成要件，以迎合媒體慣用的報導方式，以致於（霸凌）一辭幾乎取代了以往各型各類的校園（暴力）事件。在此期間，筆者走訪校園進行校園暴力相關演講時也發

現，除了校長、教師對於此一定義的改變（寬鬆）感到困惑之外，學生本身也把霸凌當成彼此嬉戲的口號，雖然人人朗朗上口，達到宣傳效果，但卻也因此模糊了事件焦點，讓原本就相當匱乏薄弱的行政資源變得更爲稀釋，當真正面對本質上係屬幫派涉入校園事件時，已無充足的時間、資源，緊急應對。因此，當務之急應重新審視並務實的訂定（校園幫派事件）的判准依據，提供第一線校園相關輔導人員，能再第一時間研判該事件之本質，及時擬定不同的因應錯略，已達快速、有效。

（二）少女勢力的崛起，不容忽視

筆者曾於 2008 年以質性研究（Qualitative Inquiry），針對 18 名曾經涉入（involvement）幫派活動的女性進行深度訪談。結果發現：她們大多成長於結構不完整或者功能不彰的家庭（有者來自幫派世家）；父母、手足或鄰近親屬（叔、舅、堂兄弟姊妹等）之中，較多有偏差或犯罪的紀錄；超過三成在國中階段曾經中輟，對傳統學科學習興趣低落，以致成就不佳，與老師關係疏離，但有較好的同儕互動關係，且本身具有多類型早發性偏差行爲；對於幫派男性具有男子氣概、顧家、多金等憧憬；多數係因「兩性關係」而涉入幫派，並隨著交往幫派男性的生涯發展，影響女性在幫派中的角色及地位。女性在幫派中多數扮演情感性的輔助角色，有時則協助男性成員藏匿槍械，或者藏毒、運毒。涉入幫派之後，則對個人價值觀念與行爲發展皆具有顯見的「負面」影響。例如，家庭破碎、角色衝突（介於幫派與家庭）染上毒癮、犯罪紀錄等。另外，幫派中「第三性」（Tribade）的出現與參與，其既不受傳統女性角色的束縛，甚至能積極的參與幫派中之暴力活動，而獲得幫派成員的認同與肯定，亦是未來應該重視的發展。

三、校園死角應留意，輔導策略要切需

依據日常活動理論（Routine Activity Theory, RAT）的理論觀點指出：三個引致犯罪的要素，分別是有犯罪動機的人、合適的目標及缺乏有能力的監控機制，當這三項要素出現時，犯罪的機會便會上升。若將這各理論套用在校園幫派事件時，校園的環境安全的檢視、對於可能涉入幫派的學

生，以及容易成爲被霸凌者的輔導，則爲防制校園幫派事件的三大工作面向。對於可能涉入幫派以及容易成爲被霸凌者的學生輔導重點要向，可參照前述文章內容，制定危險因子檢測量表，應用於輔導前的評估，在依據不同的個案特徵，訂定有效的處遇計畫。

至於如何建構有效的校園環境監控網絡，筆者認爲應當軟硬兼施。在硬體部分，運用 CCTV 輔助監視校園已是當前台灣各級學校的常態設施。但該系統的建置能否達到點、線、面的有效監控，則必須委請轄區內的警政治安風水師或者相關專業背景之學者共同參與校園安全會議，集思廣益、各司其職，方能讓有限的預算經費發揮最大效益。在軟體部分，定期的檢測、修繕更是必要，否則該監控機制往往會在緊急必要的時刻，發生烏龍。另外，在顧及隱私或者有限的經費，校園內能會有可能的監控死角，例如，廁所、資源回收場等，則必須回歸到人才是最有力的監控機制的核心觀念。筆者建議學校應當打破長久以來，師生不共用廁所禁忌，開放教師廁所，提供作爲可能被霸凌者的庇護點。同時也鼓勵教師、訓輔人員能不定時走進學生廁所，打破校園內唯一可能成爲地盤的危險空間。

四、團隊合作，貴在先機

幫派成員，無論在社區裡或者已侵入校園中，相對於一般居民或學生來說，都是極少數的小團體。但爲何校園之中總是對著這一小撮人感到手足無措呢？其主要原因在於一般人對於幫派或者兄弟，有著太多且不切實際的遐想，而這些迷失也大多來自戲劇、媒體的誇大渲染。根據研究，少年一旦涉入幫派，在其言行舉止上確實會出現相當顯著的改變，但初期仍止於虛張聲勢的階段，刻意引發注意，學校相關輔導人員並不難察覺。因此，輔導的重點及在於立即性的介入，在其羽翼未豐之際，將其導回常軌，除了可以避免學生的偏差行爲深化，也可阻斷圍牆外的幫派，藉由學生作爲前哨站，進一步染指校園。

多數涉入幫派的少年，在其性格上通常有著較爲矛盾的衝動與憂鬱。他們對現實的生活感到不滿，對未來的人生感到茫然，總括來說就是一種孤寂感。若家庭、學校未能或無法及時發覺、開導，而讓幫派捷足先登，便會讓少年誤以爲幫派是生命裡的另一扇窗。因此，筆者建議，針對疑似涉入幫派的學生個案，可由校長擔任主要輔導員，導師負責探查與分析個案家庭支持系統與資源，訓導人員則退居二線，聯繫警政系統，阻絕幫派操控。

參考書目

一、中文部分

周文勇（2004），防制幫派入侵校園研究，內政部刑事警察局委託研究報告。

侯崇文、侯友宜（2000），少年幫派問題與防治對策，中華民國犯罪學學會出版。

高金桂（1999），論參與犯罪組織之刑事責任，學生輔導第 65 期，P18-25。

張景然（1999），少年幫派與犯罪行爲，警學叢刊第 21 卷第 3 期，P136-145。

教育部（1999），防制黑道勢力介入校園行動方案，中華民國八十八年五月三十一日台（八八）訓（二）字第八八〇五九六八五號函頒。

教育部（2005），防制幫派滲入校園（護苗專案）實施計畫，教育局 94 年 7 月 1 日高市教軍字第 0940022948 號函。

許春金（1996），犯罪學，台北：三民書局出版。。

程敬閏（2004），青少年加入幫派之危險因子、情境脈絡與幫派生涯歷程之研究，嘉義：國立中正大學犯罪防治研究所博士論文。

程敬閏（2008），女性加入幫派之情境脈絡與生活歷程研究，行政院國家科學委員會專題研究計畫成果報告。

蔡德輝、楊士隆（2001），少年犯罪-理論與實務-，台北：五南。

二、外文部分

Glueck, Sheldon. (1960). “Wanted: A Comparative Criminology.”P in Sheldon and Eleanor Glueck, Ventures in Criminology: Selected Recent Papers, Cambridge, Mass.: Harvard University Press.

Ken (2006), Attorney General Brown, City Attorney Delgadillo File Lawsuit Seeking Injunction That Creates 1.4 Square-Mile Gang-Free Zone Around Los Angeles School. US Fed News Service, Including US State News. Washington, D.C.

Spergel, Irving A. (1989). Youth Gangs: Problem and Response. A Review of the Literature (Tech. Rep. No. 1,National Youth Gang Suppression and Intervention Project). Chicago: University of Chicago, School of Social Service Administration.

Thornberry, T. P. Krohn, M. D. Lizotte, A. J. & Chard-Wieschem, D. (1993). The Role of Juvenile Gangs in Facilitating Delinquent Behavior. Journal of Research in Crime and Delinquency. P55-87.

Yablonsky, L. (1962). The Violent Gang. New York, NY: Macmillan.

第十章

校園藥物濫用

楊士隆、李宗憲

前　言

隨著社會的快速發展與價值觀的轉變，青少年藥物濫用問題已與以往對「毒品」的認知截然不同。由於近年來各執法機關積極查緝毒品，在毒品來源管道阻斷的情況下，海洛因、嗎啡、古柯鹼以及安非他命等毒品取得較為不易，在價格高昂的情況下，替代毒品也逐漸興起（黃徵男，2002）。新興毒品如 MDMA（快樂丸、搖頭丸、Ecstasy、E）、LSD（一粒沙、搖腳丸）、FM2（安眠鎮靜劑、強姦藥丸）、GHB（液態快樂丸）、K 他命等逐漸成為毒販發展之新目標，於青少年經常聚集之場所如酒吧、KTV、PUB 店、舞廳及網咖等場所販售。結合青少年喜歡求新、求變、追求刺激流行的特性。加上近年藥物濫用防治工作面臨諸多挑戰如軟性藥物除罪化議題蔓延，非理性信念瀰漫，致青少年族群難以抗拒（楊士隆，2008）。目前新興毒品如 MDMA、K 他命等已竄升為青少年吸食毒品中的最愛。

藥物濫用問題不僅對青少年的身心產生重大影響，從藥物濫用進階理論（Gateway theory，又譯門檻理論、入門理論……）（Kandel and Yamaguchi, 1993）的觀點來看，青少年的物質濫用問題，會從合法的物質開始，逐漸轉向非法的藥物與毒品，因藥物濫用問題而衍生的偏差行為，或藥物濫用後續引發的社會問題，例如逃學逃家、竊盜、強盜搶奪、幫派……等，更不容社會忽視。

第一節　青少年藥物濫用問題概況

我國對藥物濫用問題一直欠缺完整的評估與監控機制（楊士隆，2008），對青少年的藥物濫用問題僅能由相關的調查研究來評估。在周碧瑟（2000）自 1992 年至 1999 年所做的全國青少年毒品使用盛行率調查研究中，在學青少年的用藥盛行率大約介於1.0%～1.5%之間。而陳為堅(2005)的調查研究更顯示，在學青少年藥物濫用盛行率約在 0.74%～2.3%，上課時間在外遊蕩青少年藥物濫用盛行率則在 8.85%～11.65%之間。從歷年來的調查研究可以發現，校園環境中的青少年藥物濫用盛行率約在 1.0%～1.5%之間，但脫離校園環境之青少年，其藥物濫用盛行率可能為校園環境中的 10 倍。

台灣地區青少年經常濫用依賴的物質有尼古丁、強力膠、甲基安非他命、酒精、海洛英、檳榔、安眠藥、快樂丸……等。青少年主要濫用藥物類型，在周碧瑟（2000）歷年的調查研究中，民國 80 年代青少年藥物濫用種類大致上以安非他命及強力膠為主，陳為堅（2005）的調查則顯示，民國 90 年代青少年藥物濫用類型已經有所轉變，新興毒品搖頭丸與 K 他命已躍升為青少年藥物濫用主要類型，而民國 60～70 年代盛行的強力膠濫用問題，至今依然存在。

表 10-1　歷年學者進行之在校青少年、大專校院學生藥物濫用流行病學調查研究結果

研究期間	學者	研究名稱	結果（非法藥物使用盛行率）
民國 81、83~86 及 88 年	周碧瑟教授	青少年用藥盛行率與危險因子之探討	1.0% ~1.4%
民國 83~86 年	鄭泰安教授	青少年藥物濫用之流行病學研究	國一：0.9%、國二：1.5%、國三：11%
民國 87~88 年	鄭泰安教授	青少年藥物濫用之追蹤研究	國一：0.93%、國二：1.53%、國三：3.56%

研究期間	學者	研究名稱	結果（非法藥物使用盛行率）
民國 91 年	陳爲堅教授	街頭青少年的藥物濫用調查	11%（台北市上課時間於街頭遊蕩之青少年） 22%（社工開案輔導之青少年）
民國 92 年	陳爲堅教授	台北地區青少年藥物濫用調查——全國性青少年調查之先導研究	國、高中生：1.5%
民國 93 年	陳爲堅教授	全國青少年非法藥物使用調查	國中：0.75%、高中：1.28%、高職：3.04% 上課時間於街頭遊蕩之青少年：男性 2.5%,女性 1.3%
民國 93 年	郭憲文教授	台灣地區在學國中、高中生藥物濫用之調查	國、高中生：1.6%
民國 93 年	柯慧貞教授	全國大專校院學生藥物使用盛行率與其相關心理社會因素之追蹤研究	大學生：2.1%
民國 94 年	陳爲堅教授	全國青少年非法藥物使用調查	國中：0.77%、高中：0.74%、高職：2.3% 上課時間於街頭遊蕩之青少年：男性 11.65%,女性 8.85%

資料來源：行政院衛生署管制藥品管理局

表 10-2　台灣地區在校青少年用藥種類比例順位

調查年度	第一位	第二位	第三位
83*	安非他命（75.0%）	強力膠（11.7%）	海洛因（5.9%）
84*	安非他命（70.9%）	強力膠（8.6%）	海洛因（5.4%）
85*	安非他命（67.0%）	海洛因（7.0%）	大麻及古柯（各 5.0%）
86*	安非他命（43.1%）	強力膠（23.9%）	FM2 安眠鎮靜劑（9.2%）
87*	安非他命（41.7%）	強力膠（11.6%）	搖頭丸（MDMA）（10.7%）
93◎	搖頭丸（62.7%）	K 他命（43.9%）	大麻（15.3%）
94◎	搖頭丸（57.4%）	K 他命（44.0%）	大麻（13.9%）
95◎	搖頭丸（49.7%）	K 他命（46.9%）	強力膠（17.7%）

資料來源：行政院衛生署管制藥品管理局
* 周必瑟，臺灣地區在校青少年用藥盛行率與危險因子之探討
◎ 陳為堅，全國青少年非法藥物之調查

在周碧瑟（2000）自 1992 年至 1999 年所做的全國青少年毒品使用盛行率調查研究中，青少年的用藥盛行率大約介於 1.0%～1.5%之間，用藥種類以安非他命、強力膠與 MDMA（搖頭丸）居前三名。但陳爲堅（2003）在台北地區所做的街頭青少年毒品濫用盛行率調查中，台北市街頭青少年毒品使用盛行率高達 10.80%，台北縣則爲 5.09%，用藥類型則以 MDMA、K 他命與大麻爲主（台北市青少年安非他命的盛行率爲 1.16%；搖頭丸的盛行率爲 8.56%；大麻的盛行率爲 4.14%；K 他命的盛行率爲 4.00%。台北縣青少年安非他命的盛行率爲 0.68%；搖頭丸的盛行率爲 4.24%；大麻的盛行率爲 1.18%；K 他命的盛行率爲 1.86%）。顯示近年來青少年族群對搖頭丸、大麻等新興毒品的用藥盛行率已有攀升趨勢。

雖然對於毒品濫用的危險因子已有所了解與介入，但由前述陳爲堅之研究結果可以發現，都會區青少年對 MDMA、K 他命、大麻等新興毒品與

軟性毒品的用藥盛行率，明顯高於周碧瑟對全國青少年所進行之調查研究結果，顯示新興毒品會特別吸引青少年，乃因其特性或性質與青少年的生活背景有關。黃徵男（2002）認爲，這些新興毒品在使用型態上具有「群聚性」、「公開性」、「流通性」與「便宜性」等特性，致使青少年容易染上成癮。所謂「群聚性」乃指新興毒品之使用地點大多在 PUB、KTV、舞廳、酒吧等青少年易於聚集狂歡、消費的場所；而「公開性」則指相較於傳統毒品的「隱密性」，新興毒品的濫用場所，大多在公開的公眾場合；而「流通性」則指大多透過網路販售或在娛樂消費場所兜售；而「便宜性」則是因其容易取得、價格便宜，較符合青少年的消費能力。檢視這四項特性，除了「便宜性」之因素外，其餘因素皆與青少年的休閒娛樂文化與場所無法分割，即 PUB、舞廳、Party 等，無怪乎新興毒品與軟性毒品等又稱爲俱樂部用藥，也顯示對此類毒品濫用之防治政策研擬，需建立在對青少年用藥次文化的了解上。

鑑於新興毒品之濫用有日漸盛行趨勢，司法院（2003）更對此提出呼籲，因新興毒品在價格及貨源上取得較易，且新制毒品危害防治條例對於施用或持有第三級毒品[1]並無刑責，如何防止其蔓延，亦須未雨綢繆。立法院（2004）亦曾對此向行政院提出質詢[2]，而要求加強防治宣導與毒品濫用檢測工作。因此，對新興毒品濫用之現狀探究與防治對策之研擬實刻不容緩，而不能自滿於對傳統毒品之認識而輕忽，造成政策認知與問題現況間之差異（楊士隆、林瑞欽、鄭昆山，2005）。

這些新興毒品與替代藥物製造合成技術門檻低，在價格及貨源上取得較易，且毒品危害防制條例對於施用或持有第三、四級毒品並無刑責，面

1　毒品分級係依據毒品危害防制條例之分級，持有、施用、製造、運輸或販賣不同級之毒品有不同刑責。毒品危害防制條例第二條：「本條例所稱毒品，指具有成癮性、濫用性及對社會危害性之麻醉藥品與其製品及影響精神物質與其製。毒品依其成癮性、濫用性及對社會危害性分為四級⋯前項毒品之分級及品項，由法務部會同行政院衛生署組成審議委員會，每三個月定期檢討，報由行政院公告調整、增減之。」

2　立法委員質詢答復系統，http://210.69.7.199/query/aamenu.htm 93年9月第六會期專案質詢內容。

對新興毒品及替代藥物的興起與氾濫日益嚴重問題，如何防止其蔓延，急須政府與社會各界未雨綢繆，特別是在法規範的制訂上，切莫因三、四級毒品之吸食與持有並無刑責或其他規範規範，而造成三、四級毒品得以合法吸食之錯誤認知，這是在毒品政策上需要考量因應之處（楊士隆等，2005）。

與傳統毒品如海洛因、古柯鹼不同的是這些新興合成毒品不需栽種，只要有原料及技術即可能隨處非法製造。分析國際毒品市場趨勢，合成毒品市場需求成長相當快速，其主要原因包括（李志恆，1995）：1.比傳統毒品價格低廉。2.生產成本低。3.高獲利率。4.藥性效果越來越強，且可設計製造。5.生產方便，產地可與市場相當接近，而易於運輸販賣。6.可開啓新的地區性市場。7.可滲透至新的標的族群。8.反濫用措施實行困難，新興合成藥物之化學結構可能不同與已知藥物，故未被列管。亦即，合成毒品價格低廉、易於製造、容易獲得、不易被列管等特性，使濫用之可能性與威脅性大增，需要建立完善預警制度，俾以掌握濫用現況適時管制因應。

研擬毒品濫用防治對策需除對毒品濫用之現況有正確了解之外，更須掌握其流行趨勢與變化，方能對症下藥有效因應。雖然各類毒品對人體之影響已有相當多研究結果，各項反毒宣導資訊亦相當充分，然針對 MDMA、K 他命等興新毒品之用藥文化觀察，可以發現對於此類藥品的使用其實引發了不少爭論，如民國 93 年 3 月因爲同志轟趴（Home Party）嗑藥事件，便引發部份社會團體和大學生反彈，20 個校園社團串聯爭取「性多元、性開放、藥物文化」，呼籲警政署、衛生單位「承認」這些是當今年輕人的生活，應開放大麻、搖頭丸、K 他命等「軟性藥物」的使用[3]。

除了學生團體對「軟性藥物」的爭論之外，甚至於在民間司法改革基金會出版的司改雜誌中，也出現了以「軟性藥物」對大多數人而言並無生理成癮的問題，亦無成癮後的生理戒斷現象或使用後引發暴力傾向爲由，

---

3 參閱93年3月24日新聞，如民生報，學生社團串連為邊緣文化發聲；民生報，衛署：軟性藥傷害腦神經；中國時報，軟性毒品合法化衛署不認同；民生報，同志轟趴座談 力爭嗑藥合法化；民生報，學者：貿然開放嗑藥 恐衝擊過大。

認爲進行觀察勒戒並無意義的言論，進而認爲應該對軟性毒品進行分級開放（郝沃佛，2004）。由國內現有對俱樂部用藥次文化探討的文獻資料中發現，大多數探討俱樂部用藥的論述都可稱爲反反毒論述，認爲像搖頭丸（Ecstasy）一類的軟性藥物對人體並無傷害或成癮性，直指反毒政策乃是基於一種意識型態的反毒，或國家機器企圖對人們規訓，以展現對文化的控制權，抹煞次文化的創造性（廖剛甫，2001；鍾佳沁，2002；王彥蘋，2003；巫緒樑，2003；黃正宏，2004）。巫緒樑（2003）更在其醫學碩士論文中援引西方社會的看法而抱持相當激進的主張：「藥物（MDMA 類）的藥理作用改變了個體的感官知覺，挑戰了原本熟悉的世界，也直接地改變了個體既有的世界觀，價值觀歷經重新扭轉後，個人帶著嶄新看待世界的眼鏡回到社會，而帶給個人在生活樣貌上的許多不同改變，包括實際生活的型態上、人際網絡中與社會文化層面上的改變，例如在音樂、舞蹈等藝術型態上的發展」。這些立論與主張，凸顯當前新興毒品用藥次文化與政府毒品防治政策之對立，更直接衝擊反毒政策立場與拒毒工作之工作及成效，因此有必要依當前我國毒品問題之現況，重新檢視毒品政策及各項措施之合適性與影響力（楊士隆等，2005）。

第二節　常見的青少年濫用藥物及其影響

臺灣青少年濫用非法藥物的趨勢，在 60 年代因社會整體物質生活並不豐富，青少年主要以價格低廉且取得容易的強力膠爲主要濫用物質，至 70 年代經濟起飛，物質生活逐漸豐裕，速賜康、紅中、白板、青發等藥效更強烈藥物逐漸流行，至 80 年代安非他命大肆流行，甚至引發政府向毒品宣戰，至 90 年代合成毒品推成出新，藥物濫用類型變得多樣化，例如搖頭丸、K 他命、FM2、LSD 等，目前青少年主要濫用類型雖以 K 他命爲主，但其他非法藥物仍有濫用情形。

對我國常見的青少年濫用藥物及其影響介紹如下[4]：

4　濫用物質之特性與影響、副作用等內容，主要引自行政院衛生署管制藥品管理局網

一、安非他命（Amphetamine）

甲基安非他命／安非他命均屬中樞神經興奮劑，使用者於初用時會有提神、振奮、欣快感、自信、滿足感等效果，但多次使用後，前述感覺會逐漸縮短或消失，不用時會感覺無力、沮喪、情緒低落而致使用量及頻次日漸增加。安非他命在50年代開始被濫用，我國於民國60年即列爲禁藥，79年列爲麻醉藥品管理，87年毒品危害防制條例公布實施時，即列屬第二級毒品。

長期使用會造成如妄想型精神分裂症之安非他命精神病，症狀包括猜忌、多疑、妄想、情緒不穩、易怒、視幻覺、聽幻覺、觸幻覺、強迫或重複性的行爲及睡眠障礙等，也常伴有自殘、暴力攻擊行爲等。成癮後一旦停止吸食，便會產生戒斷症狀，包括疲倦、沮喪、焦慮、易怒、全身無力，嚴重者甚至出現自殺或暴力攻擊行爲。

二、搖頭丸（MDMA）

搖頭丸又稱 Ecstasy、忘我、亞當、狂喜、快樂丸、E、衣，學名亞甲雙氧甲基安非他命（3,4-Methylenedioxymenthamphetamine, MDMA），是一種結構類似安非他命之中樞神經興奮劑。MDMA口服後會有愉悅、多話、情緒及活動力亢進的行爲特徵。服用後約二十分鐘至一小時會產生作用，濫用效果約可持續數小時。濫用者若在擁擠、高溫的空間下狂歡勁舞，常會因運動過度導致缺水，產生體溫過高、痙攣，甚至併發肌肉損傷、凝血障礙及急性腎衰竭而導致死亡。服用後在興奮之餘，還會產生食慾不振、牙關緊閉、肌痛、噁心、運動失調、盜汗、心悸、倦怠及失眠等症狀，目前MDMA列爲我國第二級管制藥品（毒品）管制。

醫學研究證實，一般用量的MDMA濫用者在注意力、記憶力、學習能力、一般智力等認知功能方面，皆有明顯的退化現象。長期使用除會產生

站-常見濫用物質及其危害（http://www.nbcd.gov.tw/home/dep/main1.html）、李志恒主編，2002：2002藥物濫用。台北市：衛生署管制藥品管理局、李志恒主編，2003：2003物質濫用。台北市：衛生署管制藥品管理局。

心理依賴，強迫使用外，還會造成神經系統長期傷害，產生如情緒不穩、視幻覺、記憶減退、抑鬱、失眠及妄想等症狀。由於MDMA無醫療用途，全由非法途徑取得，其中亦可能混含有害雜質；又因會減弱自我控制能力，加上易產生不會受到傷害的幻覺，服用者可能會對自身行爲安全掉以輕心，而造成意外傷害。

三、K他命（Ketamine）

K 他命又稱愷他命，目前我國列入第三級管制藥品及毒品管制，俗稱K、K 仔、褲子……，是一種中樞神經抑制劑，爲非巴比妥鹽類（nonbarbiturate）的麻醉、止痛劑，於1962年首度合成，其麻醉藥效持續較短，且毒性較低，能令使用者產生類似催眠的解離（Dissociative）的麻醉作用。K 他命初期被應用於動物手術，隨後因其具有阻斷神經路徑，卻無降低呼吸及循環系統功能之特性，漸漸被視爲安全且可信賴的麻醉劑，而應用於臨床上診斷或不需肌肉鬆弛之手術，尤其適合用於短時間之小手術或全身麻醉時誘導之用。較常見之副作用爲心搏過速、血壓上升、震顫、肌肉緊張而呈強直性、陣攣性運動等，部分病人在恢復期會出現不愉快的夢、意識模糊、幻覺、無理行爲及胡言亂語，發生率約12%。

Ketamine以口服、鼻吸、煙吸及注射等方式施用藥效約可維持一小時，但影響吸食者感覺、協調及判斷力則可長達16至24小時，並可產生噁心、嘔吐、複視、視覺模糊、影像扭曲、暫發性失憶及身體失去平衡等症狀。由於它也可使人產生無助、對環境知覺喪失，並伴隨著嚴重的協調性喪失及對疼痛感知降低，此種情況往往令服食者處於極度危險狀態。長期使用會產生耐受性及心理依賴性，造成強迫性使用，停藥後雖不會產生戒斷症狀，但不易戒除。

長期濫用 K 他命會對泌尿系統造常嚴重危害，目前已經有許多案例因爲濫用 K 他命，而導致膀胱損傷，出現頻尿、夜尿、血尿、小腹疼痛、排尿疼痛等問題，嚴重影響生活作息及工作。在台灣尿失禁防治協會所蒐集到的案例中，就有少女因拉 K，膀胱萎縮到只剩下10CC到20CC容量，幾乎被迫整天坐在馬桶上。這些吸食 K 他命導致「潰瘍性膀胱炎」的個案，出現膀胱纖維化，容易頻尿、血尿等症狀，最嚴重可導致腎水腫，必須洗腎[5]。長期吸 K 會造成發炎細胞增生，泌尿系統出現廣泛的炎症反應，膀胱長期、反覆發炎，膀胱有很多出血性的黏膜，最終導致膀胱壁纖維化、變厚，膀胱容量縮小。治療可用藥物緩解排尿慾望，再輔以訓練控制排尿。但膀胱纖維化是不可逆的，膀胱容量最多只能恢復到 200CC，不可能回復到一般成人 500CC 左右的容量。

四、大麻（Marijuna）

早在西元三世紀時，華陀便曾使用以大麻樹脂調劑而成的「麻沸散」作為麻醉藥劑，在印度及阿拉伯亦有作為醫療使用的紀錄，主要作為解痛、鎮靜、麻醉使用。目前市面上較常見的型態為將大麻葉乾燥後，混雜煙草捲成香煙。吸食大麻之初會產生欣快感、思路變得順暢快速、感覺變得敏銳，有時還會出現幻覺，尤其是視幻覺。長期使用會產生耐受性及心理依賴性，使得吸食劑量或頻次增加。

大麻對中樞神經系統、心臟血管系統、免疫系統、呼吸系統、生育等方面皆會產生不良影響，如產生依賴性，突然停用會產生厭食、焦慮、不安、躁動、憂鬱、睡眠障礙等戒斷症狀。急性中毒時會產生記憶及認知能力減退、焦慮、憂鬱、多疑、失去方向感等症狀，長期使用會造成注意力、記憶力、判斷力下降，無方向感，意識混亂，人格喪失，妄想，幻覺及對周遭事務漠不關心之「動機缺乏症候群」。懷孕婦女吸食大麻常會造成早產、胎兒體重偏低。

五、鎮靜安眠劑

常見被濫用的鎮靜安眠劑包括巴比妥酸鹽類（Barbiturates）和苯二氮平類（Benzodiazepines），巴比妥酸鹽最早期開發用於治療焦慮、失眠之安眠鎮靜劑，因白天使用產生之宿醉作用（Hangover）較苯二氮泮類

5　自由時報：拉k少女 膀胱容量萎縮剩10cc。2008/06/10。

（Benzodiazepines）嚴重，且安全性較低，易產生生理賴性，現已較少使用。民國70年代流行的紅中、白板、青發即屬於巴比妥酸鹽類鎮靜安眠劑，苯二氮平類藥物是目前最常用的安眠鎮靜藥物，屬中樞神經抑制劑，較常見的是FM2，臨床上常用於安眠、鎮靜、抗焦慮及治療癲癇等用途，但由於該類藥物具成癮性，在國內藥物濫用問題日趨嚴重。

鎮靜安眠劑使用後會有放鬆安詳或愉悅感，長期使用會產生耐受性、依賴性及出現嗜睡、步履不穩、注意力不集中、記憶力和判斷力減退等症狀，突然停藥，會產生戒斷現象症狀，包括噁心、嘔吐、焦慮、易怒、失眠，嚴重者甚至產生幻覺、胡言亂語，急性中毒會產生意識障礙、眼顫、血壓下降、呼吸抑制等症狀，嚴重者甚至致死。

六、強力膠／有機溶劑

強力膠在民國60年代盛行過，但近年來並未絕跡。吸食強力膠及其他有機溶劑是國內青少年最常見者，強力膠中主要溶劑為甲苯，而常見的有機溶劑如汽油、打火機油、修正液、油漆稀釋劑、噴霧劑、抗凍劑、油污清除劑等，其中所含溶劑依化學成份可分為芳香族烴如苯、甲苯、二甲苯；脂肪族烴如正丁烷；鹵化烷如三氯乙烯、氯仿、氟氯化碳；醚類如乙醚；酯類如乙酸乙酯；酮類如丙酮；醇類如甲醇、乙二醇。

吸食者常將強力膠或有機溶劑置入塑膠袋中，用手摩擦後再以口鼻吸食，這些有機溶劑因具有高脂溶性，故吸食後很快經由血液進入中樞神經系統，吸食初期如飲酒般會產生暫時興奮作用，產生幻覺及欣快感，覺得飄飄然可幻想許多影像及聲音，渾然忘我，且對外界刺激極為敏感，易衝動而產生偏差之行為，若繼續吸食隨著血中濃度增加會產生神智錯亂、運動失調、無方向感等中樞神經抑制症狀。濫用者常有焦躁不安、情緒不穩、亦怒等症狀，且抗壓性低，致使對工作及社會適應不良。

長期使用有機溶劑亦會產生器官的傷害，如四氯化碳會造成肝臟壞死，苯、甲苯會產生骨髓抑制及中樞神經傷害，己烷會造成周邊神經病變，三氯乙烯會產生肝臟傷害、腎衰竭、心肌炎等。吸食者可由類似酒醉行為、其呼吸、身體、衣物及待過環境中發現溶劑的味道，及長期使用者因塑膠袋口與嘴接觸易造成口部環狀濕疹（紅疹）而辨識。

第三節　藥物濫用防治政策現況

我國自民國 82 年向毒品宣戰，即確立以「斷絕供給，降低需求」爲策略方針，以「減少供給」與「減少需求」爲毒品防制主軸國際間皆然，特別是針對青少年族群的藥物濫用預防工作。爲因應日益嚴重的毒品與藥物濫用問題，例如藥物濫用年齡層逐漸下降、俱樂部用藥與 K 他命濫用問題的興起、毒癮者感染愛滋病問題惡化…等，我國毒品防制政策乃於 95 年進一步調整爲「首重降低需求，平衡抑制供需」，將反毒政策轉向著重降低毒品需求，以「拒毒」防止新的毒品施用人口產生、以「戒毒」減少原有毒品施用人口，並加強青少年藥物濫用防治工作（行政院研究發展考核委員會，2005）。

依據反毒策略規劃，拒毒預防組乃由教育部主導，由衛生署、青輔會、內政部、新聞局、文建會、勞委會、研考會、經濟部、國防部、海巡署、交通部、退輔會、法務部保護司等共同參與。依據行政院於 95 年所擬定之「毒品防制政策整體規劃報告」，拒毒預防係以「多元拒毒」爲防制理念，其核心工作項目則契合教育、輔導、早期介入的預防藥物濫用核心理念，核心工作項目包括（行政院研究發展考核委員會，2005）：

（一）整合評量、檢驗、通報及輔導體系

包含發展「藥物濫用危險評估工具」；健全藥物濫用檢驗機構檢驗結果公信力；貫徹對中輟生或非法出入娛樂場所之學生立即通報家庭與學校之作業程序，迅速視個案情形施予檢驗及預防教育；加強各級學校教職員、職場、醫療體系、軍隊及矯正機構員工之反毒基本訓練及輔導諮商專業知能，並訂定標準作業流程，使其能具有對藥物濫用者進行諮商輔導及協助戒治轉介之能力。

（二）因對象制宜，發展拒毒宣導之多元模式

包括未施用者廣泛落實一般預防教育課程，增進其克服同儕壓力之知能、方法與必要協助管道；針對高危險族群標的對象施予特別預防教育及輔導追蹤，提供多元支持之管道與資源；針對毒品施用成癮者提供戒癮治療與毒癮復發預防教育課程，以協助其戒治毒癮，遠離毒害。

（三）聯結「學校、家庭、社區、社會」網絡，認同健康概念

包括推動健康社區觀念，逐步建立「學校、家庭、社區、社會」多元聯繫及通報管道；反毒觀念及行為納入社區健康中心共同推動宣導；強化社區之輔導諮商機制及培訓社區輔導人才。

就拒毒預防工作所規劃的核心工作項目觀之，其理念與聯合國毒品控制與犯罪預防辦公室（UNODCCP, United Nations Office for Drug Control and Crime Prevention）對青少年藥物濫用預防計畫所提出的基本原則（UNODCCP, 2002），以及美國藥物濫用研究所（NIDA, National Institute on Drug Abuse）對兒童與青少年藥物濫用防制之建議（NIDA, 2003）核心理念相近，即整合學校、學校、家庭、社區、社會網絡，以健康概念扶助青少年健全身心發展與社會適應。然依據反毒報告書與行政院毒品防制會報指示事項各機關辦理情形彙整資料所載，對於拒毒預防仍以「反毒宣導」及「尿液篩檢」為核心，並未紮根推展至學校、家庭、社區、社會教育的充權（empowerment）與連結網絡，以及高危險族群的特別預防教育及輔導追蹤，對毒品防制政策所規劃的核心工作並未能完全落實。

教育部對青少年學生藥物濫用防制乃以「防制學生藥物濫用三級預防實施計畫」為核心，實施概況如下[6]：

（一）一級預防

以教育宣導為主，包含反毒種籽教師之培育、各級學校的反毒教育、

---

[6] 資料來源：行政院毒品防制會報指示事項各機關辦理情形概要表，毒品防制會報彙整資料，97.09.30。

反毒宣導，以及各類型的反毒活動如晚會、運動競賽、創作設計比賽、藝術表演活動和反毒宣導教材的編制。

（二）二級預防

以「特定人員尿液採驗辦法」爲依據，對各級學校特定人員進行尿液篩檢清查。並協調警力配合各級學校訓輔人員實施校外聯合巡查，維護學生校外安全，預防學生偏差行爲。對深夜在外遊蕩學生加強查緝，將涉足網咖、搖頭俱樂部等場所之學生列爲藥物濫用尿液篩檢之對象。推廣「校園學生使用毒品篩檢量表」（大專組），提供各級學校學務人員早期發現藥物濫用學生，進而實施輔導與戒除。

（三）三級預防

透過特定人員尿液篩檢發現有藥物濫用學生時，即由學校組成「春暉小組」介入輔導，採定期複查檢測掌握學生戒治情形。94 年輔導 186 人，輔導戒治成功率爲 75.61%；95 年輔導成功人數 160 人，輔導戒治成功率爲 82.05%；96 年輔導成功人數 99 人，輔導戒治成功率爲 54.09%；97 年上半年輔導成功人數 76 人，輔導戒治成功率爲 67.25%。

事實上，由反毒報告書（法務部、教育部、外交部、行政院衛生署，2008）與行政院毒品防制會報會議資料可以發現，我國青少年藥物濫用防制工作的反毒宣示意義大於預防藥物濫用實質意義。例如：

（一）一級預防的反毒教育宣導

以「春暉專案」爲核心的反毒教育宣導，96 年度宣導場次共計 7,018 次，宣教人數總計 6,317,037 人次。平均每場次宣導對象 900 人，而 96 年度各級學校（國小至大專）共計 4,055 間，學生人數計 4,787,337 人[7]，亦即 96 年度平均每校宣導 1.7 次，每名學生宣導 1.3 次。如扣除大專院校，則平

7　資料來源：教育部教育統計http://140.111.34.54/statistics/content.aspx?site_content_sn=8869, 97,11,25.

均每校宣導 1.8 次，每名學生宣導 1.8 次。每年不及 2 次，每次高達 900 人的反毒宣導活動，實質上可以獲得的成效勢必有限。

（二）二級預防的高危險族群篩檢

二級預防之核心理念在於辨識高危險族群並予以早期介入，但現階段二級預防工作卻以尿液篩檢爲核心，每年十餘萬劑的尿液篩檢試劑檢驗出的陽性率約爲 0.024%（94 年度爲 0.16%，95 年度爲 0.071%、96 年度爲 0.085%）。事實上青少年的偏差行爲有相對性、連鎖性、多元性的特性，其中「連鎖性」即指青少年的偏差行爲間常有連鎖的關係，例如不良交友、出入不當場所、逃學逃家、中輟、藥物濫用、暴力攻擊等行爲經常連鎖或聚合發生。而「多元性」則指各類問題行爲可能來自各類適應困難，例如家庭功能不良、學業挫敗、低自我肯定感等，而同一類適應困難問題可能導致不同的問題行爲。亦即對藥物濫用高危險族群的識別與介入，並不需要依靠尿液篩檢，亦不應限於尿液篩檢。

（三）三級預防的藥物濫用者輔導介入

對於藥物濫用者的輔導介入乃植基於尿液篩檢的結果，94 年尿液篩檢陽性反應人數共 148 人，輔導人數 93 人（另有 93 年未戒除持續輔導人數 98 人）；95 年尿液篩檢陽性反應人數共 135 人，輔導人數 100 人（另有 94 年未戒除持續輔導人數 60 人）；96 年尿液篩檢陽性反應人數共 148 人，輔導人數 64 人（另有 95 年未戒除持續輔導人數 35 人）。輔導戒治成功率在 54.09%～82.05%，但對部分已篩檢出有藥物濫用問題者並未能有效予以輔導介入。此外，對於施用一、二級毒品之青少年，由於「毒品危害防制條例」第 20 條之規定，施用一、二級毒品之青少年，少年法院應先裁定令入勒戒處所觀察、勒戒。亦即對於施用一、二級毒品之青少年，多轉由刑事司法體系接手處理，依據「校安中心通報」統計，違反「毒品危害防制條例」者，95 年即有學生 231 人、96 年 294 人、97 年 1 至 8 月 420 人，與尿液篩檢所發現之個案數量及輔導介入個案數量有相當差距。

（四）脫離校園環境之藥物濫用高危險族群介入

脫離校園環境之青少年，依據學者之調查研究，其藥物濫用比例數倍於留在校園環境者。然當前對青少年藥物濫用的防制工作多侷限於校園環境中，除了國中、小學生脫離校園環境有中輟生輔導預防方案予以介入外，各級政府及部會分工協調亦涉及相關法制的落實執行，如兒童及少年福利法的毒品濫用通報，或對於 15 至 20 歲脫離校園教育環境之青少年濫用問題，即可能成爲防制工作主政不明的漏網區塊，難有具體的輔導、教育或社會扶助措施的推動，以期預防藥物濫用。

整體而言，我國對於青少年藥物濫用的防制工作仍侷限於意識形態的反毒宣導，視藥物濫用行爲爲偏差違法行爲，較忽略了藥物濫用問題背後所隱含的青少年人格成長、心理發展、家庭問題、校園與社會適應問題，深根學校、家庭、社區、社會教育及教養技能的充權[8]（empowerment）與連結網絡，加強高危險族群的特別預防教育及輔導追蹤，甚至擴大發展建構支持社會復歸的「安全社區」理念等計畫，應爲未來進一步著力整合資源投入的教育方向。

第四節　青少年藥物濫用防制指導原則與建議

根據聯合國毒品控制與犯罪預防辦公室（UNODCCP, United Nations Office for Drug Control and Crime Prevention）「青少年藥物濫用預防計畫手冊」（UNODCP, 2002；楊士隆、曾淑萍、李宗憲，2008），對青少年藥物濫用預防計畫所提出的基本原則，制定青少年藥物濫用預防計畫應有的基本原則包括：

1.藥物濫用預防計畫應以社區爲基礎，需含括整個社區。

2.藥物濫用防制計畫所含括所有的藥物濫用或物質濫用種類，層面不應太狹隘，因爲導致青少年藥物濫用的原因通常都是相互關連的。

---

8 充權包含三層次：（1）讓社區增加他們的技巧和資訊的層次；（2）將決策和資源控制權委託由地方負責；（3）從政策的過程與協商進行意識的改變。

3.需注意到可能對方案目標族群的生活條件、社會環境等有影響的群體。

4.預防重於治療，防制方案除了需對已經有藥物濫用問題的青少年予以介入外，更應注意那些可能有藥物濫用潛在危險的青少年。

5.以促進健康爲核心，滿足其社會需求和娛樂需求，減少可能會危害身心健康的行爲。

6.以人爲本，鼓勵社會互動。計畫方案應蘊含豐富的社會互動性。

7.鼓勵青少年積極參與，促進青少年的社會價值觀，並且尊重其文化傳統。

8.鼓勵採取積極的替代性辦法，青少年可能受限於文化、價值觀或家庭、社會、社區環境而有一些不適當的行爲表現，應鼓勵其找尋替代性的辦法，而非恫嚇強迫其改變不適當行爲。

9.從研究和經驗中獲益，防制方案的規劃應植基於研究的證據或經驗，包含確定藥物濫用的相關議題、釐清問題原因、發展預防措施、實施預防方案、評估方案成效。

10.以長遠的觀點看待藥物濫用防制問題，包含改變社會風氣、促進健康的價值觀、健康的社會生活方式等，皆非一朝一夕可成。

11.需特別重視高危險族群的防制方案，如遊蕩街頭者、有家庭問題、中輟生……的特殊需求予以協助。

12.發展社區資源，提供青少年更多的發展機會，例如教育、醫療保健、社會服務、安置收容、公共衛生、就業發展等。

13.利用大眾媒體和流行的青少年文化影響青少年的信念，促進媒體和社會大眾對青少年健康的關心和貢獻，促進青少年的健康。

亦即對於青少年藥物濫用的預防方案，應該以整體社區爲基礎，並注意到青少年的生活環境限制、次級文化脈絡、社會互動狀態，以輔助青少年健全成長爲核心，提供青少年身心發展所需要的輔助與社會資源，對弱勢與社會適應不良的青少年族群，更應予以輔助，協助其社會發展與社會適應。

美國藥物濫用研究所（NIDA, National Institute on Drug Abuse）更基於研究結果，對兒童與青少年藥物濫用防制提出建議（NIDA, 2003；楊士隆等，2008）。對兒童及青少年藥物濫用的防制原則和面向包括：

1.危險因子與保護因子

原則1：預防方案應能提昇保護因子或降低危險因子。個體成爲藥物濫用者的風險是和危險因子、保護因子的數量和關連性有關，而這些保護因子或危險因子會隨著年齡的不同而改變，越早介入這些危險因子越能對個體產生影響。

原則2：預防方案應該能夠含括所有型式的藥物濫用問題，包含未成年的菸酒使用行爲、違法藥物的使用、合法藥物的非法使用。

原則3：預防方案應該能夠因應該地區的藥物濫用問題，並以能夠改變的危險因子與保護因子爲方案的目標。

原則4：預防方案必須針對危險因子做出因應對策，且能夠針對個案的人口特性做一些調整如年齡、性別……，以改進計畫的有效性。

2.預防計畫的擬定

（1）家庭計畫

原則5：以家庭爲基礎的預防方案應該能夠增進家庭成員的連結鍵、家庭成員的關係與親職技能，使家庭對物質濫用問題有所決策，並增進對藥物使用的教育與資訊。

（2）學校計畫

原則6：預防方案應可改善個體在學前的一些藥物濫用危險因子，例如違規行爲、社會技能的不足和學習困難。

原則7：對國小學童的預防方案應以增進學童的學習能力與社交能力的增進，以改善藥物濫用的危險因子，例如攻擊性、學習的低落、中輟等問題，應增進學童的自我控制能力、對情緒的覺察、對情緒的處理、人際溝通、社會問題的解決、改善學習能力，特別是閱讀的技能。

原則 8：對於國高中學生的預防方案亦以增進學習能力與社交能力爲主，包括學習習慣的培養和學業上的支援、人際溝通、同儕關係的培養、自我效能與自信的培養、拒絕藥物濫用的技巧、拒絕藥物濫用的態度與信念。

（3）社區計畫

原則 9：社區的預防方案是以一般人口爲主，以產生改變藥物濫用問題的影響力，對處於教育銜接過渡期間的學童、高危險的家庭小孩產生有利的影響，避免對高危險群的標籤，並且增強這些人與學校、社區的連結鍵。

原則 10：能夠結合學校或家庭預防方案的社區計畫，要比單獨的社區計畫更爲有效。

原則 11：社區預防方案如果能夠延伸到一些社區團體，例如學校、俱樂部、社團、宗教團體等，能夠產生更大的影響力。

3.預防方案的執行

原則 12：當社區基於其需求、社區規範或文化因素而需要調整預防方案內容時，仍應要保留以研究爲基礎而研擬的一些核心要素，包括方案的架構、方案的核心要旨，如傳遞的訊息、技能、策略，以及方案的託付，包含方案的調整、實施和評估。

原則 13：預防方案應該長期地持續、重複實施，並強化原先所設定的預防目標。研究顯示中學時期的預防方案如果在高中階段沒有延續實施的話，所獲得的成效會減半。

原則 14：預防方案應該包含學校教師在良好課堂管理上的一些訓練，對學生良好行爲的培養，增強學生的正向行爲、學習成就、學習動機和與學校的連結鍵。

原則 15：互動式的學習方案能夠讓個體學習到更多的藥物濫用相關問題與拒絕藥物濫用的技巧，例如透過同儕的討論、親職角色的扮演…等。

原則 16：基於研究的結果，預防方案的成本效益是相當划算的，在預防方案上投注 1 元，可以在酒精或藥物濫用處遇方案上省下超過 10 元的花費。

根據 NIDA 對青少年藥物濫用預防方案的建議，對青少年藥物濫用預防工作首要乃在於鑑別青少年藥物濫用的危險因子與保護因子，並針對可以改變的因子規劃適當的介入方案，包含提升保護青少年免於藥物濫用的保護因子，降低促使青少年陷入藥物濫用的危險因子，並且更深入廣泛的進入家庭、學校以及社區。雖然藥物濫用預防方案的主要對象是青少年，但不能僅限於青少年族群，家長、教師乃至於社區的每一份子都應納入方案之中，以共同協助青少年免於藥物濫用問題，除協助青少年健全成長外，應避免對可能陷於藥物濫用的高危險族群產生排擠或標籤，並增進與家庭、學校、社區的社會鍵鍵結。而且對青少年的藥物濫用預防方案應該長期持續實施，以不斷強化原先所設定的預防目標。

對青少年藥物濫用危險因子與保護因子的辨識，NIDA 提出社區監控（Community Monitoring Systems, CMSs）的指導方針（NIDA, 2007），俾便各社區進行青少年問題的監控調查，以對社區青少年各項問題行爲進行評估。而藉由這樣的社區監控系統，可以提供社區最正確的評估，以提升整個社區孩童以及青少年的福祉，並評估可以維護青少年健康的危險因子以及保護因子，將有用的資訊提供給政策決定者或是社區民眾，使他們可以了解問題並能立即對於某些問題得到解答，更可提供各類方案、政策與措施的擬定參考。

NIDA 所指青少年藥物濫用危險因子與保護因子乃可能有強烈藥物濫用可能性或能降低藥物濫用可能性的因子，與目前我國反毒拒毒工作環節所認定的危險因子與保護因子有相當大的差異。藥物濫用危險因子與保護因子可分爲個人、家庭、同儕、學校與社區 5 個領域，危險因子例如暴力攻擊行爲、缺乏父母關愛或監控、同儕有物質濫用問題、藥物取得容易、貧窮的社會資源……等，保護因子例如衝動控制、良好的親子互動、學術能力、校園輔導措施、良好的鄰里關係……等。依據教育部反毒工作規劃，所指危險因子爲出入不當場所、深夜遊蕩、逃學逃家等外顯行爲，保護因子爲強化反毒宣導與認知，並不同於 NIDA 所指改變青少年成長與環境限制，健全青少年身心發展與社會適應能力。

表 10-3　青少年問題行為的危險因子

危險因子	藥物濫用	非行行為	未婚懷孕	輟學	暴力	沮喪焦慮
社區						
毒品容易取得	●				●	
槍砲容易取得		●			●	
社區法律有利於使用毒品、持有槍械以及犯罪	●	●			●	
媒體描述暴力行爲					●	
機動性及遷移率	●	●		●		●
鄰居互動少且社區組織鬆散	●	●				
經濟蕭條	●	●	●	●		
家庭						
家族歷史問題行爲	●	●	●	●	●	●
家庭管理問題	●	●	●	●	●	●
家庭衝突	●	●	●	●	●	●
父母對於問題行爲的良好態度	●	●			●	
學校						
小學五、六年級開始學業成就低落	●	●	●	●	●	●
不願意上學	●	●	●	●	●	

個人/同儕						
早期且持續的反社會行爲	●	●	●	●	●	●
疏遠他人以及叛逆	●	●		●		
同儕有問題行爲	●	●	●	●	●	
用利於自己的態度對於問題行爲	●	●	●	●		
早期開始問題行爲	●	●	●	●	●	
體質上的因素	●				●	●

資料來源：Community Monitoring Systems: Tracking and Improving the Well-Being of America's Children and Adolescents. http://www.drugabuse.gov/pdf/cms.pdf

相較於聯合國 UNODCCP 與美國 NIDA 對青少年藥物濫用預防工作的原則與建議，我國對於青少年藥物濫用預防工作卻僅以學校反毒教育宣導爲核心，以校園安全的觀點處理有藥物濫用危險的青少年，未能以健全青少年成長的理念，協助青少年身心發展，並將網絡延伸至家庭教育與社區。

第五節　結論與建議

我國對青少年藥物濫用之預防工作，乃歸屬於毒品防制拒毒預防工作範疇。在民國 94 年行政院研考會所提出的「毒品防制政策整體規劃報告」中，拒毒預防工作所設立的核心工作項目雖然包含教育、輔導、早期發現早期介入的預防藥物濫用爲核心理念，但由於我國對毒品問題向來採行「防制」觀點，以強制的作爲來威嚇、懲罰、監督、處遇毒品施用者，因此對預防青少年藥物濫用的工作，亦多以「反毒宣導」及「尿液篩檢」爲核心，雖以教育部爲主導單位，但實際工作則由教育部軍訓處主導，監督與制止、管理意味濃厚，較忽略藥物濫用問題背後所隱含的青少年人格成長、心理發展、家庭問題、校園與社會適應問題。

根據聯合國「毒品控制與犯罪預防辦公室」（UNODCCP）對青少年藥物濫用預防計畫所提出的基本原則，以及美國「藥物濫用研究所」（NIDA）對兒童與青少年藥物濫用防治之建議，對於青少年藥物濫用的防制工作需注重藥物濫用問題背後所隱含的青少年人格成長、心理發展、家庭問題、校園與社會適應問題，應該以整體社區爲基礎，以輔助青少年健全成長爲核心，提供青少年身心發展所需要的輔助與社會資源，對弱勢與社會適應不良的青少年族群，更應予以輔助，協助其社會發展與社會適應。亦即拒毒預防工作應整合學校、學校、家庭、社區、社會網絡，以健康概念扶助青少年健全身心發展與社會適應。94 年毒品防制政策整體規劃雖有聯結「學校、家庭、社區、社會」網絡的核心工作項目，但卻未能落實，而高危險族群之預防與輔導追蹤亦流於特定人員清查與使用毒品篩檢。

相較於聯合國 UNODCCP 與美國 NIDA 對青少年藥物濫用預防工作的原則與建議，我國對於青少年藥物濫用預防工作卻僅以學校反毒教育宣導爲核心，以校園安全的觀點處理有藥物濫用危險的青少年，未能以健全青少年成長的理念，協助青少年身心發展，並將網絡延伸至家庭教育與社區。

對青少年藥物濫用防治工作應以身心健康概念，扶助青少年健全身心發展與社會適應，以避免青少年的藥物濫用行爲或其他心理、情緒、適應問題，進而預防其成年後發生藥物濫用或其他社會適應問題。以此觀點出發，依據我國目前毒品防制工作現況，對於拒毒預防工作應設定下列核心工作項目：

1.強化對青少年藥物濫用防治資源之投注。由於預防工作之成效不如緝毒或拒毒工作般易於評估及顯見，因此長久以來對於青少年藥物濫用之防治工作較爲忽視。依據 NIDA 之研究，對青少年的預防方案之成本效益，與日後所需的戒治處遇成本相差逾十倍，成本效益十分可觀。建議進行相關政策的成本效益研究，以研究爲基礎，規劃各項毒品防治工作的資源投注。

2.發展相關的調查與研究，以對青少年各項問題行爲進行評估，辨識青少年藥物濫用或問題行爲的危險因子與保護因子，以實證研究爲基礎規劃政策措施的相關作爲，以確實因應青少年藥物濫用問題，並據以評估各項防治措施的成效。

3.以輔助青少年健全身心發展爲核心，摒棄「反毒宣導」與「尿液篩檢」的迷思。青少年的藥物濫用行爲是身心發展與社會適應不良的問題展現，意識型態的反毒宣導並未能協助青少年因應藥物濫用的危機，或解決其身心發展與社會適應不良的問題，反而他人對陷入藥物濫用問題之青少年造成排擠。而身心發展與社會適應不良的青少年，亦無須透過尿液篩檢方得以識別，應以輔助青少年健全身心發展爲核心，減少促使藥物濫用的危險因子，並增進預防藥物濫用的保護因子。

4.整合學校、家庭、社區、社會資源，建立全面性毒品防治網絡。以健康概念爲核心，協助青少年身心發展，以避免日後的行爲問題。並強化社區之輔導諮商機制及培訓社區輔導人才，增強社區輔導量能，因應青少年各項問題。

5.對青少年藥物濫用防治之工作，由校園環境延伸至家庭與社區環境，將權責機關由教育部學生軍訓處拓展至教育部各級教育司、教育部訓育委員會、兒童局、社會局、青輔會等與青少年成長發展有關的教育、輔導、社會福利部門。

6.對初級預防工作，應以教育、輔導的方式，強化青少年的學識素養，促使青少年了解藥物濫用相關議題與對身心健康的認識，輔助其身心健康的發展，強化與社會化機構的鍵結，協助其因應社會適應問題，以增進藥物濫用保護因子，減少危險因子。

7.對次級預防工作，應以輔導、關懷、社會福利方式，協助高危險族群因應其社會適應問題，例如課業學習、家庭生活、親子關係、家庭經濟、人際互動、交友關係、情緒控制、自我效能、生涯定向、居住就業……等。

8.對三級預防工作，應以青少年利益爲最大考量，協助陷入藥物濫用者解決藥物濫用問題與其他偏差行爲或社會適應問題，並避免刑事司法體系對其造成傷害。

9.對藥物濫用青少年之戒癮輔導工作，尙須拓展至復健與社會復歸層面，協助其回歸校園或投入社會生活。

參考書目

一、中文部分

王彥蘋（2003）：狂喜舞舞舞——台灣瑞舞文化的追尋，世新大學社會發展研究所碩士論文。

司法院司法統計（2003）：從統計數字看當前毒品問題。ttp://w2.judicial.gov.tw/juds/

行政院研究發展考核委員會（2005）：毒品防制政策整體規劃報告。

巫緒樑（2003）：台灣軟性藥物使用者：其日常生活與再社會化歷程。臺北醫學大學醫學研究所碩士論文。

李志恆（1995）：赴韓國參加「亞太地區藥物濫用研討會」報告，行政院及所屬各機關出國報告。

李志恒主編（2002）：2002 藥物濫用。台北市：衛生署管制藥品管理局

李志恒主編（2003）：2003 物質濫用。台北市：衛生署管制藥品管理局。

周碧瑟（2000）：台灣地區在校青少年藥物使用流行病學調查研究。行政院衛生署八十八年度委託研究報告。

周碧瑟（2000）：台灣地區在校青少年藥物使用流行病學調查研究。行政院衛生署八十八年度委託研究報告。

法務部、教育部、外交部、行政院衛生署（2008）：97 年反毒報告書。

郝沃佛（2004）：從毒品分級制，談勒戒處遇困境，司改雜誌（第 50 期）。台北：民間司法改革基金會。

陳爲堅（2003）：台北地區青少年藥物濫用調查：全國性調查之先導研究。行政院衛生署管制藥品管理局九十二年度委託研究報告。

陳爲堅（2005）：全國青少年非法藥物使用調查(II)。行政院衛生署管制藥品管理局九十四年度委託研究報告。

黃正宏（2004）：解構搖頭丸之社會意像——談國家規訓人口，網路社會學通訊期刊（第四十一期）。嘉義：南華大學。http://mail.nhu.edu.tw/~society/

黃徵男（2002）：新興毒品與青少年藥物濫用。新興犯罪問題與對策研討會論文集。嘉義：中正大學犯罪防治系，2002 年。

楊士隆（2008）：毒品防制政策整體規劃報告，行政院研究發展考核委員會委託研究。

楊士隆、林瑞欽、鄭昆山（2005）毒品問題與對策。行政院研究發展考核委員會委託研究。

楊士隆、曾淑萍、李宗憲（2008）：青少年藥物濫用之防治，2008 年青少年藥物濫用與防治研討會，台灣青少年犯罪防治研究學會主辦，97 年 12 月 10 日，頁 7 至 8。

楊士隆（2008）：台灣青少年拒毒教育之現況、挑戰與策進——兼論國際間青少年拒毒措施之發展趨向，台灣青少年犯罪防治研究學會創刊號，民國 97 年 12 月 1 日。

廖剛甫（2001）：Let's go party：台灣銳舞（Rave）文化之研究，東海大學社會學研究所碩士論文。

鍾佳沁（2002）：全球化下搖頭次文化再現之研究——台北的搖頭空間，台灣大學建築與城鄉研究所碩士論文。

二、外文部分

D. Kandel and K. Yamaguchi (1993). From beer to crack: Developmental patterns of drug involvement. *American Journal of Public Health*, 83(6): 851–855. http://ajph.aphapublications.org/cgi/reprint/83/6/851.pdf。

National Institute on Drug Abuse (2003). *Preventing Drug Use among Children and Adolescents-A Research-Based Guide for Parents, Educators, and Community Leaders*, Second Edition. http://www.drugabuse.gov/pdf/prevention/RedBook.pdf

National Institute on Drug Abuse (2007). *Community Monitoring Systems: Tracking and Improving the Well-Being of America's Children and Adolescents*. http://www.drugabuse.gov/pdf/cms.pdf

United Nations Office for Drug Control and Crime Prevention (2002). *A*

PARTICIPATORY HANDBOOK FOR YOUTH DRUG PREVENTION PROGRAMS - A Guide for Development and Improvement. http://www.unodc.org/pdf/youthnet/action/planning/handbook_E.pdf

三、網路及媒體資料部分

行政院衛生署管制藥品管理局，青少年濫用藥物排名。http://www.nbcd.gov.tw/admin/uploads/20090511023302937570555/青少年濫用藥物排名95.pdf

行政院衛生署管制藥品管理局，歷年計畫_青少年盛行率統計。http://www.nbcd.gov.tw/admin/uploads/20090511023408921870555/9803歷年計畫_青少年盛行率統計.pdf

行政院衛生署管制藥品管理局網站——常見濫用物質及其危害 http://www.nbcd.gov.tw/home/dep/main1.html

教育部教育統計：http://140.111.34.54/statistics/content.aspx?site_content_sn=8869, 97,11,25.

第十一章

校園網路犯罪與資訊安全維護

李相臣

前　言

每天翻開報紙最怕看到的新聞就是未成年少女遭網友性侵，偏偏這類新聞在社會新聞中發生的頻率相當高。有時不了解父母買電腦給孩子，卻不去了解孩子如何使用電腦？利用電腦玩哪些遊戲？上哪些網站？下載哪些合法或非法音樂？買哪些東西？交哪些朋友？父母也懂得尊重隱私，但了解孩子的生活內容、網路世界難道不是增進親子關係的一環。父母實在不需以保護的藉口來探求孩子的網路隱私，這本來就是家長的責任，更基於青少年在網路上的受害案件真的很多。學校老師在課堂上教小朋友如何使用電腦上網、如何架部落格、如何用開心農場種菜等，卻沒有灌輸網路風險、資訊倫理與資訊安全的概念。家長買電腦、老師教電腦、孩子們用電腦，父母號稱不懂電腦，老師說無法監督孩子在家使用電腦，之後，當孩子成為被害人時，無論案件如何發展，對孩子的心理已然造成傷害。網路被害案件不斷重演，家長難過自責，深究為何買電腦給孩子前，不具備電腦基礎了解孩子在網路做什麼，老師覺得遺憾，為何疏漏資訊安全與網路風險的電腦課程。司法機關經常反應電腦網址不在國內，造成偵查上的困難，又說網路自由要業者自律，自由派學者說網路是開放的不能管太多，否則就會冠上箝制網路言論自由的大帽子。

再者最擔憂的問題是詐騙案件。又是某老婦人或退休人員幾百萬退休金被詐騙集團騙走，歹徒冒充檢察官、警察拿著偽造公文說被害人銀行戶頭被冒用、要凍結改存國安基金。不然就是網站購物、信用卡資料外洩、小孩被綁架等，然後財產就被騙了，也有許多以欠稅、電話費沒繳或中大獎為誘因，要你去 ATM 前操作繳稅。詐騙案件的取款車手被警察抓到了，錢恐怕還是拿不回來，因為主嫌都在國外遙控，幕後的那隻黑手依然逍遙法外。別懊惱自己怎麼那麼傻！是現今的詐騙集團手法太高明，利用人性的弱點或疏忽，將你洗劫一空。這些犯罪集團早從網路中取得你的個人資料，包括銀行戶頭、信用卡號碼、網路交易行為等取信於你，你不得不相信歹徒所說的都是真的。假設你正有案件在檢察署或法院審理中，你利用電腦查詢相關法規、上法院網站，歹徒早透過入侵你的電腦了解你有刑、民事案件在身，若再結合個資進行詐騙，你就會信以為真的上當，這些都跟電腦使用有關。縱使你自己不使用電腦，別人照樣會把你所儲存的資料作為其他用途，要小心所有資訊都存在電腦內，包含個人基本資料、職業、家庭、朋友、嗜好、行程、運動等，歹徒極易取得這些資料進行詐騙，這些還是與電腦使用有關。

一、資安、治安與國安

根據國內的犯罪統計數據，目前國內一般刑案（竊盜、擄人勒索、殺人……等）尚稱平穩，唯獨網路犯罪與詐欺案件不斷攀升，受害金額亦居高不下。進一步觀察發現網路犯罪嫌犯與被害人的年齡，其中未成年的比例幾乎佔了一半。詐欺案件中，被案人不乏高學歷或社會知名人士，本文嘗試從電腦資料外洩、數位落差（只會使用電腦功能，未能防範電腦安全與網路犯罪）與資訊安全角度探討，進而探究社會治安及國家安全之範疇，期望能夠拋磚引玉，提供給各領域學者、專家（如社會學、心理學、教育學……等）、科技業者及老師、家長等一些概念與研究方向，共同提昇網路安全（尤其是網路的使用與資訊安全技術方面），減少網路世代產生之負面效應。

二、網路犯罪之變遷

網路科技一日千里，軟硬體功能迅速擴展，網路犯罪手法亦隨著科技進步而日益精進，駭客間汰弱留強，一如真實世界的競爭與結盟，造成地下駭客組織實力日益強大，逐步侵蝕電腦系統之敏感資料並成就地下經濟活動，甚而影響正常效能而引發社會不安，嚴重威脅私人企業與政府機關的運作。

由於網路犯罪變化太快，可能不適宜以 80、90 年代來區分，而概以 5 年爲計算標準，說明如下：

（一）傳統網路犯罪（民國85-90年）（我國網路犯罪偵防單位首於民國85年於刑事警察局成立）

此時期多以網路色情、盜版光碟、販賣違禁品、E-mail 恐嚇毀謗及利用磁片散播電腦病毒爲主要犯罪行爲。

國內正值網路萌芽期時，想看色情影片的民眾大多「偷偷的」前往實體的錄影帶店，請熟識老闆開店內的另一扇暗門租片觀賞，影片名稱如日本飯小姐、美國艾小姐等，4、5 年級生都知道。當網路出現色情影片時，民眾（不是所有人）都趨之若鶩，不再需要拋頭露面跟女店員租片，於是「應特 A」順勢起飛，寫下國內網路歷史。

然而，真正讓政府及社會重視的案件是「軍火教父」，當時有人在網路上公然販槍，向公權力挑戰。這是一件相當嚴重的犯罪問題，連續數日都是頭條新聞，政府也開始注意到網路犯罪的嚴重性。後來有人利用電子郵件散發恐嚇信，取代傳統前往便利商店傳真恐嚇信或利用報紙剪貼郵寄之手法，也許歹徒也享受到科技所帶來的便利、隱匿與快速。

此外，台灣的盜版不遑多讓，國內許多電腦高手破解防僞技術一流，許多公司花費鉅資研發防止破解之技術，均被國內高手一一破解。當案件終結時，國外大廠派遣專家前來台灣，好幾個案例連原廠都無法判斷真僞，想必這些原廠專家對於台灣的電腦高手都嘆爲觀止。

真正讓國內網路犯罪躍居國際舞台的是 CIH 病毒，造成全球嚴重的經濟損失。早期盜版光碟猖獗，許多國家都使用盜版磁片軟體，拷來拷去，讓 CIH 病毒傳播至許多國家，當時國際翻成「車諾比病毒」，係取其英文字首，主要是此病毒感染期間正逢蘇聯車諾比核電廠輻射外洩周年紀念日，差點誤導本案偵查方向以爲他國人士所爲，後來證實 CIH 只是作者中文名字之第一字首。現在國際間病毒或資安研討會，CIH 病毒仍佔有歷史一席之地，可見影響之大。

以上傳統性網路犯罪尚未針對「人身」傷害以及大眾個資之流失造成嚴重損害，係以網路爲場所之行爲運用，且上述行爲多於網咖操作，尚未開始有跨國分工等組織性犯罪。

（二）網路型網路犯罪（民國91-95年間）

此時期駭客開始入侵他人電腦系統探人隱私、取得個資，初期年少駭客多以「搜尋」正妹爲主，入侵學校電腦窺視「美眉」之詳細資料炫耀後，將學生資料販售予補習班，其後駭客入侵銀行或個人電腦取得信用卡金融帳號進行金錢遊戲，此時駭客個人或組織不斷以突破資安防線或成功入侵他人電腦爲傲，樹立個人「英勇」事蹟藉以「出名」或擔任企業資安顧問。當國內網路犯罪法律尚無法明確規範駭客入侵或製造電腦病毒（電腦犯罪工具）之刑責，直至民國 92 年 6 月法務部方增訂刑法 36 章妨害電腦使用罪，駭客行爲才稍加收斂並有法可管，此時國內亦遭受美國強大壓力，年年均榮登美國 301 報復條款名單，造成國內著作權法面臨修法的壓力，並成立保護智慧財產局及保護智慧財產警察大隊以爲因應，使破解盜拷技術與盜拷光碟之工廠由國內移出國外，國內多僅剩小型家庭光碟機盜拷規模。

而 90 年初期政府大幅投資建設網路寬頻，鼓勵民眾上網，5 年間國內網路人口由 500 萬累增至 1200 萬，國內伺服器主機與工作站型個人電腦大量增加。跨國之跳板 IP 與代理伺服器 IP 出現，以 IP 追查來源之偵查方法破功，往往 IP 來源爲國外，國內警方即難以追查，需仰賴國際合作當然大部分案件即無疾而終；另外國外免付費電子郵件信箱與免費空間網頁運用，使用者無需登錄相關資料即可使用，常常造成調閱資料困難，難以查緝。其後駭客組織開始整合、歸檔及分類從不同之資料庫取得的資料並開始交換，最嚴重的是駭客個人或團體已經被幫派犯罪組織盯上，犯罪組織已開始結合駭客技術進行犯罪行爲，犯罪者的經驗加上駭客的智慧使資訊技術有效運用，造成網路資料之「產值加倍」，然後這些人互不認識，僅靠網路交談、銀行轉帳互通有無，人員分布更跨越數個國家。犯罪集團開始利用個資加上交易行爲、職業、興趣……等，進行電話詐騙，他們利用你所有於網路上之資料經過整合分析「一定」讓被害人相信「假如我是真的」，小孩被綁架、檢察官凍結戶頭、退稅、欠費……等，因爲你所有資訊不論自己或他人都會輸入電腦。這兩年來當防毒軟體、防火牆、入侵偵測等資安軟、硬體產品漸漸無法抵擋「邪惡帝國」所製造之木馬（惡意）程式，民眾（網友）尙不自覺將極隱私資料（含視訊）置於網路內，災難就此開始。

有人以爲用 Del 或 Format 就可把資料刪除，其實並沒有完全刪除，資料還是可以救回。有人以爲網路帳號、密碼可以安全的上鎖保護不讓別人進入，有許多人來報案郵件、部落格還在、帳號密碼遭人篡改無法登入使用。有人以爲網路匿名別人追蹤不到你，相信我，你不是壞人，你還沒學會真正隱匿的方法，不要任意在網路心理告白及留下裸照。有人以爲……，有太多的「麻瓜」網友以爲……，國人真的要好好重新學習正確使用電腦，先從建立資安觀念開始。

最近犯罪駭客組織（以下簡稱犯罪集團）不以竊取資料爲滿足，他們要掌控電腦，而更糟的是電子郵件已不符時效需求，即時通與 MSN 大行其道，諸多少女、熟女、熟男……等小紅帽（奇怪少男較不易受騙），未經世事一頭栽入網路花花與情愛世界，輕易或稍輕易就相信網路另一端之大野狼冒充之多金、才德兼備之大帥哥，下場很慘。再來網路購物（e-commerce）興起，網路黑店、買空賣空、盜用他人帳號、評價、使用僞卡……等層出不窮，直至今日仍爲國內刑案比重與年增率最高之案件。再來遊戲產業出現，惡魔來了，寶物、天幣被偷、帳號被盜用，網路警察疲於奔命處理虛擬世界之竊盜、搶案，一日上百件並不誇張，亦有遊戲主機遭入侵、複製損失更嚴重，可憐網路警察其實最痛恨的事，一爲勘驗色情光碟，查獲色情網站或盜版色情工廠常有大量色情光碟，當運氣不好碰到剛畢業之檢察官或法官常應被告律師要求「驗證」均爲色情光碟，然後怎麼辦，我們熱愛我的工作，國家給你薪水看色情光碟還不好？只是看 5

片 10 片 OK，看 1000 片、1 萬片就會變成「職業」傷害，回家就會直覺拿「A 片女主角」跟老婆比，另一爲受理遊戲報案，這麼多遊戲、這麼多角色、寶物，網路警察有時需搞懂遊戲內容才能受理報案開始偵辦，於是也要「下海」對戰幾天幾夜破關加級取寶，只因爲要受理報案偵辦案件，不然被害人會覺得我們不夠專業想吃案。

（三）智慧型網路犯罪（96-98年間）

隨著科技產品不斷翻新，駭客已漸漸從電腦網路竊取資料轉而入侵手持式設備，舉凡手機、個人助理（PDA）設備、筆記型電腦、無線網路……等均爲被害目標。另外部落格（BLOG）、社交網路（FaceBook、Plurk、Twitter……等），影音網站（YouTube……等），結合各類型生活、興趣、職業……等，多樣化群聚網站出現，更多的個人隱私、更多的人格特質、更多的內心真情無一不暴露於網路世界，駭客可以從網路大海中撈出「你」個人基本資料、日記、喜愛的食物、書本、嗜好、運動、職業、行程、交友狀況、個性、甚至愛看那些電影、年收入等等，可輕易成爲心靈導師，不誇張，駭客組織入侵電腦及網路系統成立機器人網路部隊 Robot Network（Botnet）又稱僵屍電腦（Zombie），除了竊取資料外尙可控制令其攻擊其他電腦當成跳板，尤其當一聲令下數千台電腦受控制之電腦（Botnet）同時攻擊某一電腦或某一網路（段），形同癱瘓整個電腦系統，成爲阻斷式攻擊（DDos）。98 年 8 月 6 日 FaceBook、Twitter、Plurk 即遭攻擊停止運作，96 年某月 CNN、Yahoo 遭攻擊停止運作，今日有國家機器介入運用 Botnet 當成資訊戰之武器，癱瘓他國政府之軍事、電力、經濟、金融、交通等重要資訊基礎網路，影響極大。這些遭控制之電腦極難發現，潛伏時間可長、可短，可橫跨數個國家，數量可多可少，很難預防。

第一節　竊取電腦資料手法分析

網路社會上有許多惡意程式專門入侵、竊取、刪除、遙控他人電腦又概略稱爲「間碟程式」，這些惡意程式利用作業系統（如 Windows）或應用軟體（如 PDF）或其他應用作業程式，功能漏洞入侵電腦系統取得相關資訊。以下列舉最常見惡意程式植入被害人電腦之方式：

一、偽冒網站

這是網路使用者電腦遭植入惡意程式比率最高者，歹徒先向網址管理或發放單位（台灣為 twnic）申請知名企業網友常上網站或遭鎖定之金融銀行網站之類似網址，如網址以“1”取代“L”，“0”取代“O”等，故意混淆網友。由於大部分的網友無法辨別欲連結網站之網址（網域名稱），然後歹徒再複製遭鎖定企業之網頁，製造偽冒網頁，外表與首頁一模一樣，然網址為極類似網址或另一網友無法辨別之網址，歹徒再向搜尋引擎公司購買遭偽冒網頁企業之關鍵字（俗稱關鍵字廣告）或故意點擊偽冒網站衝高點閱率。此時網友已進入偽冒網站，但大多數人無法從網址分辨，顯示之網頁又與真網頁相同，其時下載偽冒網頁時已遭植入惡意程式，甚或於假網頁上輸入帳號密碼即遭竊取，另一種類似方式為在真網頁上尋找網頁程式漏洞，歹徒可於有漏洞網頁上增加惡意程式指令，網友點選真實網頁亦有可能遭植入惡意程式而不自知，此種類型為目前網友遭植入惡意程最普遍之方法；另外歹徒亦大量購買較普遍之「關鍵字廣告」誘使網友點選含惡意程式網頁進行入侵。

二、通訊傳播

又稱「社交工程法」，歹徒偽造寄件者，設計網友關心之時事、主題主旨，透過電子郵件、MSN、YouTube……甚至現在流行的 Twitter、Plurk、Facebook……等互動式文字、影音等分享平台植入惡意程式。例如網友只要於網際網路發送電子郵件，這封電子郵件之收、寄件人電子郵件地址即會公開於網路上，系統可於網路上隨意大量截取或針對目標蒐集知名人士之電子郵件地址，偽冒寄件者與熱門或吸引人之主旨，網友常無法辨別即開啓郵件或通訊傳播之內容，此時網友的電腦即遭植入惡意程式，其他社交網站亦同理。

三、隨身碟

透過可攜式記憶體，攜帶惡意程式進行傳播感染，早期爲利用磁片最大眾，歹徒以各種方式（如僞冒網頁、E-mail）將惡意程式植入電腦後感染隨身碟，透過網友隨身碟之交互使用、互相感染，此種惡意程式種類極多。

四、不當軟體使用

主要係指使用 P2P 等分享他人檔案軟體，時下年輕網友多擁有 ipod、MP3 等隨身聽，亦有許多網友喜歡上網下載影片觀看，此類下載音樂或影片均需透過 P2P 檔案分享軟體；此類軟體不僅分享音樂，而係可將整個電腦檔案或硬碟分享出去，往往網友（尤其小朋友或更多電腦認識不清的大朋友）不了解 P2P 軟體特性，安裝時即一直按“OK”、「確定」、「下一步」，大多數人均未詳閱「下一步」、“OK”代表何意，很多是同意讓你的檔案與他人分享，然後電腦內檔案資料就被別人分享了；當然亦有些 P2P 軟體本身即有漏洞或遭系統植入惡意程式，網友多不自知，而國內每台家用電腦幾全裝有 P2P 軟體，個人資料外洩豈不嚴重。

第二節　數位落差

縱使大多網友長時間使用電腦及網路功能，然有些偏差之觀念須導正，方能減少資料外洩所產生之不良後果。

一、資料刪除

很多人以爲刪除資料使用 DEL 或 Format 鍵即可將資料刪除，須知 DEL 與 Format 爲 windows 指令，如若僅使用 windows 提供之搜尋功能當然不復存在，然若使用其他軟體如 Final Data、Encase 或用一些指令諸如 OuDEL、Unformat 或許可找回某些資料。在 windows 或其他軟體資料刪除時，相信刪除 1K 資料與 1G 資料所需時間幾無差異，如果現實社會擦一行黑板與 10 行黑板時間理應不同；電腦內真正刪除儲存之資料大小當然不同，而 DEL 僅代表將被刪除檔案標記爲所儲存空間可釋放出來再被使用，如另存檔案剛好儲存至同樣位置代表資料真的被覆蓋刪除，所以大部分人都不會刪除資料，那些資料該存入電腦就須嚴加考慮，如個人裸照等。

二、帳號密碼

多數人以爲帳號密碼可有效保護電腦或檔案，一般正常情形還好，但很多網路須輸入帳號密碼方能使用，如電子郵件、部落格……等，帳號密碼係存於網站電腦內，這些網站是駭客主要目標，很可能被入侵整個帳號密碼資料庫被駭客拿走，另外在網人電腦輸入帳號密碼，如個人電腦中已有惡意程式具鍵盤側錄功能，帳號密碼即很有可能被歹徒盜走。實務上許多部落客投訴，其部落格還在，帳號密碼被別人改掉，原來的已不能使用，國內某駭客曾舉辦比賽誰能於最短時間入侵國內某知名部落格網站，以往駭客多爲誰能入侵，現已改變爲誰能於最短時間入侵，網友觀念之改變不可不愼。

三、匿　名

許多網友認爲在網路上使用匿名或暱稱、代號，別人找不到你，這是錯誤的想法，因每個人使用網路都有 Profile 或稱指紋特徵，具唯一性，這與帳號的使用很類似。常上同一個網站，當輸入某些關鍵字搜尋資料常使用某些特殊符號或文字，甚至遊戲角色之個性與遊戲玩法均屬個人特徵，只要稍加比對即可找出正常人，如一般系統功能已具備真正隱藏自己的方法，亦有不法人士特別學習隱藏自己的方法，一般人極容易被分析，尤其未成年網友於某些網站會輸入真實身分，屆時即很容易遭有心人士鎖定。實務上有高中女生匿名記載其心情故事，期望博得他人同情及迴響，結果真實身分遭查出曝光，造成不堪之後果，時下年輕人常把網誌當日記本撰寫內心最深層的世界，以爲匿名行爲反有密碼保護，小心網路之狼就會用科技手法破解你的電腦，再用最原始方法騙取妳的心，進而用最殘忍的方法傷害妳的人。

四、防毒軟體

市面上防毒軟體可以防毒，但不是每種產品都可以防堵所有的惡意程式。每個產品都有特定強項，所有產品加起來也不可能百分百防毒，所有防毒軟體絕非不會遭惡意程式入侵，經統計遭惡意程式入侵之電腦 80%以上有安裝防毒軟體，系統在進行攻擊前先會觀察對象所使用之防毒軟體廠牌、版本，然後選擇適合之惡意程式攻擊，被害人很難倖免，尤其近年來針對特定對象之入侵愈來愈多，駭客集團研發破解更多反防毒軟體之惡意程式。資安與駭客間之戰爭正方興未艾，當專業之駭客要入侵業餘或一般之網友電腦如探囊取物，這種不對稱戰爭正逐步由個人隱私擴展到治安與國家安全。

五、系統漏洞

電腦軟硬體系統漏洞不斷出現，尤其作業系統（如 windows）及應用軟體（如 PDF、Adobe……等常用軟體），極易遭駭客攻擊，但是大多數電腦網友使用一般功能，對於廠商發布之漏洞訊息輕忽，也不會修補，造成資料大量流失，縱使有少數人懂得修補，然而發現訊息與修正之間的時間差可能已遭惡意程式入侵而不自知，所以使用電腦最基本之事應爲漏洞管理。

第三節　家長應注意事項

一、切勿禁止小孩在家中使用電腦

網路世界已然成形，網路社會已成爲青少年生活一部分，舉凡食、衣、住、行、娛樂、交友、教育……等，均早以網路進行，家長如一味禁止子女上網，勢必將迫使子女前往網咖，那真是萬劫不復。爲避免小孩沉迷網路，可嘗試與小孩溝通每周上網時數，內容自主管理，多半小孩會同意，如小孩仍不喜歡使用家中電腦，那就勢必因家中電腦太老舊或頻寬太窄，電腦與網路連線速度過慢，就須想辦法改善，佈置一個優良電腦網路環境，將小孩留在家中，這是每個家長的責任。

二、了解小孩上哪些網站

小孩上哪些網站表示腦袋在想什麼？對哪些有興趣？

這是家長要必須了解小孩使用電腦之首要要務，從電腦 IE 中選擇檢視、瀏覽、記錄可看到過去最多 30 日內這部電腦曾經上過的網站。當然小孩可清除，家長就要下番功夫了解箇中原因，如小孩上色情網站，很好！表示小孩長大了，你可了解小孩的性向，是否為同性戀，小孩上幫派網站，你可了解小孩是否於學校遭人欺負、或受利益誘惑、威脅，藉以尋找外援，甚或小孩心情不佳，有憂鬱症傾向常上灰色網站，都可事先預防，適時予以輔導，避免事後懊惱，這些家長定可做到。

三、聊天室做朋友

線上聊天室是警方最頭痛的地方，也是網站之狼最易出沒之處，因為聊天室即時對話很難追蹤，且歹徒極易於網路前偽裝成良好家世、學歷、背景、專業人士，甚至有些能事先竊取個人資料，投被害人所好進行誘拐、誘騙。多數被害人陷入歹徒佈下之陷阱而不自知，常有未成年少女與網友蹺家赴約遭害，亦有都會女子與網友第一次見面即遭性侵或其他傷害；家長須了解小孩常上那些聊天室，了解對談內容，需要時也可化名加入對談，並查察聊天對象或 IP 位址於國內、外，畢竟家長較能於對話中辨別好人、壞人，現實社會家長常教導小孩儘量別跟陌生人搭訕，然進入網路即可接觸全世界；電腦是家長買的，家長有責任義務負責小孩上網安全，如何在隱私與保護取得平衡，端視家長態度與智慧。

四、使用國內網路功能

不管小孩上網使用那些功能，電子郵件、部落格、聊天室……等社交網站，建議使用網址後方有 tw 網路服務業者。其實國內之網路服務公司均有提供上述功能、容量、速度與免費使用均不比國外差，實沒必要使用國外非 tw 功能，畢竟網址後方有 tw 之網路服務公司大都主機設於國內，警方調閱資料較完整、迅速，可提高破案率，歹徒亦知較易被取締而不敢任意尋找被害人，兼具預防犯罪之效。

五、加入遊戲角色

遊戲角色代表小孩的個性，家長豈能漠不關心，10 個小孩上網 10 個小孩會玩遊戲，常看到父母因小孩爲沉迷電腦發生爭執，多半爲線上遊戲。其實家長要了解小孩沉迷線遊戲的原因，很多線上遊戲投射的均爲心理層面，而現實無法實現的；如有組織 Team work 戰爭暴力，有三國演義忠肝義膽，有神怪奇人的科幻情節，亦有現實都會情愛糾葛。每個玩家都長期投入經營，花錢買點數，花時間過關殺敵，眾人通力合作取得寶物天幣，其中不乏嗜血暴力，凸顯玩家內心性格；此時家長可加入戰局嘗試判斷小孩角色之特徵，是獨斷獨行、抑或與人團結合作，暴躁易怒抑或憂柔寡斷。當小孩離開遊戲如不能抽離遊戲角色，這時家長即須出面針對角色個性不著邊際進行輔導，一如往常船過水無痕，聰明的家長須重新學習，親子互動了解小孩，網路世界才剛開始，但家長可別迷失了。

第四節　資訊安全

一、病毒的演進

隨著科技的進步，存在於電腦的病毒不斷的強化自身侵襲的能力，從檔案型、文件巨集、蠕蟲、漏洞及 Web 威脅等以不同的型態出現。

二、電腦開機

自動化帶來了許多便利，但有時便利性卻也帶給我們隱藏的危機，每當啓動電腦時，也同時啓動了許多我們無法察覺的行爲：如自動偵側無線上網、自動開啓附屬設備、自動下載合、非法資訊、自動入侵他人電腦及自動將資料傳出等。如何在便利的環境中擁有安全的保障是每個人必須慬慎思考的。

三、資安的演進

資訊科技的開發、運用無可避免的會遇到突發的事件，包括天然的災害、人員的誤用、內部的破壞及外力的入侵等皆有可能造成損失，雖然有些是無法預測的，但對於大多的事故發生前，能先予以規劃及防範措施，必能減輕損害。

四、Windows安全功能

Windows 是當今使用最普及的系統，其提供了一些安全的功能，包括防火牆的的設定、Defender 防間諜軟體、Live onecare 掃瞄工具，目的都是提高使用電腦的安全方法之一。

五、網頁瀏覽安全

造訪網站、廣告視窗及超連結是網路上常見的行爲，透過 Google 網站風險、Yahoo 網站標章、Fire Fox 防僞網站、Windows Toolbar、其他防僞網站、防毒軟體（Site Advisor）、使用我的最愛及勤掃毒等行爲有助於安全的使用網路瀏覽資訊。

六、電子郵件安全

受惠於電子郵件，今日能更即時、便利的交換訊息，但也因此附加的收到許多有心人士藉著收件者熟悉的寄件者名義、與己身有關的主旨、不易判讀的來源及吸引人的內容，不斷地傳送有害、無害令人困擾的資訊，達成其發送垃圾郵件或入侵使用者電腦進行破壞的目的。爲了防護電腦安全在電子郵件使用上必須有所節制，包括取消預覽功能、使用純文字模式、不自動開啓圖片、關閉自動回條傳送、關閉直接開啓連結、使用密件副本收件人、節制色情網站、勿使用超連結及勤掃毒等，讓電子郵件的使用更加安全。

七、USB安全

輕巧、機動造就了隨身碟的魅力，也增加了電腦病毒的傳輸途徑，在使用前先建立 Auto run 檔、掃毒、按 shift 使用 USB 防止自動開啓檔案、開啓防寫功能及金鑰加密對使用 USB 皆有安全的幫助，今日更有內建防毒軟體的 USB 可供選擇（記得不定時上網更新防毒軟體以因應不斷變身病毒的危害）。

八、P2P安全

P2P 是當今最受到寵愛也是最危險的軟體，在享用的同時也承擔了危機，唯有下載時從官方網站下載、將檔名編碼、縮短暴露時間、檢視設定、封鎖可疑網站、勤掃毒及了解著作權的侵權行爲等，方能降低風險。

九、聊天室（網路交友）的安全

人們總是囿於現實社會的規範，所以藉由網路交友表現自己期望的或無法實現的另一面向，然人心難測，要懂得自我的保護，透過 IP、對象、查證及留底等，對於己身的安全可多一分保障。

十、網購安全

網路購物的多樣化與便利性讓購物增添了許多的選擇性與經濟效益，然也增添了風險，於交易前應對 IP 來源、聯絡方式、評價及面交來確保網購安全。

十一、手機安全

今日手機已不侷限在通話的功能，許多手機具 PDA 功能，亦有作業系統（Windows、Mobile），年輕人多半專用手機傳遞文字訊息、攝影、儲存大量個人隱私資料；駭客亦會針對不同廠牌手機系統利用惡意程式入侵取得相關資訊，如以手機金融轉帳之帳號密碼，聊天內容及相、影片等，極重要資料，然而手機防毒軟體大都未能隨著手機迅速更新前有效防範，使用者應特別注意。

十二、兒童上網安全

為了讓兒童能有健康、安全的網路環境，家長於兒童使用電腦前應先予以安全教育，並採行網站過濾、定時開關機及網站分級，防範不良資訊的危害；今日亦有家長監控軟體，提供了監控瀏覽紀錄、MSN 即時通訊內容、封鎖某些網站或網頁存取等功能，對兒童使用的電腦進行把關。

十三、密碼的設定

人們會謹慎管理自己的錢財，對個人的資料卻常常疏於防護，密碼是保護個人資料的重要防線，是值得花時間心力去維護的。使用帳號、人名、生日、電話號碼、英文單字、品牌、專業名詞及英數字等就是俗稱的口木密碼，這些密碼有的甚至於不需透過程式即可猜中，千萬別因自己的怠惰讓個人的隱私赤裸裸的暴露在無邊無際的網路世界。

結　論

資訊安全含括上網使用安全、電腦資料安全及網路設備安全；現代人除享受科技帶來的便利性外，亦應重視衍生之風險，灌輸正確的電腦網路觀念、善用科技產品與加強資安意識，應該是齊頭並進的現代生活。

第十二章

校園安全之班級與學生團體經營

戴伸峰

前言

如前所述，台灣的校園環境安全神話已經動搖，學生在校園內的求學以及生活安全已經無法獲得百分百的保障以及維護。從嚴重的校園暴力犯罪、校園幫派、藥物濫用到校園霸凌、網路犯罪等等，成人社會中常見的犯罪類型已經一步一步的滲透侵入校園，嚴重影響到學生的就學權益甚至是生命與財產的安全。校園安全亮起紅燈的現象不只在台灣，在世界其他國家也有著類似的現象，例如在西元 2007 年 4 月 16 日早晨，美國維吉尼亞工科大學，一名韓國出身的留學生在校園內對教職員生開槍掃射造成 32 人死亡。這件校園慘案不但震撼全美國也震驚全球！因此，爲了因應校園安全所出現的警訊，美國政府已經針對各式各樣的校園犯罪現象訂定了許多的防治策略以及方案（Gottfredson et al., 1997）。台灣的鄰國日本，其文部科學省（同台灣教育部）也在 2000 年針對日本校園內部的犯罪事件氾濫的現象進行全國性整合調查的實證研究，並依據研究結果制訂了「校園安全維護之學校經營對策方針」（學級經營委員會，日本文部科學省委託研究案，2000）。總和上述針對校園犯罪以及安全事件所擬定防治與處置對策後，我們可以發現：除了特殊性較高以及犯罪手法較爲精細的犯罪類型，諸如網路、幫派組織滲入、組織販毒運毒、毒品控制等需要由學校外界的法治力量，諸如警察等來加以協助調查防治之外，絕大部分的校園安全事件都可以在校園內部運用學校自身的力量（學生、教師、家長）等所組成的各種團體，諸如班級、學生社團等來加以處理防治。因此，本章便以校園安全維護中的班級以及學生團體經營角度出發，探討校園安全維護的第一線：班級以及社團經營對校園安全的影響。

第一節　校園安全三級預防圈的觀念：班級、社團、學校

不管學校空間大小或是學生人數多寡，「班級」是組成學校的最小單位。從學生數眾多的新興都會地區中小學到最偏遠的山區或離島的迷你中小學，「班級」是一個學校實施教學、管理以及營運的最基本單位。在「班級」中，最基本的組成份子就是「教師」以及「學生」。在台灣的中等及基礎教育體系中，主要採行所謂的「導師」以及「級任老師」的方式，一個班級配置有至少一名導師或是級任老師。導師或是級任老師的工作除了負擔起主要科目以及專業科目教學以外，很大一部分的工作內容是參與學生班級活動、協助學生適應班級團體生活、督導學生班級活動進行以及觀察學生活動、處理學生突發事件以及學生安全事件的轉介處理等。我們可以說，級任教師或導師就像是班級的督導，能夠掌握學生在學校期間日常言行活動的第一手資料，因此在校園安全的維護中，扮演了最前線也與學生最接近的第一級預防角色（Noaks & Noaks, 2000）。

學生在校園中，除在班級中接受課業教育以外，還有很大一部分的時間接受屬於技能、興趣培養以及潛能開發型的教育活動。這部分的課程包含類似美術、工藝、家政或是社團聯課活動等性質的課程。與一般在班級上課不同的是，這類型的課程在課程內容設計上較為活潑，也強調學生自己親自動手做或是親自探索的教學方式，並且強調打破原有班級藩籬，以較為自由、尊重學生自主選擇，並且鼓勵學生自動參與的方式進行教學。在國中小學的義務教育階段中，這些部分的課程大多是由該專任科目的科任老師主導進行。但是到高中階段以後，學生便得以依照自己的興趣以及喜好來選擇參加社團、組織社團並經營社團，以經由社團來開發自己的能

力、並開展人際關係。「社團」在學校的相關組織中，其定位以及營運較爲特殊。社團強調學生的自主發起、自主管理、自主營運；在高中階段的學生社團，其組成成員可以打破班級以及年級的限制，在不同班級以及年級間尋找志同道合的朋友伙伴一起經營社團（Mawson et al., 2000）。雖然在社團的組織以及經營上，學校大多強調並尊重學生的自主性，但是學校還是必須透過一些方法，例如：專業的社團導師或是指導老師等的方式來協助學生經營社團，並且在學生遇到社團經營方面的問題時能夠適時適地提供支援以及協助。因此學校會針對每一個社團配置一到多名的社團導師擔任行政方面的輔導協助，並針對社團的專業領域聘請校內學有專精的老師或是外聘校外具有科目專長的社會人士來擔任社團指導老師等以協助學生在社團中學習。在上述的兩種師資中，社團導師往往扮演了社團方針匡正、社團活動審查以及社團營運異狀觀察的重要角色。不可諱言，在高度自由發展的學生社團中，難免會有少數害群之馬假借社團群集學生之名義行爲害校園安全或是影響同學就學權益之事項，因之，社團導師在這時候便能夠藉由活動申請核可制度、經費審核制度等的方式來了解學生社團的營運，並透過社團導師的中介，學校也能夠較爲快速的掌握學生社團的經營方向。

最後在班級以及社團之上，學校的行政單位扮演了重要的校園安全維護以及處置角色。其中尤其又以與學生事務息息相關的單位更爲重要，學生事務、學生輔導、生活管理等等學校行政層級的單位主管，雖然不是第一線接觸學生或是在學生違安事件發生的第一時間內在現場處理的相關人員，但是在校園安全對策擬定以及校園安全方針等政策方面確有最重要的決策影響力。在這個層級上，最高的學校行政人員：校長必須能夠全盤掌握並且蒐集到校園安全事件的發生始末以及防治方向等，另外對於自身學校校園安全的演進趨勢或是學生特色等部分也必須確實掌握。在校長之下，學生事務相關單位的各級主管必須襄助校長協助擬定相關實際作爲以達成校園安全方針。較爲特殊的是學生輔導老師，輔導老師制度的建立起源於對學生提供心理、課業、人際關係等各方面的服務。但是近年來，在教育部大力推廣以及心理諮商專業人才陸續獲得認證並進入校園後，專業的輔導諮商課程亦即專業輔導諮商老師的存在已經成爲校園中必備且不可或缺的重要一環。學生們也日漸接受當自己心理或是生活適應層面感到疑惑時，會主動的向學校輔導單位或是輔導老師尋求協助。另外，班級導師、社團導師等在第一線發現學生適應不良或是相關問題時，也逐漸習慣於將個案轉介至專業的輔導老師處以尋求協助。因此，學生輔導單位在校園安全中的角色十分廣泛且面面俱到。輔導老師既是第一線的學生問題輔導者，也是學校相關輔導政策制訂時的建言人，甚至可以協助學校將校園安全問題防杜於未然，這些都顯示出學校層級的第三級校園安全防護有其重要的指導功能。

上述的校園安全三級防護觀念，日本教育心理學家河合隼雄（2009）在其著作「河合隼雄のカウンセリング教室」中將之整理如下圖 12-1 所示：

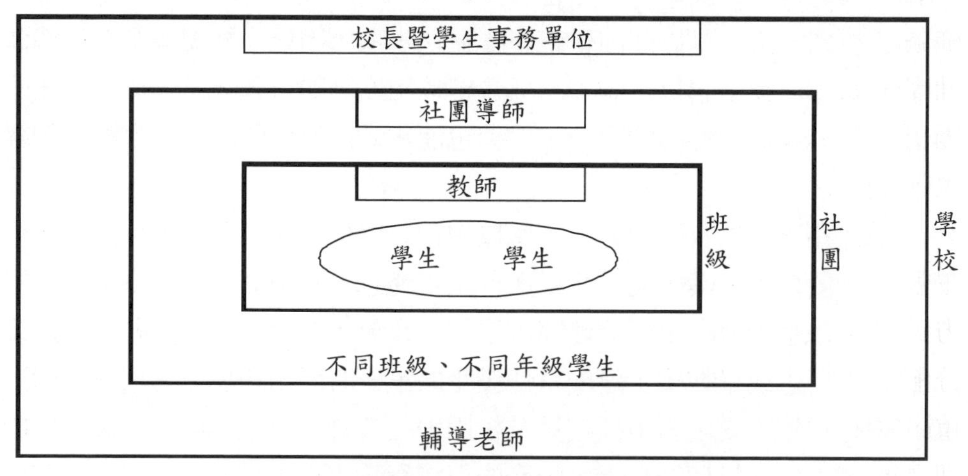

圖 12-1　校園安全三級預防圈概念示意圖

（轉譯自河合隼雄，2009）

從上面的校園安全三級預防圈概念示意圖中我們可以看到：學生在班級中與其他同班級的學生進行互動、共同分享教學資源，並建立班級特殊的人際溝通文化；另一方面，學生與學生之間也因爲其相異的成長背景、學業成績、人際技能等而產生摩擦、衝突等，這些微小的衝突事件可能可以在學生之間就獲得解決，但是也有可能累積下來成爲更大的違安事件的導火線。這時候在班級中的導師便成爲化解學生違安事件發生的第一線監督者，在導師或級任老師的積極輔導介入下，將班級內部的校園違安事件消弭於無形。

從班級擴大，由不同班級以及年級的學生所組成的社團，成爲校園中學生互動的第二個重要場域。社團成員來自學校內各個角落，與班級相比較，其流動性、變化性較高，對正值青春期、活力旺盛的國高中學生來說社團的吸引力遠比班級要大。除了社團本身的魅力外，近年來也有越來越多的學校爲了鼓勵學生發揮第二專長而將辦學精力轉移部分至學生社團上。以上的種種原因都反應了學生社團在校園中蓬勃發展的現狀及趨勢。學生在社團內或是社團間所發生的校園安全事件，其複雜度以及處理困難度比起較室內單純同班級場域所發生的類似事件相對要高。社團經營上所強調的學生自主性往往造成學校或是教師對於社團的活動掌握或是學生的社團問題難以掌握。因此和班級級任老師或是導師相同的，一般學校的社團也都搭配社團導師，並在學生事務相關部門設置社團輔導員以協助學生，並督導學生社團活動的進行。

比社團範圍更高層的，我們將之界定在學校等級，主要是由學校行政主管所組成。在學校層級，校園安全事件的處理必須升高到校園安全整體方針的擬定，校園安全方向規劃（環境安全、人員配置、時間管理、資源分配）等等，在學校層級所處理的校園安全事件，一般說來是屬於較爲嚴重，需要協調校內校外資源的重大違安事件；或是已經經過第一線教師處理過後的校園安全事件後續輔導追蹤等。在學校層級的處理人員，其最重要的組成份子就是校園專業輔導老師或是具有輔導專業職能訓練經驗的教官等。校園輔導老師以及教官在校園安全的事後處理中扮演極爲重要的角色。除了事件當事人的諮商、輔導之外，其專業可以延伸至該當事人班級同學的團體輔導、甚至能夠將相關師生家長都納入諮商輔導的流程中以家庭諮商或是團體輔導的形式予以協助，對於校園安全事件的處理有極大貢獻。

第二節　校園安全第一線：班級營運

從上節的校園安全三級預防圈概念中可知：班級不是是學校組織構成的最基本團體單位，也是學校掌握校園安全的最前線。目前台灣高、中小學的平均班級人數大約維持在小學接近三十人、中學接近四十人、高中接近五十人左右的規模。如此人數的學生在班級這個受限的物理空間中學習、成長、互動。學生在學校的時間從早上八點半左右開始到下午五點左右，約莫八個半小時，絕大部分的時間都是在班級教室中，因此如何平順的進行班級營運便是做好校園安全防護的第一個重要任務。班級營運受限於物理空間、時間等等，具有以下的營運特性：

一、同班級學生相處時間長

如前所述，在一般的國高中小學中，學生在學校的時間長達八小時，如果加上課後輔導，有時候甚至會長達十小時，幾乎佔了學生除掉睡覺以外的時間百分之八十以上。在這段在校的時間中，同班同學間的互動幾乎就是學生所有的人際關係範圍。長時間但是卻較爲侷限的人際關係相處，容易使得學生間的衝突不停重複發生或是衝突時間延長，而造成原本單純的學生衝突逐漸發酵成爲日後校園安全事件的隱性種子。

二、班級物理活動空間狹窄

國高中小學生在教室內的時間漫長，但是相對的，教室內能提供學生活動的物理空間卻十分狹小，每一位同學平均的活動空間約爲 3 平方公尺，數十位同學必須在一個限定的空間內一起求學、一起生活互動。正值青春期、活力旺盛的學生在如此狹窄的活動空間中極容易發生彼此干擾、或是肢體碰觸等問題。在教室內，學生間幾乎也沒有隱私可言，因此也容易造成同班同學間因爲生活緩衝空間不足所造成的各種衝突事件發生。

三、人際關係單純但互動頻繁

在班級營運中，學生間的人際互動是一個極爲重要的部分。班級中的學生人際關係有以下幾個特點容易造成校園安全事件：（1）班級內部同儕間的橫向互動較多，缺少縱向師生間的人際互動：在班級內部，大部分的同學都會與同儕互動，但是卻較少同學會主動與教師發生人際互動甚至避免將同學間的互動問題反應給老師，因此教師通常不太容易掌握學生互動的狀況，也錯失處理校園安全事件的先機。（2）單純且替換性不高的人際關係，容易造成固定同學的加被害：雖然說在目前台灣的學制規定中，國高中小學班級人數大多可維持在三十人左右，但是畢竟是屬於較爲少數而單純的人際互動。在 Cheurprakobkit 和 Bartsch（2005）的研究中提到：過度單純且狹隘的人際互動對象，會造成班級內部學生形成一種既定的、約定俗成的「角色扮演」式的加被害關係。身型瘦小、學業成績不良、人際互動技巧不佳、不成熟的學生容易在班上成爲固定的被害者，當班上同學出現人際衝突或是問題時，他們往往第一個成爲代罪羔羊，成爲班上同學發洩怒氣或是挑釁的對象。另一方面，身型強健高大、體力較強的學生則容易形成加害者的角色。這種因爲人際關係選擇替代性低所造成的班級角色扮演行爲，與成人社會中的社會角色遊戲（social role game）類似，對於學生在校園內求學的安全有極爲嚴重的影響。此外，也因爲班級人際關係單純，當學生在班級中遭受霸凌或是其他校園安全事件時，其求助管道往往較爲缺乏，所謂的習慣性被害者角色同學很容易被其他同學貼上弱勢、少數、或是怪誕等的標籤，導致他們在被害時更難以取得其他同學的協助，而使得被害的現象一而再、再而三的發生。

四、教師權威主導

在現行台灣國高中小學的教育體制中，級任教師或是導師在班級營運中有其絕對重要且具有權威的地位。如果教師素質整齊且優良，如此的教育現場設計能夠讓學生有最有效率的學習環境也最能夠保障班級順利安全的運作。因爲級任教師對於班級的掌控以及管理有相對較多的資源以及權利，如果教師出現不適任情形或是對於學生事件處理相對漠視的話，則班級內的學生遭遇問題時其求助管道將受阻。尤有甚者，如果教師本身言行出現偏頗等問題，則更容易加重學生間的衝突或是霸凌，也更容易讓班級內部秩序蕩然無存。

總合上述四種班級營運對校園安全的影響我們可以發現：「班級」單位實爲校園安全防護的第一線，也是做好校園安全防護的最基本單位。班級由學生組成，並有級任老師或是導師擔任生活督導以及學業教育的工作。學生在受限的物理空間中長時間的相處，並在侷限的人際關係中互動，這些都容易使得血氣方剛的青春期學子們發生衝突或是違安事件。一位優秀的、有經驗的教師可以在事件發生的剛開端甚或是事件尙未發生就防杜於未然，但是如果教師本身不適任，不具備有專業的學生問題事件處理技巧，則有可能錯失了安全事件的處理機會，導致嚴重的校園安全事件發酵。

第三節　班級營運與校園安全：第一級預防的觀念

如前節所述，既然班級身爲校園安全防護的第一線也是最基本的單位，班級營運的成功與否便左右的校園安全維護的功效。爲何提升班級營運績效並透過班級有效改善校園安全環境，教育學家、心理學家、青少年問題專家各方面的學者結合了教育實務界的教師等，提出了許多的建議方案（Wade & Stafford, 2003; Bartsch & Cheurprakobkit, 2002; Petercon & Skiba, 2001）：

一、教室物理空間改善

如前節所述，學生長時間在教室內求學，對於教室內部缺乏隱私且單調的配置難免會感到厭煩。爲了改善單調的教室內部環境，Noaks & Noaks（2000）建議在教室內裝設教學電視以增加學生學習興趣並可作爲積極的教學補充教具。他們在英國的研究結果指出，電視可以有效的提高學生學習興趣，並且經由選擇後的電視節目可以提供學生課堂之餘的討論話題，活化學生的思考，轉移學生容易鑽牛角尖的思考模式。另外 Noaks & Noaks（2000）更發現，如果能夠充實視訊設備，讓在不同教室上課的學生能夠透過視訊以及電視轉播觀察到其他班級同學的臨場立即學習表現以及生活管理，這些方式都能夠讓教室內單調的物理空間獲得擴大，並且提供學生更多的學習觀摩機會。如果教室營運受限於經費無法立即使用電視教學設備，教室布置讓學生參與、規劃布置特區讓學生塗鴉留言、設立每日公告欄每日更新教室訊息等等都是改善教室物理空間侷限的有效方法。

二、教師專業輔導職能加強

如前所述，級任教師或是導師是維繫班級營運成功的重要關鍵，因此加強教師在學生安全問題上的處理技巧以及職能是至爲重要的一環。目前國內各級學校多設有專業學生輔導諮商相關課室，其中並配置有多名具有證照或是學有專精、經驗豐富的學生事務輔導諮商專業人力。如何妥善規劃輔導諮商人才發揮其功能，尤其是針對一般教師的輔導諮商職能精進，利用演講、實習、觀摩等等的機會，教導或是與教師進行經驗分享。在日本則在各級學校的教室內設置有「教學暨學生問題救急熱線」，這些熱線電話可以由各教室內的內線電話直撥給輔導室，教師們一旦發現學生問題或是自身遇到教學上的瓶頸，則立即可以使用救急熱線，專業輔導教師便會感到現場予以協助處理，提高學生事件處理的效率以及專業度。

三、學生品德人格以及法治教育的再加強

由於學生在學期間長時間在教室中求學，教室內同班同學間的人際關係對學生的影響非常大。如何在侷限的空間、漫長的時間中發展和諧的、互助的人際關係，是維持班級營運以及校園安全的最基礎工作。透過合作取代競爭、鼓勵取代責罰、關心取代干涉等的教育方式改進，教師可以教導學生如何與其他學生互動，鼓勵學生關心弱者、並且透過合作的觀念讓學生擁有共同作業的機會，達到共同成長。另外，也必須在適當的場合進行關於校園安全以及青少年法律知識的法治教育，藉由法治教育的加強，讓學生知道哪些事情是合法的、哪些事情是非法的，並且知道違犯法律所需付出的代價等等，以期讓學生能夠了解違法行爲的嚴重性，並防治於未然。

第四節　校園安全第二線：社團營運

「社團」是校園組成結構中，較爲奇特的一環。與班級教學不同，社團主要是培養學生自治能力、尊重學生自發行爲、協助學生開發潛能等爲主要目標。社團的表現評鑑並不像一般的學業評鑑般絕對且制式化，社團可以依據其自身的特性、專長等做出最有特色的表現。也因此，社團對於國高中階段正值青春期的學生而言，往往比起呆板的課堂教育更有吸引力，也更受到學生歡迎。俗諺有云：「課業、社團、戀愛是學生的三大必修學分」，由此便可以看出社團的重要性以及對學生的影響力。社團的營運與班級營運有極大的不同，其特性較爲活潑無拘束性，但是複雜度也較高。其中在社團營運中最容易發生問題的部分主要來自於兩個方面：社團營運時的學生問題難以掌握以及社團營運方針的變質。

社團營運與班級營運最大的不同點在於社團活動的時間以及空間都較爲自由，參加成員較爲複雜。不限於同班同學，也不限於同年級的同學，社團成員可以來自學校內所有的學生，不同班級、不同年級的學生在社團中一起交流學習。成員的複雜性提高相對也提高了社團中人際關係經營的困難度。雖然社團成員的加入以及離開遠比班級來的自由，但是在實際社團營運的案例中卻不乏因爲社團中的人際關係問題所導致的蹺課或是課業成績下降等的學習以及適應問題。其中最困難的部分在於縱向人際關係的建立以及維持。與班級不同，社團成員來自學校各年級，因之也一定會出現所謂的「學長學弟、學姐學妹」的人際關係組成。早期在某些體育性社團或是音樂性社團中常常可以發現所謂的「老欺新（老鳥欺負菜鳥）」，幫發生類似如此跨年級的霸凌事件時，教師或是校方往往受限於社團的自主營運以及高流動性的特性而無法在第一時間掌握學生受害的狀況，導致被害事件的重複發生。

社團營運對於校園安全的第二個影響來自於社團營運方針的變質。由於社團的經營受到學校以及教師的高度尊重，在一般狀況下，教師並不會對社團營運做出過多的管制或是干涉。在如此的情況下，單純的學生社團便容易被有心人士利用，輕則利用學生社團作爲其發展自身利益的人力來源，重則吸收學生社團成員爲其所用，以學生身分從事違法的行爲。近年來，警方屢次破獲社會不良組織吸收學生成員擔任暴力討債、販毒運毒等工作。經過警方調查，這些學生在校內時常會藉由正常社團組織的名義向學生招募新血，利用學生的身分作爲掩護，給予新加入的學生金錢或是毒品上的誘惑，壯大自己的勢力範圍。除了這些較爲嚴重的社團經營方針變質問題外，亦有些社團被多層次傳銷方式利用，成爲多層次傳銷吸收學生成員的重要管道。多層次傳銷在商業活動是一種十分有效率且正當的行銷手法，但是在學生團體間進行多層次傳銷的行銷，往往會造成學生精力的大量投入，甚至會出現有金錢糾紛等的問題發生，嚴重時則鬧上新聞媒體，造成學校營運上的困擾。

綜上可以發現：學生社團的立意是培養學生自治能力、尊重學生興趣專長、激發學生創意思考等等具有理想性的教育方式，但是因爲社團營運在學生自主營運的前提下，較爲容易產生問題，而社團指導老師也無法像是班級導師或是級任老師般對於社團做較爲強而有力的督導管理。因此，如何善用社團之善，而防堵社團之惡，讓學生社團成爲校園安全重要的第二防線，是學校和教師在輔導學生社團營運的重要目標及方向。

第五節　社團營運與校園安全：第二線預防的觀念

社團營運對於學生的成長以及教育有極大的貢獻，對於學校多元性的開發也有舉足輕重的影響。許多學校透過學生社團優異的表現發現了學校經營的特色及方向，在少子化，學生來源減少的今天，學校特色與優異學生社團表現逐漸成爲家長以及莘莘學子選讀學校的參考指標。然而社團除了教育意義之外，對校園安全觀念的建立及預防也有其十分重要的功能及影響。以下便分點述之：

一、善用社團資源，輔導學生課後時間有益運用

如前所述，社團的活動時間大多在課間或是課後，這段時間往往就是級任教師以及導師無法管理並掌握學生行蹤的時間。如果學校方面能夠培

養並鼓勵學生參與社團活動，如此可以藉由社團活動的方式讓學生有效利用課後時間學習第二專長或是興趣，避免學生在課後呈現無所事事的閒晃狀態，或是有機會至校外參加不良幫派或是出入不正當場所，造成校園安全的漏洞。

二、社團表現展演做為校園安全宣導種子

學生社團依據其成立的宗旨以及活動類型，粗分可以區分為自治性社團（類似學生會或是班會等）、服務性社團（以服務性質之志願工作為目標）、藝文性社團（較為靜態的藝文賞析、創作、分析）、體育性社團（以學生體育競技活動為主）、康樂性社團（以非體育競技之康樂型活動為主）。這些社團各有其特色以及專長。因之如果學校方面能夠善用社團資源，結合校園安全指導方針，將社團活動中加入校園安全宣導的內容或方法，讓學生自己來討論適當的展演方式表現校園安全的重要性，其宣傳效果將遠大於由校方主導或是刻板的制式宣傳，對於學生校園安全觀念的啓發以及落實必有重大貢獻。目前在國內以國立中正大學所暢辦宣導的「國立中正大學反毒宣導團」即為一例。國立中正大學反毒宣導團由校長暨學務長擔任團長以及總幹事，組織學生社團，將學生社團中表現卓著的表演部分加入反毒的內容宣導，在嘉義以及鄰近地區國高中小學利用該校朝會集會時間宣導反毒及校園安全的重要性，其效果甚獲好評。我們可以說這就是社團對於校園安全宣導以及落實的重大貢獻。

結　論

在社會治安敗壞的今天，「校園」已經很難獨善其身而置身於社會之外，在過往，我們認為校園是絕對安全，也能夠絕對保障莘莘學子的就學權益以及生活安全。但是近年來，社會不良團體的黑手深入校園、校園內部發生的霸凌、校園師生問題、家長與學校或是教師間的衝突等等嚴重影響校園安全的社會新聞，屢屢引起社會大眾高度的關切。因此，本章節藉由校園安全的三級預防觀念，提出以「班級」以及「社團」為校園安全防

護的第一線以及第二線的看法，藉由適當以及有效的班級以及社團營運達到校園安全的確保以及違安事件的預防，以期校園安全能夠得到更全面的維護。

參考書目

校園安全維護之學校經營對策方針（2000）學級經營委員會，日本文部科學省委託研究案。

河合隼雄（2009）河合隼雄のカウンセリング教室，創元社、日本東京。

Bartsch, R. A. and Cheurprakobkit, S. (2002) School problems and learning about crime and justice systems: principals' views, *Educational Studies*, **28(3)**, 275-285.

Cheurprakobkit, S. and Bartsch, R. A. (2005) Security measures on school crime in Texas middle and high schools, *Educational Research*, **47(2)**, 235-250.

Gottfredson, G. D., Gottfredson, D. C., Czeh, E. R., and Womer, S. C. (1997) School capacity for program implementation and delinquency prevention, paper presented at the *Annual Meeting of the American Society of Criminology*, San Diego, CA. 19-22 November.

Mawson, A. R., Lapsley, P. M., and Hoffman, A. M. (2000) Create weapons-free zones to prevent lethal violence in schools, paper presented at the *Annual Meeting of the American Society of Criminology*, San Francisco, CA. 14-18 November.

Noaks, J. and Noaks, L. (2000) Violence in school: risk, safety and fear of crime, *Educational Psychology in Practice*, **16(1)**, 69-73.

Peterson, R. L. and Skiba, R. (2001) Creatinf school climates that prevent school violence, *Clearing House*, **74(3)**, 155-163.

Wade, K. K. and Stafford, M. E. (2003) Public school uniforms: effect on perceptions of gang presence, school climate, and student self-perceptions, *Education and Urban Society*, **35(4)**, 399-420.

第十三章

校園犯罪與危機處理

董旭英

第一節　校園犯罪

近年來，國內校園犯罪件數量逐年遞增，已造成校園安全亮起警訊，且隨著惡質化犯罪型態的入侵而越益變本加厲，使得學生在校園中的身心安全備受威脅。由此觀之，校園犯罪問題極需社會各界人士的觀注。以下即就校園犯罪之定義、種類、成因與影響進行深度討論：

一、校園犯罪的定義

在探求校園犯罪定義之前，應先了解何謂犯罪。犯罪行爲是一複雜性的概念，其性質是相對的、多元的、矛盾的，其定義可能隨時空、社會、政治及倫理價值判斷的不同，而有不同內涵。但縱觀學者對犯罪之研究，最常從法律之觀點、社會學之觀點著手論述，在此針爲此部分分點論述（蔡德輝、楊士隆，2006；林山田、林東茂、林燦璋，2008；許春金，2007）：

（一）法律觀點

即犯罪古典學派所謂「刑事意義的犯罪」，即法律上明確譴責並科以刑罰的不法行爲。以此觀點，刑法爲區別犯罪與非犯罪行爲的圭臬，因此若違反社會風俗或道德規範，由於並不違法，因此非爲此處所指的犯罪。

（二）社會上的意義

社會學家認爲凡違反與社會行爲規範（Conduct Norms），損害社會公益而被社會否定之行爲即爲犯罪，因此犯罪是一種社會偏差行爲（Social Deviant Behavior），具有「反社會性」（Anti-social）和無社會適應性（Asocial）。在此定義下的犯罪可分狹義的偏差行爲（即法律意義的犯罪）與廣義的偏差行爲（即社會意義的犯罪）。

綜上所述，犯罪一方面爲觸犯法律而應受處罰之行爲，另一方面亦可將之視爲，違反社會規範的偏差行爲。而校園犯罪意指發生於學校內，而且是校內人員所犯下的各種嚴重程度不一之犯罪或偏差行爲。由於校園犯罪地點僅限於學校，因此好發生於在校園活動的青少年，故關於校園犯罪的討論多以少年犯罪爲主軸。

二、校園犯罪的種類

校園犯罪的種類暴力犯罪、財產犯罪、性犯罪、幫派爲大宗，以下即就校園犯罪的各類型分點討論：

（一）校園暴力犯罪

校園暴力（school violence）顧名思義係指發生於學校內之暴力行爲，學者林世英（1982）指出，校園暴力事件乃指在校學生有下列行爲：

1.對教師訴諸暴力事件。

2.聯結集團幫派，並以集團幫派之勢力爲背景的學生間暴力事件。

3.聯結集團幫派，並以集團幫派之勢力爲背景，對學校設施、辦公用品等之損害事件。

另外，校園暴力行爲種類眾多，可依對象之不同、破壞程度及其性質加以區分（蔡德輝、楊士隆，2008）：

1.對象之不同

（1）對教師之暴力或犯罪行爲。

（2）對同學之暴力或犯罪行爲。

（3）對學校公物之暴力或犯罪行爲。

（4）教師對學生之暴力或犯罪行爲。

2.破壞之程度（沖原豐，1983）

（1）重症型：對教師施暴、破壞公物、對國家施暴相當顯著之情形。

（2）中症型：以破壞公物、對同學施暴爲主，甚少對教師施暴之情形。

（3）輕症型：以對學生施暴爲主，幾乎無對教師施暴或破壞公物的情形。

（4）無症型：即無校園暴力之情形。

（二）校園財產犯罪

「財產犯罪」是指侵害財產法益的犯罪，主要是規定在刑法中的竊盜、強盜、搶奪、詐欺、侵佔、背信與贓物等罪。而在校園的財產犯罪中主要以少年竊盜爲主，鍾思嘉（1994）將其分爲六種類型（引自蔡德輝、楊士隆，2008）：

1.金錢型竊盜

此類型青少年竊盜之目的在於物質與娛樂上的滿足，意即，金錢的取得不是主要目標，他們只是將其視爲滿足需求的工具。

2.享樂型竊盜

此類型青少年竊盜之目的爲追求快樂的獲得，而竊盜行爲的快樂感來源有二：一爲竊盜行爲過程中刺激感的滿足，一爲獲得快樂工具得取得，因而產生竊盜行爲。

3.同儕接納型竊盜

此類型青少年通常是同儕小團體的一員，他們竊盜的主因是追求同儕接納和認同。

4.表現型竊盜

此類型青少年通常具較高的表現需求，喜歡以冒險性行爲獲得他人注意與讚賞。其竊盜之因主要是追求自我能力的肯定與同儕地位的取得，因此將竊盜行爲視爲一種自我能力的表現。

5.無知型竊盜

此類型青少年缺乏法律常識與社會規模觀念，其竊盜原因並非自己親身參與，而是因好奇或貪一時之快而藉由贓物使用卻不知道。

6.僥倖型竊盜

此類型青少年有較高的僥倖心態，其竊盜原因主要是個人僥倖心態作祟，加上情境因素的配合所引發。

（三）校園性犯罪

性犯罪是指違犯與性有關犯罪之統稱，在校園性犯罪中，最常出現的類別即爲性騷擾與性侵害二者。法務部（2007）之少年兒童犯罪概況及其分析的統計資料顯示，少年兒童性犯罪，自 2003 年起已超越強盜搶奪罪成爲暴力犯罪人數次多的類型，僅次於傷害罪。因此，社會大眾、政府機關應正視此問題，並戮力預防解決。以下就性騷擾與性侵害此二類型加以闡述：

1.性騷擾

韓宏杰（2006）曾依據中外學者對於校園性騷擾之見解，將之定義爲「學校內成員以任何不受歡迎，且含有性意味或性別歧視之行爲或與言詞，致影響另一成員之人格尊嚴、學習或工作之表現者」皆屬之。而陳若璋（1993）更進一步依性騷擾、性侵害行爲的嚴重程度，區分爲三種等級：

（1）第一級性迫害：包括語言猥褻或講黃色笑話，意指言語騷擾。

（2）第二級性迫害：包括暴露身體隱私處，被碰觸、撫摸身體如胸部、臀部，強迫親吻，被拍裸照，加害者表演猥褻舉動或色情行動。

（3）第三級性迫害：包括撫摸生殖器、被強迫性交、被強迫口交或肛交、被強迫性交且有凌虐行爲。

校園性騷擾大致包含性別歧視、侵害人性尊嚴、違反公序良俗、侵害學生之受教權等，據學者晏涵文、黃淑英（2004）研究，有高達77%的國中學生曾遭受至少一種形式上的性騷擾，在性別分布上，在於曾遭受性騷擾的男生並不低於女生，而所受之性騷擾行爲最多的是「與性有關且不受歡迎之言詞」。由此可知，性騷擾問題在校園中處處可見，將嚴重影響學生學習，值得教育工作者投入更多的心力，並應致力於防範與處理機制的發展。

2.性侵害

關於性侵害之定義，我國在刑法上已有明確之界定，即「稱性交者，謂非基於正當目的所為之下列性侵入行為：一、以性器進入他人之性器、肛門或口腔，或使之接合之行為。二、以性器以外之其他身體部位或器物進入他人之性器、肛門，或使之接合之行為。」而校園性侵害意指學校內成員，包含教職員工、學生非基於正當目的，對他人有性侵入之行為。

在以兒童、少年為加害人之校園性侵害行為中，出現數種特性（黃富源，2008）：

1.兒童性侵害行為目的與動機， 與性滿足及性衝動之關連性不高，反而與好奇、焦慮、模仿、引人注意、自我探索等有關（黃富源，2008）。

2.大多數少年性侵害的手法以愛撫與性交為主（Awad & Sauders, 1989），此外，他們的犯罪手法強制性不高，其使用武力程度與被害人之年齡與順服度有直接關連性。

（四）校園幫派

許多研究指出，青少年從事犯罪行為多與友伴合作之下進行（Shortand Strodtbeck, 1965）。因此，少年團體犯罪（如少年幫派）問題已為預防校園犯罪首要之務。所謂少年幫派，據學者 Yablonsky 研究（1962）具有以下特性（引度蔡德輝、楊士隆，2008）：

1.分歧之角色定義；

2.缺乏凝聚力；

3.對規範具有低度之共識；

4.非永久性質／狀態；

5.成員流動性高；

6.領導人物具有情緒困擾問題；

7.成員期望互異。

至於少年幫派之活動類型上，根據楊士隆、程敬閏（2001）的研究，帶有明顯暴力性質的色彩，如參與打鬥、尋求幫派解決糾紛及暴力討債。亦有不以從事犯罪活動的少年幫派，成員間只是聚眾嬉鬧、遊蕩、飆車、打賭博性質電玩等。

第二節　校園犯罪造成之影響

青少年階段待在學校的時間居多，校園生活對青少年整體生活來說佔有很大的影響。而近年來，校園犯罪的頻繁發生，嚴重影響了正常的教學秩序，危害到學生的生命、財產安全。校園犯罪有很多種類，其造成的影響也有所不同，以下就校園犯罪較主要之層面，包括校園暴力、幫派與性犯罪來加以論述：

一、校園暴力

校園暴力的發生除了對被害人造成生命、身體、健康、財物等造成損失之外，對於一般學生也形成極大的心理壓力，對學校生活失去安全感，進而影響其學習成效。此外，若長期暴露於暴力威脅下，除了可能從生活情境中退縮下來之外，亦可能強化其將來以暴力解決問題之行為模式（蔡德輝、楊士隆，2008）。

另外，陳毓文（1998）結合量化與質性的研究方法，進行自填式團體問卷調查與個案深度訪談來蒐集研究資料。樣本的取得則採立意抽樣，自桃園、彰化和高雄三所少年輔育院，共1277名少年進行調查，所得資料主要以多元線性迴歸法（Multiple regression）分析。其研究結果顯示：暴力環境（家庭、校園及媒體）對台灣少年暴力行為的確產生相當程度的影響，而其中又以目睹校園暴力所產生的影響最大。身歷或目睹暴力的結果，不只是可能衍生暴力行為，還有更多的孩子會因此而產生各種心理上的疾病。

對教師而言，則可能使原本教學認真的管理者流於懈怠或尋求轉職，甚或離職，使學校教育品質更形低落。尤其，若校園暴力的受害者為教師，不僅教師尊嚴大打擊，尚可能導致「被害教師症狀」，如失眠、焦慮、頭痛、高血壓等各種壓力反應，直接影響教學品質（蔡德輝、楊士隆，2008）。

二、校園幫派

研究顯示，一旦青少年加入幫派組織後，其從事偏差行為之可能性即大增（蔡德輝、楊士隆，2008），且易受幫派影響而走向中輟一途（程小蘋、林杏足，2003）。透過由中輟生與在學生組成的幫派，在校園裡侵害無辜的學生，造成學校師生安全的嚴重威脅。大約5%的學生，都曾在學校受到幫派侵害，這些被害情況包括：「強迫推銷物品」、「性騷擾」、「強迫做事」、「勒索」、「毆打」、「找麻煩」、「口頭恐嚇」、「限制行動自由」等，導致師生有被害恐懼感。幫派流竄侵入校園，已經嚴重影響教育環境，有效控制校園幫派活動，是一項重要的治安課題（周文勇、許正道，2005）。

集團性的幫派犯罪活動，嚴重性遠高於個人的犯罪行為，危害社會至鉅（周文勇、許正道，2005）。幫派入侵校園，不僅學生飽受威脅，無心上學，同時更使原本寧靜之校園有成為風聲鶴唳、殺戮戰場之虞（蔡德輝、楊士隆，2008）。

三、校園性犯罪

性騷擾行為往往對被害人造成嚴重的後果，諸如憤怒、自責、失眠、憂鬱或其他心理病症外，尚有頭痛、嘔吐、疲勞等所謂「傷後壓力失調」。而在學業上更可能造成被害人逃課、更換學習主題、甚至被迫休學等後果。即便其他非被害學生也會受性騷擾事件之影響，而嚴重影響其學習情緒。是以，性騷擾行為侵害學生受教權之重大難以言喻（韓宏杰，2007）。

第三節　校園犯罪因素

層出不窮的校園犯罪類型，乃各種複雜因素交互作用所產生之結果。是故，唯有剖析及釐清校園犯罪的主因，才能作出行之有效的對策。茲將校園犯罪的因素，由學生個體作爲探究的發軔，進而將廣度延伸至家庭、學校乃至社會。

一、學生個體因素

首先，就學生個體因素而言，乃校園犯罪的主體，犯罪遂有其自身的重要根源。處於狂飆期的青少年，由於好友、好勝及好動的心理特質，致使有的學生喜歡拉幫結派，然一旦陷入與不良青少年爲伍的泥淖，便即有可能成爲幫派的附庸；亦有學生爲了不受欺侮，因而加入不良少年的團體中尋求庇護。此外，在學業成就上擁有低自尊者，往往在學習屢遭挫敗，於是便以曠課作爲逃避，因而結識不三不四之青年，成爲亡命之徒。甚而有的學生貪圖享樂，抑或欽羨他人生活品質之優渥，導致竊盜犯罪成爲各類校園犯罪之首（李富金，2003）。

二、家庭因素

其次，就家庭因素而言，學生普遍爲家中的獨生子女，自然而然集三千寵愛於一身，然父母身爲孩子的第一任教師，如果把此種關愛變成溺愛，便會培養子女任性與驕橫之不健康心理。此外，過於威嚴之管教方式，亦會使孩子產生反抗之心理，而爲了脫離父母之的監管，有的夜不歸宿到處遊蕩，有的尋釁滋事打架鬥毆（李富金，2010）。然而，高離婚率之社會現況，往往使得孩子在不健全的家庭環境下成長，不論是單親、再婚，甚或隔代教養之家庭，孩子皆難以尋得溫暖，致使走向自甘墮落。尤以遭受亂倫之家庭，受害者極可能成爲性侵害犯者，抑或再次成爲性侵害的被害者（謝欽璟，2005）。

三、學校因素

再者，就學校因素而言，其扮演著學生在家庭與社會間的關鍵樞紐，並負有教育與社會控制之功能（謝欽璟，2005）。但在菁英教育下，教師對學業表現較爲低落的孩童，不是缺少必要的關心，就是對其思想動態和心理狀況不加了解，於是導致學生自暴自棄，直至他們犯下過錯，老師才如夢初醒。是以，現今品德教育的極力推動，即有鑑於以升學主義為教育目標導向所造成之缺失。另外，若以懸缺課程的角度觀之，學校在法律意識教育之疏忽，使得學生缺乏知覺守法之法律素養，更別遑論營造友善的校園風氣（李富金，2003）。

四、社會因素

最後，就社會因素而言，價值觀的偏差，道德規範的淪喪，均是校園犯罪的幫兇。尤其，當今社會多為色情充斥，不當場所的誘因及網際網路的盛行，致使青少年深夜在外逗留，留連網咖，不但使其傾向犯罪，更易成為被害者（謝嶔璟，2005）。另外，犯罪學學者 Cooward 和 Ohlin（1960）認為低階少年由於表現機會受阻，無法以正當之手段達成中產社會之價值觀，因而形成次文化，並利用參與幫派，獲取心目中之「成功」，以填補心靈的創傷；Block 和 Niederhoffer（1958）指出，參與幫派乃為青少年走向成人世界之橋樑，對於父母之控制，亦能獨立走出，自此開展自我的人生（引自蔡德輝、楊士隆，2008）。

前文提及校園犯罪之成因，極為複雜與多元，因此，並非能以單一因素或理論即可周延解釋。因此，對校園犯罪行為發生的解釋，必需考慮不同之角度及層面，才能一窺全貌。

首先，就校園暴力之成因，蔡德輝和楊士隆（2008）歸結可從犯罪生物學、心理學及社會學三個向度探討之。在生物學方面，XYY 性染色體異常、腦邊緣系統長腦瘤之缺陷或青春期生理發育之敏感，均是構成暴力的潛在因子；心理學方面，無論是與父母關係之經驗不好、具病態之人格特質、無法採用適當方法面對挫敗，甚或狂飆階段之渴望獨立、反抗權威的特徵，皆易引發暴戾行動；社會學方面，緊張理論認為升學主義引導之教學，易使青少年身心發展產生不平衡的現象，倘若無法有效解決因壓力所引起的緊張與焦慮，暴力行為便極易發生，然自標籤理論之觀點，青少年偶然犯錯之第一階段偏差行為，若給予嚴厲指責並賦予不良標籤後，易使其產生適應的困擾，因而開始自暴自棄，並以更嚴重的偏差行為甚至暴力行動，對社會否定之反應進行防衛。其次，就校園幫派之成因，犯罪學學者 Cooward 和 Ohlin（1960）認爲低階少年由於表現機會受阻，無法以正當之手段達成中產社會之價值觀，因而形成次文化，並利用參與幫派，獲取心目中之「成功」，以填補心靈的創傷；Block 和 Niederhoffer（1958）指出，參與幫派乃爲青少年走向成人世界之橋樑，對於父母之控制，亦能獨立走出，自此開展自我的人生（引自蔡德輝、楊士隆，2008）。

第四節　校園危機處理

一、校園危機定義

校園是提供學生學習與活動的一個特殊場所，其推動過程充滿動態性，使得危機潛伏於其中。「危機」即爲組織因各種因素，影響組織生存的立即性或是嚴重威脅其情境或事件（陳美環，2008）。陳美環（2008）進一步指出危機具有階段性、威脅性與不確定性，正由於這樣的特性，當校園出現危機時，相關人員要立即進行危機處理，以消弭危機所帶來的威脅性，例如：攸關生命存亡或動搖學校聲譽，而危機或許也就是轉機，當危機出現時，採取正確的處理流程，就可有效減低傷害以及增長經驗，讓校園更注意相關事件的宣導與預防，因此，危機處理可視爲組織或個人爲避免或減輕危機所帶來的傷害，所採取的一種行動，於事後進行相關的事件規劃與處理，將傷害減到最低。

二、校園危機種類

校園危機處處可見，整理依據教育部（2003）與之分類分爲七大面向：

（一）意外事件：車禍、溺水、中毒、運動及遊戲傷害、實驗實習傷害、疾病身亡、自傷自殺、校園建築及設施傷害、其他意外傷害。

（二）安全維護事件：火警、地震、颱風、水患、人爲破壞、校園侵擾、失竊。

（三）暴力與偏差行爲事件：學生鬥毆、暴力犯罪、人爲破壞、賭博、犯罪、性犯罪（侵害）、槍砲彈藥、刀械違規、麻醉藥品與煙毒濫用、其他妨害案件、校園破壞、飆車、其他。

（四）管教衝突事件：校園內發生非學生間的衝突事件、師長與學生間之衝突事件、師長與家長間的衝突事件、不當體罰、凌虐事件、學生抗爭事件、個人事務申訴事件、校務管理申訴事件、對師長行為不滿申訴事件、其他有關管教衝突事件。

（五）兒童及少年保護事件：在外遊蕩、出入不正當場所、離家出走三日以上、違反兒童福利、少年福利法及少年性交易防制條例等事件、長輩凌虐、亂倫、遺棄事件、其他兒童少年保護事件。

（六）重大災害：重大火災、風災、水災、震災、其他重大災害。

（七）其他校園事務：教職員之間、人事、行政等其他的問題。

由上述校園危機處理分類可知，較屬於校園犯罪者，則包括第二項至第五項，安全維護事件、暴力與偏差行為事件、管教衝突事件、兒童及少年保護事件。事實上，學校原是學生安全學習之堡壘，但其中隱藏不同的危機，所以學校全體教職員不可不慎，陳啓榮（2005）認為危機管理與危機處理是不同之界定，危機處理重於事後之處理，而危機管理則包含危機發生之前、中、後的相關事件，據此，當學校著重於危機處理有一套完整的處理流程之外，更需要危機管理當中預防的概念，減少危機事件的發生，王萬億（2008）認為預防發生為校園危機處理的首要重點。

三、校園危機發生歷程及處理

Fink（1986）將危機發生之走向區分為四個階段：潛伏期、爆發期、延續期、解決期（引自陳啓榮，2005：121-122）。以下針對危機發生後的階段歷程與處理進行說明：

（一）潛伏期（incubate stage）

指引起危機的因素在醞釀著，又可稱為警訊期。危機在爆發之前，通常會有其徵兆，因此做好事前防範工作，見微知著，未雨綢繆是相當重要的。當學校在察覺環境中似乎有問題存在時，可先評估危機程度的大小、危機發生的機率、潛在危機的影響等，在評估過後，立即進入危機的預防與準備，包含靜態部分：擬訂危機應變計畫並安排環境等相關設備的配合；及動態部分：準備啓動危機應變小組機制、人員的教育加強訓練、相關支援機構網絡的建立等。

（二）爆發期（acute stage）

當危機已到無法制止時，危機便會產生，此爲爆發期，也是危機處理的關鍵期，倘若沒有在第一時間立即採取有效的措施加以處理，那麼將會造成無法估計與預料的損失或傷害。在爆發期中，校園應立即啓動危機管理小組，並做好妥善分工，緊急處理安置。其中又包含以鎮定、負責的態度穩定當時狀況，掌握時間及工作流程並對受害者提出救助，同時也應加強危機情境下的溝通，例如成立記者招待室、設立專線及單一窗口對外發言，掌握大局以防訊息誤導等，將危機可能造成的傷害降至最低。

（三）延續期（chronic stage）

係指危機爆發後經由政府調查、媒體報導所產生的種種後遺症之現象，學校形象於此時期可能受到影響，又稱後遺症期。此階段學校應針對每一個後遺症分別加以妥善處理，避免危機所造成的損失或傷害再度擴散開來。學校領導者對關係人應做適當的處置與補償；勇於向社會公眾說明原委及處理情形以示負責，展現誠意解決問題，重拾社會大眾對於學校的信任感。

（四）解決期（resolution stage）

在這個階段最重要的任務就是將危機所造成之損失或傷害完全解決，並且針對危機加以檢討與改進，記取前車之鑑並學習到如何處理危機時期。此階段危機雖已告一段落，但必要的後續追蹤與輔導，例如社區資源的進入等不容忽視，危機善後工作的重點在於再次評估各種可能損害，著力補救並吸收經驗，防止悲劇再度發生也尋求再發展的機會。

四、校園危機處理原則

綜合國內學者對於校園危機處理之原則探討，整理如下（陳芳雄，

1997；黃瓊慧，2002；許龍君，2002）：

（一）行動迅捷，救人第一：封鎖危機事件現場，進行當事人的救助，傷者立即就醫，同時亦需安定校園師生情緒，盡可能地將災害及傷害降至最低。

（二）依教育部公布之校園安全及災害事件通報作業要點處理：學校應通知相關人員，召開危機小組會議，同時通報上級長官及有關單位，分工合作進行處理。

（三）掌握狀況，判斷危機因素，例如注意附近可疑或陌生人的行蹤，必要時加以盤問或通報學務處，態度不遜者立刻通知治安單位處理。

（四）事後學生及相關人員的心理輔導：危機事件後，當事人、目擊者或相關人員可能出現緊急壓力後的創傷反應，因此學校應持續追蹤，提供相關心理諮商及輔導之服務，協助當事人克服危機事件的創傷反應。

（五）態度積極、誠實主動：校園危機對校園可能以造成傷害，在接獲訊息後，絕不可等待、觀望、推諉或想掩飾，平時學校行政之行事、媒體之作業宜採透明且保護當事人的原則處理，勇敢承擔。

五、以校園三級預防之觀點進行校園危機處理

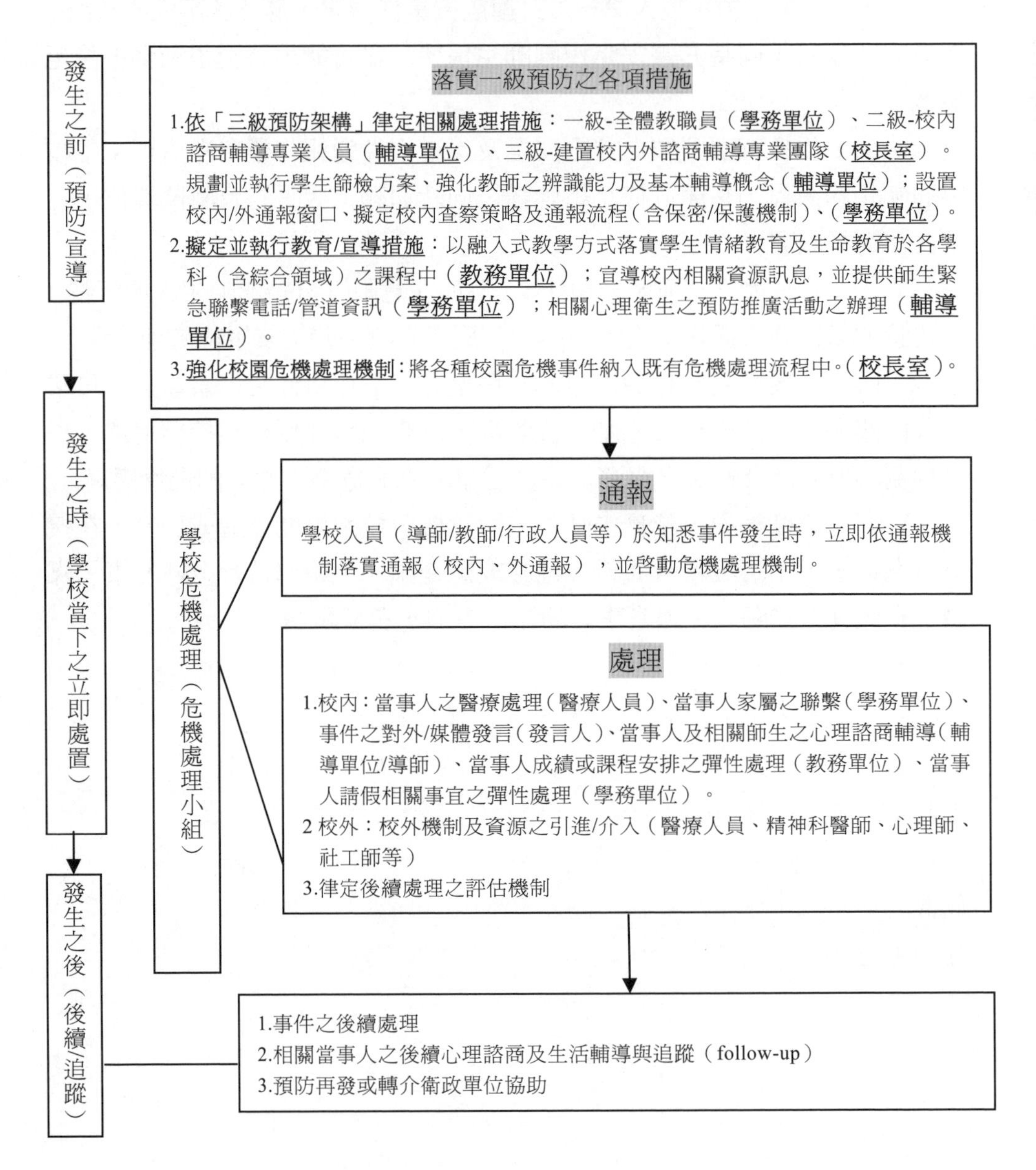

本圖修改自教育部校園安全及災害事件通報流程圖（教育部，2003）

就針對不同類型之校園犯罪事件，學校可進行以下之危機處理程序（唐璽惠，1998：44-57）：

（一）校園暴力（外力入侵犯罪行爲、師生衝突、鬥毆、性騷擾、性暴力、恐嚇、勒索綁架、同儕衝突、文字暴力、破壞公物、竊盜、家長不當干預等）

1.校園暴力事件發生後，先評估問題的嚴重程度再據以處理。

2.衡量可用之資源，在適當時機投入適量的資源。

3.將受害者送醫就治，並作必要的配套處理。

4.通知家長及循體系通報。

5.檢視人員、物品受害情形記錄供參考

6.若涉及法律部分，即依規定處理。

7.檢討暴力發生原因，妥適處理衝突事件勿節外生枝。

8.檢討暴力發生原因。

（二）校園藥物濫用（非法持有藥物、吸食毒品）

1.事發後通知家長及警方共同處理。

2.追蹤治療之效果，以防再犯。

3.法定傳染病、慢性病等，應依情節輕重輔導就醫、休學或隔離。

有溫馨安全的校園，才能進行有效得教與學，教育的理想方能實現。因此平時各級學校應建立校園危機預防機制、通報系統，持有正確且積極的觀念，加強全體師生對危機意識的認知與培養其因應的能力，了解校園危機的特性，落實校園危機管理，如此一來，方能落實校園危機處理，維護師生身心安全，建構溫馨安全校園環境。

參考文獻

一、中文部分

王萬億（2008）。校園危機的成因及影響。載於高強華（主編），校園衝突與危機處理（13-24 頁）。台北：師大師苑。

李富金（2003）。校園犯罪：一個不容忽視的問題。2010 年 5 月 9 日取自 http://lawtw.com/article.php?template=article_content&area=life_law&parent_path=,1,1648,&job_id=27817&article_category_id=194&article_id=13149

周文勇、許正道（2005）。幼齒的江湖-青少年幫派。刑事雙月刊，11-15。

林山田、林東茂、林燦璋合著（2008）。犯罪學。臺北：三民書局。

林世英（1982）。校園暴力事件的探討。觀護選粹。台灣台北地方法院少年法庭編印。

法務部（2007）。少年兒童犯罪概況及其分析的統計資料。台北：法務部。

唐璽惠（1998）。校園危機處理。學生輔導雙月刊，58，44-57。

教育部（2003）。校園安全及災害事件通報作業要點。台北：教育部。

許春金（2007）。犯罪學。臺北：自版。

許龍君（2002）。校園安全與危機處理。台北：五南。

陳芳雄（1997）。校園危機處理。台北：幼獅。

陳美環（2008）。校園危機管理與學生輔導。載於高強華（主編），校園衝突與危機處理（43-50 頁）。台北：師大師大師苑。

陳若璋（1993）。大學生性騷擾、性侵害經驗特性之研究。台北：教育部訓育委員會。

陳啓榮（2005）。校園危機管理機制之建構。教育研究與發展期刊，1(2)，117-134。

陳毓文（1998）。少年暴力行爲與家庭、校園及大眾傳播媒體之暴力。行政院國家科學委員會專題研究計畫成果報告。

程小蘋、林杏足（2003）。國中輔導教師對青少年個案身心特徵、晤談問題及諮商作法之知覺分析。彰化師大輔導學報，25，133-174。
黃淑英、晏涵文（2004）。台北市某國中學生性騷擾現況及防治教育需求。台灣性學學刊，10（1），16。
黃富源（2008）。兒童少年防害性自主罪之研究。法務部九十七年度委託案。
黃瓊慧（2002）。當前校園危機的管理與因應。學校行政雙月刊，22，44-50。
楊士隆、程敬閏（2001），幫派少年成長歷程與副文化之調查研究。犯罪學期刊，8，177-214。
蔡德輝、楊士隆（2006）。犯罪學。台北：五南。
蔡德輝、楊士隆（2008）。少年犯罪-理論與實務。台北：五南。
謝欽璟（2005）。青少年犯罪預防探討。網路社會學通訊期刊，46。2010年5月9日取自 http://www.nhu.edu.tw/~society/e-j/46/46-17.htm。
鍾思嘉（1994）。青少年竊盜行爲個人心理特質之分析研究。教育部訓委會委託案。
韓宏杰（2007）。我國校園性騷擾處理相關法制之研究。國立中正大學法律學研研究所碩士論文，未出版，嘉義。

二、外文部分

Awad, G.A., & Saunders, E.B. (1989). Adolescent child molesters: Clinical observations. *Child Psychiatry and Human Development*, 19(3), 195-206.
Block, H.A. & A. Neiderhoffer. (1958). **The Gang: A Study in Adolescent Behavior**. New York: Philosophical Library.
Cloward, R. A. & L. E. Ohlin. (1960). **Delinquency and Opportunity: A Theory of Delinquent Gangs**. New York: Free Press.
Short, J.F., & Strodtbeck , F. L. (1965). Group process and gang delinquency. Chicago: University of Chicago Press.

第十四章

遭遇性侵害國小學童之處遇原則
——創傷認知行為治療法之運用

簡美華

前　言

面對與國小學童性侵害（child sexual abuse）相關之問題，實務工作者除了身負責任通報外，也常面臨如何對已遭遇性侵害之兒童和家屬進行處遇工作之困境。實務工作者相信人有正向力量與資源可以因應壓力與創傷，也堅信藉由心理社會介入可減少心理創傷及心理社會適應問題。但對心智尚未成熟之兒童而言，在因應創傷之能力與資源相當有限的情況下，如何協助其生態網絡資源做有效連結和發揮支持功能顯得更為重要，如家庭、學校與心理衛生專業等支持系統，在關注兒童遭遇性侵害後之影響、提供轉介網絡，甚至是協助社會生活適應上具關鍵性意義（Cohen, Mannarino, & Deblinger, 2006; Nelson & Baldwin, 2002）。

然短期處遇上，常因關注受害兒童本人之因應狀況、其與施虐者之關係是否為家人，而較少有心力和資源關切此家庭受性侵害事件之影響程度（Deblinger & Heflin, 1996）。實際上，父母之支持，常是影響處遇成效之重要因素（Guelzow, Cornett, & Dougherty, 2002; Jankowski, Leitenberg, Henning, & Coffey, 2002）。因此，如何選擇適切之處遇模式和了解該模式之實證基礎，亟需一些參考準則。

常運用於兒童性侵害之處遇方法，包括遊戲治療、心理減壓、心理教育、精神分析或心理動力取向、認知行為技術、眼動療法（EMDR）、藥物治療等（Cohen, Berline, & March, 2000）。近年，以認知行為取向（Cognitive Behavioral Therapy, CBT）在提供遭遇創傷之兒童處遇較易呈現實證基礎，常使用之技術為心理教育、壓力管理技巧、暴露法、認知處理等（Ramchandani & Jones, 2003; Vickers, 2005）。

針對兒童性侵害之處遇，採用認知行為取向之模式，目前有Abused-Focused Cognitive-Behavioral Therapy（AF-CBT）、UCLA Traumatic-Grief Model、Trauma Systems Therapy（TST）、Structured Psychotherapy for Adolescents Recovering from Chronic Stress（SPARCS）、創傷認知行為治療（Trauma-Focused Cognitive Behavioral Therapy, TF-CBT）等，尤其是美國911事件發生以及National Child Traumatic Stress Network成立後，使得傳播及推廣有效處遇模式之議題更受重視（Cohen & Mannarino, 2008）。

而與上述處遇模式有關之實證研究中，顯示創傷認知行為治療最具實證基礎（Saunders, Berliner, & Hanson, 2004）。相關之實證研究，可參閱Cohen, Mannarino、Berliner、Deblinger（2000）、Cohen、Deblinger、Mannarino、Steer（2004）、Cohen、Mannarino、Knudsen（2005）、Deblinger、Lippmann、Steer（1996）、Deblinger、Steer、Lippmann（1999）、Deblinge、Stauffer、Steer（2001）、King等人（2000）。

創傷認知行為治療源自與遭遇性侵害之兒童一起工作不僅關切性侵害對兒童之創傷壓力疾患、憂鬱、焦慮等症狀，也關注父母如何提供受害兒童立即之支持和習得有效之因應技巧（Cohen, Mannarino, & Deblinger, 2006）。也因已累積不少實證基礎，在提供性侵害兒童之處遇上可供參酌。因此，本章將探討創傷認知行為治療（TF-CBT）運用於性侵害受害兒童之處遇原則，以及處遇工作中相關之議題。

第一節　兒童性侵害之界定

從世界各國之統計資料，仍難了解兒童遭遇性侵害問題之嚴重性。因兒童性侵害盛行率調查一直存在研究方法上之爭議，如應採用廣義或嚴格之性侵害定義、測量方法爲自陳式問卷或訪問法、對受害年齡之界定標準不一（18 歲或 16 歲以下）、是否需要考量施虐者與受害者之年齡差距等，而有相當懸殊之盛行率結果呈現（Chien, 2004; Pereda, Guilera, Forns, & Gómez-Benito, 2009）。

臺灣仍缺乏兒童遭遇性侵害之確切統計數字，且現有的性侵害通報量也難說明國小學童遭遇性侵害的實際狀況。從 96 年度以來之通報資料顯示，18 歲以下之性侵害受害人數中，12 歲以下之受害人數，每年至少 800 人，且從受害性別來看，以女性受害者居多（內政家庭暴力及性侵害防治委員會，2009）。如同其他國家之研究，臺灣之受害性別通報率差異大。

根據 World Health Organization（2006）之推估，約 20%女性和 5-10%男性在 18 歲前曾遭遇性侵害。Pereda、Guilera、Forns 和 Gómez-Benito（2009）比較 38 篇兒童性侵害之相關研究後，發現遍及 25 國之研究報告中有關盛行率之數據與 Finkelhor（1994）之後設分析結果相近，顯示 10-20%的成年女性曾遭遇兒時性侵害，而男性的受害比例則低於 10%。縱然難以進行兒童遭遇性侵害之盛行率調查，但從上述之後設研究之結果，似乎說明了兩性在受害比例上之差異，以及遭遇兒童時期性侵害之比率確實不低。

顯然，由於研究者對兒童性侵害的界定不易達到共識，且需考慮之面向相當多，包括性侵害程度、首次遭遇性侵害的年齡、受害者與施虐者的關係等。致使在進行與兒童性侵害之相關研究時，研究之嚴謹性易受到質疑（Chien, 2004; Pereda, Guilera, Forns, & Gómez-Benito, 2009）。

在「性侵害程度」界定上，以採用 Finkelhor（1979）定義最爲常見，其界定是指從身體上的撫摸到強暴之接觸程度皆是屬於性侵害，且性暴露和雛妓也包含在內（Pereda, Guilera, Forns, & Gómez-Benito, 2009）。而有些研究者則依據 Russell（1983）的定義：除實際性接觸之外，意圖性接觸也涵括在內，但排除言語上的性挑釁和性暴露。

但心理衛生實務工作者對性侵害之界定，與法令上的定義並非全然一致。法令之界定是依據刑法第十六章妨害性自主之定義爲主、性侵害犯罪防治法、犯罪被害人之保護法、性騷擾防治法、兒童少年福利法等，因受害程度為強制性交、猥褻、性騷擾、受害對象年齡之差異，而施予不同之刑責或刑罰。

即使從不同法令對受害年齡之界定，來看受害者與施虐者之關係，其性侵害之定義也不同。兒童少年福利法所定義之兒童為未滿 12 歲之人，而中華民國刑法第 227 條中有關受害年齡之界定，則是以未滿 14 歲者為界定對象。然而，在研究層面上，對首次遭遇性侵害的年齡界定傾向採 Finkelhor（1979）所定之標準（Chien, 2004; Pereda, Guilera, Forns, & Gómez-Benito, 2009）。Finkelhor 認為：若性侵害發生於 12 歲前，施虐者必須比受害兒童年長 5 歲以上才是兒童性侵害；如果發生於 13-16 歲，施虐者則必須是比受害兒童年長 10 歲以上。這樣的思維，似乎與刑法和部分學者所認定之同儕間合意性行為不應列入性侵害範疇，較為相似。

但 Russell（1983）主張，當性侵害發生在 18 歲以前，必須考慮性侵害並非出於自願，不應僅以二者之年齡來定義。在界定兒童性侵害時，必須考量其與成人性侵害之不同。從兒童之身心發展階段來看，絕大多數之性侵害發生，的確破壞了兒童對人際之信任，且受害兒童對施虐者的信任關係，常呈現出權力的不對等、認知能力差異和性活動、兒童被期許或要求保守性侵害秘密等議題（van Dam, 2001）。這些都代表兒童性侵害之特性，以及其定義上必須考量兒童之心智與反應能力，不能僅以刑法或成人眼光來定義性侵害之事實認證。

上述種種，皆是實務工作上常面臨之難題，也代表著實務工作者在面對法令之要求時，常會出現之困境。因本文著重在國小學童遭遇性侵害後之處遇，將以實足年齡為 12 歲以下之國小學童為性侵害受害對象，暫不討論 12 歲以上界定準則之適切性。至於本章討論之性侵害程度，則以 Finkelhor（1979）之廣義定義為準，凡身體撫摸至強制性交皆屬之。

第二節　性侵害之影響

從心理衛生三級預防觀點檢視國小校園內已遭遇性侵害兒童之處遇重點，第二級之預防工作應著重在如何透過立即有效之處遇，以減少性侵害之影響，尤其是憂鬱、恐懼、夢魘、異常行爲等生理和心理反應，也需教導家長和教師等重要網絡了解兒童性侵害之症狀，以協助受害兒童因應性侵害事件之衝擊（Anderson, Mangels, & Langsam, 2004; Maclntyre, Carr, Lawlor, & Flattery, 2000）。

性侵害事件之影響不僅是兒童本人，性創傷也可能會衝擊與受害者密集接觸之社會網絡，如家人、手足、校園內教職員工、學生、專業人員等，而呈現心理壓力或次級創傷症狀（VanBergeijk & Sarmiento, 2006）。顯示生態網絡中重要他人之支持，對受害兒童日後之因應所具有的影響力不容忽視，尤其是父母之支持更爲重要（Cohen, Mannarino, & Deblinger, 2006; Jankowski, Leitenberg, Henning, & Coffey, 2002）。

在實務運作上，期望性侵害受害者能立即獲取所需之支持與處遇，卻往往因性侵害本質上的不可言喻與社會文化脈絡對性議題之限制，且採證上也易因缺乏外顯身體傷害和有力之證人，使得性侵害案件之調查與處遇倍感困難。縱使處遇之原則宜採長期導向，以期能預防受害兒童持續出現適應之問題（Ramchandani & Jones, 2003）。但上述之種種限制，常導致提供性侵害受害兒童處遇時面臨重重困境。

關於兒童遭遇性侵害後，對其身心狀況之影響，短期效應最常見的是害怕，而長期影響則以憂鬱居多（Deblinger & Heflin, 1996）。已有一些研究發現，性侵害對兒童的影響，包括廣泛性焦慮、創傷後壓力疾患、憂鬱、憤怒、過度反應或過度敏感等情感層面；而行爲層面上，易出現逃避、麻木、解離、不當行爲等反應；且在認知層面則易出現自我、施虐者、世界觀等認知扭曲（Jankowski, Leitenberg, Henning, & Coffey, 2002; Child Sexual Abuse Task Force and Research, 2004）。

近期研究也開始關切與兒童創傷有關之大腦功能、內分泌系統、甲狀腺功能與發展歷程之相關性，以及心理疾病之偵測與治療（Haviland et al.,

2006）。在美國，健康與人群服務部門也已將創傷認知行爲治療運用於性侵害受害兒童之心理衛生評量上，因性侵害之本質上具特殊性，如受害兒童常出現不當之信念與歸因、異常行爲、憂鬱、焦慮或創傷後壓力疾患等，皆可能影響兒童之社會生活適應（Cohen et al., 2007）。

尤其在短期和危機處遇上，與遭遇性侵害受害兒童一起工作之困難度相當高。相關研究已顯示，處遇工作必須先考量一些與兒童本人攸關之重要因素，如人身安全、安全感、是否出現與心理疾患或與性有關的異常行爲等共病情形、適合其年齡之處遇原則、預防再遭遇性侵害、父母在治療中的定位（自願或強制參與）、兒童本身是否因虐待事件而出現情緒或行爲問題，和性侵害前的身心狀態等（Saunders, Berliner, & Hanson, 2004; Ramchandani & Jones, 2003）。

教育部雖於 2001 年依「災害防救法」，成立校園安全暨災害防救通報處理中心（簡稱校安中心），負責統籌各級學校校園事件之通報與處理作業（教育部 a，日期未知）。2005 年所公布之「各級學校及幼稚園通報兒童及少年保護與家庭暴力及性侵害事件注意事項及處理流程」也規定應啓動校園危機處理機制，包含通知家長／監護人（家內亂倫及家暴事件除外）、危機介入（情緒支持與心理諮商）等運作方式（教育部 b，日期未知）。但目前針對校園內危機處理機制之運作績效，仍缺乏實證研究。

在校園危機處理中，學生輔導體系之專業人員承受相當大之心理壓力，也易出現身心壓力反應，壓力源可能來自事件本身的困難度、專業倫理、人身安全之威脅、校方支持度等（麥麗蓉、蔡秀玲，2004）。尤其當兒童揭露遭遇虐待及疑似虐待時，教職員工大多數不知道如何回應，例如不太確定何時該通報或如何反應（Baginisky, 2000）。一旦通報後，第一線之教育工作者對虐待事件常呈現過度焦慮、緊張、害怕、失眠、頭痛等反應，也常感到挫折、無力改變兒童的處境、對自我能力感到懷疑、麻木、逃避等反應（VanBergeijk & Sarmiento, 2006）。在學校方面，如何進行受害學童及其家人、師生或相關人員之情緒與心理支持，顯示強化對次級創傷的認知、重視團隊合作和同儕支持之重要性（VanBergeijk & Sarmiento,

2006）。

短期處遇的提供上，必須以主動和積極之方式，使其生態網絡之重要他人（含受害兒童、家人、學校人員）持續參與處遇，同時也密切關心受波及之生態網絡人員之情緒波動。如同相關研究所顯示：已出現創傷後壓力疾患（PTSD）症狀或行爲問題之性侵害受害兒童在接受處遇後，其改善情形較爲顯著；父母或照顧者參與治療後，對受害兒童之助益良多（Ramchandani & Jones, 2003）。在後續之處遇與支持上，家庭系統之功能與角色相當重要，也凸顯創傷認知行爲治療之適切性。

第三節　創傷認知行爲治療之處遇原則

創傷認知行爲治療（TF-CBT）係一以實證爲基礎的認知行爲模式，對經歷性創傷之兒童、青少年及其主要照顧者皆具成效，已廣泛運用於與創傷相關之創傷壓力疾患（PTSD）、憂鬱、焦慮、行爲問題等方面，且致力於推廣以實證爲基礎之社區處遇上（Cohen et al., 2007; Cohen & Mannarino, 2008）。

一、理論基礎

創傷認知行爲治療旨在協助遭遇性侵害之兒童，以處理因性侵害事件而產生之創傷壓力、憂鬱、焦慮等症狀，其基本原理源自認知行爲取向。運用認知行爲取向治療之意義在於，創傷事件雖已成爲遭遇心理創傷者之歷史，但弔詭的是，其害怕和焦慮感卻是針對當下情境或呈現在擔憂未來上，這樣的狀態凸顯了其威脅的源頭猶如是現今之生活壓力或事件，也顯示當事人在力圖掌控威脅感時，其慣常之因應策略已無法奏效（Vickers, 2005）。

針對已遭遇性侵害之兒童，創傷認知行爲治療之基本原理爲學習理論。在解釋遭遇性侵害兒童所產生之逃避、否認、麻木、解離等害怕反應，是基於行爲之模仿與觀察，也經由工具性制約解釋受害兒童對於性侵害事件相關線索之害怕（Cohen, Mannarino, & Deblinger, 2006; Deblinger, &

Heflin, 1996）。治療重心多關注於安全教育、肯定訓練、對性侵害之歸因、恐懼、焦慮和不當的行爲方面（Ramchandani & Jones, 2003），其處遇之要素爲因應技巧之訓練、漸進式暴露和認知處理、教育（Deblinger & Heflin, 1996）。

此外，也運用學習理論的三個基本原則，包含受害兒童之行爲觀察與模仿、行爲反應式制約、行爲操作性制約，以教導家長學習有效之行爲管理（Deblinger & Heflin, 1996）。至於父母與受害兒童進行聯合會談，其基本假設是：父母可做爲受害兒童因應性侵害事件之示範、提供家長與子女公開溝通性侵害事件之機會、持續漸進式暴露和認知情感處理法、協助家長與子女日後能在家中持續進行後續工作、提供家長與子女溝通性教育與人身安全技巧之機會（Cohen, Mannarino, & Deblinger, 2006; Deblinger & Heflin, 1996）。因而，創傷認知行爲治療的處遇歷程是以遭遇性侵害的兒童爲主，其父母是扮演協助與支持之角色。

創傷認知行爲治療展現成效之要件，必須是在建立合作關係之前提下，教導受害兒童和家長有關性侵害之反應及典型症狀，使其了解自己的反應是合理的，且參與治療可以獲得協助（Cohen, Mannarino, & Deblinger, 2006）。其次，協助兒童了解自己的負向感受（如焦慮、難過、不安等），以及教導放鬆技巧。再者，運用暴露療法和認知情感處理過程，以探索受害兒童之想法、感受和行爲之間的關聯性，進而克服習得之害怕和恐懼感，尤其是與創傷相關之提示（如：人、時、地、物等），再透過想像和放鬆練習而達到自我掌控。而最重要的部分是關於創傷之敘事，以達到矯正錯誤信念、自我譴責之效，甚至是重獲自我控制感（Cohen, Mannarino, & Deblinger, 2006; The National Center for child Traumatic Stress, nd）。

二、處遇目標

創傷認知行爲治療的主要目標在於減少性侵害受害兒童之創傷後壓力疾患（PTSD）症狀，如侵入性思考、逃避、麻木、過度警覺等，以及改善憂鬱、焦慮、行爲問題、羞恥感、與性有關的行爲、人際信任、社會能力

（Cohen, Mannarino, & Deblinger, 2006; Child Sexual Abuse Task Force and Research, 2004）。尤其是評量創傷壓力症狀，及了解與性侵害事件攸關之不當信念或想法（The National Center for child Traumatic Stress, nd）。因此，創傷認知行爲旨在減少因性侵害而造成之負向情緒和行爲反應、矯正與性侵害相關之不當信念與歸因等（Cohen et al., 2007; Deblinger & Heflin, 1996）。

針對父母之處遇，初期著重於了解父母對虐待之信念、對於性侵害發生之歸因、協助父母處理自身之情緒反應。接著應關切如何協助父母習得提供兒童適切之支持、處理後續所出現之不當行爲、焦慮或害怕之感受（Deblinger & Heflin, 1996; Ramchandani & Jones, 2003）。以期在經由與父母一起工作之階段和聯合會談階段後，父母可成爲受害兒童之重要支持來源。

三、評量

在評量遭遇創傷經驗之範疇時，Cohen、Mannarino 和 Deblinger（2006）建議採用“CRAFT”做爲評量問題之向度。亦即，由兒童（或家長）進行標準化測量工具或會談方式，以了解兒童是否有認知方面（cognitive problems）、人際適應（relationship problems）、情感方面（affective problems）、家庭關係（family problems）、因創傷經驗而出現行爲問題（traumatic behavior problems）、身體化症狀（somatic problems）等問題。

因創傷認知行爲治療的協助對象是具有創傷後壓力疾患、焦慮、憂鬱症狀之性侵害受害兒童，評量時需考量一些議題。必須因兒童的發展階段及其特性，採用合適之溝通方式，且強調父母參與之重要性（Cohen, Berline, & March, 2000）。同時，對兒童與家人關係之評量也有其必要性，尤其是施虐者與受害者之關係、父母的身心狀態及對兒童之支持程度、手足關係等（Saunders, Berliner, & Hanson, 2004）。

例如，考量受害兒童之年齡發展階段和認知能力，對於性侵害的關注，年幼者可能只知覺到痛苦，但較年長者已是擔憂是否失去貞節（Deblinger &

Heflin, 1996）。同樣地，邀請父母參與的本質與時間也不同，對於年幼者而言，父母可能需要在早期即加入以陪伴，但較年長者則已較爲獨立不需要父母一直參與陪伴（Deblinger & Heflin, 1996）。

因此，創傷認知行爲治療強調在正式與兒童一起進行治療之前，必須先使非施虐父母有意願參與，以及排除相關之障礙（Cohen, Mannarino, & Deblinger, 2006）。可運用一些特定策略，如強調父母在受害兒童復原中之重要性，以灌輸希望感（Child Sexual Abuse Task Force and Research, 2004）。也必須先建立治療聯盟、了解過去與社福機構的互動關係，尤其是負向經驗、探索父母的社會文化脈絡（Cohen, Mannarino, & Deblinger, 2006; Deblinger & Heflin, 1996）。

但並非所有遭遇性侵害之兒童皆適合創傷認知行爲治療，如當兒童在遭遇性侵害之前已出現品行疾患、精神疾病、目前有強烈自殺意念或物質濫用，有翹家、自殘、自殺行爲者，則不適用此治療模式（Cohen, Mannarino, & Deblinger, 2006; Child Sexual Abuse Task Force and Research, 2004）。若出現上述之狀態時，必須以穩定其行爲或情緒爲主，不適合使用創傷認知行爲治療模式，因考量其處遇歷程會涉及創傷之敘事或記憶閃現，極易引發不當反應（Cohen, Mannarino, & Deblinger, 2006）。

四、處遇原則

創傷認知行爲治療之主要架構，可以 PRACTICE 爲簡稱（Cohen et al., 2007; Cohen, Mannarino, & Deblinger, 2006）。“P”是指心理教育和親職技巧（psycho-education and parenting skills），即對父母教導與性侵害相關之資訊與教育。“R”爲放鬆訓練（relaxation techniques）。“A”係指教導父母與受害兒童如何辨識與處理和事件有關之困擾（affective expression and regulation）。“C”表矯正不當歸因、認知因應或重新建構（Cognitive coping and processing or cognitive reframing）。“T”爲創傷敘事（Traumative narrative）。“I”代表現場暴露法（In vivo exposure），意指在生活情境中逐漸暴露於與創傷有關之情境或程序。“C”表在處遇末期，邀請父母與受

害兒童進行聯合會談（Conjoint parent/child）。“E”爲教導和訓練與人身安全有關之技巧及未來成長（Enhancing personal safety and future growth）。

創傷認知行爲治療之適用對象，以3-18歲遭遇性侵害之兒童與少年爲主。由於家人也可能受創傷事件影響，和其在創傷後之因應上扮演支持角色，強調將非施虐父母包含在內（Cohen, Mannarino, & Deblinger, 2006; Child Sexual Abuse Task Force and Research, 2004）。其進行方式，以每週一次，每次60-90分鐘爲原則（兒童與父母各30-45分鐘），進行12-18次會談，以及給予家庭作業；且在會談後期可對兒童與父母進行聯合會談（Cohen, Mannarino, & Deblinger, 2006; The California Evidence-Based Clearinghouse for child Welfare, nd）。

以下依據Deblinger和Heflin（1996）以及Cohen、Mannarino和Deblinger（2006）所發展之創傷認知行爲治療架構，說明針對受害兒童、父母、聯合會談之處遇重點：

（一）對於受害兒童之處遇

在進行處遇之前，必須向受害兒童說明處遇之目標與方式，以確認兒童了解和願意參與。此階段之處遇包含三要素：因應技巧之訓練、漸進式暴露法和認知情感處理、教育（Deblinger & Heflin, 1996）。

Deblinger和Heflin（1996）認爲在因應技巧訓練方面，包括了情感表達之技巧、認知因應技巧、放鬆訓練。情感表達之技巧，可教導受害兒童辨識自己和他人之情緒外，一些與性侵害事件相關之情緒，如困惑或複雜的感受，都需要處理；也可於聯合會談階段與非施虐父母核對一些易產生誤解之情緒表達；也需要花些時間以畫圖、寫字、討論等方法處理憤怒的感受，以及習得如何因應引發憤怒之情境（Cohen, Mannarino, & Deblinger, 2006）。

在認知因應技巧方面，運用認知因應三角（cognitive coping triangle）向兒童解釋其想法、感受、行爲三者之關係（Deblinger & Heflin, 1996）。也協助兒童了解其內在對話歷程，進而區辨因應技巧之適切性（Cohen, Mannarino, & Deblinger, 2006）。值得注意的是，與性侵害相關之負向想法，或許在漸進式暴露療法開始後，才練習和矯正較爲合宜（Deblinger & Heflin, 1996）。

對於高度焦慮或逃避討論性侵害經驗之兒童，可教導每天在家中練習二次放鬆訓練爲原則，漸漸達到能自我控制焦慮和害怕（Deblinger & Heflin, 1996）。對有睡眠障礙或身體化反應之兒童而言，肌肉放鬆訓練也是可行方法之一（Cohen, Mannarino, & Deblinger, 2006）。此外，對於十歲以上之兒童，可採用漸進式放鬆訓練，而較年幼者，可以想像練習爲主（Deblinger & Heflin, 1996）。

在針對受害兒童之處遇中，以漸進式暴露法、認知和情感處理最爲重要，主要是以暴露於與性侵害有關之想法、記憶，以及和性侵害經驗相關之提示，以使受害兒童能逐漸忍受因性侵害事件與之而來的情緒，甚至不需要再逃避這些可能之關聯（Cohen, Mannarino, & Deblinger, 2006; Deblinger & Heflin, 1996）。認知和情感處理法對於適應相當有影響力，可採用角色扮演或認知因應技巧，以修正受害兒童在性侵害歸因上有關責任歸屬、對性侵害事件之解釋、對施虐者之認知，以及在揭露性侵害後對社會互動之影響、對性之不當認知等（Deblinger & Heflin, 1996）。

或許邀請受害兒童進行暴露療法並不容易，也許兒童能夠敘事之內容較爲簡短、需要較多次會談期間方能完成創傷敘事，但在創傷認知行爲治療的基本信念中，唯有當事人能面對和處理其創傷經驗，才能消除其習得之害怕和避避反應（Cohen, Mannarino, & Deblinger, 2006）。處遇中，漸進式暴露法可藉由遊戲題材重演、表達性（如畫圖、水彩、寫字）、視覺化其記憶等輔助方式敘事，以及在處遇後期採現場暴露法減少其害怕和焦慮（Deblinger & Heflin, 1996）。即使創傷認知行爲治療期望受害兒童儘可能以口語表達其經驗，但也必須仰賴玩具或教具，以協助兒童合作、減少抗拒和逃避反應（Cohen, Mannarino, & Deblinger, 2006）。

最後一階段爲教育兒童有關性侵害之定義、健康的性、個人人身安全（Cohen, Mannarino, & Deblinger, 2006）。在此過程可運用故事書、錄影帶、遊戲、玩偶、娃娃、角色扮演等做爲輔助工具，以練習和教導找到未來與施虐者相處之適切方法（Deblinger & Heflin, 1996）。

（二）對於非施虐父母之處遇

基本上，運用於兒童和家長之認知行爲治療概念是一致的。對於非施虐父母之處遇，也涵括三要素：因應技巧之訓練、漸進式暴露法和認知情感處理、行爲管理（Deblinger & Heflin, 1996）。

在因應技巧之訓練方面，也包含表達情緒之技巧、認知因應訓練、放鬆訓練。由於不少父母對於性侵害事件之揭露不知如何回應或協助，且自身之情緒也深受此事件之影響。實務工作者應立即著手於協助家長因應自身之情緒衝擊，方能做爲兒童之最佳支持來源（Cohen, Mannarino, & Deblinger, 2006）。在認知因應訓練上，則是教導家長辨識自身情緒底層之想法與信念，進而挑戰其不當信念或認知；也運用認知三角於此階段，處理自身之情緒、與性侵害事件相關之想法和情緒（Deblinger & Heflin, 1996）。

在受害兒童接受暴露療法的同時，也以漸進式暴露法協助家長逐漸地學習與受害兒童討論性侵害經驗，且要求父母敘事此性侵害經驗對自身之影響（Cohen, Mannarino, & Deblinger, 2006）。因爲家長在處理自身之情緒反應後，可做爲受害兒童之角色示範，且做好心理準備與之討論性侵害經驗（Deblinger & Heflin, 1996）。

（三）父母與受害兒童之聯合會談

進行聯合會談之前，必須評量父母與受害兒童之準備程度，尤其父母之準備度更爲重要，以免影響阻礙兒童之治療進展（Deblinger & Heflin, 1996）。此階段常見之障礙，如父母不認爲真的發生性侵害、傷害不大、擔憂處理後造成更嚴重傷害、父母自身之情緒、對治療懷疑、擔心家庭生計問題、未準備好參與治療（Deblinger & Heflin, 1996; Child Sexual Abuse Task Force and Research, 2004）。

在針對兒童之準備上，應先向兒童解釋聯合會談主要是與父母討論遭遇性侵害之經驗、協助父母聯結資源、父母可提供有關治療或治療歷程之訊息等，以形成合作關係（Child Sexual Abuse Task Force and Research, 2004）。

聯合會談以一小時爲原則，區分爲三部分：兒童與治療師時間（15 分鐘）、父母與治療師時間（15 分鐘）、最後由兒童、父母、治療師共同之時間（30 分鐘），但可依家庭之狀況而彈性調整時間（Cohen, Mannarino, & Deblinger, 2006）。主要會談要內容，包括：漸進式暴露法和認知情感處理、討論受害兒童所關心或困惑之事、教導有關兒童性侵害和健康的性、個人人身安全、家庭治療（Deblinger & Heflin, 1996）。在此階段，相當重要之工作是兒童必須向父母朗讀其撰寫之創傷敘事（已在先前個別治療中已向治療師朗讀和討論過），而治療師之角色是促進雙方直接溝通之機會（Cohen, Mannarino, & Deblinger, 2006）。

至於是否邀請其他手足進入聯合會談中，必須考量手足是否也同樣遭遇性侵害、性侵害事件發生時手足是否知情、手足是否已明顯受到性侵害事件之影響等（Deblinger & Heflin, 1996）。Deblinger 和 Heflin 主張，當受害兒童與父母有所進展時，才邀請手足進入聯合會談中，其主要目標是增加家庭成員對性侵害事件之溝通機會、矯正誤解或不當認知。

在處遇結束階段，可教導兒童 3P（predict, plan, and permit）以因應未來之挑戰（Cohen, Mannarino, & Deblinger, 2006）。此階段旨在協助受害兒童預期自己在未來人生中，仍可能會因爲一些與性創傷攸關之提示，而引發傷感或情緒。因而，先計劃好如何因應這些提示，且學習允許自己可以擁有感受，也可向他人表達自己真實感受之重要性。

第四節　兒童性侵害處遇之相關議題

在兒童性侵害治療上，實務工作者常會面臨一些困境，如自己的角色定位是治療者或調查者、處遇重心是兒童或全班（甚至是全校）、如何保障兒童之隱私、是否需要關注兒童之家庭受影響程度、兒童之權益與持續發展之需求等議題。運用創傷認知行爲治療時，如何因應這些議題同樣是挑戰。

雖然愈來愈多研究報告顯示，當有人相信性侵害事件之發生，當事人就能感受獲得協助和支持，而歷經性侵害經驗之一再述說，這樣的歷程常是協助當事人順利因應之關鍵（Chien, 2004; Nelson-Gardell, 2001）。但實務工作者常會問：「是否針對性侵害事件之歷程深入詢問受害兒童詳細經過，才能構成有效之治療？」Jones 和 Morris（2007）根據其臨床經驗，主張治療歷程中不一定需要仔細探討性侵害細節，因爲在責任通報制度下，警方已偵查過受害兒童。Jones 和 Morris 認爲此時必須考量的重點是：兒童的支持體系中父母親是否相信受害兒童、兒童本身所處的發展階段及其對治療之需求、治療情境、治療師之角色。但這是否與創傷認知行爲治療之暴露療法和創傷敘事衝突，則是見仁見智。

創傷認知行爲治療認爲述說與書寫創傷事件，對於邁向復原之路具有關鍵性意義，一旦付諸語言，與創傷事件攸關之影像與情緒，可賦予意義、重新洞察和重新建構，也促長新觀點和以創造性方式解決問題（Meichenbaum, 1994; 引自 Smucker & Dancu, 1999）。且較爲困難的是如何在聯合會談中，教導父母尊重兒童之敘事內容，而不是急於矯正其敘事內容之真實度（Cohen, Mannarino, & Deblinger, 2006）。

在處遇過程中，可能遭遇的另一個議題是保密。創傷認知行爲治療期望教導受害兒童與家長公開溝通之重要性。同一位治療師，如何在尊重個案的原則下，同時取得受害兒童與家長之合作和助長溝通機會是一挑戰。尤其是在聯合會談中必須討論性侵害經驗，這樣的歷程也可能涉及社會文化脈絡中性議題或性禁忌。此外，當父母中有一方爲施虐者，這些議題將更爲複雜，家庭重聚即是其一（Cohen, Mannarino, & Deblinger, 2006）。

創傷認知行爲治療強調以短期處遇爲主，且是針對具創傷壓力疾患症狀之兒童爲主要協助對象。即使處遇上已有一些排除條件與限制，但對那些僅符合急性壓力疾患、屬延遲型之創傷壓力疾患者是否也適用，則未明確予以界定。這些議題，似乎也必須仰賴學校與家庭之合作，才能對於受害兒童之反應有所警覺和適時介入。

另一議題是長期適應問題，由於性侵害事件之影響往往是相當長期，如何減少增強家庭之認知和減少生態體系之負向衝擊，也是短期處遇中應考量的。例如，除了父母聯合會談外，當班上同學也知道或懷疑性侵害事件時，如何能保障兒童之隱私及其權益，是班級、校方、實務工作者應重視的。唯有提供正向之短期處遇經驗，受害兒童、家庭、學校方能習得取得資源之因應能力，以面對長期之考驗。

結論

在協助遭遇性侵害之學童上，尚未出現一種完美無瑕之治療模式，也沒有單一的治療原則可遵循。但對於年幼之學童而言，任何一種治療模式或支持，皆反映了成人世界所給予之關注，都是助其在黑暗泥沼中見得一線曙光、燃起一線希望和擁有控制感，以奮力迎向未來之機會。而創傷認知行爲治療在處遇上，已提供遭遇性侵害之兒童這樣的可能性。

欲運用創傷認知行爲治療者，可透過多重訓練管道成爲合格之實務工作者，如免費之網路課程（TF-CBT Web）、熟讀訓練手冊、1-2 天之訓練工作坊、持續接受督導等不同階段之訓練（Cohen & Mannarino, 2008; Cohen, Mannarino, & Deblinger, 2006; Child Sexual Abuse Task Force and Research, 2004）。相信經由不斷之自我充實與實務訓練，有助於對受害兒童及家庭提供有效協助。

參考書目

一、中文部分

內政家庭暴力及性侵害防治委員會（2009）。性侵害事件通報被害人數統計（性別、年齡、籍別）。2009 年 8 月 21 日檢索 http://dspc.moi.gov.tw/ct.asp?xItem=2335&ctNode=776&mp=1

教育部 a（日期未知）。教育部校園安全暨災害防救通報處理中心。2009 年 8 月 21 日檢索 http://csrc.edu.tw/

教育部 b（日期未知）。各級學校及幼稚園通報兒童及少年保護與家庭暴力及性侵害事件注意事項及處理流程。2009 年 8 月 21 日檢索 http://www.guide.edu.tw/file/03.doc

麥麗蓉、蔡秀玲（2004）。諮商員在大學校園中危機處理經驗之初探研究。*中華輔導學報，15*，97-122。

陳若璋（2000）。兒少年性侵害——全方位防治與輔導手冊。台北：張老師文化。

二、英文部分

Anderson, J. F., Mangels, N. J., & Langsam, A. (2007). Child sexual abuse: A public health issue. *Criminal Justice Studies, 17*(1), 107-126.

Baginsky, M. (2000). Training teacher in child protection. *Child Abuse Review, 9,* 74-81.

Chien, M. (2004). *The relationships of Taiwanese women with a history of childhood sexual abuse to their non-offending mothers.* Unpublished Doctoral Dissertation Manuscript. New York University, New York.

Child Sexual Abuse Task Force and Research & Practice Core, National Traumatic Stress Network (2004). *How to implement traumatic-focused cognitive behavioral therapy.* Durham, NC and Los Angeles, CA: National Center for child traumatic stress.

Cohen, J. A., Mannarino, A. P., Berliner, L., & Deblinger, E. (2000).

Trauma-focused cognitive behavioral therapy for children and adolescents: An empirical update. *Journal of Interpersonal Violence, 15*(11), 1202-1223.

Cohen, J., Deblinger, E., Mannarino, A. P., Wilson, C., Taylor, N., & Igelman, R. (2007). *Trauma-Focused Cognitive Behavioral Therapy: Addressing the Mental Health of Sexually Abused Children.* Washington, DC: Child Welfare Information Gateway & U.S. Department of Health and Human Services Administration for Children and Families Administration on Children, Youth and Families Children's Bureau.

Cohen, J. A., Mannarino, A. P., & Knudsen, K. (2005). Treating sexually abused children: One year follow-up of a randomized controlled trial. *Child Abuse and Neglect, 29*(2), 135-145.

Cohen, J. A., Deblinger, E., Mannarino, A. P., & Steer, R.A. (2004). A multisite, randomized controlled trial for children with sexual abuse-related PTSD symptoms. *Journal of the American Academy of Child and Adolescent Psychiatry, 43*(4), 393-402.

Cohen, J. A., Mannarino, A. P., & Deblinger, E. (2006). *Treating Trauma and Traumatic Grief in Children and Adolescents.* New York: The Guilford Press.

Cohen, J. A., & Mannarino, A. P. (2008). Disseminating and implementing trauma-focused CBT in community settings. *Trauma, Violence, and Abuse, 9*(4), 214-226.

Cohen, J. A., Berline, L., & March, J. S. (2000). Treatment of children and adolescents. In E. B. Foa., T. M. Keane, & M. J. Friedman(eds.), *Effective treatments for PTSD: Practice guidelines from the International Society for Traumatic Stress studies* (pp.106-138). NY: The Guilford Press.

Deblinger, E., & Heflin, A. H. (1996). *Treating Sexually Abused Children and Their Non-offending Parents: A Cognitive Behavioral Approach.* Thousand

Oaks, CA: Sage Publications.

Deblinger, E., Lippmann, J., & Steer, R. (1996). Sexually abused children suffering posttraumatic stress symptoms: Initial treatment outcome findings. *Child Maltreatment, 1*(4), 310-321.

Deblinger, E., Steer, R. A., & Lippmann, J. (1999). Two-year follow-up study of cognitive behavioral therapy for sexually abused children suffering from post-traumatic stress symptoms. *Child Abuse and Neglect, 23*(12), 1371-1378.

Deblinger, E., Stauffer, L. B., & Steer, R. A. (2001). Comparative efficacies of supportive and cognitive behavioral group therapies for young children who have been sexually abused and their non-offending mothers. *Child Maltreatment, 6*(4), 332-343.

Finkelhor, D. (1979). Sexually victimized children. New York: Free Press.

Finkelhor, D. (1994). The international epidemiology of child sexual abuse. *Child Abuse and Neglect, 18* (5), 409-417.

Guelzow, J. W., Cornett, P. F., & Dougherty, T. M. (2002). Child sexual abuse victims' perception of paternal support as a significant predictor of coping style and global self-worth. *Journal of Child Sexual Abuse, 11*(4), 53-72.

Haviland, M. G., Sonne, J. L., Anderson, D. L., Nelson, J. C., Sheridan-Matney, C., Nichols, J. G., Carlton, E. I., & Murdoch, W. G. C. (2006). Thyroid hormone levels and psychological symptoms in sexually abused adolescent girls. *Child Abuse and Neglect*, *30*(6), 589-598.

Jankowski, M. K., Leitenberg, H., Henning, K., & Coffey, P. (2002). Parental caring as a possible buffer against sexual revictimization in young adult survivors of child sexual abuse. *Journal of Traumatic Stress, 15*(3), 235-244.

Jones, F., & Morris, M. (2007). Working with child sexual abuse: A systemic perspective on whether children need to tell their therapist details of the abuse for healing to take place. *Journal of Family Therapy, 29*(3), 222-237.

King, N. J., Tonge, B. J., Mullen, P., Myerson, N., Heyne, D., Rollings, S., Martin, R., & Ollendick, T. H. (2000). Treating sexually abused children with posttraumatic stress symptoms: A randomized clinical trial. *Journal of the American Academy of Child and Adolescent Psychiatry, 39*(11), 1347-1355.

Maclntyre, D., Carr, A., Lawlor, M., & Flattery, M. (2000). Development of the stay safe programme. *Child Abuse Rreview, 9,* 200-216.

Meichenbaum, D. (1994). *A clinical handbook/practical therapist manual: For assessing and treating adults with post-traumatic stress disorder (PTSD).* Waterloo, Ontario: Institute Press.

Nelson-Gardell, D. (2001). The voices of victims: Surviving child sexual abuse. *Child and Adolescent Social Work Journal, 18*(6), 401-416.

Nelson, S., & Baldwin, N. (2002). Comprehensive neighborhood mapping:

Developing a powerful tool for child protection. *Child Abuse Review, 11,* 214-229.

Pereda, N., Guilera, G., Forns, M., & Gómez-Benito, J. (2009). The international epidemiology of child sexual abuse: A continuation of Finkelhor.*Child Abuse and Neglect*, *33*(6), 331-342.

Ramchandani, P., & Jones, D. P. H. (2003). Treating psychological symptoms in sexually abused children: From research findings to service provision. *The British Journal of Psychiatry*, *183*, 484-490.

Russell, D. E. H. (1983). The incidence and prevalence of intrafamilial and extrafamilial sexual abuse of female children. *Child Abuse and Neglect, 7,* 133-146.

Saunders, B. E., Berliner, L., & Hanson, S. F. (Eds.). (2004). *Child physical and sexual abuse: Guidelines for treatment*. Charleston, SC: National crime victims research and treatment center.

Smucker, M. R., & Dancu, C. V. (1999). *Cognitive-Behavioral treatment for adult survivors of childhood trauma: Imagery rescripting and reprocessing.* Northvale, NJ: Jason Aronson.

The California Evidence-Based Clearinghouse for Child Welfare (nd). *Trauma-focused cognitive behavioral therapy (TF-CBT) – Detailed report.* Retrieved August 19, 2009, from http://www.cachildwelfareclearinghouse.org/

VanBergeijk, E. O., & Sarmiento, T. (2006). The consequences of reporting child maltreatment：Are school personnel at risk for secondary traumatic stress？ *Brief Treatment and Crisis Intervention, 6,* 79-98.

Van Dam, C. (2001). *Identifying child molesters: Preventing child sexual abuse by recognizing the patterns of the offenders.* Binghamton, NY: Haworth Press.

Vickers, B. (2005). Cognitive model of the maintenance and treatment of post-traumatic stress disorder applied to children and adolescents.*Citation Clinical Child Psychology and Psychiatry*, *10*(2), 217-234.

World Health Organization. (2006). *Preventing child maltreatment: A guide to taking action and generate evidence*. Retrieved August 30, 2009, from http://whqlibdoc.who.int/publications/2006/9241594365_eng.pdf

第十五章

校園犯罪之預防

楊士隆、曾淑萍

前 言

校園本應是個安全的學習場所，然而，如本書前面數篇文章之介紹可知，平靜的校園，也有可能面臨各項犯罪事件之侵擾，學校的師生可能是加害者或被害者。這些層出不窮的校園犯罪事件，包括：性騷擾及性侵害、竊盜、詐欺犯罪及網路犯罪等，不僅使得校園的師生對自身的安危產生恐慌，也對於整體的校園安全造成相當大的威脅，使得校園安全問題一直都是各界關注的焦點。

根據教育部「校園安全及災害事件即時通報系統」彙整98年度全國各級學校校安通報事件之統計資料顯示[1]，於民國98年間，學生（不含特教、行政及幼稚園）發生校園通報事件計 133,681 件。依學校別分析，國小是69,259件，國中是27,015件，高中是17,008件，高職是9,575件，大專院校是10,824件。若依校安事件類別分析，導因於新流感（H1N1）的爆發，結果發現疾病事件的發生件數最高，計有115,447件（占86.4%）。在疾病事件之外，國小學生最常遭受的傷害事件以「兒童少年保護事件」為最多，其次為意外事件及安全維護事件；國中學生也是以遭受「兒童少年保護事件」者為最多，其次為「暴力事件與偏差行為」及意外事件；高中（職）學生遭受「兒童少年保護事件」居多數，其次為意外事件及「暴力事件與

1 資料取自教育部軍訓處校安中心，為2010年4月30日之最新資料。

偏差行爲」；而大專院校學生最常遭受的傷害事件以意外事件爲最多，其次爲安全維護事件及「暴力事件與偏差行爲」事件。

相較於大專院校的開放式空間，高中（職）、國中及國小的校園空間相對較爲封閉，在上課期間有較爲嚴格的門禁管制，師生及教職員工以外的民眾，若要於上課期間進入校園，均需出示證件登記，因此進出校園的人員相對而言較爲容易控管。然而，近來在美化校園、開放校園、友善校園、增加與社區互動等的理念下，許多學校開始改變原有的水泥圍牆外觀，開始以矮樹或植物所構成的綠籬加上透空的圍籬予以取代，如台北市努力推展的「台北好好看」系列計畫即是一個顯著的例子，此系列計畫之一就是以「看見友善校園，亮麗學校圍籬」爲目標，希望透過學校與學生之互動，將環境綠化之理念植入教育者與學生心中，強化學校與周邊環境之結合，並將學校圍籬生態化，以落實生態都市之政策（台北市政府，2009）。另外，有些學校在社區居民的要求下，在非上課期間 ，開放早晨、傍晚及週末時的校園供民眾運動及休閒，以落實「學校社區化、社區學校化」的概念。這些無圍籬與學校社區化的開放政策漸漸使得高中（職）、國中及國小的校園空間不再那樣的封閉，屢屢傳出學生遭受校外人士騷擾或毆打、校外人士夜間侵入教室破壞或偷竊、學生遭受與騷擾或性侵害等事件，更加深引發家長對校園安全防護的疑慮。

而大專院校的空間更爲開放，目前許多學校並無嚴格的門禁管制，師生及教職員工以外的民眾除非開車進入學校，皆得以自由進出校園，且無須出示證件登記，來往校園之人員較爲難以控管，讓不法之徒得以任意進出校園，威脅學生人身安全，危害校園之安全與安寧。且居住在外的學生也爲數眾多，常要靠摩托車往來學校與居處之間，在校園內外學生遭受侵害之事件，如性侵害、性騷擾及相關的暴力犯罪事件等，相當容易發生。另外，物品的遺失往往因爲學生隨意放置，導致外人容易得手，或因財物不慎露白或因同儕相互比較，引人覬覦而引起貪念，造成財物的遭竊。學生的交通工具以機車及腳踏車爲大宗，因忘記上鎖或所使用的鎖較爲薄弱、易於破壞等原因，機車及腳踏車失竊之事件在大專院校中甚爲常見。

此外，因電腦及網路的普及，大學生使用網路的頻率甚高，因網路糾紛、網路交友、網路駭客等引發之網路相關犯罪也時有所聞。在詐騙犯罪發生層出不窮之際，大學生也是詐騙犯罪之高危險被害族群，尤其涉及網路交友、網路購物及援交等詐騙犯罪，常見有大學生受害，而遭受財物損失、名譽損害或惹上官司等。因此，發生大專院校之各類校園犯罪事件亟需各界加以正視。

上述校園犯罪之發生，除了可以個人因素、學校因素、社會因素等加以解釋說明外，情境或環境因素也扮演一個重要角色。自 1970 年代起，犯罪學理論、相關政策及實證研究漸漸承認情境或環境因素可能對犯罪活動產生影響（Cornish and Clarke, 2003）。研究者開始視情境是犯罪事件之動態參與者，認為情境有能力足以促使、容許及誘導犯罪之發生（Newman, 1997）。隨著防衛空間及「經由環境設計預防犯罪」（crime prevention through environmental design, CPTED）的研究開始在美國興起，犯罪研究的焦點漸漸由矯正處遇轉向降低犯罪機會之各項策略（Cornish and Clarke, 2003），此即促使「情境犯罪預防」（Situational Crime Prevention, SCP）之蓬勃發展。源自於理性選擇與機會理論，情境犯罪預防即藉由了解犯罪人本身之抉擇過程，制訂出一套有意義的策略，以藉由威嚇的方式來預防犯罪之發生。情境犯罪預防的相關策略被廣泛應用到各個地區之不同犯罪問題之預防，研究也顯示有相當之成果。

為因應校園所發生之相關犯罪案件，本文擬援引情境犯罪預防之概念，將情境犯罪預防之各項策略應用到大專院校、高中（職）、國中及國小等各級學校之犯罪預防實務上。亦即，本章參照目前各級學校的具體作法，說明情境犯罪預防之技術如何應用於預防校園內可能發生之各項犯罪或安全危害事件上，希冀提供各級學校防治相關校園犯罪及加強校園安全防護之參考。

第一節　校園犯罪現況

根據教育部「校園安全及災害事件即時通報系統」彙整 98 年度全國各

級學校校安通報事件之統計資料顯示，於民國 98 年間，學生（不含特教、行政及幼稚園）發生校園通報事件計 133,681 件。以學校別及校安事件類別分析，發生在國小的校園安全及災害事件有 69,259 件，學生最常遭受的傷害事件則以疾病事件爲最多（59,783 件），其次爲「兒童少年保護事件」（1,917 件）、意外事件（1,817 件）及安全維護事件（473 件）等。其中，在兒童少年保護事件方面，以「其他兒童少年保護事件」類別（包括出入不正當場所、離家出走三日內及在外遊蕩等）爲最多（1,036 件，占 54%），其次爲「法定通報兒童少年保護事件」類別（主要是遭身心虐待，有 414 件，占 21.6%）。在 473 件校園安全維護事件中，財物遭竊（包括校產、器材及其他財物）占最多（共有 175 件，37%），校屬人員遭侵害事件（包括遭恐嚇勒索、外人侵入騷擾師生、遭暴力傷害、遭擄人勒贖、遭強盜搶奪等）居次（共有 94 件，19.9%）。另外，國小在 98 年度也發生 227 件校園暴力或偏差行爲事件，其中發生最多者爲其他暴力事件或偏差行爲（有 113 件，占 49.8%），其次爲疑涉違法事件（包括偷竊、恐嚇勒索、縱火、破壞、妨礙秩序或公務、其他違法事件等，有 81 件，占 35.7%），及一般鬥毆事件（有 28 件，占 12.3%）。

在 98 年度，發生在國中的校園安全及災害事件有 27,015 件，學生最常遭受的傷害事件則以疾病事件爲最多（22,570 件），其次爲「兒童少年保護事件」（2,223 件）、暴力事件與偏差行爲（852 件）、意外事件（751 件）及安全維護事件（273 件）。在兒童少年保護事件方面，以性侵害事件占最多（共有 794 件，35.7%），其次爲「其他兒童少年保護事件」類別（754 件，占 33.9%）、性騷擾事件（233 件，10.5%）及藥物濫用事件（有 224 件，10.1%）。在「暴力事件及偏差行爲」方面，以暴力偏差行爲（包括械鬥兇殺事件、一般鬥毆事件、飆車事件、幫派鬥毆事件）爲最多（共有 379 件，44.8%），其次爲其他暴力事件及偏差行爲（195 件，23%）及移涉違法事件（178 件，21%）。於民國 98 年間，國中校園共發生 273 件校園安全維護事件，其中財物遭竊（包括校產、器材及其他財物）占最多（有 69 件，25.3%），其次爲校屬人員遭侵害事件（有 57 件，20.9%）、性騷擾事件（有 44 件，16.1%）。一般而言，與國小相較，安全維護事件發生的比例下降，而暴力事件及偏差行爲的比例則增加許多。

在高職部分，98 年度發生的校園安全及災害事件計有 9,575 件，學生最常遭受的傷害事件則以疾病事件爲最多(6,942 件)，其次爲意外事件(878 件)、兒童少年保護事件（696 件）、暴力事件及偏差行爲（662 件）等。在兒童少年保護事件方面，以「其他兒童少年保護事件」類別（262 件，占 37.6%）占最多，其次爲性侵害事件（共有 154 件，22.1%）、藥物濫用事件（170 件，24.4%）及性騷擾事件（154 件，22.1%）。在校園暴力事件或偏差行爲方面，發生最多者爲暴力偏差行爲（有 215 件，占 32.4%），其次爲藥物濫用事件（185 件，27.9%）及干擾校園安全及事務（主要爲離家出走未就學，有 105 件，占 15.9%）。另外，在民國 98 年間，高職共發生 168 件校園安全維護事件，其中財物遭竊占最多（共有 49 件，29.2%），其次爲校屬人員遭侵害事件（39 件，23.2%）、性騷擾事件（24 件，14.3%）及性侵害事件（21 件，12.5%）。

在高中部分，在民國 98 年間，共發生 17,008 件校園安全及災害事件，學生最常遭受的傷害事件則以疾病事件爲最多（13,950 件），其次爲意外事件（1,005 件）、「兒童少年保護事件」（901 件）及暴力事件及偏差行爲（538 件）等。在兒童少年保護事件方面，以「其他兒童少年保護事件」類別（356 件，占 39.5%）占最多，其次爲性侵害事件（共有 181 件，20.1%）、藥物濫用事件（170 件，18.9%）及性騷擾事件（119 件，13.2%）。在校園暴力事件或偏差行爲方面，發生最多者爲暴力偏差行爲（有 184 件，占 34.3%），其次爲藥物濫用事件（108 件，20.1%）及移涉違法事件（92 件，占 17.1%）。另外，在民國 98 年間，高中校園共發生 278 件校園安全維護事件，以財物遭竊占最多（共有 101 件，36.3%）。一般而言，高中校園發生的校園安全事件類別與高職相似。

最後，發生在大專院校的校園安全及災害事件有 10,824 件，學生最常遭受的傷害事件則以疾病事件爲最多（7,750 件），其次爲意外事件（2,336 件），以及安全維護事件（378 件）、校園暴力事件或偏差行爲事件（167

件）等。在校園安全維護事件方面，大專院校共發生 265 件校園安全維護事件，其中性騷擾事件占最多（共有 108 件，28.6%），其次爲校園失竊事件（64 件，16.9%），及其他校園安全維護事件（53 件，占 14%）。另外在 167 件校園暴力或偏差行爲事件中，發生最多者爲暴力偏差行爲，有 60 件（占 35.9%），其次爲移涉違法事件（49 件，占 29.3%）及其他暴力或偏差行爲事件（有 31 件，占 18.6%）。另外，疑涉偷竊、強盜搶奪、恐嚇勒索、違反毒品危害防治條例、賭博、電腦網路詐騙、縱火或破壞等案件，數量雖不多，但也在大專院校的校園中發生。

另外，值得一提的是，有關發生在各級學校之犯罪或偏差行爲事件之統計資料，不可避免的會面臨犯罪黑數（dark figure of crime）的問題，很多已經發生的案件，或因被害者覺得是小事、警察不會受理、覺得是私人事件，或覺得羞恥，或因其他原因，而未呈報給校警或相關單位。另一方面，校警或相關單位在受理報案後，也可能因爲一些因素（如：案件很小、不嚴重），而未登錄資料。例如，楊士隆、吳芝儀及曾淑萍（2010）接受教育部軍訓處委託所進行之「我國與世界各國校園安全通報處理機制之比較研究及改進策略計畫」，與第一線的校園安全通報人員及學校主管的質性訪談結果發現，因爲種種的原因，包括：現行校園安全事件的分類無法涵蓋多元新增事件（如家長對學生的暴力行爲）、現行校園安全事件的分類定義不清或項目繁瑣、人力不足、擔心通報校園安全事件會影響校譽或招生情形等，可能會造成校安事件通報之不全或不實，而造成校園犯罪或偏差行爲黑數之產生。

儘管如此，前述的統計資料顯示，包括國小、國中、招直、高中及大學校園，也面臨各種偏差或犯罪問題之侵襲，使得平靜的校園產生恐慌，對於校園安全造成相當大的威脅。尤其，雖然相較於大專院校的校園，高中職、國中、國小的校園相對較爲封閉，但在友善校園、校園美化及學校社區化的政策下，校園也有越來越開放之趨勢，因此也較容易受到偏差與犯罪問題之入侵。因此，對於各級學校校園安全與校園犯罪預防之關切，值得各級學校及政府部門之重視。有鑑於此，本章援引犯罪學中之「情境犯罪預防」之理念與相關策略，探討其在預防校園犯罪之應用，希冀達到拋磚引玉之效。

第二節 情境犯罪預防

自 1970 年代起，犯罪學理論、相關政策及實證研究漸漸承認情境或環境因素可能對犯罪活動產生影響（Cornish and Clarke, 2003）。研究者開始視情境是犯罪事件之動態參與者，認爲情境有能力足以促使、容許及誘導犯罪之發生（Newman, 1997）。隨著防衛空間及「經由環境設計預防犯罪」（crime prevention through environmental design, CPTED）的研究開始在美國興起，犯罪研究的焦點漸漸由矯正處遇轉向降低犯罪機會之各項策略（Cornish and Clarke, 2003）。在此時，在犯罪學的時實證研究中，有證據顯示犯罪人經過理性的考量與抉擇而選擇目標物（Brantingham and Brantingham, 1975）；另外，關切情境變項與犯罪事件關聯性的「日常活動理論」（routine activity theory）（Cohen and Felson, 1979）也慢慢地發展、成形。這些改變促使「情境犯罪預防」（Situational Crime Prevention, SCP）之蓬勃發展。

情境犯罪預防，根據 Clarke（1992: 4）的定義，係指針對某些特定的犯罪類型，以一種較爲有系統、完善、常設的方法，對犯罪發生的立即環境加以設計、操弄與管理，藉由增加犯罪困難、增加犯罪風險、減少犯罪酬賞與刺激、移除犯罪藉口等策略，以阻絕犯罪發生之預防策略（引自楊士隆，1990；1994）。

情境犯罪預防所呈現的是一個廣泛的觀點，包含和犯罪有關之整體環境與對象，以及對於犯罪活動之法律上、管理上及設計的解決方法。此觀點奠基於 Clarke 及 Cornish（1985）之理性抉擇理論，視違法行爲爲一「事件」，當一個潛在犯罪人在衡量本身的需求及各項環境因素後，選擇違犯法律的行爲。在選擇犯罪行爲前，理性犯罪者會根據過去的經驗與學習，對犯罪行爲做一成本效益分析，亦即權衡違法行爲可能帶來的收益與一旦被逮捕所可能面對之逮捕風險及處罰的嚴厲性等，然後決定是否去從事犯罪行爲。

理性選擇理論不僅提供一個理論架構，更可視爲是制訂防治犯罪政策的重要觀點之一。因爲犯罪人在犯罪之前會針對當時情境的各項犯罪成本、風險與收益作成本效益分析，而影響其是否從事犯罪之抉擇。因此，可藉由犯罪人本身之抉擇過程，透過情境特徵的操弄，制訂出一套有意義的策略，以威嚇的方式來預防犯罪之發生（Cornish and Clarke, 1985; Fanno, 1997）。

日常活動理論是情境犯罪預防所根源的另一理論，其較爲清楚地說明哪些情境因素應該予以操弄，以預防犯罪之發生。尤其，日常活動理論認爲犯罪的發生必須在時空上有三項因素之聚合，亦即具有能力及犯罪傾向者、合適之標的物、足以遏止犯罪發生之抑制者不在場。換句話說，某些情境犯罪預防技術的基本假設即爲：可藉由操弄這三項因素，以影響犯罪之機會結構。

根據理性選擇理論與日常活動理論之論點，Clarke（1992）提出十二項情境犯罪預防技術，藉由增加犯罪困難與風險、降低犯罪酬賞的方式以排除犯罪之機會（楊士隆，1994）。之後，這些技術慢慢擴增爲十六項技術，加入罪惡感及羞恥之考量（Clarke, 1997; Clarke and Homel, 1997），另加入情境促發者角色（Clarke and Eck, 2003; Cornish and Clarke, 2003）等向度，於近年提出情境犯罪預防策略之二十五項技術。這些技術可被涵蓋在五大原則之下，即 Nick Tilley（1997）所定義之「機制」（mechanisms），包括：提升犯罪阻力、增加犯罪風險、減低犯罪酬賞、減少犯罪刺激、移除犯罪藉口等，希冀透過這些情境犯罪預防策略達到預防犯罪發生之效果。以下就情境犯罪預防之五大原則、二十五項技術做一概要之介紹（Fanno, 1997；Clarke and Eck, 2003；許春金，2007；楊士隆、曾淑萍，2006）。

一、提升犯罪阻力（Increase the effort of crime）

「提升犯罪阻力」的設計爲情境犯罪預防最爲基本之策略，其主要目的在於增加犯罪人在犯罪時所需投入之努力及阻礙，其具體技術包括：

（一）強化標的物（Harden targets）：係指財產之堅固化及安全化，以減少潛在犯罪人之入侵，增加犯罪之困難度，使得犯罪標的物不易得手。透過上鎖、遮蔽物、警鈴、柵欄、鋼製鐵窗、防彈安全玻璃或是其他強化物質等有形物體之設置，以提高目標物遭受破壞或竊取之障礙或困難度。

（二）管制通道（Control access to facilities）：如同古代之護城河、閘門等設計，係指針對特定場所進入之人員實施限制與監控，以禁止人們進入他們無權進入的場所，包括辦公室、大樓、工廠或公寓等。具體的措施包括出入之電視螢幕管制、身分證之識別、各種障礙物之架設等，以減少潛在犯罪人之侵害。

（三）出入口檢查（Screen exits）：此項措施之目的在於確保離開大樓、設施或其他場所等人員，沒有竊取任何物品、或是已付清所有的費用，實際作法包括下車繳回票根、離境時的邊境管制、商店物品的磁條措施等。

（四）轉移潛在犯罪人（Deflect offenders）：係指利用一些對環境及情境妥善操弄、控制與管理的設計，以分散、轉移潛在犯罪人之活動聚合犯罪機會，或將潛在犯罪人之行爲導向至較能被社會所接受的方向，比方說提供公共廁所、塗鴉板或是公共垃圾桶等。

（五）控制犯罪促進物（Control tools and weapons）：係指對於易導致偏差或犯罪行爲發生之促進物或是犯罪所使用之設備及物品予以控制，以預防犯罪發生之相關措施，例如嚴格控制青少年購買噴漆、使用「強化啤酒瓶」或「強化玻璃杯」以防止破碎之玻璃製品備用來當攻擊的武器等。

二、增加犯罪風險（Increase the risks of crime）

根據對犯罪人之訪談結果，Clarke 及 Eck（2003）發現相較於犯罪被逮捕之後果，犯罪人較爲擔心被逮捕之風險。從犯罪人觀點來解釋，這是可以理解的，因爲被逮捕後，他們難以避免後續的處罰，但是在被逮捕前，他們可以藉由小心謹慎的作爲以降低被逮捕之風險。這就是情境犯罪預防策略爲什麼特別重視增加犯罪之風險而非試圖操弄處罰，以期收預防犯罪效果之主要原因。具體之技術包括：

（一）擴充監控（Extend guardianship）：根據 Cohen 及 Felson（1979）所提出之「日常活動被害理論」，犯罪之發生必須在時空上有三項因素之聚合，亦即具有能力及犯罪傾向者、合適之標的物、足以遏止犯罪發生之抑制者不在場。而擴充監控即是針對第三個因素「足以遏止犯罪發生之抑制者」所設計，比方說要離家數天的屋主應該暫時取消送報服務及告知鄰居何時會離家、何時回來，並請其幫忙注意各項情況，或是夜間出門攜帶手機或結伴而行、成立鄰里守望相助等，皆為擴充監控之具體方法。

（二）增加自然監控（Assist natural surveillance）：增加自然監控是「防衛空間」及「鄰里守望相助」的首要任務，其主要是藉由人與物的輔助措施，增加對潛在犯罪人之監控效果，減少其犯罪動機並進而嚇阻犯罪之發生。此項策略包括修剪住家的樹叢、便利超商裝設透明落地窗及夜間燈火通明、加強街道照明、防衛空間的建築設計、警民連線、犯罪預防方案等設計，皆是仰賴民眾每天例行性活動所提供的自然監控，以增加犯罪人犯罪之風險。

（三）減少匿名性（Reduce anonymity）：現今社會的發展及建築物的設計，使得人口具高度流動性，人們越來越常與陌生人共處一室，彼此互不認識，不僅阻礙人際社會關係之正常發展，也會減弱社會控制之約束，造成偏差或犯罪行為發生之可能性。因此，減少匿名性是一種有效的情境預防犯罪之技巧，具體的方法包括要求學生穿制服以減低學生上下學之匿名情形、要求計程車司機在車上清楚地放置身分證件等。

（四）職員協助監控（Utilise place managers）：係指運用從事公共服務業之員工，除了本身的職責外，在其工作崗位上也扮演著監控的角色，以協助治安的維護。這些員工包括商店的雇員、飯店的門房及服務生、公寓大樓的管理或保全人員、停車場的管理人員、車站的站務人員等。希冀藉由這些員工之協助，有效地監督潛在犯罪人之活動，以嚇阻犯罪之發生。

（五）強化正式監控（Strengthen formal surveillance）：正式監控是由警察、保全人員、商店的探員（store detectives）等所提供的監控，他們的主要角色在於對潛在的犯罪人產生一種嚇阻的威脅感，減少非法行為之發生。其他可以增強正式監控的具體方法包括防盜警鈴、閉路電視（closed circuit television, CCTV）、交通巡邏警衛、紅外線測速、測速照相等方法，增加預防犯罪之效果。

三、減低犯罪酬賞（Reduce the rewards of crime）

根據理性選擇理論的主張，犯罪人在犯罪之前會進行成本效益分析，總是希望在犯罪中獲得利益。利益可以是有形的、物質的利益，如金錢、值錢的物品等，利益也可以是無形的酬賞，包括性慾的抒解、陶醉、興奮、復仇、同儕的尊重等。情境犯罪預防的其中一個原則即爲了解特定犯罪的酬賞，並進而降低或移除酬賞，以預防犯罪之發生。具體之技術包括：

（一）目標物之隱匿（Conceal targets）：係指將可能誘導犯罪發生之人、物、設備等目標物以藏匿、移開或做其他安置等方式，降低犯罪之誘惑，以減少犯罪之發生。例如，住戶會將珠寶及有價值的物品藏起來或是拉下窗簾避免竊賊之窺探；有些人不在公共場合穿金戴銀、避免將車子停在街道上過夜；不在車上放置中物品等。另有一些較爲不明顯的隱匿方法，比方說使用性別模糊的電話簿以避免女性遭受猥褻電話之騷擾，或是使用無標示的運鈔車比降低運送過程中遭劫之風險。

（二）目標物之移置（Remove targets）：係指將犯罪之可能目標物移開，以避免成爲歹徒犯罪之目標，例如電話卡的使用可減少攜帶大量現金在身上之需求，避免成被竊偷竊的目標；公車的不找零系統或是使用悠遊卡，可降低巴士被搶劫之風險。其他移置目標物的方法還包括將營利所得現金交易改換成票據轉帳、商店櫃臺減少現金存放、或是遊樂場以代幣代替現金等。

（三）財物之辨識（Identify property）：係指透過財產的註記，增加財物的辨識，以降低財物的價值及銷贓之機會，比方說要求汽車登記並取得一個獨一無二的車輛識別號碼（Vehicle Identification Number, VIF）、將汽車中的音響加裝特殊的個人識別號碼（Personal Identification Number, PIN）等，以降低汽車竊盜事件之發生。

（四）搗亂市場（Disrupt markets）：長久以來，犯罪學家及警察對逮捕竊賊的關注遠遠高於對贓物市場的了解及瓦解。然而，若能將贓物市場加以搗亂及瓦解，則竊盜常習犯及運送大量菸酒等贓物的卡車會進而減少。搗亂贓物市場的方法需由警方根據市場的性質而加以擬定，包括對當鋪交易的系統性連線監督、取締非法流動攤販、檢視報紙的小廣告以檢查重複出現的販賣者等。

（五）拒絕利益（Deny benefits）：係指透過目標物及相關設施的設計，移除犯罪人犯罪之動機、降低其在犯罪過程中的樂趣及利益。例如，將金屬製的路標改成木製品，以移除其被射擊時所產生的「鐺鐺」聲響；「假人警察」及路凸的設置，可以減少飆速的利益；裝設安全密碼式音響，除非竊賊知道密碼，否則使用的，藉此降低竊盜率；服飾店採用墨水標籤以防範順手牽羊事件之發生。另外，針對塗鴉的立即清理策略，可以拒絕犯罪人在公共場合展示其「作品」之樂趣。

四、減少犯罪刺激（Reduce provocations）

有學者針對監獄及酒吧做研究，發現擁擠、不舒服及粗魯的對待會激化暴力事件的發生。因此，情境犯罪預防不僅應該針對犯罪發生的機會，也應針對犯罪發生之情境發展策略，予以設計、操弄與管理，以減少犯罪之刺激。具體的策略包括：

（一）減低挫折與壓力（Reduce frustration and stress）：當面對服務生粗魯的對待、有人插隊，或是火車誤點而無任何解釋時，任何人都會感到憤怒。有些時候，人們會因憤怒而變得暴力。這些情形是可以透過改善服務而避免衝突的發生。另外，擁擠及不舒服的情形也會造成憤怒的發生，太多噪音、被人推擠或無座位可坐等，這些在酒吧、夜店等場所常會出現的情形，經常是造成麻煩的導因之一。增加座位、悅耳的音樂及柔和的燈光等，將是這些場所降低壓力的方法。

（二）避免爭執（Avoid disputes）：係指透過設計與管理，避免可能造成爭執或衝突的情境，以降低暴力等犯罪發生之可能性。例如，在足球場中，將兩隊敵對的球迷分隔開來，並將雙方抵達及離開的時間予以規劃，以避免在等待時間的衝突事件發生。計程車的計費採取跳表制度，有一定規則之收費標準，以避免欺騙與爭端，也是情境犯罪預防「避免爭執」策略的另一個實例。

（三）減少情緒挑逗（Reduce emotional arousal）：係指降低引發犯罪發生之誘惑及情緒挑逗之策略，例如，在沒有護士或第三者的陪同下，男醫生不應逕自對女病患進行詳細的身體檢查，一方面保護醫生免於遭受錯誤之指控，另一方面則是降低醫生對病人性侵害或是產生不當行為之誘因。對於戀童前科犯，法令禁止其從事與孩童接觸的工作，不僅保護兒童，也幫助其控制其性慾。另外，建議民眾在公眾場合注意其錢財或是夜歸獨行婦女注意其安全等建議，皆是以降低犯罪誘因、減少情緒挑逗為考量，避免犯罪之發生。

（四）減少同儕壓力（Neutralise peer pressure）：如同兒童及青少年，成人也會面臨同儕壓力。比如，資深員工會教導新手如何從雇主處得到好處，或是年輕人容易受到朋友的慫恿而飲酒過量。「減少同儕壓力」的具體作法，包括父母會阻擋孩子與有負面影響的朋友交往、學校會將調皮搗蛋的麻煩份子分散到不同班級等。另外，目前台灣除了推動「指定駕駛」的觀念之外，對於開車的朋友，也不予以勸酒，此亦是減少同儕壓力之具體實踐。

（五）避免模仿（Discourage imitation）：雖然觀看暴力電影與暴力行為之關聯性仍有很多爭論，有證據顯示媒體對於特殊犯罪之報導，會引發犯罪之模仿。在美國，所有販賣的電視機必須裝設一種「V 晶片」，使父母得以設定節目，以避免其孩童觀看暴力及色情等節目，以減少相關模仿行為之發生。另外一個例子是根據「破窗理論」，針對公園裡或社區裡遭受破壞的物品或是塗鴉，應採取立即修復之措施，以免傳達出「缺乏管理」之訊息，而引發更多的模仿與破壞行為。

五、移除犯罪藉口（Reduce excuses for crime）

犯罪人常會對其行爲作道德判斷，並會找藉口合理化及中立化其行爲，以減輕其內心之罪疚感或羞恥感。有鑑於此，情境犯罪預防的第五個原則即是透過一些策略及設計之採用，將規範清楚地界定與呈現、協助人們遵守規範、激發人們的良心，以藉此移除偏差或犯罪行爲之可能藉口，嚇阻偏差或犯罪行爲之發生。具體的策略包括：

（一）設立規則（Set rules）：係指各公共服務部門，包括圖書館、醫院、公園以及各項娛樂活動設施、巴士、地下鐵、飯店、餐館等對其員工約立各項工作規範，不僅便於管理營運，同時也規範他們所服務的對象，並強化規定之執行，減少犯偏差或非法行爲之發生。基本上，這些規定必須明確、減少模糊地帶，減少利誘潛在犯罪人（包括員工及被服務的對象）從事偏差或非法行爲之機會，使得他們心服口服，而無法用中立化（合理化）技術如「我只是借用一下」、「每一個人都這樣」等藉口來逃脫責任，並且使他們明瞭從事非法行爲時將付出鉅大的代價，無所僥倖。例如，台灣對於國家公園及山地管制區採取入山登記制度，根據國家安全法第 7 條規定：「違反第五條第二項未經申請許可無故入出管制區經通知離去而不從者，處六月以下有期徒刑、拘役或科或併科新臺幣一萬五千元以下罰金。」，針對未依規定提出申請或入山後有不符規定之行爲者，有相關之處罰措施，此即爲「設立規則」之實例。

（二）敬告規則（Post instructions）：係指雇員、消費者及民眾所需遵守的工作契約、服務契約或管理規範，應予以正式公告，尤其是公共地區或設施的管理規範要公開地張貼，不僅可以預防民眾宣稱不知有規範之存在，也可明確指出應共同遵守的約定行爲。比方說，特別是道路，使用了很多標誌以管理行車及停車之行爲。研究結果顯示，使用「殘障專用」的警告標誌確實可有效降低殘障停車位的違法停放。其他許多的公共設施，包括公園、圖書館、大學、大眾交通系統等，也張貼敬告等標示以規範廣泛的公眾行爲。敬告標示的使用是執法的主要工具，並常常被當成是解決問題的方式。

（三）激發良心（Alert conscience）：情境犯罪預防與一般的非正式社會控制在兩方面有很大的差異，第一，情境犯罪預防著重發生在個別且有限場所的特定犯罪型態；第二，情境犯罪預防的目的是在潛在犯罪人要犯下特定犯罪的那一刻激發其良心，而不是讓他對違法行爲的態度產生持續性的改變。「激發良心」的具體措施包括於營業場所明顯處張貼「酒後不開車」警示標語；在路旁設置速限提醒版，不斷對駕駛人提供超速的警告；或者，商家在門口張貼「偷竊商品是違法的行徑」的警告標語，以提醒潛在犯罪人偷竊商品的違法性，使其動手偷竊前能三思。

（四）協助遵守規則（Assist compliance）：係指協助人們遵守規則之設計與措施，以降低偏差或違法行爲發生的可能性。比方說，興建公共廁所以避免人們隨地大小便、在公共場所放置垃圾桶以減少垃圾的隨意棄置、在營業場所設置提供「代客叫計程車」服務相關標示、改善圖書館借書的程序以減少等待的時間並協助遵守借書的規定等具體作法。

（五）管制藥物與酒精（Control drugs and alcohol）：酒精與藥物會處使犯罪之發生，因酒精與藥物會降低人們的抑制力、影響知覺與認知，使得犯罪人無法辨識是非對錯，而對其違法行爲缺乏察覺。因此，有必要針對藥物及酒精進行管制。比方說，根據現行酒駕標準，被警察攔檢到酒駕，酒測值在 0.25 毫克以下者不罰，但酒測值在 0.25 毫克以上、因酒駕肇事致人受傷或致人重傷或死亡者，有罰款、扣車、吊扣或吊銷其駕駛執照等處罰，目的即在於限制酒精攝取的量，以降低酒醉駕車行爲及其他意外事件發生的可能性。

情境犯罪預防可說是一門降低犯罪機會之科學，使用與問題導向警政（problem-oriented policing）相似的行動研究方法也累積相當多之成功案例。例如，Welsh 及 Farrington（2004）針對閉路電視（CCTV）降低犯罪之能力進行後設分析（meta-analysis），回顧的研究大多數是由英國進行的評估研究，結果顯示 CCTV 具有降低犯罪之效果，若能搭配改善照明，效果則會更爲顯著（另參見楊士隆，2006）。其他的研究也發現情境犯罪預防策略在預防不同偏差或犯罪行爲之效果，如：猥褻電話（Clarke, 1997）、提款機附近之搶劫（Guerette and Clarke, 2003）、汽車竊盜（Webb, 1997）、停車場犯罪（Tseng, Duane, and Hadipriono, 2004）及賣淫（Matthews, 1997）等。

另外，情境犯罪預防也引發爭論與批評，其中最常被提到的一點即爲犯罪移位（displacement）；亦即，增加犯罪困難的犯罪預防方法會造成犯罪被移位或移動到其他地點、時間、目標物或犯罪型態。Cornish 及 Clarke（1987）也承認犯罪移位是情境犯罪取向的一個顯而易見的缺點，但他們認爲犯罪移位不是百分之百必然發生的結果。以汽車竊盜移位的研究結果爲例，當面對犯罪機會受阻時，潛在犯罪人可能不會被強迫去其他地點犯罪，也可能不會將其犯罪意圖轉至其他犯罪類型上（Cornish and Clarke, 1987）。研究也發現，在一些情況下，情境犯罪預防策略還產生「利益擴散」（diffusion of benefits）的效果（Clarke and Weisburd, 1994）。另一個較常被關切的議題，即是情境犯罪預防技術之成本效益（O'Neill and McGloin, 2007）。尤其，犯罪人會逐漸適應這些環境策略，爲維持預防犯罪之效果，情境犯罪預防技術就必須進行評估與升級，這會增加額外的成本（Clarke, 1997）。根據 Welsh 及 Farrington（1999）發現，十三個情境犯罪預防的研究中，有八個研究的成本效益比率是令人滿意的。因此，他們認爲情境犯罪預防是降低犯罪的一個具經濟效益之策略。

第三節　情境犯罪預防於校園犯罪之應用

本部分的討論焦點，將參照目前各級學校的相關措施（楊士隆、吳芝儀、曾淑萍，2010），具體說明前述所提及之情境犯罪預防之各項技術如何應用於預防校園內可能發生之各項犯罪或安全危害事件上。

一、提升犯罪阻力

（一）強化目標物：在財產之堅固化及安全化方面，具體的校園犯罪預防措施包括辦公室、教室、電腦教室、學生研究室的大門，透明玻璃內裝有鐵條，透過透明玻璃可得知屋內的情形，同時玻璃內的鐵條可預防玻璃被擊破後之入侵；非上班上課期間，辦公室及教室會上鎖；辦公室安裝防盜裝置，非上班時間除非有職員卡及磁卡，否則擅入辦公室會引發警鈴大作；微波爐、電腦、印表機或傳真機之特製防盜框架，使其固定而增加被搬離之難度；校園內設置腳踏車架，使腳踏車主可以將腳踏車與車架鎖在一起，不僅可增加被竊之困難度，也可使腳踏車之停放更有次序；提醒校內師生將腳踏車、機車及汽車大鎖，甚至可加裝多道複雜的鎖，增加犯罪困難度；提醒校內師生離開辦公室或居所時，即使只是出去一下，也要記得鎖上門窗。另外在大學部分，大學部宿舍中庭設置防護網，可以杜絕跳樓自裁事件之發生。

（二）管制通道：各樓梯裝有鐵捲門，在非上班上課時間一律關上鐵捲門；強化門禁管制，在學校的大門及側門，有校警及保全人員負責通道管制，車輛進入校園需有停車證及相關證件，進入學校之人員也需填寫資料或留下證件、換證才能進入校園。在大學方面，學校的行政大樓及各建築物設有門禁系統，在非上班時間必須持經由設定核可進入之職員證、學生證方能進入建築物；學校老師宿舍、學生宿舍之刷卡系統，管理相關人員之進出；每晚 11 點至次日早上 6 點，大學部宿舍住宿生欲離開宿舍時，需刷卡方能開啓建築物之大門；碩博士研究生宿舍交誼廳有獨立進出口，住宿生需刷卡進出；每晚 6 點至 10 點，大學部宿舍一樓大廳安排工讀生，管制及登記進出之異性學生；晚上 11 時起至隔日清晨五點，學校大門管控車輛需憑本校教職員工證方能進出大門；地下停車場有門禁管制，上班時間需持設定核可之磁卡方可進入；體育中心的門口有工作人員或工讀生，管制進入管內之人員；圖書館刷卡系統，非校內人士需持身分證件換卡後才得以進入管內閱覽。

（三）出入口檢查：圖書館在書上有貼磁條，若未經過標準借書程序（消磁），則離開圖書館會啓動警報器。

（四）轉移潛在犯罪人：每天早上，學生準備進入學校前，確實巡邏校園各角落，對於非校內教職員及學生之人士，應儘速請其離開校園，以維護學生之安全；體育館中，將男用淋浴間及女用淋浴間區隔開來。針對大學校園安全部分，大學部及碩博士研究生女生宿舍公共浴廁設置警鈴及斷電措施；每晚 12 點至次日早上 6 點之間，大學部宿舍區公共區域（如：交誼廳）設立斷電設施，藉以減少學生夜間活動機會，並降低犯罪及被害機率。

（五）控制犯罪促進物：校園內禁止販賣菸酒及違禁物品；學生證及職員證上印有相片，降低遺失後遭盜用或冒用之風險。

二、增加犯罪風險

（一）擴充監控：宣導守望相助之觀念，提醒學校師生注意校園附近出沒之可疑人士；提醒學校師生，上下課及夜間出門要結伴同行，提高警覺，並攜帶手機，當緊急事件發生時，可以尋求協助；聯合校外會建立巡聯網絡；加強與社區守望相助隊合作，共同宣導及維護校園安全。針對大學校園安全部分，提醒學校師生外出時，告知室友或朋友欲前往之地點及預計回來之時間；對於在研究室或圖書館工作而夜歸之學校師生，可先行通知校警，由校警陪同返回宿舍或去取車（台大）；提醒學校師生，當進入教學大樓或宿舍大樓時，多加注意跟隨進入大樓之人。

（二）增加自然監控：改善校內之照明，定期修剪樹木，以減少死角；定期檢查校園措施安全，避免危險硬體、軟體使學生受傷或誘發人受傷；在校內，增設緊急電話，以提供緊急事件之通報；提供校內緊急聯絡專線，以供學生及教職員緊急事件之及時通報；設立安全走廊，讓學生夜間求學安心；校內便利商店窗口之透明化，可使往來之人注意店內之人事物，增加自然監控之效果。

（三）減少匿名性：針對國小、國中及高中職學生，穿制服或使用有學校名稱之書包，獲悉帶有相片與名字之識別證件進出校園；學校舉行大型活動時，需填寫大型活動申請表提出申請，車輛需經過許可才可以進入校園內；進出校園之車輛需有學校核發之停車證，其他非校內車輛，進出校門需經由換證之程序（如：成大、台大）。

（四）職員協助監控：針對國小、國中及高中職的校園安全部分，訓輔人員加強走動管理，高中職以上教官及國中小生教組長定時進行課間巡查、午間巡查，以預防學生在下課、午餐或午休時間發生校安事件；於學生放學後，進行校外四周巡查，巡查校外四周巷弄，以掌握學生校外安全；設置交通服務隊，維護師生進出校園安全；運用糾察隊的組織及訓練、導師通報機制、親師生聯防等，切實掌握學生在校之安全。在大專院校之校園安全方面，宿舍導師及舍監之配置，以協助學生宿舍安全之維護與緊急事件之處理；大學部及碩博士研究生宿舍設有24小時錄影監控系統，並安排管理員輪流觀看，藉以維護住校生住宿安全；體育中心的入口、圖書館之入口有職員或工讀生之配置，以確保進入館內之人員之身分。

（五）強化正式監控：學校大門及側門的校警或保全人員之設置；在夜晚，警察或值班老師會定時巡邏校園各個區域及地下停車場；在校園的不同角落（如：校園入口、宿舍入口、建築物的入口、走廊等），設置監視器（CCTV）及保全系統；辦公室安裝防盜警報器，非上班時間除非有職員卡及磁卡，否則擅入辦公室會引發警鈴大作；對於容易發生校安事件的死角（如廁所），裝置監視系統或緊急按鈴等警報系統，加強安全防護；。在大學校園安全方面，每晚10至11點，大學部宿舍安排工讀生巡視各樓層，除檢查安全設施外，並清查是否有外人停留宿舍區；成立校園巡邏隊，並於夜間巡視校園並監看學校BBS，遇可能之危安因子，即時反應狀況，化解危機。

三、減低犯罪酬賞

（一）目標物之隱匿：下班後，將教室及辦公室之窗簾放下，以避免潛在竊盜者透過窗戶看到有價值之物品；宣導財不露白，別讓貴重物品從你視線中消失；提醒師生，在離開座位時，記得將貴重物品隨身攜帶；任何時刻記得把鑰匙取走，千萬別留在車上；高價腳踏車不要放在公共停車區。

（二）目標物之移置：向學校師生宣導，將包包、值錢物品放在機車行李箱，不要放在腳踏板、車籃，或是單肩背背包；建議學校師生盡可能都在白天領錢，金融卡和密碼要分開儲存，並記下所有卡片的細節，以便遺失時能迅速取消。

（三）財物之辨識：對校內的財產進行財產登記、造冊管理，並定時予以清查；鼓勵學生將機車及腳踏車烙碼；將機車或腳踏車做標示（如：貼紙、油漆、刮痕），不僅達到財物標示之目的，也降低財物對潛在犯罪人之吸引力，減少被竊之危險性；將個人財產加註標記，建議標明財產與所讀大學的姓名的大寫首字母一起（如 CCU——中正大學）以及你的學生證號碼。即便遺失，可增加搜尋的線索；使用電子產品，如筆記型電腦或手機，留下你的序號，以防被偷時可以追蹤。

（四）搗亂市場：針對大學校園安全部分，在開學期間，加強宣導與查察，由檢察官帶領警察突擊校園附近之影印店，預防學生及業者違反智慧財產權，非法影印書本；嚴加管控二手市場，強化與警察之聯繫，到轄區內的電腦、手機、數位相機等電子產品專賣店進行巡察，調查有關不明電子產品買賣之情形，以杜絕電子產品之銷贓，或是透過 BBS 二手版之買賣訊息，進行二手市場之管控；在自動提款機上貼上警語，比方說「本機只提供提款與轉帳，不提供其他服務」，以提醒學校師生避免遭受詐騙集團之侵害，減少財物之損失。

（五）拒絕利益：校園內外設有路凸，提醒校內師生其他他用路人注意車速；對於校園內出現塗鴉或物品的毀損，採取立即清理或修復之措施；圖書館之藏書貼有磁條，未經由正式借書程序而攜書離開圖書館者，會觸動警鈴；向學校的師生宣導，不要喝離開視線的飲料，以免被歹徒有機可趁。

四、減少犯罪刺激

（一）減低挫折與壓力：學校輔導中心舉辦各類活動，如「自我肯定、知覺體驗與潛能開發之旅」，以協助學生開發自我潛能、增進內在信心，並促進人際間的關係建立和合作；或是舉辦「人際關係讀書會」、書展，藉由閱讀不同主題與角色經驗的過程中，促使成員對自我與人際互動關係，有更深入的自我覺察與改變；針對新生，舉辦「新生生活與學習適應營」活動，希望透過一系列講座活動（主題包括自我探索、人際關係、生涯規劃、情緒管理等），幫助新生及早認識、了解並適應學校生活。在大學部分，協助學生成立各地區之校友會，如南友會，協助學生在校之各項生活適應，及聯絡學生情感；針對成績優良之僑生，由學校出資並邀請其父母到校參訪數日，不僅鼓勵僑生之表現，也協助克服生活適應等挫折與壓力。

（二）避免爭執：學校輔導中心舉辦「錄影帶欣賞」，希冀透過影片的觀賞與專業老師的講解及討論，協助學生反思實際人際互動中的困境與模式，擴展人際處理的多元思考與因應策略；舉行各類之系際比賽時，留意兩方選手獲支持隊伍之互動，避免叫囂、挑釁或衝突事件之發生。

（三）減少情緒挑逗：校內禁賣暴力色情書刊；宣導財不露白，別讓貴重物品從視線中消失；任何時刻記得把鑰匙取走，千萬別留在車上；高價腳踏車不要放在公共停車區；避免將汽車、機車或腳踏車獨立停放，容易變成醒目的目標。

（四）減少同儕壓力：鼓勵教師在公布學生成績時，採取匿名化之作法，只顯示學生學號及成績，以避免學生之間的比較或是同儕壓力。

（五）避免模仿：對於校園內出現塗鴉或物品的毀損，採取立即清除或修復之措施，以避免模仿與後續的破壞行為。

五、移除犯罪藉口

（一）設立規則：明確設定相關規範，如圖書館之借書規範、宿舍遵守規範等，使得學校師生及相關人員明瞭在圖書館及宿舍之相關規定，減少模糊地帶，避免偏差或違規行為之發生。

（二）敬告守則：各級學校多利用朝會、廣播、週班會、導師會報、班親會、期初末集會、專家座談等各類公開場合，以及透過校安忠心及健康安全校園網頁、網路公佈欄、電子看板、海報等書面或視覺途徑，進行學校親師生校園安全教育，加強校園安全的預防觀念；利用公開集會時，加強學生法治教育；印製校園安全宣導小卡片或提供相關宣教資料給師生及家長參考；利用每次學生集合時間或上課時段，提醒學生注意校安注意事項；不定期利用週會、升旗、課堂上做相關案例宣導；邀請法院、警察單位到校實施法治教育，以演說或戲劇方式向學生宣導，加強學生生活教育及交通安全教育；在各停車場，有「殘障專用」的警告標誌之設置，以避免殘障停車位之不當停放；在校內禁止停車之處，有「禁止停車」之警語設置；爲符合煙害防治法之規定，在校園各處有「禁止吸煙」之標誌；在電算中心及電腦教室，有「禁止使用非法軟體」等警語之標示及宣導，提醒學生尊重智慧財產權。針對大專校園安全部分，授課大綱上明確說明「禁止影印教科書」，授課教師並於第一堂課予以特別說明，以使學生尊重智慧財產權並明瞭非法影印教科書所應付之法律責任；大學部女生宿舍寢室校內電話機上張貼標語，提醒學生如何判斷及處理騷擾電話；大學部宿舍寢室書桌上張貼警語，提醒學生貴重物品需妥善保管，物隨手放置；碩博士研究生及大學部宿舍區，各設置乙具電子看板，並不定時宣檔安全相關資訊，如：「反詐騙專線 165」等；印製「安全服務卡」（提供警局、醫院、24 小時校安專線等聯絡資訊）供學生索取，提醒學生注意個人安全並增加學生處理突發事件之資源。。

（三）激發良心：校園十大死角告示，各項安全告示等；在機車停車場，設置警語看板，每月定期更新學生車禍事件統計資料，藉以提醒學生行車安全。

（四）協助遵守規則：圖書館實施簡易借書、還書手續（如自動借書系統、自動還書系統），減低延誤的時間並減少無法遵守借書及還書規則之藉口；學校在活動中心及其他特定區域，設置公布欄及海報區，提供學校師生張貼社團活動等相關宣傳海報之用。

（五）管制藥物與酒精：在校園內，不販買菸酒產品、色情書刊及違禁品，以減少酒醉及失序行爲之發生。

結　論

在美國，大專院校內所發生刑案之本質促使有關單位以情境犯罪預防爲理論架構，檢驗校園犯罪之嚴重犯罪性。高等教育機構逐漸關注嚇阻潛在犯罪人以及消除犯罪機會等觀念，也發展出很多相關的情境犯罪預防策略與措施，希冀達到預防校園犯罪之目的（Hummer, 2004）。

雖然應用情境犯罪預防技術到大專院校及各級學校之校園犯罪防治在美國已行之多年，但相關的評估研究仍不多。Hummer（2004）調查全美 680 個大專院校之校園安全部門，研究發現與校園犯罪率較有關係的變項，是校園的大小（建築物的數量）與校園安全部門的整體專業度。校園安全部門整體專業度之提升，可以提供校園更多足以遏止犯罪發生之抑制者。雖然此研究結果與情境犯罪預防之理論架構與校園犯罪之實證研究不一致，但是 Hummer（2004）仍認爲情境犯罪預防策略對於大專校園安全之維護是有助益的。第一，對於已實施情境犯罪預防策略之學校，是無法估計情境犯罪預防究竟嚇阻多少犯罪之發生，但是情境犯罪預防策略之本質容許我們假設至少有某些犯罪行爲被嚇阻了，或至少轉移到校園外。第二，情境犯罪預防是降低恐懼、改善校園師生與校園執法人員關係之自然策略（Painter and Farrington, 2001）。當開始採行情境犯罪預防措施後，學校當局傳送出一個清楚的訊息，即鼓勵校園裡的每一份子都應對其自身安全負責。

情境犯罪預防不再將預防犯罪之責任單獨地交到警察的手上，而是要求個人、團體及學校當局都要負起保障安全及預防犯罪之責任。如同 Clarke（1992）提及，要能顯著降低汽車竊盜數量最實際的方法即是製造更爲安全之車子。這個說法也許可以轉移到發生在校園裡的各項犯罪案件，比方說，製造更爲安全之機車及腳踏車以防被竊（如：製造可以將椅墊拆下的腳踏車，預防被竊的可能性）；製造更爲安全之軟體以防被盜用、被病毒及駭客之入侵；發行更具保護功能之書籍以免被隨意之複印，侵害智慧財產權；設計更爲精密的提款機以偵測詐騙被害者之異常操作，進而阻止款項之轉出，不讓詐騙集團得逞等。除了上述軟硬體的設計之外，最重要的是讓學校師生都了解到預防犯罪與被害之發生，每個人都有責任，每個人都可以發揮很大的力量。

另外，國外也有一些作法可供國內的各級學校校園安全維護相關單位之參考。比方說，美國的印第安那大學布魯明頓分校（Indiana University, Bloomington）為降低校園腳踏車之失竊率，採行了一系列的情境犯罪預防措施，除了目前台灣已實施之方法外（如：在宿舍大門裝設假踏車架、建議將腳踏車上鎖及鎖在車架上、將腳踏車貼上貼紙或刷上油漆、建議將腳踏車停至室內等），另外建議下列作法：（1）設置腳踏車專用停車區或停車場，雇用專人（職員或學生）負責管理，對停放腳踏車之師生發給停車卡，並於取車時繳回停車卡，藉此增加正式監控及通道管制；（2）建議將腳踏車停妥後，取下座墊、車輪或其他零件，使得偷車者騎乘之困難；及（3）強制腳踏車登記制度之執行，就像汽車通行證一樣，腳踏車主必須提供其姓名、腳踏車之序號及車款等資料，經過登記以取得腳踏車通行證，並由腳踏車巡邏警衛來執行。此措施是「財物的辯識」、「設立規則」與「敬告守則」之應用，其主要目的除了嚇阻潛在的竊車賊外，也是協助員警找回失竊的腳踏車。雖然印第安那大學布魯明頓分校建議的作法在目前台灣的各級學校中，可能有執行之困難，但是不失為一個提供思考及未來努力之方向。

最後，本章僅就目前台灣各級學校維護校園安全、預防犯罪及偏差行為之具體作法為例，依據情境犯罪預防策略之五大原則、二十五項技術，說明情境犯罪預防之取向如何應用在各級學校之校園犯罪之防治與校園安全之維護上。前述所列之措施未臻完全，難免有疏漏，未能涵蓋到目前台灣所有各級學校所實施之其他情境犯罪預防措施。儘管如此，期待本章發揮拋磚引玉之效，讓各級學校之校園安全維護相關單位與人員能進一步思考如何應用情境犯罪預防於其校園安全維護，並集思廣益推出更多相關之情境犯罪預防技術。

參考書目

一、中文部分

台北市政府（2009），台北好好看──系列三「看見友善校園」。2010 年 4 月 25 日瀏覽資料，網頁 http://www.beautiful.taipei.gov.tw/plan/plan_5.aspx。

許春金（2007）。犯罪學（修訂五版）。台北市：三民。

楊士隆（1990），情境犯預防之應用性與遠景，警政學報，第十七期，中央警官學校警政研究所出版。

楊士隆（1994），情境犯罪預防之技術與範例，警學叢刊第二十五卷，第四期，中央警官學校印行。

楊士隆（2006），錄影監視系統對治安維護與人權影響之整合型研究－錄影監視系統對犯罪預防之影響，行政院國家科學委員會專題研究計畫，編號 NSC95－2745－P194－001。

楊士隆、吳芝儀、曾淑萍（2010），我國與世界各國校園安全通報處理機制之比較研究及改進策略計畫。教育部軍訓處委託研究。

楊士隆、曾淑萍（2006），暴力犯罪型態與防治對策，發表於『治安良策民眾安居』研討會，2006 年 9 月 25 日，財團法人向陽公益基金會、東吳大學法學院主辦。

二、外文部分

Brantingham, P. J. and P. L. Brantingham. (1975). “ The Spatial Patterning of Burglary.” Howard Journal of Penology and Crime Prevention, 14(2), 11-23.

Clarke, R. V. (1992). Situational Crime Prevention: Successful Case Studies. New York, NY: Harrow and Heston Publishers.

Clarke, R. V. (1997). Situational Crime Prevention: Successful Case Studies (2nd ed.). Guilderland, NY: Harrow and Heston Publishers.

Clarke, R. V. and D. B. Cornish. (1985). “Modeling Offenders’ Decisions: A

Framework for Research and Policy." Crime and Justice: An Annual Review of Research, 6, 147-185.

Clarke, R. V. and D. Weisburd. (1994). "Diffusion of Crime Control Benefits: Observations on the Reverse of Displacement." In R. V. Clarke (Ed.), Crime Prevention Studies (Vol. 2, pp.165-184). Monsey, NY: Criminal Justice Press.

Clarke, R.V. and Ross Homel (1997),"A Revised Classification of Situational Crime Prevention Technique," in Crime Prevention and Crossroads, ed., Steven Lab, Cincinnati: Anderson:4.

Cohen, L. E. and M. Felson. (1979). "Social Change and Crime Rate Trends: A Routine Activity Approach." American Sociological Review, 44(4), 588-608.

Cornish, D. B. and R. V. Clarke. (2003). "Opportunities, Precipitators and Criminal Decisions: A Reply to Wortley's Critique of Situational Crime Prevention." In M. J. Smith and D. B. Cornish (Eds.), Theory for Practice in Situational Crime Prevention: Crime Prevention Studies (Vol. 16, pp. 41-96). Monsey, NY: Criminal Justice Press.

Fanno, C. M. (1997). "Situational Crime Prevention: Techniques for Reducing Bike Theft at Indiana University, Bloomington." Journal of Security Administration, 20(2), 1-14.

Guerette, R. T. and R. V. Clarke. (2003). "Product Life Cycles and Crime: Automated Teller Machines and Robbery." Security Journal, 16(1), 7-18.

Hummer, D. (2004). "Serious Criminality at U.S. Colleges and Universities: An Application of the Situational Perspective." Criminal Justice Policy Review, 15(4), 391-417.

Matthews, R. (1997). "Developing More Effective Strategies for Curbing Prostitution." In R. V. Clarke (Ed.), Situational Crime Prevention: Successful Case Studies (2nd ed., pp. 74-82). Guilderland, NY: Harrow and Heston Publishers.

Newman, G. (1997). “Introduction: Towards a Theory of Situational Crime Prevention.” In G. Newman R. V. Clarke, and S. G. Shoham (Eds), Rational Choice and Situational Crime Prevention (pp. 1-23). Brookfield, VT: Ashgate Publishing Company.

O’Neill, L. and J. M. McGloin. (2007). “Considering the Efficacy of Situational Crime Prevention in Schools.” Journal of Criminal Justice, 35(5), 511-523.

Painter, K. A. and D. P Farrington. (2001). Evaluating Situational Crime Prevention Using a Young People’s Survey.” British Journal of Criminology, 41(2), 266-284.

Tilley, N. (1997). “Realism, Situational Rationality and Crime Prevention.” In G. Newman R. V. Clarke, and S. G. Shoham (Eds), Rational Choice and Situational Crime Prevention (pp. 95-114). Brookfield, VT: Ashgate Publishing Company.

Tseng, C., J. Duane, and F. Hadipriono. (2004). “Performance of Campus Parking Garages in Preventing Crime.” Journal of Performance of Constructed Facilities, 18(1), 21-28.

Webb, B. (1997). “Steering Column Locks and Motor Vehicle Theft: Evaluations from Three Countries.” In R. V. Clarke (Ed.), Situational Crime Prevention: Successful Case Studies (2nd ed., pp. 46-58). Guilderland, NY: Harrow and Heston Publishers.

Welsh, B. C. and D. P. Farrington. (1999). “Value for Money? A Review pf the Costs and Benefits of Situational Crime Prevention.” British Journal of Criminology, 39(3), 345-368.

Welsh, B. C. and D. P. Farrington. (2004). “Evidence-Based Crime Prevention: the Effectiveness of CCTV.” Crime Prevention and Community Safety: An International Journal, 6(2), 21-33.

第十六章

校園犯罪案件之法律問題與因應

鄭昆山※

前　言

近年來，校園犯罪（Campus Crime；Campus Verbrechen）的問題，在我國或國外日益引起重視，不僅質與量的問題嚴重性，與日俱增，例如：高雄市高中以下各學校去（2008）年發生的性騷擾、性侵害事件達162件，暴力案件更是明顯攀高，議員康○成批評教育局對於校園犯罪束手無策[1]。如何提升校園安全（Campus Security；Campus Sicherheit[2]），應該是有關當局，責無旁貸的嚴肅課題。本章擬自校園犯罪概說與界定（貳）、校園犯罪法律問題剖析（參）及校園犯罪案件防治與因應（肆）等觀點論述剖析，以供有關當局酌參！

※ 國立中正大學犯罪防治系教授。

1 校園犯罪率暴增　議員批教局http://www.libertytimes.com.tw/2008/new/oct/24/today-south8.htm 2009/07/01查閱。

2 行政院張前院長於2001年05月強化社會治安第八次專案會議中，聽取教育部「當前校園安全重要工作之檢討與策進」報告後，裁示「鑑於青少年犯罪及中輟生比率有升高趨勢，法務部前報院核定之『預防少年兒童犯罪方案』，請法務部會同教育部及內政部積極落實執行，並視實際需求檢討修正」。由於少年兒童犯罪問題往往隨著整體社會生活環境的發展，家庭結構的轉變以及個人價值觀的變化而有不同的形貌，本部負責協調聯繫之「預防少年兒童犯罪方案」自1979年由行政院頒行實施以來，迭經修正，調整防制策略，俾使該方案切合社會的需要，持續發揮防制少年兒童犯罪之應有功能。詳見預防少年兒童犯罪方案【2002/05/24修正】。

第一節　校園犯罪概說與界定

一、校園犯罪概說

「校園犯罪」的定義爲何？必須從不同層面加以定義，所謂犯罪（Kriminalität）係指社會上之人類行爲，違反生活規範之規定，而應負一定法律效果之社會「偏差」現象。其意涵包括下列三種不同範圍[3]：

（一）狹義犯罪的概念

又稱本質上犯罪（mala in se, natürlich），或自然犯，爲有人類社會以來大家所公認理所當然的犯罪行爲，例如，殺人、強姦、竊盜等等；該等行爲通常具有非常濃烈的社會倫理上非難色彩（Sozialethische Vorwerfbarkeit），也就是在社會上，大多數人對於這種行爲可以共同來譴責或責難。刑事不法（Kriminalunrecht）與行政不法（Verwaltungsunrecht）在本質上的差異[4]，即是根據此種概念。

（二）廣義犯罪的概念

又稱形式上定義（mala probihita, formell）或刑事法律上犯罪的概念，亦即在刑法典中，包括特別刑法、附屬刑法所界定犯罪的概念與範圍，未必完全具有社會倫理非難性。例如，酒後駕駛的行爲（§ 185-3）在本質上，並無社會倫理非難性。

（三）最廣義犯罪的概念

又稱社會學或犯罪學上（soziologisch od. kriminologisch）犯罪的概念，或社會偏差行爲，亦即社會上一切偏離多數人所認同的生活規範行爲均屬之。例如，嫖妓、酒癮等等，未必是刑法所規範的犯罪，但已經偏離「正常」行爲規範。

---

3 詳拙著，圖解刑法總則入門（上）——法治國犯罪理論解析，2009，出版準備中，頁48。

4 詳林山田，論刑事不法與行政不法，1976/04，刑事法雜誌，第20卷2期，37-59頁。

總之，犯罪的概念（Verbrechensbegriff），除了形式上定義外，另有本質上犯罪與社會學或犯罪學上的概念。詳圖 16-1 所示。

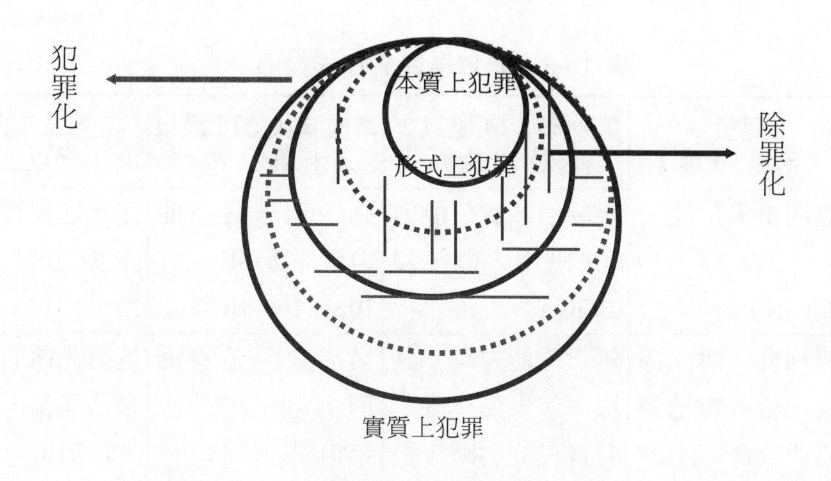

圖 16-1　『犯罪』概念圖示

犯罪概念非一成不變，而係隨時間、空間、文化差異及價值判斷，而調整其國家刑罰權之範圍。現行刑法第 1 條規定：「行為之處罰，以行為時之法律有明文規定者為限。拘束人身自由之保安處分，亦同。」是對於罪刑法定原則，對於「拘束人身自由之保安處分」，也應該有所適用。

對於「校園犯罪」的定義，也應該有所調整期範疇，在下述相關章節中再進一步剖析相關問題點！

二、刑事責任能力

行為人在行為時，具有判斷不法，並依其判斷而行為之能力，即為刑事責任能力。包括責任年齡與精神狀態的判別標準。

責任年齡：必須在行為時，依據週年法加以判定。如行為人為犯罪行為時（竊盜），差一天就滿 18 歲，仍為限制刑事責任能力。也不會成為完全刑事責任能力。

根據我國刑法與德國法的規定，仍有許多值得我們關注之處。如表16-1[5]所示：

表 16-1　年齡階段責任能力圖

年齡階段	兒童（未滿 14 歲）	青少年（14 歲以上未滿 18 歲）	甫成年人（18 歲以上未滿 21 歲）	完全成年人（21 歲以上）
責任能力	無刑事責任能力（§ 18I、§ 19 dStGB）	限制刑事責任能力（§18 II、63、§3 dJGG）	完全刑事責任能力（§18 III、§§ 105、106 dJGG）	完全刑事責任能力（§ 18 III）
構成要件該當之違法行為的法律效果	無刑罰。訴訟障礙。依社會法爲協助教育（§§ 27 ff. SGB）、少年協助（§§ 8、18 SGB）、由監護法官爲教育處分（§ 163 III SGB）	無責任能力時，其法律效果如兒童；有責任能力時，構成要件依普通刑法，其法律效果（教化處分、懲戒手段、少年刑罰）依§§ 9、13、17 ff. dJGG。	構成要件依普通刑法，但有與青少年相同地位時，依JGG 之法律效果。其他則依普通刑法，但得依§ 106 dJGG 減輕之。	適用普通刑法標籤理論（Labelling Approach）

校園的概念？依其不同校園，也有不同範籌，在刑事責任能力方面也要特別關注！在台灣小學，一般學童6-12歲，屬於無刑事責任能力人，國中 13-15 歲，一部分爲無刑事責任能力人，一部分爲限制刑事責任能力；高中16-18歲，爲限制刑事責任能力人；大學以上，均已經年滿18歲以上，在台灣是完全刑事責任能力人。吾人須注意標籤理論[6]對於青少年犯罪或校

5　未標示法條為我國刑法，dStGB為德國刑法，dJGG為德國少年法院法，SGB為德國社會法典。

6　周震歐，犯罪學標籤理論與社會工作，1987/08，刑事法雜誌，第31卷4期1頁。

園犯罪，對於一旦被貼上犯罪標籤，就很難洗刷犯罪的標籤的現象，所以必須謹慎小心，盡量減少對於青少年貼上犯罪的標籤。

三、校園犯罪界定

綜合以上論述，校園犯罪的界定，或許可以說是，依據現行刑法規定，在大多數案件中，可以歸列爲青少年犯罪的範疇，因爲多數校園爲 18 歲以下，除了大學校園以外，但在德國法規制下，也應該是屬於剛成年人（Heranwachsende）——18 歲以上、21 歲未滿的範疇，如屬初犯也應該適用較輕微的青少年法或青少年法院法，最重依照德國少年刑法，僅被判處十年[7]。此與我國法制有關規定，相去甚遠。由此可知，標籤理論的運用與青少年犯盡可能「教育替代刑法、幫助替代刑法」（Erziehung statt Strafe, Hilfe statt Strafe）的理念，在德國法的落實。但對於台灣大學生，事屬於剛成年人，有無必要適用嚴苛的成年刑法，則仍有很大的討論空間。

第二節　校園犯罪法律問題剖析

一、校園犯罪刑事法概說——近五年少年犯罪統計分析

校園犯罪在刑事法的概念之下，是屬於形式意義的犯罪，也就是違反現行刑事法律規範的犯罪行爲而言，在今天無奇不有的世界裡，幾乎涵蓋了所有一切可能的犯罪行爲。大到剝奪他人生命的「殺人罪」，小到違反毒品條例的「吸毒罪」，均有可能屬於校園犯罪的範疇。尤其在今日台灣，特別刑法或行政刑法肥大症的現象，觸犯特別刑法或行政刑法的機率，也相對的提高，但就正常法治國的理念，並非好現象，在未來刑事法改革（Strafrechtsreformen[8]）方向，應該有所決擇！近五年少年犯罪統計分析[9]，也許可以做爲當前校園犯罪思考的指標！

7　http://de.wikipedia.org/wiki/Heranwachsender　2009/10/02查閱。

8　Heine, Günter, Umfassende Strafrechtsreformen, Neue kriminalpolitik, (1990), 1, S. 10-12.

9　http://www.moj.gov.tw/public/Attachment/97214431811.pdf　2009/09/17查閱。

對於年齡 14 歲以上 18 歲未滿之少年若犯最輕本刑爲五年以上有期徒刑之罪，或犯罪情節重大，參酌其品行、性格、經歷等情狀，以受刑事處分爲適當者，少年法院（庭）得以裁定移送地方法院檢察署偵查，近 5 年各地方法院檢察署新收少年刑事案件，平均每年分別約 303 件及 445 人，而經偵查終結起訴且由少年法院（庭）裁判確定有罪者每年約 321 人，其中經地檢署檢察官指揮入監執行的新收少年犯人數每年約 216 人，占平均新入監受刑人的 0.6%。（詳表 16-2）

表 16-2　各級機關新收或執行少年犯罪相關統計

項目別	地方法院檢察署			監獄			少年觀護所
	新收少年刑事案件		執行少年刑事案件裁判確定有罪人數	新入監受刑人人數	少年犯		新收收容少年人數
	件數	被告人數			人數	%	
2004 年	282	416	357	33,346	191	0.6	4,665
2005 年	273	386	329	33,193	205	0.6	4,201
2006 年	334	519	248	37,607	219	0.6	3,949
2007 年	332	511	331	34,991	241	0.7	3,839
2008 年	293	391	342	48,234	222	0.5	3,933
平均數	303	445	321	37,474	216	0.6	4,117

在現今「少子女化」的社會型態下，少年犯罪若無法適當的解決處理，今日的少年犯將來極有可能成爲明日的成人犯，因此如何落實法治教育及做好少年犯罪防治工作，是政府當務之急。

二、少年事件處理法

首先，少年事件處理法可以說是對於青少年犯罪，在適用法律上的程序法，對於相關實體法，尙須適用於一般刑事法的規定[10]。依少年事件處理

[10] 拙著，少年犯罪與刑事政策及少年事件處理法，上課講義（未出版），2005/09，

法[11]第 3 條之規定，由少年法院依該法處理者有「犯罪（觸法）行為」與「虞犯行為」二者；犯罪（觸法）行為又可區分為「少年保護事件」與「少年刑事案件」二者，以下詳述之[12]。

（一）犯罪（觸法）行為

廣義犯罪（觸法）行為包括：1. 14 歲以上 18 歲未滿者，即有刑責能力少年之犯罪行為；2. 12 歲以上 14 歲未滿者，即無刑責能力少年之觸犯刑罰法律行為。其中 1.之行為可能成為少年刑事案件與少年保護事件，其中少年刑事案件又因適用法條之不同，可區分為絕對與相對之少年刑事案件。至於 2.之部分，不可能成為少年刑事案件，其屬絕對少年保護事件。

1.少年刑事案件

（1）絕對刑事案件

少年事件處理法第 27 條第 1 項規定，少年有下列二者之情形者，少年法院應以裁定移送有管轄權之法院檢察署檢察官：「一、犯最輕本刑為五年以上有期徒刑之罪者；二、事件繫屬後已滿二十歲者。」少年事件處理法施行細則第 3 條規定「本法所稱少年刑事案件，係指十四歲以上，觸犯

頁3。

11
1.1962/01/31總統制定公布全文80條
2. 1967/08/01總統修正公布第42、64條條文
3. 1971/05/14總統修正公布全文87條
4. 1976/02/12總統修正公布第3、12、13、18、19、22、23、26、27、39、42、43、45、50、55～57、59～61、74、77、81、84、85及第3章第3節節名；並增訂第23-1、64-1、83-1及第85-1條文
5. 1980/07/04總統（69）台統（一）義字第3789號令修正公布第85-1、86條條文
6. 1997/12/29總統（86）華總（一）義字第8600231870號令修正公布
7. 2000/02/02總統（89）華總一義字第 8900028400號令修正公布第13、27、43、49、54、55-3、68、78條條文
8. 2002/06/05總統華總一義字第 09100113110號令修正公布第84條條文
9. 2005/05/18總統華總一義字第 09400072581號令修正公布第24、29、42、61、84條條文；並刪除第68條條文。

12 張慧敏，少年事件保護處分之研究，參照，http://www.pbaroc.org.tw/html/link8-1-2.htm 2009/09/07查閱。

刑罰法律，經依本法第廿七條移送檢察官開始偵查之案件。其依本法第六十五條第三項經檢察官開始偵查之案件，亦同。」少年事件處理法第 65 條第 3 項係規定，少年犯罪時未滿 18 歲，但犯罪後已滿 18 歲之情形，此時適用少年事件處理法第四章「少年刑事案件」之規定，非爲保護事件。依調查之結果，少年若有上述之情形，少年法院應以裁定移送於有管轄權之檢察官，無自行裁量之餘地，故稱之爲「少年絕對刑事案件」。

（2）相對少年刑事案件

相對少年刑事案件規定於少年事件處理法第 27 條第 2 項「除前項之情況外，少年法院依調查之結果，認犯罪情節重大，參酌其品行、性格、經歷等情狀，以受刑事處分爲適當者，得以裁定於有管轄權之法院檢察署檢察官。」依此項規定，少年雖無絕對少年刑事案件之情形（少年事件處理法第 27 條第 1 項、第 65 條第 3 項、同法施行細則第 3 條），但考量其犯罪情節、人格特質、經歷與保護處分與矯正教育之可能性等情形，少年法院認其受刑事處分爲適當者，得以裁定移送於有管轄權之法院檢察署檢察官，因係「得」移送，非「應」移送，故稱之爲「相對少年刑事案件」。無論爲絕對或相對之少年刑事案件，少年犯罪原則上應由少年法庭處理（即少年法庭有先議權），必於少年法庭裁定移送後，受移送之法院檢察署檢察官始能偵辦[13]。

2.少年保護事件

（1）絕對保護事件

下述三種行爲一概依少年保護事件處理，故稱爲「絕對少年保護事件」：A.十二歲以下十四歲未滿者之觸法行爲：十二歲以上十四歲未滿者有觸犯刑罰法令之行爲時，即使有少年事件處理法第 27 條第 1、2 項規定之情形，仍係以少年保護事件處理之，同法第 27 條第 3 項規定「前二項情形，於少年犯罪時未滿十四歲者，不適用之。」有此規定係由於未滿 14 歲之少年尚欠缺刑事責任能力，因此一律以少年絕對保護事件處理之，故又

---

[13] 71台上5561號參照。

稱爲「狹義觸法行爲」。B. 7 歲以上 12 歲未滿者之觸法行爲：依少年事件處理法第 85 條之 1 規定，適用少年保護事件之規定。C. 12 歲以上 18 歲未滿者之「虞犯行爲」，此規定於少年事件處理法第 3 條第 2 項，此部分詳述於後。

（2）相對少年保護事件

除少年事件處理法第 27 條第 2 項之案件，屬於相對少年保護事件外，下列情形雖屬少年刑事案件，仍依少年保護事件規定處理：

A、業經移送法院檢察署檢察官之少年刑事案件，而有下列之情形時，仍以少年保護事件處理之：

（A）少年所犯最重本刑爲五年以上有期徒刑之罪，經檢察官參酌刑法第 57 條有關規定，認以不起訴處分而受保護處分爲適當者。此時檢察官得爲不起訴之處分，移送少年法院依保護事件審理，此見少年事件處理法第 67 條第 1 項。但若再經少年法院裁定移送，檢察官不得依同項規定，再爲不起訴處分。

（B）少年刑事案件屬告訴乃論之罪但未經告訴、告訴已撤回、告訴已逾期間或告訴不合法者。同法施行細則第 10 條規定，檢察官於偵查少年刑事案件時，若屬告訴乃論之罪而未經告訴、告訴已撤回或已逾告訴期間，應依刑事訴訟法第 252 條第 5 款爲不起訴處分，並於不起訴處分確定後，將案件移送少年法院依少年保護事件處理；告訴不合法之處理情形亦同。

B、少年法院依調查之結果，認犯罪情節非重大，參酌其品行、性格、經歷等情狀，以不受刑事處分爲適當者。

在廣義觸法行爲中要判斷少年之行爲屬上述哪一分類，則非行使「先議權」不可，因爲法官行使先議權後才能篩選絕對、相對少年刑事案件與絕對、相對少年保護事件。少年事件調查終結後，少年法院法官僅能就移送檢察官、不付審理、開始審理三者中選擇一種而爲裁定。選擇之順序即爲 1.移送檢察官、2.不付審理、3.開始審理。而此種選擇須依調查所得之資料形成心證爲決定，決定之行爲即爲「先議權」（或稱「審議權」、「裁量權」）。行使「先議權」之目的在決定少年事件究竟爲「少年保護事件」

或「少年刑事案件」；指導原則即爲「保護優先主義」。但此「先議權」明確之觀念在法典中並不清晰，似可依憲法第 156 條：「國家爲奠定民族生存發展之基礎，應保護母性，並實施婦女、兒童福利政策。」爲指導理念。「先議權」因依據之法條不同，可分爲形式先議權與實質先議權。「形式先議權」係依據少年事件處理法第 27 條第 1 項，因爲行爲若符合該項法條要件之時，已無法再依「少年保護事件」處理。「實質先議權」係依據少年事件處理法第 27 條第 2 項，此時少年法院法官認以受刑事處分爲適當者，得以裁定於有管轄權之法院檢察署檢察官。但雖曰「以受刑事處分爲適當」，不過法官所爲之決定仍需以實施「保護優先原則」爲最高指導理念。

我們若將「罪」分爲重罪、中罪、輕微罪[14]，則中罪、輕微罪皆屬實質先議權之範圍。在 1997 年 10 月修法前輕微罪不會依「少年刑事案件」處理；但在修法後，依少年事件處理法第 27 條第 2 項法官行使先議權之結果，輕微罪有可能依「少年刑事案件」處理，可見法官裁量權更大，實質先議權亦更實質化，雖屬進步之立法，但法官相對亦需更加謹慎，尤其在我國少年法制並無「轉向」機制之下，法官一念之間所爲之判斷，將深深影響少年之一生，不可不慎。但個人淺見，修法後依實質先議權之行使之結果，反而可能產生修法前不會依「少年刑事案件」處理之觸法行爲轉爲「以裁定於有管轄權之法院檢察署檢察官」之情形，此爲進步之修法抑或倒退之修法？少年法制之精神在於保護少年——標籤理論[15]（Labelling Approach），立足點在於少年可塑性強，得以處遇方式矯正使其重返正常社會，因此才針對「少年保護事件」而定有「保護處分」等處遇方式。我們原本爲不使「觸法少年」受刑事處分而設有「保護處分」，如今依少年法院法官行使實質先議權之結果卻要使原本可受「保護處分」之少年轉而

---

14 舊微罪：刑法第61條；新微罪：刑訴法第376條；與德國法區隔重罪（Verbrechen）與輕罪（Vergehen）不同。詳拙著，前揭刑總講義，頁5。

15 周震歐、蔡明璋，犯罪社會理論之一——標籤理論，1984/10，華岡法粹第16期，101頁。

受刑事處分，其中似乎有矛盾之處。

（二）虞犯行為

虞犯行爲皆屬少年保護事件，規定於少年事件處理法第3條第1項第2款，計有下列七種情形：1.經常與有犯罪習性之人交往者。2.經常出入少年不當進入場所者。3.經常逃學或逃家者。4.參加不良組織者。5.無正當理由經常攜帶刀械者。6.吸食或施打煙毒或麻醉藥品以外之迷幻物品者。7.有預備犯罪或犯罪未遂而爲法所不罰之行爲者。

其中6、7兩點爲1997/12/29修法所增訂者；而舊法中虞犯行爲之一「有違警習性或經常於深夜在外遊蕩者」則加以排除；其理由有二，一爲違警罰法已經廢止，第二則爲判斷的標準過於寬鬆，有濫用之虞。惟有學者認對少年虞犯之干涉規範，其立法理由係在保護主義及善意干涉原則，合於此目的及原則，又不違反相當性原則、必要性或比例原則，其規範之合法性有無問題，須更深入探究[16]。至「少年不良行爲及虞犯預防辦法[17]」第3條亦規定有十五種少年不良行爲[18]，不良行爲非爲虞犯行爲，故警察機關發現少年有不良行爲時僅得予登記或勸導制止，惟：一、該行爲違反社會秩序維護法或觸犯其他法令者，應分別依各該規定處理；二、該少年係虞犯者應移送少年法院（庭）處理；三、該少年係虞犯且事件與違反社會秩序維護法案件相牽連者，應先送少年法院（庭）處理，經少年法院（庭）裁

---

16 善意干涉？如何拿捏？頗耐人尋味！

17
1. 1971/09/27司法行政部（61）台刑（二）字第08224號令、教育部（61）台參字第23307號令、內政部（61）台內警字第492085號令會銜訂定發布；並自六十一年十二月一日施行
2. 1976/08/30司法行政部（65）台函刑字第07474號令、教育部（65）台訓字第23125號令、內政部（65）台內警字第700186號令會銜修正發布全文18條
3. 1981/03/04內政部（70）台內警字第2730號函、法務部（70）法檢字第3166號函、教育部（70）台訓字第5966號函會銜修正發布
4. 1999/11/17內政部（88）台內警字第8871767號令、法務部（80）法令字第001141號令、教育部（88）台訓（二）字第88107422號令會銜修正發布全文17條；並自發布日施行

18 其中仍有不確定法律概念（unbestimmter Rechtsbegriff），如：其他有妨害善良風俗或公共秩序之行為（概括條款）。在實務運作中，如何加以具體化？恐孳生爭議！

定不付審理或不付保護處分者，其違反社會秩序維護法部分，如未逾二個月，仍得依社會秩序維護法處罰。（少年不良行為及虞犯預防辦法第 6 條）在此範圍需注意者，屬少年保護事件之虞犯行為，其行為者必為 12 歲以上 18 歲未滿之少年，若係未滿 12 歲之兒童，則無虞犯觀念之適用。若從罪刑法定明確原則觀點，虞犯一詞並不適合繼續存在，以適宜由教育立場加以導正為宜，並不宜由色彩堅硬的少年警察介入。

（三）少年警察的角色

對於少年犯罪的研究，與少年警察[19]相關性思考，並不太多見，尤其是警察工作重點過於強化犯罪後的偵查，較少注意事前預防，雖然「預防重於治療」，人人得以朗朗上口，但事實上警政工作卻是大相逕庭，過度重於破案績效，疏於事前預防的重要性，少年警察的業務雖然法定明確[20]，但成效如何？確實有待進一步思考與評估。

另外，必須特別注意國際間的刑事政策新趨勢，刑法第三元——損害回復（Restorative Justice[21]；Wiedergutmachung[22]）的發展，尤其對於青少年犯罪之間，如何因應與調整，是否會引起金錢萬能的批判？或如何啓迪青少年衷心悔悟？等等課題，均是吾人必須強力回應的重要課題。

總之，在少年事件處理程序上，應要特別注意，是否違反標籤理論的精神，應該注意教育替代刑罰（Erziehung statt Strafe）與幫助替代刑罰（Hilfe statt Strafe）的精神，並要特別關注刑法第三元——損害回復的目標與未來展望。

---

19 黃勝彥，少年警察工作與預防犯罪，1976/06，警學叢刊第6卷4期58頁。

20 如：高雄市政府警察局少年警察隊組織規程【2005/06/29修正】第4條本隊設分隊、小隊，執行少年犯罪偵防、偏差少年輔導保護、校園安全維護、校園查訪、少年事件處理、偵防犯罪勤務、親職教育及心理諮商等事項。

21 Miller, Holly Ventura [Hrsg.] Restorative justice: from theory to practice/edited by Holly Ventura Miller Bingley: Emerald JAI 2008. - XIII, 280 S.: graph. Darst

22 Höffler, Katrin Graffiti - Prävention durch Wiedergutmachung: Implementation und Evaluation eines Münchner Modellprojektes/Katrin Höffler Berlin: LIT-Verl. 2008. - XXII, 397 S.: graph. Darst.

三、相關刑事法規範

在校園內使用電腦（PC）或網路（Internet）是家常便飯，但並非每位使用者或校園內的學生，均奉公守法，而常見網路觸法事項[23]：

- 向不特定對象援交或性交易，觸犯：《兒童暨少年性交易防治條例[24]》
- 以文字或言語公開污辱網友，觸犯：《刑法》公然侮辱罪
- 以文字或言語恐嚇網友，觸犯：《刑法》恐嚇罪
- 散布色情圖片，觸犯：《刑法》妨害風化罪
- 號召網友聚集飆車及非法集會，觸犯：《刑法》妨害秩序罪
- 以不實買賣交易詐騙網友，觸犯：《刑法》詐欺罪
- 非法販賣槍枝，觸犯：《槍砲彈藥刀械管制條例》
- 向網友兜售毒品，觸犯：《毒品危害防制條例》

霸凌：校園欺凌，又稱校園暴力，中國大陸也藉英語“bullying”音譯爲霸凌，是指同學間欺負弱小的行爲。bully、bullying：名詞，仗勢欺人（人或行爲）。例句：Bullying in campus may ruin a kid's life.（校園霸凌或許會毀了一個孩子的一生。）bully 當動詞時，意指恐嚇；傷害；脅迫等行爲。在校園中的霸凌行爲，按其情節輕重，可能該當於刑法上的恐嚇（§ 151 恐嚇公眾罪、§ 305 恐嚇危害安全罪、§ 346 單純恐嚇罪）；傷害（§§ 277-281）；脅迫（§ 224 強制猥褻罪、§ 304 強制罪、§ 328 強盜罪）等罪嫌，但是學校裡的老師，在實務處理上，可能較容易從寬處理，訓誡告誡一番以爲結案，並未必移送法案，因爲會引起標籤理論的非難。

我們的青少年，是否也誤以爲只要與攻擊者認同，就可以處理種種的不滿與挫折，才會以拍攝或傳閱霸凌影片爲樂？果真如此的話，我們更不能只停留在「青少年怎麼了？」的感嘆中，而需要一方面修正對於傳統陽

---

23 資料來源：台中市警察局偵五隊長張承瑞。

24 理論上與實務上仍有諸多問題，詳拙著，評兒童及少年性交易防制條例第二十九條（與王唯鳳共同著作），軍法專刊，2005/07，第51卷7期，1-20頁。謝發祥，兒童及少年性交易防制條例第29條之研究，碩士論文（鄭昆山教授指導），中正大學犯罪防治研究所，2009。

剛特質的一味認同，一方面投注更多心力關懷青少年的壓力問題，否則，只怕不僅校園霸凌會變本加厲，社會的暴力氣氛也可能隨著施虐慾式的笑聲，一發不可收拾地瀰漫開來[25]。

四、其他兒童及少年法制

（一）安非他命是化學合成類的麻醉藥品，受政府的管制，只可以在醫藥及科學上使用，一般人不可以自行吸用。麻醉藥品連續吸食或施打就會上癮，不但造成身心的戕害，而且由於需長期購用，經濟上也是一筆重大的負擔，常因此使個人或家庭經濟破產，逼得人鋌而走險，做出違法亂紀的勾當，以便容易取得金錢購用麻醉藥品，從此人生就會走入黑暗裡，除非能夠痛下決心戒除，否則永遠看不到人生的光明面。所以麻醉藥品是千萬沾染不得的。

（二）在吳明浴室的垃圾筒內找到的安排他命空瓶，如是吳明施打或吸用的，因其不是醫藥上的需要，由醫師處方所用，所以是非法的，依麻醉藥品管理條例規定（第 13 條之 1 第 2 項第 4 款、5 款），處三年以下有期徒刑、拘役或一萬元以下罰金。就是沒有非法施打或吸用，只是非法持有的，也處二年以下有期徒刑，拘役或五仟元以下罰金。

（三）陳信在遇到法律問題的時候，馬上想到請教律師，這是正確的作法，若是自己不曾施打或吸用毒品，在警察採尿檢驗的同時，立刻自己再到公立醫院去重驗一次，也是確保檢驗發生錯誤時，證明自己是清白的最好方法。但是私立的檢驗所或醫院的檢驗證明，法院常不採用，應特別注意。

法條依據

麻醉藥品管理條例　第13條之1　（罰則）

Ⅰ. 違反前條之規定，其屬於第 2 條第 1 款至第 3 款之麻醉藥品者，應分

---

[25] 黃宗慧，觀念平台——霸凌影片內外的笑聲，http://news.chinatimes.com/2007Cti/2007Cti-News/2007Cti-News-Content/0,4521,11051401+112009080300328,00.html 2008-08-03查閱。

別依法處罰。

Ⅱ. 違反前條之規定，其屬於第 2 條第 4 款之麻醉藥品者，依下列規定處罰：

（1）非法輸入、製造、運輸、販賣者，處五年以上有期徒刑，得併科 5 萬元以下罰金。

（2）意圖販賣而非法持有者，處三年以上十年以下有期徒刑，得併科 3 萬元以下罰金。

（3）意圖營利而非法為人施打者，處五年以下有期徒刑，得併科 2 萬元以下罰金。

（4）非法施打、吸用者，處三年以下有期徒刑、拘役或 1 萬元以下罰金。

（5）非法持有者，處二年以下有期徒刑、拘役或 5,000 元以下罰金。

Ⅲ. 前項第 1 款之未遂犯罰之。

Ⅳ. 犯第 2 項第 4 款之罪有癮者，應由審判機關先行指定相當處所勒戒。經勒戒斷癮後再犯者，加重本刑至三分之二。

第三節　校園犯罪案件防治與因應

犯罪的問題乃是一向社會普遍存在之現象，不可能加以消滅，但卻可透過有效預防使其減少到最低程度。校園犯罪或青少年犯罪之防範亦然；事實證明：事前有效之犯罪預防，遠較犯罪後之矯治處遇更為有效[26]。刑事政策可否成為獨立科學，有學者持反對之見解，因其與犯罪學有大量之重疊，犯罪學以犯罪原因為探討牽涉心理、倫理、醫學在實證經驗中，提出犯罪防治之對策，與刑策相同，但犯罪學中，對刑事司法政策研究較少，犯罪學屬實證科學，其劃分不易，其屬於預防性刑事政策之基礎。其預防

---

26 李富金，校園犯罪：一個不容忽視的問題，http://www.lawtw.com/article.php?template=article_content&area=free_browse&parent_path=,1,1648,&job_id=27817&article_category_id=194&article_id=13149 2009/07/01查閱。

之步驟有三[27]：在犯罪預防對策[28]上，無非在對犯罪行為進行各種層次之有效預防，期使其降至最低。非在對犯罪行為進各種層次之有效預防，期使其降至最低。

1.初步預防：亦稱之為初級預防，係在犯罪行為發生之前，即對一切可能之犯罪風險進行危機管理，期能事前防止犯罪案件發生；如何降低犯罪誘因，強化守法意識；如教育政策學、家庭政策、社會化歷程、勞工政策、休閒。

2.補充預防：又稱為次級預防，即在兒童階段（5、6 歲時）即早期鑑別出高危險群之潛在犯罪者與被害者，予以有效協助，以免其未來淪為真正犯罪者或被害者；對潛在犯人加以鎮壓，對犯罪機會之減低；例如：刑法典明文公布、警察偵查之結果、電子偵查、對潛在性犯罪者之警告（內有惡犬，請勿擅入）。

3.第三元預防：也有稱為三級預防，是對已犯罪之少年犯施予有效之行為矯正或心理治療，期能假其改過遷善，復歸社會，不致於再犯。對再犯之防制，犯罪已發生，無法避免，但透過刑罰執法效用以預防再犯；例如：再社會化、更生保護。

本章在此擬以三個犯罪預防層人為經，以非行之輔導策略為緯，探討校園犯罪當中非行少年[29]行為之輔導策略與預防對策，再論述相關校園犯罪輔導策略如下：

一、初步預防

就初級預防而言，下列輔策略在國民中小學階段教育上至關重要：

（一）國民中小學教育宜注重德智體群美五育之均衡發展，凡是任何一位表現良好之學生，均應予以敘獎鼓勵，使每一位學生均有機會一展所

---

27 拙著，刑事政策學——法治國刑法的思考，2009/09，出版準備中，頁16以下。

28 李茂生，少年犯罪的預防與矯治制度的批判——一個系統論的考察，2000/01，國立臺灣大學法學論叢，第29卷2期，79-174頁。

29 陳鴻生，非行少年矯治處遇之探討（一）（二），2006/09/28-10/05，法務通訊，第2308期4版，第2309期2版。

長，具有相當之成就感。

（二）宜加強各國民中小學生法律常識教育，並於學校生活當中培養其民主法治主生活之習性。

（三）宜加強國民中小學生兩性教育之實施，使學生均具有健全性心理，扮演適當性別角色，並能尊重異性，不致因無知、好奇而侵犯異性。

（四）宜加強國民中小學情感與情緒教育之實施，俾有效培育其選擇與結交異性朋友之正確態度，並提高情緒疏導能力與緊張焦慮疏解能力。

（五）宜加強國民中小學生之必理衛生教育，俾提高其挫折容忍力、自我克制能力以及延緩動機實現之能力，確保心理健康。

（六）宜加強國民中小學之休閒生活教育，使每一位學生均能依其興趣之所近，養成正當休閒活動習慣。

（七）國民小學宜加強學生社交技能之培育以及群性之發展，俾學生學會選擇益友、拒絕損友之藝術，並樂於和他人合作。

（八）國民中小學宜對學生建立樂觀積極之人生觀及作正確生涯規劃之能力，俾其生活擁有明確的目標，不致漂泊無依，到處遊蕩，無所事事。

（九）國民中小學宜對學生施行「自衛防身教育」，教導學生充分了解防範受他人侵害之技巧。

（十）國民中小學之公民道德教育宜重視學生道德規範之內化，且在日常生活當中自然地躬行實踐道德規範，俾強化育之功能。

二、補充預防

就次級預防而言，下列輔導策略在國民中小學教育上至關重要：

（一）各校學生輔導中心與保健室醫師宜篩檢心理疾病學生個案，將其轉介至精神科醫院或臨床心理師處接受心理治療，以防止此類個案在發病時發生侵害他人之行為。

（二）宜對從小經常逃學曠課之學生進行個案診斷，找到成因後施予輔導，使其恢復正常。

（三）宜對退學生、操作成績低劣學生、中途離校學生加以追蹤輔導。

（四）宜對在校內之少年虞犯及嚴重不良適應學生進行個案診斷與諮商、行爲矯正措施。

（五）宜運用少年心理量表[30]、修訂「明尼蘇達多相人格測驗」等標準化心理測量工具，早期鑑別出潛在少年犯，施予有效心理治療、諮商與行爲矯正措施，俾及早防止其未來淪爲真正少年罪犯。

（六）透過科學化客觀工具篩選出校內易於發生暴力行爲之高危險群加害者與被害者，施予有效危機管理措施，防止其未來真正加害者，施予有效危機管理措施，防止其未來真正加害他人或被他人侵害。

（七）透過科學化客觀工具篩選出校內易於發生自裁行爲之高危險群，施予有效危機管理措施，徹底防止其未來陷入自裁之漩渦。

（八）透過科學化客觀工具篩選出校內易於發生恐嚇取材或性侵高危險群學生，施予有效之行爲矯正技巧，使其不致犯罪。

三、第三元預防

（一）霸凌或暴力犯罪行為之輔導策略

輔導員或導師宜先探索案主在何種情境下最可能表現暴力行爲，然後儘可能避免此種情境在案主面前呈現。設法提供案主發洩怒氣之替代性管道，如打沙袋、打舊枕頭、捏粘土、丟石頭、到野外大喊大叫等是。

設法改善案主之社會技巧，使其會透過有效溝通、協調、互信、互諒，化解與他人之衝突。建議家長帶案主作醫學檢查，以確其暴力行爲是否來自生物化學成分失調或腦神經病變；若然，則應施行藥物治療或外科手術治療，以除病根。

運用角色交換法，使案主學會同理他人受侵害痛苦感受，進而消除自己之暴力行爲。此外，運用反映法，亦即由另外二人在案主面前扮演角色，其一是扮演暴力犯罪加害者角色，另一位扮演被害者角色，最後加害者被繩之以法，受盡鐵窗之苦，使案主心寒，不敢再犯。帶領暴力少年犯參觀

---

30 馬傳鎮，臺灣少年犯罪相關因素及預防對策之探討，2001/07，中央警察大學學報，第38期，155-182頁。

少年監獄與少年輔育院目睹少年受刑人與感化學生失去自由之實況，使其暴力行為自行加以抑制。

對案主行家庭訪視，與其家長密切磋商如何改善其子女之暴力行為。若案主暴力行為係來自在校學業成績不良因而攻擊他人尋求自我防衛，則應對其施行補救教學，並協助其食成良好讀書習慣。輔導員宜運用正增強法則，強化其非暴力性之良好行為，以消弱法對待其不良行為，或是不理會其暴力行為，逐步消除其攻擊性行為。

輔導員可要求案主做一些必需耗費體力之服務性工作，如搬運動器材、便當盒等是，以消除其緊張激動狀態，且又能因服務他人而得到肯定。

輔導員亦可要求案主經常以筆代動作，書寫下內心怨氣不平或情緒或者勤練書法，以培養其耐心，並轉化其情緒。

（二）逃學行為之輔導策略

當逃學案件發生後，學校班級導師應立即與學生家長聯繫，並共同尋回案主。導師應與案主作深層晤談，探尋其逃學之根本原因，並針對這些成因予以有效輔導。如學生經常逃學，則宜與當地少年警察隊聯繫，請其在校外出面遏阻，以免其受成人引誘，產生其他不良行為。回校再就讀之學生宜施予交誼輔導，協助其結交益友，滿足其歸屬感之需求。

若案主與班上同學關係惡劣，確難再相處，則可協助其調班或轉學，以改變其學習環境。設法使學校之學習活動能配合案主能力及興趣，教育與家長並應不時予以鼓勵。

導師可與回校學生簽訂契約，雙方簽名，將獎懲事項規定得相當清楚，使其充分考慮到自己逃學之不良後果，並自行負責。

運用逐步養成法，將學生到校上課行為予以細目化，包括許多階序，每當案主達到某一階序，即予以獎勵；接著誘導其進入第二階序，以此循序漸進，最後終可克服逃學之意念與行為。

先找出案主逃學之根本原因，然後運用驅力消除法，針對每一個別因素予以改善；譬如：若逃學來自父母期望太高，則須與其父母懇談，改變其不當期待壓力；若案主逃學是由於功課太差，缺乏興趣，則可對其實施補救教學等是。

協助逃學校案主在校獲取愉快之成功經驗，藉以修正其不良之認知內容，找出其認知盲點，促成其在認知與行爲上之改變。

運用現實治療法，協助案主學習到正確，負責及合乎現實之方法，面對學校情境，能滿足其需求。

（三）財產犯罪行為之輔導策略

透過深層晤談，充分了解案主偷竊之根本原因，再求對症下藥。利用角色扮演，令其扮演失竊者角色，俾其同理失主之焦慮痛苦心境，因而心生同情，不再犯罪。對案主竊盜行爲應予以守密，以維維護其自尊心，而不致受犯罪標籤之害。

運用飽足法，使案主擁有太多其所竊取之物品，因而厭棄該物品。

運用過度矯正法，要求案主除秘密歸還失物之外，尙須多賠額外之物品給對方，使其不敢再偷竊，因成果太高之故。運用鬆弛訓練法，使案主在產生偷竊意念時，其內在緊張情緒得以鬆弛，進而冷卻消除強迫性竊盜之衝動。

與案主家長密切協調，適當滿足案主之所有慾，譬如每日給予適量零用錢，或提供機會讓案主利用工作獲取物質上報酬，使其不必再偷。

培育案主正確之所有權觀念，尊重他人之所有物，未經他人允許絕不隨便侵犯他人財物。導師宜在平日即告誡班上學生好好看管自己財物，切莫將貴重物品帶來學校，期能減少竊盜犯罪之誘因。

帶領學生參觀少年觀護所與少年輔育院，配合法律常識教育，說明偷竊可能造成之制裁與不良後果，使案主有所懼怕而不敢妄爲。

結　論

綜合以上論述，「校園犯罪」應該是一個相當複雜的問題與概念，其並非法律用語，而是一般通常俗語，所牽涉的範圍與法律問題非常廣闊，不過大致上與青少年犯罪的範疇該當，但對於大學校園裡，則屬於一般成年犯罪的領域。因此，要在一篇論文中詳加論述剖析明確清楚，並非容易的事，本章雖然是盡可能對於相關法律問題敘述清楚，但礙於時間與能力，恐掛一漏萬，無法完成龐雜的內容，僅將相關法律問題與法制上如何因應，說明分析其梗概，對於更進一步剖析，其等待來日更上一層樓。

第十七章

校園危機與校園安全防護

許華孚

第一節　校園安全

學校是教、職、員、工、生等，教學、研究、服務與學習的場域，有安全的校園，才能達成「修德澤人」之使命。「學校」這個的地方，是一個大家普遍認爲最安全的地方，在重大災害或事件發生時能夠提供場地並給予必要的協助，但如果學校的安全是受到質疑的，或學校成爲事件中的主角時，常會使民眾對校園的安全性、教育的品質及學校對危機的處理能力產生極大的懷疑。其實校園安全的維護不僅是靠安全教育的落實，與實地的演練，更需要有預見危機的能力，及培養解決問題的能力。

隨著經濟環境的改變，在面臨快速變遷的環境中，實有必要建立危機應變計畫，同時對危機發生時所需要的人力和物力預作準備，一旦危機爆發時，可以節省許多寶貴的時間，從而使傷害降至最低，或解決引起危機的問題，以避免危機尚未解決就引起另一個危機。在本世紀「人爲引發的疏失」已成爲一種新形態的危機，這些危機在範圍和強度上都足以和天然災害相比擬，學校在面對「危機」這個問題，已不再是「危機會不會發生？」而是「危機什麼時候會發生？」、「危機是何種型態」以及「危機將如何發生[1]」的問題，唯有學校做好應變的準備，才能在危機發生時妥善因應。

時代進步、科技日新月異，E 化的校園環境已讓學校內的生活大大改

---

[1] 王垠，談校園危機管理，高中教育，2000年12月，第15期，頁20。

變，例如 CCTV 的廣泛應用，但是危害校園的事件，仍然層出不窮且與日俱增，嚴重的是它發生的不確定性亦隨之提升不少（宋文，2003）。根據教育部校安中心民國 97 年 7 月統計，自民國 93-96 年間，各級學校共發生 61,786 件校園安全事件，造成學生 3,733 人死亡，受傷者更是不計其數，令人深省。

一、國內、外校園安全事件報導

以下就「人員重傷死亡、學校設施安全不足以致人傷亡且涉及違法、歹徒入侵校園、學生集體中毒、校園重大槍擊暴力及校安人力替代方案」等當前校安重要議題，列舉國內、外相關校園安全新聞報導：

（一）模仿網路死亡遊戲　國中生墜樓亡

桃園縣慈文國中二年級學生謝孟宗，昨天放學後，在校內模仿網路最近流傳測試膽量的「死亡遊戲」畫面；他先抓住五樓女兒牆的鐵欄杆翻出牆外，再用腳鉤住欄杆，身體後仰整個懸空，可能腳沒有鉤穩，從五樓墜落死亡。（聯合報，2007/1/12）[2]

（二）單車雙載　女站「火箭筒」摔死

嘉義一名高二女生，就跨站在火箭筒上，結果腳踏車經過人孔蓋時，女學生不小心從車上摔下，顱內出血傷重不治。（台視新聞，2008/4/27）[3]

（三）生意歹　刺輪胎　這個老闆「太機車」

臺北縣景文科技大學近 2 個月來陸續有師生發現，停在校園的機車輪胎無端遭刺破，校警與警方加強巡查，昨天逮到準備再次犯案的黃靖朋，發現他竟是離校不到 800 公尺的機車行老闆，因為店內生意差，大動歪腦筋想增加客源，學校師生得知後無不痛罵「真是太缺德！」（自由時報，

---

[2] 聯合新聞網：http://mag.udn.com/mag/campus/storypage.jsp?f_ART_ID=56472

[3] 台視新聞：http://www.ttv.com.tw/news/view/?i=09704274786402L&r=sea

2008/8/8）[4]

（四）學生食物中毒　3天2起

屏東 3 天內傳出 2 起學生食物中毒案，波及 3 所國中學生，供應業者並不同，目前縣府衛生局正進行優良餐盒評選，雖然優良餐盒評選和營養午餐供應沒有直接關係，但可能肇禍的 2 家廠商都在 16 家複選名單中，法務部屏東縣調查站已前往學校主動了解案情。（自由時報，2009/4/16）[5]

（五）美校園最大喋血　33人亡　南韓人行兇 槍枝管制聲再起

這起槍擊事件是美國歷史上死亡人數最多的校園槍擊慘案。（大紀元，2007/4/18）[6]

過去十年美國大學校園槍擊事件一覽表

時間	事件
2007 年 4 月 16 日	一名持槍男子在弗吉尼亞理工大學打死至少 30 人。
2006 年 10 月	一名 32 歲的男子在賓夕法尼亞的基督新教阿米什派學校槍殺至少五名女學生，隨後開槍自盡。
2006 年 9 月	科羅拉多的一名女學生被一名男子開槍打成重傷，該男子隨後自殺；兩天之後，一名少年在威斯康星州的卡澤諾威阿槍殺了一位學校校長。
2005 年 11 月	田納西學生打死一名助理校長，兩名學校管理人員受傷。
2005 年 3 月	一名明尼蘇達的男學生開槍打死其他九名學生，隨後自殺。
2004 年 5 月	四人在馬里蘭州的一起校園槍擊中受傷。
2003 年 4 月	一名少年打死賓夕法尼亞一位學校校長之後自殺。

---

4 自由時報：http://www.ttv.com.tw/news/view/?i=09704274786402L&r=sea

5 自由時報：http://www.libertytimes.com.tw/2009/new/apr/16/today-south14.htm

6 大紀元電子報：http://news.epochtimes.com.tw/7/4/18/53344.htm

時間	事件
2001年3月	加州一名學生持槍殺死其他兩名學生。
2000年2月	一位年僅六歲的密執安州女學生被同學射死。
1999年11月	在新墨西哥州，一名13歲的女學生被同學槍擊致死。
1999年5月	佐治亞州6名學生遭槍擊受傷。
1999年4月	科羅拉多州發生科倫拜校園槍殺事件，2名少年打死12名學生及一位老師之後，開槍自殺。
1998年6月	弗吉尼亞州的高中校園槍擊事件中，一名少年學生持槍射傷2名成年人。
1998年5月	一名15歲的男生持槍劫持一名女學生，稍後槍擊自己頭部自殺。
1998年5月	在俄勒岡州的一個學校餐廳，一名15歲的青少年打死兩名學生。
1998年4月	在賓夕法尼亞州的校園槍擊中，14歲的學生開槍打死一名老師，另外有兩名學生被射傷。
1998年3月	阿肯色州兩名分別11和13歲的青少年，槍殺四名女學生和一名老師。
1997年12月	肯塔基州一名14歲的男學生殺死三名同學。
1997年10月	密西西比州一名16歲的男學生刺死母親之後，再到校園槍殺兩名學生，並射傷多人。

資料來源：BBC中文網[7]

（六）校園暴力

校園暴力成爲各國教育界極爲關注的問題。美國連連發生學童校園槍擊事件，甚至電視上直播校園暴力；法國巴黎77.39%的學生曾目睹校園暴

7　BBC中文網：http://news.bbc.co.uk/chinese/trad/hi/newsid_6560000/newsid_6561900/6561927.stm

力，45.4%高中生遭遇過暴力；臺灣校園暴力不單牽涉學童間的暴力，更涉及師生間所採用的暴力，中國內地不同省份，亦有校園暴力升級的現象；甚至一向較其他發達國家犯罪率低的日本，亦於 1999 年首次超過 3 萬宗校園暴力案件。（流動人口之家，2009/3/20）[8]

（七）中小學校幼兒園均要配備專職保全

政府將安全教育、法制教育納入學校教學計劃；各級學校要配備專職安全人員；將學校安全工作作爲考核學校各項工作的基本指標。記者從日前召開的全省教育系統安全穩定工作會議上獲悉，今年，黑龍江省將加大各級各類學校安全工作力度，全面構建和諧校園。（東北網，2007/1/18）[9]

二、校園安全乃首要議題

教育部於民國 90 年 7 月依「災害防救法」之精神及維護學生安全需要，規劃成立「校園安全暨災害防救通報處理中心」（簡稱校安中心），以統籌所屬單位、館所及各級學校校園安全事件之通報與處理作業。並於 2003 年 10 月 20 日將相關實施要點行文各級學校、單位及館所，應訂定相關災害管理實施計畫，律定減災、整備、應變及復原等階段具體作爲及作業流程，同時規劃各校成立校安中心。高中職以上學校均已設立校安中心，做爲學校災害管理機制運作平臺，並與教育部校安中心通報系統聯結；國中、小以下學校則由各地方政府教育局督導構建。各級校安中心應有固定作業場所，設置傳真、電話、網路及相關必要設備，並指定 24 小時聯繫待命人員。國民中小學及幼稚園聯繫待命方式，依地方政府之規定；高級中等以上學校，依教育部之規定。（教育部，2003b）

校園災害管理運作的機樞就是各級的校安中心。這個中心應該是一個高度彈性有機式的組織，具精簡有效的決策小組，有包羅周延的諮詢委員會，有以問題導向的專案分工編組、有常設性執行與協調人員。這個中心

---

[8] 北京公安局流浪人口之家：「怎樣勇敢地應對校園暴力」http://www.ldrkzj.com/people/dssh/aqff.do?ck=PEOPLE_DSSH_AQFF&ai=13914

[9] 東北網：http://heilongjiang.big5.dbw.cn/system/2007/01/18/050676329.shtml

是經常性的且應儘早成立，成員的責任與管轄必須非常明確。主要的工作是預想可能發生的災害，從政策性思考、規劃、籌措進行減災的工作，並針對各種可能狀況擬定必要應變計畫，並實施定期與不定期演習和訓演練。（宋文，2003）

在教育體系中，每一級校安中心，其運作的模式都大同小異，要讓它善盡職責，發揮效率，除前述組織完善、計畫周詳、演練嫻熟外，重要的還有：早期預警、即時通報、迅速整合的關鍵點。因此教育部設立校安中心網頁（http://csrc.edu.tw/）做爲我國校園安全事件通報處理、綜整及安全訊息傳播的資訊作業平臺，成立至今，校園安全暨災害防救通報處理資訊作業成效斐然，已成爲行政院中央災害防救體系之一環，並有效疏處各項校園危安事件，成爲各級學校維護校園安全、協助推動學務工作的重要補給戰及通報平臺。（教育部，2008）

三、校園安全綜合分析

由上述校園安全事件新聞報導可見，影響各級學校校園安全的事件不限於某個國家、地區或某所學校，全世界的學校校園裡時時刻刻都存在著潛藏危機，當爲當局者及教育工作者，應正視與做好校園安全維護工作，這也是本身的職責所在；鄭燕祥、伍國雄（1997）點出雖然每間學校受到危機威脅的程度及情況會有不同，均無不著力於危機的預防及控制。若能預測及管理各類危機，應能減少損失，有助維持學校的運作與發展。

就不同的危機情景，相應的管理內容及方法會不一樣。目前教育界已開始著重對「明顯危機」（explicit crisis）的管理方法，所謂「明顯危機」是指那些受到廣泛重視，可用行政指引或措施加以管理的學校危機，這方面的例子包括風暴及暴雨措施、黑社會滲入學校問題、學童自殺事件及學校危險斜坡問題等。

關於校園安全問題，這些問題之間其實存在著複雜的互動關係，亦即某個問題是其他問題互動之後的產物。舉例來說，校園暴力事件可能會導致學生中輟，而中輟後的學生可能會增加藥物濫用的情形，爾後藥物濫用的學生極可能被幫派吸收，進而加劇其他相關負面行爲。那麼如何做好事前危機預警處置，這遠比事發時所謂的危機處理與緊急應變更好，故本章將就校園安全的危機預防措施爲論述重點之一，接著並探討對於普遍校園安全事件之預防、處置的方法，以供臺灣相關教育、輔導等單位之參考。

第二節　校園安全的定義

一、校園安全

許龍君（1998）認爲校園的範圍以狹義的定義而言，是指學校能有效的管理之區域。但以教育使命感來定義，則應以廣義的範圍而言，應考慮包含師生活動所及的區域均應列入。因此，校園的範圍應從教育責任的觀點適度的延伸擴大，並就其安全加以重視與關注，讓防制的觸角更深更遠，則校園安全將能獲得更多更好的保障。

本章所指校園安全係指突然發生於校園內外危害校園教職員生安全的緊急事件與處理防制作爲，包含校園安全危機管理機制、校園安全危機事件、校園安全現況等。（教育部，2008b）

二、危機管理

哈佛大學甘迺迪學院院長 Allision 教授依據「古巴危機」撰述「決策的本質」（The Essence of Decision），其揭櫫的概念、原則是危機管理的經典之作，不僅適合國家大事，而且適用於個人與企業（詹中原，1990）。

危機管理是對危機情境維持一種持續性、動態性的規劃管理過程，其目的是避免組織的危險與不確定之傷害，使組織更加能夠掌握自己的命運。（Fink, 1986: 15）

危機管理係指一種有計劃的、連續的及動態的管理過程，也就是政府或組織針對潛在或當前的危機，於事前、事中或事後，利用科學方法，採取一連串的因應措施，並由資訊回饋作不斷地修正與調整，以有效預防危機、處理危機及化解危機於無形。（孫本初，1997）

危機管理係指組織爲避免或減輕危機情境所帶來之威脅，所採取之因應措施，並於危機發生時，成立危機管理小組，負責危機的處理並將危機消弭於無形。本章所指之危機管理，係指組織針對危機所採取的一套管理措施及因應策略。（陳聰明，2004）

三、校園危機的定義與危機之特性

（一）「校園」顧名思義，就範圍而言，就是指可供師生在校內、外，進行教學、研究、行政、服務與學習的場域；就對象而言，主要是指「教、職、員、工、生」故，從場域範圍及對象角色的定位，可以了解到，校園危機是無所不在的。因此校園之間，必定存有各種危機的可能。而有關校園危機的定義，國內、外及大陸相關學者的研究如表 17-1 所示，且可知「校園危機」，基本上應包括下列的要件：

1.必須是直接或間接的會危害或威脅學校全體成員的安全，且不限制發生於校內。

2.該危機若能及時妥當處理，會對師生及學校有新的發展契機。若非，可能嚴重威脅到學校秩序的正常運作，並會衍生其他不良後果的事件或情境。

3.危機具有時間的壓迫性，決策者必須於極短的時間，做出因應決策。

4.由於危機的不確定性難以掌握，因此，一旦發生可能會使學校組織功能運作上，造成失常脫序的情境。

綜合上述，本研究對校園危機的定義：凡是發生在校園內、外，對學校全體成員的安全，具有直接或間接的危害或威脅，且可能嚴重威脅到學校秩序的正常運作，並會衍生其他不良後果的事件或情境。

表 17-1　國內、外及大陸相關學者對校園危機定義研究綜整表

區分	學者	年代	校園危機的定義
國內相關研究	紀俊臣	1997	指校園因內外事件所產生之組織功能運作的變動關鍵情境。
	謝謹如	2000	指突發於校園內外，可能造成學校全體或部分成員心理或生理傷害的緊急事件。

區分	學者	年代	校園危機的定義
國內相關研究	王武章	2003	校內外不確定的偶發事件，威脅學校組織或個人，以致身心受損，學校不能正常運作，需要立即回應解決，作有效的善後，以免危機惡化或復發。
	吳宗立	2004	係指學校因校園事件或非校園事件而產生組織功能運作上失常脫序的情境，而趨向不穩定的狀態。
	余美瑩	2005	緊急事件突然在校園內外發生，學校組織遭受損害，不能正常運作，影響學校組織全體人員或部分成員，造成心理或生理傷害，無法按照一般程序來處理，必須在有限的時間內，作出快速因應的情境或狀況。
國外相關研究	Shrestha	1990	指發生在個人和組織上之經歷，是與學校有關的創傷經驗或災難。
	Lichtenstein, R. et al.,	1994	學校危機（school crisis）是指：突然、未曾預料的事件，學校總體上或重大部分也可能受到嚴重的、消極的影響，通常包括嚴重傷害或死亡（轉引自朱曉斌，2004）。
	Batsis	1994	是指任何會導致校園正常運作與停滯的人事物。
	U.S. Department of Education Practical	2003	是學校的決策者在訊息、時間和資源都不充分的條件下，必須面對和做出一個或多個重要決策。
大陸相關研究	高洪源	2003	發生在校園內部或學校受外部災難事件影響而突發的危害師生生命安全和健康，破壞學校正常秩序的事件。
	王　飛	2004	是由於學校內部條件和外部環境的變化而產生的突發事件所引起給學校教學秩序以及名譽造成破壞的危急狀態。

區分	學者	年代	校園危機的定義
大陸相關研究	徐士強	2004	威脅到學校運作損害學校功能的事件
	朱曉斌	2004	是指突然、未曾預料的事件，學校總體上或重大部分也可能受到嚴重的、消極的影響，通常包括嚴重傷害或死亡。
	馬軍黨	2006	是以高校（大專校院）的角度，認爲是由高校內外的某種非常性因素所引發的非常事態。

資料來源：周家榮(2009)，《從國際「安全學校」認證觀點，精進校園安全危機管理之研究—以臺北縣某科技大學為例》之研究

（二）危機（Crisis），學者專家看法不盡一致，黃振球（1996）就中文字面來解釋，「危機」包含「危險」與「機會」二個層次，即在面臨生死存亡的緊急關鍵時刻，寓含逢凶化吉的轉機，雖有危險，但處理得當，可以化險爲夷，轉危爲安。然而危機是福是禍，全在處理得當與否。

危機（crisis）係組織正處變動階段的情境；亦組織正處轉好轉壞的決定時刻（decisive moment）或關鍵時刻（crucial time）。韓應寧（1997）依韋氏字典的解釋：「危機是一件事的轉機與惡化的分水嶺。危機是決定性的一刻和關鍵性的一刻，也就是生死存亡的關頭。它是一段不穩定的時間和不穩定的狀態，迫使人們作決定性的變革。」周惠蘋（1995）解釋組織爲避免或減輕危機情境所帶來的嚴重威脅，而所從事的長期性規劃及不斷學習、適應的動態過程；其亦可說是一種針對危機情境所作的管理措施及因應策略。

危機處理乃爲因應危機事件，所做的立即性、決定性的措施，以消弭危機或減少損害，偏重於事後的處理，在危機管理得宜的單位裡，較少危機處理的機會。危機管理涵蓋了危機意識、處理、控制及解決。危機處理應擴及危機管理，才能發揮最高效能。

（三）危機的特性

蔡崇振（1997）認爲：危機狀況至少包含下列幾項：1.嚴重威脅組織的

主要目標，處理不當可能造成生命、財產的損失，名譽、信用的傷害或形象、公信力的破壞，甚至導致組織的解體。2.容許作反應的時間有限，決策者必須在極短的時間內，作出正確的處理決定，否則事態擴大，損害益深。3.具突發性，且不確定性高，危機狀況常常給決策者一種混亂、複雜、不確定而又有時間壓迫的強烈感受。

Hermann（1969）將危機界定為：「是一種含有下述三種特性的狀況：一、威脅決策單位的高度優先目標。二、是在情況轉變之前能用的反應時間有限。三、對決策單位而言，危機是未曾預料而倉促爆發造成的一種意外驚訝。」

韓應寧分析危機的發展是漸進的。危機的走向分四期：潛伏期、爆發期、後遺症期、解決期迅速發現危機，遏止其發展，使危機由潛伏期直接走向解決期，不至於過度爆發造成難以彌補的後遺症，即是「危機管理」的精神。

危機的定義雖然眾說紛紜，惟綜合有關學者對危機的看法，並參考危機管理的相關研究歸納後，與實務相印證，可以發現危機具有下列幾項特性：

1.事件發生具有不確定性

危機的形成雖有階段性，但至於何時會真正發生，則是無法詳細預測或估量的。Milliken（1987）依領導者察覺的不同，將危機的不確定性分為三類：（1）狀態的不確定：指領導者對危機的真實狀態並不了解，因而無法預測危機可能的變化。（2）影響的不確定：指領導者對於危機的產生將會對組織造成何種影響，無法作明確的預測。（3）反應的不確定：指領導者雖要對外在環境的變遷或具威脅性的事件採取回應，卻不知要採取哪種備選方案或對方案可能造成的結果無法預測。（黃新福，1996：33-34）。

2.具有時間的急迫性

危機的另一個特性，就是具有強烈的時間緊迫性，危機的突然發生，往往無法以平時的作業流程來處理，需要在極有限的時間下作出快速的處置反應，常會造成組織成員極大的心理壓力與精神上的緊張。

3.對個人及團體存在的威脅性

威脅性的強弱主要依可能損失價值的大小、可能損失機率的高低及時間的壓力而定。

4.危機的發展具有階段性

危機不是平白爆發出來的，而是有一定的發展階段，由諸多因素相互影響而成的，危機的形成，亦有其發展的階段。

Fink（1986: 20-28）則運用醫學上的名稱將危機的發展階段區分爲四期：（1）潛伏期：亦即警告期，是危機發生前的階段。（2）爆發期：危機事件開始產生其嚴重的影響。（3）後遺症期：又稱爲善後期或恢復期。（4）解決期。而孫本初則將危機的發展分爲危機警訊期、危機預防（準備期）、危機遏止期、恢復期與學習期等五個階段。綜合各學者的意見，我們可以發現，雖然許多學者對於危機發展的階段看法並不一致，然對於危機的發生，有其發展的階段的看法確是一致的。

5.危機處理的複雜性

危機發生時，由於危機事件之封閉性及個別性，往往當事者或團體唯恐衍生出副作用，而使之可尋求外來社會資源的管道，因有所顧慮而受到限制。危機產生的負面影響，常會對組織的運作及生存造成威脅，但危機也會帶來新契機，使組織呈現新風貌，並更能適應外在的環境變動。由於危機發展的速度、強度及範圍，往往不是我們所能控制的，常使問題變得更複雜。

6.危機的關鍵性

危機含有危險與機會兩層含義。危險是危機產生的負面結果，常會造成組織運作及生存的威脅，但若藉著危機的產生，讓組織有機會來重新檢討，使組織呈現新的風貌，更具有適應環境的能力，則危機的發生，是組織改變的關鍵。處理得當，則化危機爲轉機，處理不當，則小危機會演變爲不可收拾的大危機。

第三節　危機的發展階段、危機管理、校園危機管理的意涵與類別

主要內容包括：對危機管理、校園危機管理的定義及校園危機類別的分析，分述如下：

一、危機的發展階段

危機管理之重點在於災害損失發生前、發生中、發生後，能立即策劃、組織、指導及控制，使危機所招致之損失能降至最低。

危機最多具備四種不同的階段，它很像疾病，所以我們用醫學上的名稱，分為潛伏期、爆發期、後遺症期及解決期[10]。危機的長短與情況的輕重，取決於變數，有時候四個階段會在很短的時間內一起發作，有時則會潛伏很長的一段時間。危機是處在一種不穩定狀態，然而並非所有的危機都是依據上述四種階段發展，但是它的發展階段絕不會多於四種，小心檢視每一階段，將來再面對危機時，就更能找出每一階段的問題。

（一）潛伏期

所謂潛伏期，就是警告期，意指事件發生前、警兆、或危機發生前的階段。在問題爆發形成嚴重的危機前，能否找出問題，加以處理，常常是組織或個人成敗的關鍵。我們必須知道，平常就是危機前的潛伏期。例如：有人發現校園內二樓以上欄杆有生鏽、腐蝕的現象，而未獲得妥善處理或處理不當，嚴重的危機很快就會來襲。

（二）爆發期

事件發展到此一階段就再沒有挽回的機會，損害已發生，危機已爆發。此時只能儘量控制危機、降低損害，但危機發展的速度、強度及範圍，往往不是我們所能控制的。當警報結束，就由潛伏期進入了爆發期，再沒有尋回失去的時間。損害已經發生，輕重則看危機處理小組的表現而定。

10　韓應寧譯，危機管理，台北市，天下文化出版有限公司，1990年第六版，頁28。

（三）後遺症期

後遺症期也是善後期。當然，我們要假設還有殘局可收拾。這段期間也是恢復前，自我分析、自我檢討的療傷止痛期。如果處理危機的手法高明，這個時期也可以轉變爲自我慶幸的日子。例如：在學生意外墜樓事件發生後，學校必然會面臨學生家長的抗議或一連串的抗爭活動，並聯合家長會、社會人士及新聞媒體的質疑與採訪，甚至受到上級與司法單位的調查，這些問題將使學校疲於奔命，窮於應付。輕者受到責難，重者，可能多年努力的成果，毀於一旦，或官司纏訟或身繫牢獄。

（四）解決期

這是危機發生後的第四個時期，也是最後的一個階段，更是前述三階段的目標，處理危機的人，必須馬上掌握大局，迅速找到最直接、最有效的方法，以求轉危爲安，化險爲夷。但在現實生活裡，一場危機的解決，常是另一個危機即將來臨的預警，可謂「革命尚未成功，同志仍需努力」。危機結束後，內部成員或危機處理小組應針對問題的起因、所採取的策略提出並提出建議及改進之方式，編列爲教育訓練之教材，藉以在下次的危機事件中，達到預防及正確運用危機處理策略的準備，所謂「小心不蝕本」，最重要的是當危機發生時，能縝密的控制危機，使損害降至最低。

朱愛群（2002）所提出關於英國學者 Blackley（1994）所發展的整合式危機管理（Integrated Emergency Management）適用於私人組織與公共組織，具有無限大之效用，其分爲五階段：

1.評估（Assessment）：利用測量組織危機系統，來達到偵測組織危險的訊息與程度，這項技術廣泛的被各種領域所運用，特別是危險評估測量（QRA），這類技術必須與其他因素共同考量，雖然無法透過該項技術替組織決策，卻提供了有用的工具偵側組織的危險在哪裡？危機的程度爲何？作好事前防範工作。

2.預防（Prevention）：發展危機規劃作業，對於潛在的危機事件，採取適當的步驟，以預防危機之發生並降低其負面之影響，特別針對組織最弱部分制訂應變計畫。

3.準備（Preparation）：包含重點活動，如提供充足的危機溝通系統，取得不同單位與組織間的共識與協議，確定大眾警訊系統以及確認可茲運用的資源是否準備妥當。

4.回應（Response）：回應的措施著重於知識層次、熟悉操作程序，並發揮組織平日的訓練標準與安全的防護成果，尤其是危機行動小組之回應，其必須經過精挑細選，且深富經驗與專業知識；對媒體之策略必須提供可靠與正確的訊息，否則將導致危機的再度發生。

5.恢復（Recovery）：此階段主要在於照顧傷患並清理災害現場，時間可能很長，法律訴訟持續不斷，對於受傷的民眾與其家屬必須全力支持和照顧，盡力重建組織或公司的形象，最後必須學習經驗，作為下次處理危機之參考。

參考美國教育訓練研究協會（ETR, Education Training and Research Associates, 1994）所提出有關校園危機管理或事故預防中學校應扮演何種角色之建議，歸納出完整校園危機處理與管理應包括下列計畫：

（1）制定安全危機政策與步驟（如急救與緊急照護、記錄、交通管理、事故發生之準備、個人保護、校園安全系統、在職訓練……等）；

（2）教職員工訓練；

（3）課程發展、課程安排；

（4）設施與環境；

（5）健康與安全之服務（含緊急處理、事故傷害之照顧、報告與記錄）。

根據危機管理的動態模式，在危機爆發前，應建立儲存相關危機資訊與案例的知識庫。並在外部專家的指導下進行兩項重要工作。第一是針對各種危機組合，擷取他人危機處理經驗，草擬出最糟劇本，並根據這些虛擬之情境，建立危機計劃系統。危機計劃系統內存在兩個次系統，一為危機訓練系統，負責最糟劇本的模擬演練（包括桌上模擬與現場模擬）。二為危機感應系統，職司危機情境偵測和預警。第二是針對組織成員進行問卷調查，再依問卷調查結果確定值得重視的危機組合。該危機組合具有「事件發生機率高，發生後傷害程度大」與「事件發生機率低，發生後傷害程度大」等兩項特性。

在危機發生時，有兩個主要的機制，一個是危機資源管理系統，主控人力、物力、財力和人際網路的資源分配。另一個是危機指揮中心，該指揮中心是危機發生時的心臟，其心包含危機處理小組，危機模擬專家和危機情境監測小組，三者間相互搭配，對危機發展狀況作及時有效的處理，並擬訂可執行之行動計畫。此外危機指揮中心也須隨時依情境變化下達命令給危機資源管理系統，徵調所必須之各項資源。

危機落幕後，須由危機資源管理系統向危機評估系統彙報資源耗用狀況，並由該系統作危機處理的成本效益評估。此外，危機後的評估系統也要提出危機復原計畫，幫助組織變革與形象重整。最後，讓評估系統將此次危機過程中，所獲得之經驗，反饋給儲存相關危機資訊的知識庫，作爲危機計劃系統執行危機預防作業之參考。

唯有保持高度的危機意識、充實的危機管理知識、具體可行的危機管理政策以及建構事權統一的危機管理組織，才能用最少的人力、物力、時間，有效紓緩危機、解決危機。

二、危機管理的意涵

許士軍（1993）表示：「管理」是人們在社會中所採取的一類具有特定性質和意義的活動，其目的爲藉由群體合作，以達成某些共同的任務或目標其目的在藉由群體合作，以達成某些共同的任務或目標。而「危機管理」（crisis management）是二次大戰後，根據經驗彙積而成的一個學科（詹中原，2004b）。有關國內、國外及大陸相關學者的研究經綜整後發現，危機是由多種因素所造成，其雖具有不可預測、難以預防和控制等特點，但仍然有其特殊的徵侯、脈絡。因此，藉由組織或個人的主動知覺與觀察，並採取積極有效的策略、措施和手段，危機是可以預防、控制，並可有效管理的。

（一）Steven Fink 主張「任何防止危機發生的措施，都是危機管理」。

（二）John Ramee 認爲「危機管理是組織針對危機的發展階段，做不同的因應管理措施」。

（三）孫本初主張「危機管理」是組織爲避免或減輕危機情境所帶來的嚴重威脅，而從事長期的規劃及不斷學習、適應的動態過程，亦可說對危機情境所做的管理措施及因應措施。

（四）鄭燕祥（1995）指出目前「危機管理」一詞，主要是指組織在危機發生的前後，調集資源、致力恢復組織的穩定性及活力，迅速回復有效經營所採取的相應對策及行動。

John Ramee 定義危機管理是指組織針對危機的發展階段，作不同的因應管理措施，如在危機發生前，應對危機的警告訊息，作適切的偵察，並舒暢溝通管道，作好危機的因應決策；當危機發生時，要成立危機管理小組，負責處理並將危機予以隔離。而決策方面，則應遵守其所提的決策法則；在危機發生後，立即發現危機的成因，並予以診治，加速損害的復原工作。最後，針對組織的缺失，再修正危機管理計畫，爲下一個危機作充分的準備（杜曉惠，1998）。

綜合而言，危機管理係指一種有計畫、連續及動態的管理過程，也就是政府或組織，針對潛在或當前的危機，於事前、事中或事後，利用科學方法，採取一連串的因應措施，包括：組織、命令、控制、協調、計畫、激勵、溝通，以及爲因應危機的急迫性、威脅性和不確定性，藉由資訊回饋，作不斷地修正與調整，以有效預防危機、處理危機及化解危機，甚至消弭危機於無形。

三、校園危機管理的意涵

校園危機管理，如果單以字面的意義解釋，就是針對校園內、外，所可能發生的任何危機事件，進行相關的管理作爲。而國內、大陸及國外相關學者的研究。簡而言之，校園危機管理乃是針對校園內、外的「人、事、時、地、物」等，所有可能肇發危機的因子，藉由「規劃、組織、領導、控制」的功能，所採取的計畫性、連續性及動態性的管理歷程。因此，校園危機管理：乃是學校組織及其成員，爲避免危機發生或降低危機發生時所帶來的損害，藉由情境知覺、預防準備、災害應變與有效復原等，所採取的計畫性、連續性及動態性的管理歷程。

四、校園危機之類別

校園危機的類別，從學者的論述與研究者於校園場域的實務經驗中發現，誠如危機特性之一的「不確定性」，可說是變幻莫測。因此「知危識危」乃是校園危機管理的基礎。本研究綜整國內、外及大陸相關學者以及行政院教育部的研究，如表 17-2、表 17-3 所示。

表 17-2　國內外及大陸相關學者對校園危機類別研究綜整表

區分	學者	年代	校區分園危機類別
國內相關研究	教育部	2006	校園事件區分爲 8 大類：（1）校園意外事件（學生所發生之意外與突發【非暴力】）事件）、（2）校園安全維護事件（主要在於財物、建物之受損或人員受外人騷擾）、（3）校園暴力事件與偏差行爲（含教職員工生於校內外之不良行爲）、（4）管教衝突事件、（5）兒童及少年保護事件（中學以下學校適用）、（6）天然災害、（7）其他校園事務（係指校園內發生之行政、人事問題，足以影響學生權益或正常教學等事件）及（8）疾病事件等 126 項次要類別事件項目。
國外相關研究	Mitroffo & Pauchant	1992	校園危機主要原因有下列四項要素：（1）危機類型：科技與經濟、人爲與社會兩類。（2）危機發展的階段：偵測、準備預防、抑制、復原、學習；（3）利害關係：個人、團體、機構；（4）組織系統（組織結構或文化、技術、人爲因素）（轉引自朱宥棠，2003）。

區分	學者	年代	校區分園危機類別
	Decker	1997	將校園危機分爲：（1）天然災害：如校園失火、地震等；（2）人爲災害：如電力喪失、有毒化學物品外洩、學生或教師死亡等等；（3）其他事件：如爆炸等等（轉引自吳宗立，2006）。
大陸相關研究	肖紅偉	2005	以大學場域的觀點認爲：有（1）生存危機；（2）公共安全危機；（3）心理健康危機；（4）誠信危機；（5）校風學風危機；（6）行政管理危機。
	王茂濤	2005	從高校（大學校院）的角度總結危機的類型爲：（1）健康安全與生命安全危機事件，如傳染病爆發流行；（2）學校的信譽危機事件，學術腐敗；（3）學校持續發展危機，如生源問題；（4）失序型危機，如罷課。
	甄珍、池衛東	2006	高職（技職）校院的危機類型：（1）人身安全危機；（2）學的校信譽危機；（3）學校的發展危機。

資料來源：周家榮（2009），《從國際「安全學校」認證觀點，精進校園安全危機管理之研究——以臺北縣某科技大學為例》之研究

表 17-3　校園安全事件之類別及內容表

類　　別	內　　　　容
1 學生意外事件	學生車禍、溺水、中毒、自傷（殺）、運動、實驗（習）傷害等。
2 校園安全維護事件	校園火警、地震、颱風、水患、人爲破壞及校園侵擾、遭竊等。
3 學生暴力與偏差行爲事件	學生鬥毆、觸犯刑事案件、破壞校園設施等。
4 管教衝突事件	師生衝突、管教體罰、學生抗爭（申訴）等。
5 兒童少年保護事件	有關兒童及青少年保護事項之規定。

資料來源：教育部校園安全暨災害防救通報處理中心網站

從上述的校園危機類別，不論是國內、國外及大陸，在歸類上應是大致雷同。但值得注意的是，以上所列的校園危機類別，可以說僅是「滄海一粟」，然而事實上校園之外，仍有許多不可知的危機存在，並且一樣地會危及到校園的安全。因此，明居正（1998）、朱愛群（2002）及詹中原（2004b）等三位學者將危機區分爲以下的類型，如表 17-4 所示。

表 17-4 危機類型區分研究綜整表

學者	危機類型
明居正（1998）	六種類型：1.重大天然災害：如賀伯颱風、長江水災、日本阪神地震；2.重大交通意外：如印度翻船事件有六百多人喪生、德國火車出軌、華航大園空難；3.重大科技意外：如核能、化學、電腦資訊等；4.人爲誘發之問題，但未到戰爭的階段：如示威、暴動、人質挾持及其他重大犯罪事件；5.戰爭或準戰爭行爲：如兩伊戰爭、中共在台海進行飛彈演習等；6.重大政治、經濟問題：對我國而言，如重要國家斷交、大規模股市崩盤、亞洲金融風暴等。
朱愛群（2002）	分爲六種類型：1.軍事性：古巴飛彈危機、中共試射飛彈危機；2.政治性：六四天安門事件、美麗島事件；3.經濟性：能源危機；4.金融性：國票、彰化四信、中立農會等擠兌事件；5.暴力犯罪性：日本沙林毒氣事件；6.公共安全性：舊金山大地震、名古屋空難、車諾比事件。
詹中原（2004b）	五大類，分別是：1.自然災害：包含風災、地震、洪水；2.交通意外；3.科技意外事件：如化學、核能意外災害；4.人爲災難：如政治示威事件、綁架犯罪等恐怖事件；5.戰爭對民眾所形成之危機。

資料來源：周家榮（2009），《從國際「安全學校」認證觀點，精進校園安全危機管理之研究——以臺北縣某科技大學為例》之研究

第四節　研究分析

一、校園安全危機發生原因

校園裡的危機事件，有許多都是可以預防和避免的，若我們在平常即多加用心、留意，可以減少許多的困擾與遺憾。常見的校園危機項目，危機管理小組應納入「全面品質管理」的控制程序，全面品質管理控制表格式可參考表 17-1，儘管經過控管程序，大部分事件仍然存在「不可控制因素」，此時危機應變計畫就顯得格外重要。

周蕙蘋（1995）於其「危機管理之研究」的碩士論文中，認爲危機內在的環境因素包括技術上的失敗、組織文化的不良、組織結構的僵化、決策者對危機的認知能力不足等；外在的因素包括國際政經情勢的變遷、國內媒體不良的報導與社會輿論的壓力、工會的抗爭與不法份子的破壞行動。

學校危機發生的原因，通常包括內在情境因素與外在情境因素：

（一）內在情境因素

1.學校行政暨經營管理缺失

如：校長領導無方、學校溝通系統不良、用人不當、人爲疏失、管理態度不認真、門禁管制與校園巡查未落實等。

2.學校危機應變系統不良

學校未辦理師生危機處理教育，學生缺乏安全危機意識，行政人員或教師缺乏危機處理知能、危機警覺性暨危機意識，未能澈底了解危機之所在暨危機問題各變數間的關係。

3.盲目從眾的群體意識造成決策偏差

群體意識是指組織內部團體壓力對組織成員所造成的一種心智反應、真實考驗和道德判斷的內心協商，這種情形最常發生在委員會的群體決策裡。這種群體成員因經年累月受到團體忠誠心與合作感的洗禮，缺乏對問題作正確與合理的評估，因此，無法提出解決問題的良策。此種群體意識對危機的發生有很大的影響力。群體意識是意見資訊的篩選器，使組織成員未能主動和周詳地調查與研究各種可行方案，結果對問題無法獲得較佳的決策，所採取的行動弊端叢生，最後危機緊隨而至。

4.情報訊息不足導致錯誤的決定

情報訊息不足、資訊被扭曲或研判錯誤，導致錯誤的應變決定。情報可能因個人人格特質、思維方式、經驗、價值觀、收訊角度、本位主義、報喜不報憂等而被扭曲。

5.高估組織的處理能力

當管理人員對情報的重要性有了歧見，且決策人員對組織運作感到心滿意足時，則低估危險的情況更有可能發生。

（二）外在情境因素

1.政治因素

學校事件若受到政客或政治人物濫用，發生於選舉前或選舉期間，學校校長或人員政黨傾向過於明顯時，常會使學校偶突發事件複雜化，並使危機升高。如：嘉義縣柳林國小因九二一地震致校全防震能力不足，地方民意代表為突顯問題的嚴重性，提供安全帽要求學生戴安全帽上課，供媒體記者拍照，並以全國版新聞上報。

2.經濟因素

少數學生一味追求物質享受與感官的快感滿足，故不惜犯罪以獲利。另學校囿於經費未能及時拆除已達報廢年限之危險建物，或雖未達報廢年限，但防震能力嚴重不足之老舊建築，有安全之虞者。或未及時換裝老舊電線線路，致對學校師生安全產生潛在重大威脅者。例如：嘉義縣雙溪國小老背少之危險教室，雖經縣政府同意拆除，但由於拆除經費未核撥，致使危險教室在校園中造成安全上的隱憂。另由於教育單位的經費籌措困難，常使明知具有潛在危險的設備、設施，都因經費無著落，而導致「巧婦難為無米之炊」，讓已經發現的問題繼續存在。例如六嘉國中的老舊教室內鋼筋外露，雖經多次爭取補助，囿於教育局無相關經費可資補助，而仍需繼續使用。

3.社會因素

社會急劇變遷，功利主義盛行，現代人的價值觀較重個人自我利益、未諳民主自由真諦，且社會控制力逐漸鬆動，所以犯罪事件與日遽增，使學校環境之安寧安全亦遭嚴重挑戰，學校環境比過去隱藏更多的危機。

4.文化因素

中國文化傳統上，有許多因素是造成學校危機的潛在因子，例如：馬馬虎虎、差不多、過於重視人情面子、作風鄉愿，對事情處理講求「大事化小，小事化無」。其次，教師的地位與天地君親並列，國人非常重視老師清高的角色，所以學校若發生老師性騷擾案件，立即會受到各界的重視，學校若未能明快、立即、慎重果斷地處理，將使整個事件益形嚴重，形成學校危機事件。

5.偶突發事件

偶突發事件常是學校危機最直接的導引線，因為偶突發事件常造成師生傷亡，若學校處理態度與方式稍有瑕疵，則易錯失或延誤處理時機，造成更大傷亡，引起更多責難。

6.媒體的推波助瀾

每一次重大的危機都會吸引新聞媒體的注意，因此塵埃落定後，各路人馬蜂擁而至，調查事變的前因後果。各報告雖調查機構的動機不同，但調查結果所產生的損害可能很大。顏秀如（1997）的調查研究結果，亦發現：學校進行危機管理時，可能遭遇的困難方面，填答比例超過五成，且排序在最前面者為「大眾傳播媒體的渲染」。

危機管理旨在防止危機之發生。危機發生後應妥慎處理，毋使其嚴重與惡化。因此，學校平時即應教導師生員工有危機意識，培養主動積極、團結、合作精神，充實解決危機知能，能臨危不亂，沉著應付必可化險為夷，轉危為安，雨過天青。

二、校園安全危機發生結果

校園危機之造成，多由於人爲的疏忽及設施的不當。按我國刑法第 130 條：公務員廢弛職務，釀成災害者處三年以上十年以下有期徒刑。又刑法第 14 條：行爲人雖非故意。但按其情節應注意，並能注意，而不注意者，爲過失。我國國家賠償法第 3 條：公有公共設施因設置或管理有欠缺，致人民生命、身體或財產受損害，國家應負損害賠償責任。

另校園內的人及環境，需保持高度的警覺性，以避免危機事件的繼續擴大或使整個事件惡化。危機小組的運作亦需保持高度的機動性，並發揮小組運作的功能。而在整個事件結束後，全校教職員工、學生在危機事件中的調配及配合事項，都需要進一步的加強演練、並發布新聞公告周知，讓學生家長及學生本身及社區人士都能安心，因爲有許多的「不安」是起因於「不了解事情的真相」，有許多的「不放心」就可能造成下一次的危機。

三、校園安全危機發生之預防

校園危機的基本處理原則是「預防勝於治療」，事先的預防可使危機的發生率下降或減少危機所帶來的傷害，雖然學校的成員有限、可使用的資源亦有限，但若能妥善的運用家長會及地方組織及人士的支援，結合社區其他學校共同組成與醫院、警察局、消防局、衛生局、社區內的媽媽教室、非營利組織等單位，共組區域安全網，彼此合作，在平時可發揮自我防衛的功能並增進彼此的情誼，在危機發生時，能有效的支援與協助，迅速發揮救援的功能。總之，具體的預防措施、因應對策及善後檢討工作，是期望危機在潛伏期的時候即能立即進入解決期，培養預見危機的能力及解決問題的能力。

此外，節錄 Siegel 等人（2006）共同合著之《少年犯罪：理論、實務與法律》（*Juvenile Delinquency: Theory, Practice, and Law*）一書中當前美國校園安全相關措施（如附錄），並將校園安全分成 14 大類，98 項之具體措施，各級學校可自行逐項檢視所列之措施；這些具體措施係以當代犯罪學研究之顯學：減少犯罪「機會」（opportunity）為主之「環境犯罪學」（environmental criminology）的專業領域（鄧煌發，2007）；這些措施執行得愈徹底，校園將愈趨安全，犯罪也愈不會在校園內發生。

附錄所列之校園安全防護之措施，係以減少校園內之犯罪機會（criminal opportunity）為核心，透過犯罪學相關理論：理性抉擇論（rational choice theory）、犯罪鐵三角（iron triangle）、防衛空間理論（defensible space theory）、日常活動理論（routine activity theory）等所謂「環境犯罪學」（environmental criminology）之觀念，經由環境設計（environmental design）、情境犯罪預防策略（situational crime prevention stragegies）等具體措施之實務作法，可供我國建立各級學校檢測校園安全之參考。有關環境犯罪學之理論基礎與應用實務，請參考鄧煌發（2007：1-20）之論述。

四、校園安全危機的法律問題

隨著社會劇烈變遷，資訊取得的多元化、社會倫理與價值觀的變遷，使校園產生許多新的法律問題，令教師無所適從。而法學界以往對於有關學校、教師、學生間法律關係，較少以之作為討論的對象，尤其缺乏整體性之研究。

對於危機應有應付的機智與能力，而依法處置則是危機處理首要條件；否則，危機尚未解決，卻可能產生因違法處理所產生的二次危機。或許這些問題在過去的社會，大家認為不會有任何問題存在；但是，在現在由於法治觀念深受重視，教師稍不注意，很可能產生民事責任或刑事責任。事實上，危機發生擬追究責任客體時，應先確立危機組織中的角色關係，並且掌握發生危機的法律關係及其當事人（包括權利主體之負責人、行為人）。此外，對於處理危機的決策過程，亦須有完整的了解，俾追究危機處理不當之當事人。因之，對於校園危機之法律問題，可由二階段加以說明，一為肇致危機之法律問題；一為危機處理之法律問題。就我國現行「法律責任」之法制，以階段責任再加分類說明之（紀俊臣，1997）：

（一）行政責任問題

由於教育機構均受各級教育主管機關之監督，教師法第17條明定「聘任教師」的契約履行相關義務；第14條規定聘任教師解聘、停聘或不續聘之機成條件及處分程序，此係校園危機事件之一般聘任教師行政責任規制。唯公立國民小學教師在教育人員任用條例第39條未修正前仍爲「派任」，以及公立高級中學學校及國民中學之校長、兼任行政主管之公立學校聘任教師[11]，均係公務員服務法第24條所稱之「公務員」[12]，應受公務員懲戒法「懲戒處分」或公務人員考績法「懲處處分」之拘束。

校園危機事件因學校於危機發生之各階段應處理而不處理，如追究事件負責教之行政責任，即分爲聘任教師或派任教師而有不同的處分，聘任教師，最重者解聘、停聘或不續聘；其次，是強迫退休或資遣；再其次即記大過以下之處分，最輕係書面申誡或糾正。派任教師，最重受撤職之懲戒處分，或記二大過免職之懲處處分；其次，是休職；再其次是降級、減俸，或是記大過以下之懲處處分。其對處理危機之相關人員，因處理不當之行政處分，係依相關法律之規定，由主管機關或學校 以「合議制」，根據「比例原則」[13]，並參酌涉案當事人之答辯決定者。校園危機事件對釀成危機之涉案人，通常於危機發生初期即予處分者，處分可能輕微些；如危機擴大再處分者，其處分因礙於輿論或民意機關之政治壓力，勢必加重。此說明校園危機事件之行政責任，並非純然以發生危機之法律關係加以定奪。由於法律責任本身之欠缺評議標準，在外在政治壓力下決定責任歸屬，殆可謂校園危機事件之行政責任特徵，其不符衡平法則者，時有所聞。

---

[11] 司法院釋字第308解釋：公立學校聘任之教師不屬於公務員服務法第24條所稱之公務員。雖兼任學校行政職務之教師，就其兼任之行政職務，則有公務員服務法之適用。

[12] 公務員服務法第24條：「本法於受有俸給之文武職公務員，及其他公營事業機關服務人員，均適用之。」其適用之籍圍，包含政府機關、公營事業之人員；亦不問文職與武職，其判別之標準為是否受有俸給。

[13] 比例原則主要功能在於防止國家一切措施之過度干項，確保基本人權之實現，其係一種目的與手段間之考量。見蔡震榮，1994，行政法理論與基本人權之保障，台北市，三鋒，頁103-104。

（二）刑事責任問題

校園危機事件因處理不當而受刑事制裁者，應不多見；若有，係主管人員爲息事寧人，對危機涉案人爲不實之調查，而有僞造文書之刑責[14]。其他刑事責任應係指危機事件之涉案人，如性騷擾事件，即有刑法「妨害風化罪章」之適用；發生鬥毆事件，即有刑法第 283 條「聚眾鬥毆罪」之刑責；集體侵占公款或其他貪瀆事件，對於私立學校教師，可能有刑法第三十一章「侵佔罪」或第三十二章「詐欺背信罪」之罪刑；至於公立學校教師，即有「貪污治罪條例」相關法律之罪責。

因此，對於校園危機事件之處理，在處理過程中應採取「衡平法則」多管道了事實真相，據實填具報告，促使危機真相大白，則處理人員將可免除刑事責任，而涉案人之刑事責任亦可獲得公正之裁判，教師之基本人權始可確保。至涉案之學生，法院或治安機關應依其年齡之不同，未滿 14 歲者不罰，未滿 18 歲至 20 歲者依少年事件處理法處理，滿 20 歲者或依刑法加以科處刑責。處理危機之人員亦須了解刑法或特別法之規定，配合法院、檢察署或治安機關進行刑責之訴究。

（三）民事責任問題

民事責任係指校園危機事件當事人間所產生的債權債務關係，或行爲人對他人造成侵權行爲必須負起損害賠償責任而言。處理危機事件之人，處理不當，若爲公立學校之公務人員者，則依民法第 186 條「公務人員之侵權責任」處理，但我國已實施國家賠償制度，此項公務員侵權行爲，可由國家賠償法以「特別法」優先適用。即校園危機事件處理不當，導致人民之自由或權利受損，可否依國家賠償法第 2 條第 2 項「怠於執行職務」規定，請求國家賠償，須視公務員是否「處理不當」爲構成要件。事實上，公務人員之侵權行爲，亦負有民法第 184 條及第 185 條之「侵權行爲責任」。

許多的家長都認爲「將小孩送到學校，小孩發生意外，學校就應該負責」，事實上教師所負的責任，僅以「故意」或「過失」責任爲限，並非

---

[14] 刑法第123條。

所有意外均應負責。我國刑法第 12 條規定：「行為非出於故意或過失者，不罰。過失行為之處罰，以有特別規定者，為限。」

學校教師在執行職務時，其適用國家賠償法之要件為：1.須為公務員之行為。2.受委託行公權力之公務員。3.須為執行職務之行為。4.須為不法之行為。5.須有故意過失。6.需侵害人民之自由權利。7.須不法侵害行為與損害有因果關係。

若私立學校處理危機之人員不法侵害到他人權益，則無國家賠償法之適用，只能依民法之相關規定辦理。例如：民法第 188 條負起僱用人之責任等。依民法第 216 條之規定：「損害賠償的範圍，除法律另有規定或契約另有訂定外，應以填補債權人所受損害及所失利益為限。」同法第 217 條規定：「損害之發生或擴大，被害人與有過失者，法院得減輕賠償金額，或免除之。」損害賠償請求權有其時效性，依民法第 197 條規定，自請求權人知有損害及賠償義務人時起，二年間不行使而消滅；自有侵權行為時起，逾十年者亦同。但加害人即時時效消滅，仍願意賠償者，不在此限。

第五節　校園安全防護的實務狀況與作法

一、校園安全防護的障礙

（一）社會不良風氣的誤導

社會功利主義瀰漫，速食文化的盛行，以及媒體的渲染，如某家銀行的廣告詞認為「借錢」是一件「界高尚」的行為。引起借了卻無法還的後果，學校受到社會不良風氣的渲染，形成校園安全教育的潛在危機。

（二）教職員工專業知識不足

學校的教職員工是維護校園安全的主要人員，唯部分教職員工缺乏專業知識，或雖具有專業知識而未盡心做好防範工作，認為這麼倒楣的事不會發生在自己身上，防護工作的疏失，常是導致危機發生的起源。

（三）安全教育未能落實

所謂「安全教育」，係指教師對於生活安全的警覺，確保學童身體生命的安全，避免或減少意外傷殘不幸事件的發生（王靜珠，1995）。學生的安全教育尚停止在「認知」的階段，無法與實際狀況相結合，學生在面對事件發生時無應變能力，或者學生本身即爲校園安全的破壞者。

（四）門禁管制的疏漏

由於政府倡導校園開放政策，加重了校園安全管理的責任，校園巡查易流於形式，造成校園安全的漏洞（謝金青，1992）。

（五）粗心大意

如毫不經心的丟擲火柴殘燼於廢物筒中，將洗滌劑、食品、藥物放在同一個地方，或用食品空罐子裝藥物或洗滌濟等，都容易引起意外事故的發生。

二、校園安全防護之具體措施

（一）政府方面

1.設置安全保全防護系統

由於學校的教職員工非專業安全人員，若本身無安全的防範措施，不能有效的維護校園的安全，若能委由專業的保全人員來維護校園的安全，則可減輕教師值日夜所承受的壓力，或請警察單位定期作校園安全巡邏。

2.改善社會風氣，淨化社會環境

不當的社會風氣，常成爲校園安全的潛在破壞者，政府宜倡導良好的社會風氣，才能爲社會及校園帶來安全的環境。

3.事故發生時各單位的配合

平時做好各單位間橫向的連繫，並定期演習，以免人員異動不熟悉而造成困擾，以便於在學校安全事故發生後，能於第一時間內妥善處理，降低損失。

（二）學校應設緊急應變計畫並定期實施演練，藉以提昇師生危機處理能力

1.學校緊急應變計畫的落實

讓每一個人了解學校的緊急應變計畫，以及本身所擔任的職務是非常重要的，目前各校雖已按照各校的事實需要訂定學校的緊急應變計畫，但仍流於形式，實際上按計畫實施演練的仍是少數。緊急應變計畫的落實，在積極面可以建立維護校園安全的共識，消極方面，應隨時留意校園安全，防止意外發生。尤其新生入學之際即應讓他了解學校的環境，加強其應變能力，以維護自身安全。學校在訂定緊急應變計畫時，係以綜合性的危機管理作爲基礎，以適應不同事件的發生。

2.校園安全設備的充實與學校設施的維護

許多的安全事件是可以預防的，尤其學校工程進行中工地的管理、校舍毀損及學校設施設置不當所引起的安全事件，只要我們在平時多加用心，即可避免危機的發生。所以在平時即應落實校園硬體設施檢查的制度，除了委由專業的消防安全檢查及建築公共安全檢查單位進行檢查之外，學校人員在使用學校設施時，發現有可能危及學生安全時，即應妥善的反應，而學校的總務人員在平時亦應定期針對學校的校舍及設施進行檢查，並建立檢查表，隨時維修更新。在消防設備方面，滅火器使用期限到期前，可配合辦理消防安全、防空、防震演習等，將滅火器內的乾粉使用完畢，以確保滅火器是堪用的。電梯應定期保養、檢查、維修。學生室內活動空間要有足夠的逃生門及完善的疏散計畫。

校園內發生的安全事件，我們應該以「學校硬體設施設計疏失，是學校對不起學生」、「學校不該有讓學生涉險的空間」的態度來面對。而危機發生時切勿使無知而使危機情勢失控。多一分的認識與準備，就能減少一分傷害。

（三）加強與社區良好的互動，藉以解決問題

家長會及社區人士或社區內的機構，如警察局、醫院、金融機構、附

近學校……等，常與學校有密切的關係，本著守望相助、榮辱與共的觀念，在平時即應建立相關單位的基本資料，在事件發生時能適時的給予支援協助。危機處理必須把握坦然面對問題、勇於承擔責任、加強溝通協助、善加整合資源、明快作成決定，主動發布新聞等原則，以展現解決問題的誠意，爭取受害者的諒解與關心的支持者。各校若要妥善應付危機事件，應持「危機管理」的概念，先行了解學校本身的「潛在危機」因素，把潛在危機因素告知師生，以建立危機意識，並教導其處理常識。尤其，一般性的災害防救如防火、地震、預防食物中毒等常識更應普及化，以避免災難的發生[15]。

另危機應變計畫是必備的，應變計畫只是解決危機的工具，它必須靠人來執行，危機應變計畫做得愈周詳，則處理危機的工具愈健全，必定能於關鍵時刻扭轉乾坤、化險爲夷。所以「人」的和諧，及平日建立起來的人際關係，就顯得格外重要。

結　論

法國社會學家 Durkheim 曾說過：「犯罪是社會無可避免的正常現象之一。」犯罪學家 Tannebaum 亦曾說過：「犯罪是無法消滅的」（蔡德輝、楊士隆，2006s），不管整體社會如何採取完善而有效的預防加以預防，犯罪事件依舊會發生在社會眾人的生活周遭。穩定可控制的犯罪，是社會前進發展的原動力；然而，如果因此不予控制而任而犯罪發生，安全、穩定的生活環境，將不復存在。

學校本身就是一個小型的社會體系，所謂現實社會上可能發生的問題，同樣地極可能也會發生在校園之中，危機事件在日常生活中隨處可見且可大可小，本文冀望提醒眾人重視校園安全與危機管理，並提供校園危機處理的預防措施之參考。

一、在校園中意外事件的造成，大多是由於人爲的疏失所造成的，都

---

[15] 蔡崇振，從兩個實例談校園危機處理，http://192.192.169.101/web-title/p03/gh9.htm

是可以事先預防的，若我們能妥善的做好危機的管理，將可使危機的發生率降至最低，傷害降至最低。而在處理危機的過程中，如何妥適地結合地方社區及學生家長的力量，一起關心學校的教育，營造學校環境的和諧氣氛，才能避免危機問題的發生，若仍產生問題也能順利的解決。

二、根據謝謹如（1999）的研究結果顯示：「應變能力是教師認爲最需加強的能力，具危機管理相關（研習和處理）經驗的老師，在學校環境和學校危機管理上有較高的知覺。」；因此落實學校緊急應變計畫，提昇師生的危機應變能力，才能在危機發生時臨危不亂，此外，正重要的是強化校園內師生、職員的危機意識觀念，正如同有許多的學校從未針對潛在的危機進行評估，並擬訂可行的處理因應措施，有些學校只會針對上級單位所要求的事項作準備，所使用的危機處理手冊未及時更新。校園內普遍認爲危機管理只是紙上談兵，人們更覺得這麼倒楣的事，不會發生在自己的身上。僅僅抱持著這樣的心態，其本身就是一種危機。

參考書目

一、中文部分

中華民國建築學會黃定國等（2002），「幼稚園公共安全及危機處理手冊」，教育部國教司，頁169。

王垠（2000），「談校園危機管理」，高中教育，第15期，頁20。

王靜珠（1995），「幼稚園行政」，五南，頁155。

台灣省政府（1998），「保健手冊」，頁273。

朱愛群（2002），「危機管理——解讀災難謎咒」，台北：五南。

宋文（2003），「建構校園災害管理機制」，軍訓通訊，642，教學版。

杜曉惠（1998），「公共管理」，台北：考用。

邢泰釗（1999），「教師法律手冊」，教育部，頁126。

周家榮（2009），『從國際「安全學校」認證觀點，精進校園安全危機管理之研究——以臺北縣某科技大學爲例』，國立臺灣師範大學公民教育與活動領導學系學生事務在職專班碩士論文。

周惠蘋（1995），「危機管理之研究」，中國文化大學政治學研究所碩士論文，頁18。

侯崇文口譯，Ronald V. Clarke著（1998），「情境犯罪預防之理論與實務」，人力發展月刊第53期，頁21-26。

紀俊臣（1997），「校園危機處理之法律問題探討」，教育資料與研究，14，頁3。

孫本初（1997），「校園危機管理策略」，教育資料與研究雙月刊，14，11～19。

徐士雲（2001），「國民小學校園危機管理之研究——以台北市爲例」，台北師範學院國民教育研究所碩士論文，頁19-20。

許士軍（1993），「管理學」，台北：東華書局。

許龍君（1998），「校園安全與危機處理」，台北：五南。

陳聰明（2004），「北部地區公私立技術學院校園危機管理之研究」，臺北市師範學院國民教育研究所碩士論文，未出版，台北市。
黃振球（1996），「談校園危機管理」，教師天地，頁 19。
黃新福（1992），「危機管理之研究——從組織層面來探討」，國立政治大學公共行政研究所：未出版碩士論文。
詹中原（1990），「美國政府之危機管理：組織發展與政策架構」，美國月刊，頁 96-105。
蔡崇振（1997），「從兩個實例談校園危機處理」，教育資料與研究，14，頁 58-61。
蔡德輝、楊士隆（2006）。「犯罪學」。台北市：五南。
謝謹如（1999），「高雄市國民中學學校環境與危機管理關係之研究」，國立高雄師範大學教育學系研究所碩士論文。
鄭燕祥（1995），「教育的功能與效能」（四版）。香港：廣角鏡出版社有限公司。
鄭燕祥、伍國雄（1997），「學校危機的理念和管理：多元管理的分析」，《教育學報》，第 25 卷第 1 期，pp. 1-23。
鄧煌發（2007），「犯罪分析與犯罪學理論——環境犯罪學理論之應用與評析」，中央警察大學警學叢刊，38（1），1-20。
謝金青（1992），「校園安全落實之道」，國民教育，32 卷 7.8 期，頁 52。
韓應寧譯，Steven Fink 著（1997），「危機管理」，台北：天下。頁 36。
顏秀如（1997），國民中學校園危機管理之研究，台北：國立台灣師範大學教育學系碩士論文（未出版）。

二、外文部分

Blackley, A. B. (1994). Emergency Preparedness and Crisis Management. AEA Technology, United Kingdom: The SRD Association, pp. 1-7.
Colman, R. & Colman, A. (2004). School crime. Youth Studies Australia, 23,6-7.
Education Training Research Associates.1994. Reducing the Risk Review.

Santa Cruz: Education Training Research Associates.

Fink, S. (1986).Crisis management: Planning for the inevitable. (New York: American Association, p15.

Hermann, C. F. (1969). Some consequences of crisis which limit the viability of organizations. Administrative Sciences Quarterly, 8, 61-82.

Siegel, L J., Welsh, B.C. & Senna, J.J.(2006). Juvenile Delinquency: Theory, Practice, and Law. CA: Thomson Learning, Inc

附錄

當前美國為促進各級學校校園安全之具體措施一覽表

（一）防止校外人士入侵

1. 公告侵入校園予以懲罰的告示。
2. 校園邊界圍籬。
3. 校園主要入口設立警衛。
4. 特定處所設立歡迎標示牌。
5. 汽車停車票販售機。
6. 制服或衣著規定。
7. 外鎖之外門。
8. 針對不到課者之明確處罰規定。
9. 偏僻處所裝設攝影機。
10. 訪者必得經過接待室之設計。
11. 提供訪者臨時識別章。
12. 控留主要入口，並鎖上所有門，內部推條設計之門鎖。
13. 必要時，可裝設防彈玻璃。
14. 裝設影像閉路監視系統。
15. 營造可廣角監控入侵者或犯罪者之環境。
16. 於走廊通道或陰暗角落裝置動作感應式照明設備。
17. 於學校走廊通道死角裝設凸面鏡。
18. 提供全校學生、教職員工附照片之標章，訪者則發予識別證。

（二）預防校園打架事件

1. 攝影機。
2. 警報。
3. 警笛。

（三）預防毀壞學校公物行為

1. 防塗鴉之特殊油漆。
2. 玻璃破損偵測器。

3. 賞心悅目之壁畫。
4. 駐衛警住宿於校園內。
5. 高 8 呎之圍籬。
6. 夜晚校園通明。

（四）預防校園竊盜事件

1. 入侵內部之偵測感應器。
2. 財物烙印。
3. 加裝門栓之窗戶。
4. 管制可通往屋頂之入口。
5. 攝影機。
6. 於門板內側加裝鉸鏈。
7. 電腦與電視以螺栓固定。
8. 將名貴財物存放於安全內室。
9. 鑰匙控管。
10. 進入名貴財物存放內室入口裝設生物測定儀器。
11. 警衛常駐於校園內。

（五）預防校園藥物濫用

1. 藥物檢測溶劑。
2. 藥物使用毛髮測試儀。
3. 毒品犬。
4. 撤除儲物櫃。
5. 不定時抽查。
6. 藥物煙霧偵測器。

（六）預防校園酒精使用

1. 午餐時間校園不對外開放。
2. 呼吸測試儀。
3. 禁止車輛接近校園。
4. 撤除儲物櫃。

5. 透明或有網孔之背包。
6. 唾液測試儀器。

（七）預防校園槍械入侵

1. 通行式金屬探測門。
2. 手持式金屬探測器。
3. 火藥煙霧偵測儀。
4. 發獎金予提供犯罪訊息者。
5. 火藥偵測溶劑。
6. 不定時抽查儲物櫃、背包與車輛。
7. 利用 X 光線檢查書包與皮包。

（八）預防校園惡意破壞行為

1. 停車場距離學校主建築不可太近。
2. 禁止進入大樓空氣入口處與水源處。
3. 所有在校之成人應配戴識別章。
4. 主入口與學生聚集處應設置柵欄。

（九）停車場管理問題

1. 攝影機。
2. 停車證。
3. 圍籬。
4. 停車入口處設置身分辨識系統。
5. 區分不同課程之學生停車場。
6. 停車場裝設於上課時間禁止進入之偵測器。
7. 不定時巡邏。
8. 腳踏車巡邏。

（十）預防校園謊報火警之行為

1. 先進之警報系統，在警報聲響前，自動測試系統真偽。
2. 警報箱位置須超過警報啓動處。

（十一）預防校園炸彈恐嚇事件

1. 配置來電身分辨識系統之電話。
2. 頒發高額獎金予提供情資者。
3. 錄下所有來電並在接通後告知此錄音之訊息。
4. 所有來電均透過總機室轉接。
5. 商請電信公司支持。
6. 校園內裝設免付費電話。
7. 擬定炸彈恐嚇後延長學年與疏散之對策。

（十二）校車管控問題

1. 應有校車司機藥物與酒精檢測之機制。
2. 校車內配有監視錄影設備。
3. 搭乘校車之辨識措施。
4. 校車配置安全救護設備。
5. 盡量租用小型校車。
6. 配備由校車司機控制之警報系統與無線電。

（十三）有關教師安全問題

1. 警報系統。
2. 不定時巡邏。
3. 上課時間應將教室門打開。
4. 於教室隱密處裝設攝影機。
5. 妥適管控教學區域。
6. 教室裝設與學校主控中心連結之內部通聯系統。
7. 提供安全巡邏人員或校內人員配備收發兩用之無線電。
8. 購置專供危險或緊急事件使用之行動電話。

（十四）促進校園安全措施

1. 執行學校鄰近區域之守望相助計畫。
2. 通往學校交通沿線徵募家長提供安全房舍，並協助監控往來學校之「安全走廊」。
3. 家長志工參與監控走道、自助餐館、運動場及學校各通道，以增加負責成年人之可見度。

4. 設置社區安全監控計畫，結合校車招呼站附近居民共同執行，以發揮犯罪嚇阻、防衛學童與社區居民之安全。
5. 善用以圍籬界定校園安全區域。
6. 浴室門應以曲折入口設計爲宜，俾利監控聲響；在非使用時間，應關閉浴室鐵捲門，以策安全。

資料來源：Siegel et al., 2006: 290.

附錄一

少年事件處理法

修正日期：民國 94 年 05 月 18 日

資料來源：法務部全國法規資料庫

第一章　總　則

第1條

爲保障少年健全之自我成長，調整其成長環境，並矯治其性格，特制定本法。

第1-1條

少年保護事件及少年刑事案件之處理，依本法之規定；本法未規定者，適用其他法律。

第2條

本法稱少年者，謂十二歲以上十八歲未滿之人。

第3條

左列事件，由少年法院依本法處理之：

一、少年有觸犯刑罰法律之行爲者。

二、少年有左列情形之一，依其性格及環境，而有觸犯刑罰法律之虞者：

（一）經常與有犯罪習性之人交往者。

（二）經常出入少年不當進入之場所者。

（三）經常逃學或逃家者。

（四）參加不良組織者。

（五）無正當理由經常攜帶刀械者。

（六）吸食或施打煙毒或麻醉藥品以外之迷幻物品者。

（七）有預備犯罪或犯罪未遂而為法所不罰之行為者。

第3-1條

警察、檢察官、少年調查官、法官於偵查、調查或審理少年事件時，應告知少年犯罪事實或虞犯事由，聽取其陳述，並應告知其有選任輔佐人之權利。

第4條

少年犯罪依法應受軍事審判者，得由少年法院依本法處理之。

第二章　少年法院之組織

第5條

直轄市設少年法院，其他縣（市）得視其地理環境及案件多寡分別設少年法院。

尚未設少年法院地區，於地方法院設少年法庭。但得視實際情形，其職務由地方法院原編制內人員兼任，依本法執行之。

高等法院及其分院設少年法庭。

第5-1條

少年法院分設刑事庭、保護庭、調查保護處、公設輔佐人室，並應配置心理測驗員、心理輔導員及佐理員。

第5-2條

少年法院之組織，除本法有特別規定者外，準用法院組織法有關地方法院之規定。

第5-3條

心理測驗員、心理輔導員及佐理員配置於調查保護處。

心理測驗員、心理輔導員，委任第五職等至薦任第八職等。佐理員委任第三職等至薦任第六職等。

第6條　（刪除）

第7條

少年法院院長、庭長及法官、高等法院及其分院少年法庭庭長及法官、公設輔佐人，除須具有一般之資格外，應遴選具有少年保護之學識、經驗及熱忱者充之。

前項院長、庭長及法官遴選辦法，由司法院定之。

第8條　（刪除）

第9條

少年調查官職務如左：

一、調查、蒐集關於少年保護事件之資料。

二、對於少年觀護所少年之調查事項。

三、法律所定之其他事務。

少年保護官職務如左：

一、掌理由少年保護官執行之保護處分。

二、法律所定之其他事務。

少年調查官及少年保護官執行職務，應服從法官之監督。

第10條

調查保護處置處長一人，由少年調查官或少年保護官兼任，綜理及分配少年調查及保護事務；其人數合計在六人以上者，應分組辦事，各組並以一人兼任組長，襄助處長。

第11條

心理測驗員、心理輔導員、書記官、佐理員及執達員隨同少年調查官或少年保護官執行職務者，應服從其監督。

第12條　（刪除）

第13條

少年法院兼任處長或組長之少年調查官、少年保護官薦任第九職等或簡任第十職等，其餘少年調查官、少年保護官薦任第七職等至第九職等。

高等法院少年法庭少年調查官薦任第八職等至第九職等或簡任第十職等。

第三章　少年保護事件

第一節　調查及審理

第14條

少年保護事件由行為地或少年之住、居所或所在地之少年法院管轄。

第15條

少年法院就繫屬中之事件，經調查後認為以由其他有管轄權之少年法院處理，可使少年受更適當之保護者，得以裁定移送於該管少年法院；受移送之法院，不得再行移送。

第16條

刑事訴訟法第六條第一項、第二項、第七條及第八條前段之規定，於少年保護事件準用之。

第17條

不論何人知有第三條第一款之事件者，得向該管少年法院報告。

第18條

檢察官、司法警察官或法院於執行職務時，知有第三條之事件者，應移送該管少年法院。

對於少年有監督權人、少年之肄業學校或從事少年保護事業之機構，發現少年有第三條第二款之事件者，亦得請求少年法院處理之。

第19條

少年法院接受第十五條、第十七條及前條之移送、請求或報告事件後，應先由少年調查官調查該少年與事件有關之行為、其人之品格、經歷、身心狀況、家庭情形、社會環境、教育程度以及其他必要之事項，提出報告，並附具建議。

少年調查官調查之結果，不得採為認定事實之唯一證據。

少年法院訊問關係人時，書記官應製作筆錄。

第20條

少年法院審理少年保護事件，得以法官一人獨任行之。

第21條

少年法院法官或少年調查官對於事件之調查，必要時得傳喚少年、少年之法定代理人或現在保護少年之人到場。

前項調查，應於相當期日前將調查之日、時及處所通知少年之輔佐人。

第一項之傳喚，應用通知書，記載左列事項，由法官簽名；其由少年調查官傳喚者，由少年調查官簽名：

一、被傳喚人之姓名、性別、年齡、出生地及住居所。

二、事由。

三、應到場之日、時及處所。

四、無正當理由而不到場者，得強制其同行。

傳喚通知書應送達於被傳喚人。

第22條

少年、少年之法定代理人或現在保護少年之人，經合法傳喚，無正當理由而不到場者，少年法院得依職權或依少年調查官之請求發同行書，強制其到場。但少年有刑事訴訟法第七十六條所列各款情形之一，少年法院法官並認爲必要時，得不經傳喚，逕發同行書，強制其到場。

同行書應記載左列事項，由法官簽名：

一、應同行人之姓名、性別、年齡、出生地、國民身分證字號、住居所及其他足資辨別之特徵。但年齡、出生地、國民身分證字號或住居所不明者，得免記載。

二、事由。

三、應與執行人同行到達之處所。

四、執行同行之期限。

第23條

同行書由執達員、司法警察官或司法警察執行之。

同行書應備三聯，執行同行時，應各以一聯交應同行人及其指定之親友，並應注意同行人之身體及名譽。

執行同行後，應於同行書內記載執行之處所及年、月、日；如不能執行者，記載其情形，由執行人簽名提出於少年法院。

第23-1條

少年行蹤不明者，少年法院得通知各地少年法院、檢察官、司法警察機關協尋之。但不得公告或登載報紙或以其他方法公開之。

協尋少年，應用協尋書，記載左列事項，由法官簽名：

一、少年之姓名、性別、年齡、出生地、國民身分證字號、住居所及其他足資辨別之特徵。但年齡、出生地、國民身分證字號或住居所不明者，得免記載。

二、事件之內容。

三、協尋之理由。

四、應護送之處所。

少年經尋獲後，少年調查官、檢察官、司法警官或司法警察，得逕行護送少年至應到之處所。

協尋於其原因消滅或顯無必要時，應即撤銷。撤銷協尋之通知，準用第一項之規定。

第24條

刑事訴訟法關於人證、鑑定、通譯、勘驗、搜索及扣押之規定，於少年保護事件性質不相違反者，準用之。

第25條

少年法院因執行職務，得請警察機關、自治團體、學校、醫院或其他機關、團體爲必要之協助。

第26條

少年法院於必要時，對於少年得以裁定爲左列之處置：

一、責付於少年之法定代理人、家長，最近親屬、現在保護少年之人或其他適當之機關、團體或個人，並得在事件終結前，交交付少年調查官爲適當之輔導。

二、命收容於少年觀護所。但以不能責付或以責付爲顯不適當，而需收容者爲限。

第26-1條

收容少年應用收容書。

收容書應記載左列事項，由法官簽名：

一、少年之姓名、性別、年齡、出生地、國民身分證字號、住居所及其他足資辨別之特徵。但年齡、出生地、國民身分證字號或住居所不明者，得免記載。

二、事件之內容。

三、收容之理由。

四、應收容之處所。

第二十三條第二項之規定，於執行收容準用之。

第26-2條

少年觀護所收容少年之期間，調查或審理中均不得逾二月。但有繼續收容之必要者，得於其間未滿前，由少年法院裁定延長之；延長收容期間不得逾一月，以一次爲限。收容之原因消滅時，少年法庭應將命收容之裁定撤銷之。

事件經抗告者，抗告法院之收容期間，自卷宗及證物送交之日起算。

事件經發回者，其收容及延長收容之期間，應更新計算。

裁定後送交前之收容期間，算入原審法院之收容期間。

少年觀護所之組織，以法律定之。

第27條

少年法院依調查之結果，認少年觸犯刑罰法律，且有左列情形之一者，應以裁定移送於有管轄權之法院檢察署檢察官：

一、犯最輕本刑爲五年以上有期徒刑之罪者。

二、事件繫屬後已滿二十歲者。

除前項情形外，少年法院依調查之結果，認犯罪情節重大，參酌其品行、性格、經歷等情狀，以受刑事處分爲適當者，得以裁定移送於有管轄權之法院檢察署檢察官。

前二項情形，於少年犯罪時未滿十四歲者，不適用之。

第28條

少年法庭依調查之結果，認爲無付保護處分之原因或以其他事由不應付審理者，應爲不付審理之裁定。

少年因心神喪失而爲前項裁定者，得令入相當處所實施治療。

第29條

少年法院依少年調查官調查之結果，認爲情節輕微，以不付審理爲適當者，得爲不付審理之裁定，並爲左列處分：

一、轉介兒童或少年福利或教養機構爲適當之輔導。

二、交付兒童或少年之法定代理人或現在保護少年之人嚴加管教。

三、告誡。

前項處分，均交由少年調查官執行之。

少年法院爲第一項裁定前，得斟酌情形，經被害人同意，命少年爲左列各款事項：

一、向被害人道歉。

二、立悔過書。

三、向被害人支付相當數額之慰撫金。

前項第三款之慰撫金，少年之法定代理人應負連帶支付之責任，並得爲民事強制執行之名義。

第30條

少年法庭依調查之結果，認爲應付審理者，應爲開始審理之裁定。

第31條

少年或少年之法定代理人或現在保護少年之人，得隨時選任少年之輔佐人。

犯最輕本刑爲三年以上有期徒刑之罪，未經選任輔佐人者，少年法院應指定適當之人輔佐少年。其他案件認有必要者亦同。

前項案件，選任輔佐人無正當理由不到庭者，少年法院亦得指定之。

前兩項指定輔佐人之案件，而該地區未設置公設輔佐人時，得由少年法院指定適當之人輔佐少年。

公設輔佐人準用公設辯護人條例有關規定。

少年保護事件中之輔佐人，於與少年保護事件性質不相違反者，準用刑事訴訟法辯護人之相關規定。

第31-1條

選任非律師爲輔佐人者，應得少年法院之同意。

第31-2條

輔佐人除保障少年於程序上之權利外，應協助少年法院促成少年之健全成長。

第32條

少年法院審理事件應定審理期日。審理期日應傳喚少年、少年之法定代理人或現在保護少年之人，並通知少年之輔佐人。

少年法院指定審理期日時，應考慮少年、少年之法定代理人、現保護少年之人或輔佐人準備審理所需之期間。

但經少年及其法定代理人或現在保護少年之人之同意，得及時開始審理。

第二十一條第三項、第四項之規定，於第一項傳喚準用之。

第33條

審理期日，書記官應隨同法官出席，制作審理筆錄。

第34條

調查及審理不公開。但得許少年之親屬、學校教師、從事少年保護事業之人或其他認爲相當之人在場旁聽。

第35條

審理應以和藹懇切之態度行之。法官參酌事件之性質與少年之身心、環境狀態，得不於法庭內進行審理。

第36條

審理期日訊問少年時，應予少年之法定代理人或現在保護少年之人及輔佐人陳述意見之機會。

第37條

審理期日，應調查必要之證據。

少年應受保護處分之原因、事實，應依證據認定之。

第38條

少年法院認爲必要時，得爲左列處置：

一、少年爲陳述時，不令少年以外之人在場。

二、少年以外之人陳述時，不令少年在場。

第39條

少年調查官應於審理期日出庭陳述調查及處理之意見。

少年法院不採少年調查官陳述之意見者，應於裁定中記載不採之理由。

第40條

少年法院依審理之結果，認爲事件有第二十七條第一項之情形者，應爲移送之裁定；有同條第二項之情形者，得爲移送之裁定。

第41條

少年法院依審理之結果，認爲事件不應或不宜付保護處分者，應裁定諭知不付保護處分。

第二十八條第二項、第二十九條第三項、第四項之規定，於少年法院認爲事件不宜付保護處分，而依前項規定爲不付保護處分裁定之情形準用之。

第42條

少年法院審理事件，除爲前二條處置者外，應對少年以裁定諭知左列之保護處分：

一、訓誡，並得予以假日生活輔導。

二、交付保護管束並得命爲勞動服務。

三、交付安置於適當之福利或教養機構輔導。

四、令入感化教育處所施以感化教育。

少年有左列情形之一者，得於爲前項保護處分之前或同時諭知左列處分：

一、少年染有煙毒或吸用麻醉、迷幻物品成癮，或有酗酒習慣者，令入相當處所實施禁戒。

二、少年身體或精神狀態顯有缺陷者，令入相當處所實施治療。

第一項處分之期間，毋庸諭知。

第43條

刑法及其他法律有關沒收之規定，於第二十八條、第二十九條、第四十一條及前條之裁定準用之。

少年法院認供本法第三條第二款各目行爲所用或所得之物不宜發還者，得沒收之。

第44條

少年法院爲決定應否爲保護處分或應爲何種保護處分，認有必要時，得以裁定將少年交付少年調查官爲六月以內期間之觀察。

前項觀察，少年法院得徵詢少年調查官之意見，將少年交付適當之機關、學校、團體或個人爲之，並受少年調查官之指導。

少年調查官應將觀察結果，附具建議提出報告。

少年法院得依職權或少年調查官之請求，變更觀察期間或停止觀察。

第45條

受保護處分之人，另受有期徒刑以上刑之宣告確定者，爲保護處分之少年法院，得以裁定將該處分撤銷之。

受保護處分之人，另受保安處分之宣告確定者，爲保護處分之少年法院，應以裁定定其應執行之處分。

第46條

受保護處分之人，復受另件保護處分，分別確定者，後爲處分之少年法院，得以裁定定其應執行之處分。

依前項裁定爲執行之處分者，其他處分無論已否開始執行，視爲撤銷。

第47條

少年法院爲保護處分後，發見其無審判權者，應以裁定將該處分撤銷之，移送於有審判權之機關。

保護處分之執行機關，發見足認爲有前項情形之資料者，應通知該少年法院。

第48條

少年法院所爲裁定，應以正本送達於少年、少年之法定代理人或現在保護少年之人、輔佐人及被害人，並通知少年調查官。

第49條

文書之送達，適用民事訴訟法關於送達之規定。但對於少年、少年之法定代理人、現在保護少年之人或輔佐人，及被害人或其法定代理人不得爲左列之送達：

一、公示送達。

二、因未陳明送達代收人，而交付郵局以爲送達。

第二節　保護處分之執行

第50條

對於少年之訓戒，應由少年法院法官向少年指明其不良行爲，曉諭以將來應遵守之事項，並得命立悔過書。

行訓戒時，應通知少年之法定代理人或現在保護少年之人及輔佐人到場。

少年之假日生活輔導爲三次至十次，由少年法院交付少年保護官於假日爲之，對少年施以個別或群體之品德教育，輔導其學業或其他作業，並得命爲勞動服務，使其養成勤勉習慣及守法精神；其次數由少年保護官視其輔導成效而定。

前項假日生活輔導，少年法院得依少年保護官之意見，將少年交付適當之機關、團體或個人爲之，受少年保護官之指導。

第51條

對於少年之保護管束，由少年保護官掌理之；少年保護官應告少年以應遵守之事項，與之常保接觸，注意其行動，隨時加以指示；並就少年之教養、醫治疾病、謀求職業及改善環境，予以相當輔導。

少年保護官因執行前項職務，應與少年之法定代理人或現在保護少年之人為必要之洽商。

少年法院得依少年保護官之意見，將少年交付適當之福利機構或教養機構、慈善團體、少年之最近親屬或其他適當之人保護管束，受少年保護官之指導。

第52條

對於少年之交付安置輔導及施以感化教育時，由少年法院依其行為性質、身心狀況、學業程度及其他必要事項，分類交付適當之福利、教養機構或感化教育機構執行之，受少年法院之指導。

感化教育機構之組織及其教育之實施，以法律定之。

第53條

保護管束與感化教育之執行，其期間均不得逾三年。

第54條

少年轉介輔導處分及保護處分之執行，至多執行至滿二十一歲為止。

執行安置輔導之福利及教養機構之設置及管理辦法，由少年福利機構及兒童福利機構之中央主管機關定之。

第55條

保護管束之執行，已逾六月，著有成效，認無繼續之必要者，或因事實上原因，以不繼續執行為宜者，少年保護官得檢具事證，聲請少年法院免除其執行。

少年、少年之法定代理人、現在保護少年之人認保護管束之執行有前項情形時，得請求少年保護官為前項之聲請，除顯無理由外，少年保護官不得拒絕。

少年在保護管束執行期間，違反應遵守之事項，不服從勸導達二次以上，而有觀察之必要者，少年保護官得聲請少年法院裁定留置少年於少年觀護所中，予以五日以內之觀察。

少年在保護管束期間違反應遵守之事項，情節重大，或曾受前項觀察處分後，再違反應遵守之事項，足認保護管束難收效果者，少年保護官得聲請少年法院裁定撤銷保護管束，將所餘之執行期間令入感化處所施以感化教育，其所餘之期間不滿六個月者，應執行至六月。

第55-1條

保護管束所命之勞動服務爲三小時以上五十小時以下，由少年保護官執行，其期間視輔導之成效而定。

第55-2條

第四十二條第一項第三款之安置輔導爲二月以上二年以下。

前項執行已逾二月，著有成效，認無繼續執行之必要者，或有事實上原因以不繼續執行爲宜者，負責安置輔導之福利或教養機構、少年、少年之法定代理人或現在保護少年之人得檢具事證，聲請少年法院免除其執行。

安置輔導期滿，負責安置輔導之福利或教養機構、少年、少年之法定代理人或現在保護少年之人認有繼續安置輔導之必要者，得聲請少年法院裁定延長，延長執行之次數以一次爲限，其期間不得逾二年。

第一項執行已逾二月，認有變更安置輔導之福利或教養機構之必要者，少年、少年之法定代理人或現在保護少年之人得檢具事證或敘明理由，聲請少年法院裁定變更。

少年在安置輔導期間違反應遵守之事項，情節重大，或曾受第五十五條之三留置觀察處分後，再違反應遵守之事項，足認安置輔導難收效果者，負責安置輔導之福利

或教養機構、少年之法定代理人或現在保護少年之人得檢具事證，聲請少年法院裁定撤銷安置輔導，將所餘之執行期間令入感化處所施以感化教育，其所餘之期間不滿六月者，應執行至六月。

第55-3條

少年無正當理由拒絕接受第二十九條第一項或第四十二條第一項第一款、第

三款之處分，少年調查官、少年保護官、少年之法定代理人或現在保護少年之人、少年福利或教養機構，得聲請少年法院核發勸導書，經勸導無效者，各該聲請人得聲請少年法院裁定留置少年於少年觀護所中，予以五日內之觀察。

第56條

執行感化教育已逾六月，認無繼續執行之必要者，得由少年保護官或執行機關檢具事證，聲請少年法院裁定免除或停止其執行。

少年或少年之法定代理人認感化教育之執行有前項情形時，得請求少年保護官爲前項之聲請，除顯無理由外，少年保護官不得拒絕。

第一項停止感化教育之執行者，所餘之執行時間，應由少年法院裁定交付保護管束。

第五十五條之規定，於前項之保護管束準用之；依該條第四項應繼續執行感化教育時，其停止期間不算入執行期間。

第57條

第二十九條第一項之處分、第四十二條第一項第一款之處分及第五十五條第三項或五十五條之三之留置觀察，應自處分裁定之日起，二年內執行仄；逾期免予執行。

第四十二條第一項第二款、第三款、第四款及同條第二項之處分，自應執行之日起，經過三年未執行者，非經少年法院裁定應執行時，不得執行之。

第58條

第四十二條第二項第一款、第二款之處分期間，以戒絕治癒或至滿二十歲爲止；其處分與保護管束一併諭知者，同時執行之；與安置輔導或感化教育一併諭知者，先執行之。但其執行無礙於安置輔導或感化教育之執行者，同時執行之。

依禁戒或治療處分之執行，少年法院認爲無執行保護處分之必要者，得免其保護處分之執行。

第59條

少年法院法官因執行轉介處分、保護處分或留置觀察，於必要時，得對少年發通知書、同行書或請有關機關協尋之。

少年保護官因執行保護處分，於必要時得對少年發通知書。

第二十一條第三項、第四項、第二十二條第二項、第二十三條及第二十三條之一規定，於前二項通知書、同行書及協尋書準用之。

第60條

少年法院諭知保護處分之裁定確定後，其執行保護處分所需教養費用，得斟酌少年本人或對少年負扶養義務人之資力，以裁定命其負擔全部或一部；其特殊清寒無力負擔者，豁免之。

前項裁定，得爲民事強制執行名義，由少年法院囑託各該法院民事執行處強制執行，免徵執行費。

第三節　抗告及重新審理

第61條

少年、少年之法定代理人、現在保護少年之人或輔佐人，對於少年法院所爲左列之裁定有不服者，得提起抗告。但輔佐人提起抗告，不得與選任人明示之意思相反：

一、第二十七條第一項、第二項之裁定。

二、第二十九條第一項之裁定。

三、第四十二條之處分。

四、第五十五條第三項、第五十五條之三留置觀察之裁定及第五十五條第四項之撤銷保護管束執行感化教育之處分。

五、第五十五條之二第項延長安置輔導期間之裁定、第五項撤銷安置輔導執行感化教育之處分。

六、第五十六條第四項命繼續執行感化教育之處分。

七、第六十條命負擔教養費用之裁定。

第62條

少年行爲之被害人或其法定代理人，對於少年法院之左列裁定，得提起抗告：

一、依第二十八條第一項所為不付審理之裁定。

二、依第二十九條第一項所為不付審理，並為轉介輔導、交付嚴加管教或告誡處分之裁定。

三、依第四十一條第一項諭知不付保護處分之裁定。

四、依第四十二條第一項諭知保護處分之裁定。

被害人已死亡或有其他事實上之原因不能提起抗告者，得由其配偶、直系血親、三親等內之旁系血親、二親等內之姻親或家長家屬提起抗告。

第63條

抗告以少年法院之上級法院為管轄法院。

對於抗告法院之裁定，不得再行抗告。

第64條

抗告期間為十日，自送達裁定後起算。但裁定宣示後送達前之抗告亦有效力。

刑事訴訟法第四百零七條至第四百十四條及本章第一節有關之規定，於本節抗告準用之。

第64-1條

諭知保護處分之裁定確定後，有左列情形之一，認為應不付保護處分者，少年保護官、少年、少年之法定代理人、現在保護少年之人或輔佐人得聲請為保護處分之少年法院重新審理：

一、適用法規顯有錯誤，並足以影響裁定之結果者。

二、因發見確實之新證據，足認受保護處分之少年，應不付保護處分者。

三、有刑事訴訟法第四百二十條第一項第一款、第二款、第四款或第五款所定得為再審之情形者。

刑事訴訟法第四百二十三條、第四百二十九條、第四百三十條前段、第四百三十一條至第四百三十四條、第四百三十五條第一項、第二項、第四百三十六條之規定，於前項之重新審理程準用之。

為保護處分之少年法院發見有第一項各款所列情形之一者，亦得依職權為應重新審理之裁定。

少年保護處分之執行完畢後，因重點審理之結果，須受刑事訴追者，其不利益不及於少年，毋庸裁定移送於有管轄權之法院檢察署檢察官。

第64-2條

諭知不付保護處分之裁定確定後有左列情形之一，認爲應諭知保護處分者，少年行爲之被害人或其法定代理人得聲請爲不付保護處分之少年法院重新審理：

一、有刑事訴訟法第四百二十二條第一款得爲再審之情形者。

二、經少年自白或發見確實之新證據，足認其有第三條行應諭知保護處分者。

刑事訴訟法第四百二十九條、第四百三十一條至第四百三十四條、第四百三十五條第一項、第二項及第四百三十六條之規定，於前項之重新審理程序準用之。

爲不付保護處分之少年法院發見有第一項各款所列情形之一者，亦得依職權爲應重新審理之裁定。

第一項或前項之重新審理於諭知不付保護處分之裁定確定後，經過一年者不得爲之。

第四章　少年刑事案件

第65條

對於少年犯罪之刑事追訴及處罰，以依第二十七條第一項、第二項移送之案件爲限。

刑事訴訟法關於自訴之規定，於少年刑事案件不適用之。

本章之規定，於少年犯罪後已滿十八歲者適用之。

第66條

檢察官受理少年法庭移送之少年刑事案件，應即開始調查。

第67條

檢察官依偵查之結果，對於少年犯最重本刑五年以下有期徒刑之罪，參酌刑法第五十七條有關規定，認以不起訴處分而受保護處分爲適當者，得爲不起訴處分，移送少年法院依少年保護事件審理；認應起訴者，應向少年法院提起公訴。依第六十八條規定由少年法院管轄之案件，應向少年法院起訴。

前項經檢察官爲不起訴處分而移送少年法院依少年保護事件審理之案件，如再經少年法院裁定移送，檢察官不得依前項規定，再爲不起訴處分而移送少年法院依少年保護事件審理。

第68條

左列刑事案件，應由少年法院管轄：

一、對兒童及少年有違反兒童福利法或少年福利法之行爲，並觸犯刑罰法律之刑事案件。

二、對兒童及少年犯兒童及少年性交易防制條例刑事案件。

第69條

對於少年犯罪已依第四十二條爲保護處分者，不得就同一事件再爲刑事追訴或處罰。但其保護處分經依第四十五條或第四十七條之規定撤銷者，不在此限。

第70條

少年刑事案件之偵查及審判，準用第三章第一節及第三節有關之規定。

第71條

少年被告非有不得已之情形，不得羈押之。

少年被告應羈押於少年觀護所。於年滿二十歲時，應移押於看守所。

少年刑事案件，於少年法院查中之收容，視爲未判決前之羈押，準用刑法第四十六條折抵刑期之規定。

第72條

少年被告於偵查審判時，應與其他被告隔離。但與一般刑事案件分別審理顯有困難或認有對質之必要，不在此限。

第73條

審判得不公開之。

第三十四條但書之規定，於審判不公開時準用之。

少年、少年之法定代理人或現在保護少年之人請求公開審判者，除有法定不得公開之原因外，法院不得拒絕。

第74條

法院審理第二十七條之少年刑事案件，對於少年犯最重本刑十年以下有期徒刑之罪，如顯可憫恕，認爲依刑法第五十九條規定減輕其刑仍嫌過重，且以受保護處分爲適當者，得免除其刑，諭知第四十二條第一項第二款至第四款之保護處分，並得同時諭知同條第二項各款之處分。

前項處分之執行，適用第三章第二節有關之規定。

第75條　（刪除）

第76條　（刪除）

第77條　（刪除）

第78條

對於少年不得宣告褫奪公權及強制工作。

少年受刑之宣告，經執行完畢或赦免者，適用關於公權資格之法令時，視爲未曾犯罪。

第79條

刑法第七十四條緩刑之規定，於少年犯罪受三年以下有期徒刑、拘役或罰金之宣告者適用之。

第80條

少年受刑人徒刑之執行，應注意監獄行刑法第三條、第八條及第三十九條第二項之規定。

第81條

少年受徒刑之執行而有悛悔實據者，無期徒刑逾七年後，有期徒刑逾執行期三分之一後，得予假釋。

少年於本法施行前，已受徒刑之執行者，或在本法施行前受徒刑宣告確定之案件於本法施行後受執行者，準用前項之規定。

第82條

少年在緩刑或假釋期中應付保護管束，由少年法院少年保護官行之。

前項保護官管束之執行，準用第三章第二節保護處分之執行規定。

第五章　附　則

第83條

任何人不得於媒體、資訊或以其他公示方式揭示有關少年保護事件或少年刑事案件之記事或照片，使閱者由該項資料足以知悉其人為該保護事件受調查、審理之少年或該刑事案件之被告。

違反前項規定者，由主管機關依法予以處分。

第83-1條

少年受第二十九條第一項之轉介處分執行完畢二年後，或受保護處分或刑之執行完畢或赦免三年後，或受不付審理或不付保護處分之裁定確定後，視為未曾受各該宣告。

少年法院於前項情形應通知保存少年前科紀錄及有關資料之機關，將少年之前科紀錄及有關資料予以塗銷。

前項紀錄及資料非為少年本人之利益或經少年本人同意，少年法院及其他任何機關不得提供。

第83-2條

違反前條規定未將少年之前科紀錄及有關資料塗銷或無故提供者，處六月以下有期徒刑、拘役或新臺幣三萬元以下罰金。

第83-3條

外國少年受轉介處分、保護處分或緩刑期內交付保護管束者，得以驅逐出境代之。

前項驅逐出境，得由少年調查官或少年保護官，向少年法院聲請，由司法警察機關執行之。

第84條

少年之法定代理人或監護人，因忽視教養，致少年有觸犯刑罰法律之行為，或有第三條第二款觸犯刑罰法律之虞之行為，而受保護處分或刑之宣告，少年法院得裁定命其接受八小時以上五十小時以下之親職教育輔導。

拒不接受前項親職教育輔導或時數不足者，處新臺幣三千元以上一萬元以下罰鍰；經再通知仍不接受者，得按次連續處罰，至其接受為止。

前項罰鍰，由少年法院裁定之。受處分人得提起抗告，並準用第六十三條及刑事訴訟法第四百零六條至第四百十四條之規定。

前項裁定，得為民事強制執行名義，由少年法院囑託各該地方法院民事執行處強制執行之，免徵執行費。

少年之法定代理人或監護人有第一項前段情形，情況嚴重者，少年法院並得裁定公告其姓名。

前項裁定不得抗告。

第85條

成年人教唆、幫助或利用未滿十八歲之人犯罪或與之共同實施犯罪者，依其所犯之罪，加重其刑至二分之一。

少年法院得裁定命前項之成年人負擔第六十條第一項教養費用全部或一部，並得公告其姓名。

第85-1條

七歲以上未滿十二歲之人，有觸犯刑罰法律之行為者，由少年法院適用少年保護事件之規定處理之。

前項保護處分之執行，應參酌兒童福利法之規定，由行政院會同司法院訂定辦法行之。

第86條

本法施行細則，由司法院會同行政院定之。

少年保護事件審理細則，由司法院定之。

少年保護事件執行辦法，由行政院會同司法院定之。

少年不良行為及虞犯之預防辦法，由內政部會同法務部、教育部定之。

第87條

本法自中華民國六十年七月一日施行。

本法修正條文自公布日施行。

附錄二

兒童及少年性交易防制條例

修正日期：民國 96 年 07 月 04 日
資料來源：法務部全國法規資料庫

第一章　總　則

第1條

為防制、消弭以兒童少年為性交易對象事件，特制定本條例。

第2條

本條例所稱性交易指有對價之性交或猥褻行為。

第3條

本條例所稱主管機關：在中央為內政部；在直轄市為直轄市政府；在縣（市）為縣（市）政府。各該主管機關應獨立編列預算並置專職人員辦理兒童及少年性交易防制業務。

法務、教育、衛生、國防、新聞、經濟、交通等相關單位涉及兒童及少年性交易防制業務時，應全力配合之，各單位應於本條例施行後六個月內訂定教育宣導等防制辦法。

主管機關應於本條例施行後六個月內會同前項相關單位成立兒童及少年性交易防制之督導會報，定期公布並檢討教育宣導、救援、加害者處罰、安置保護之成果。

第4條

本條例所稱兒童及少年性交易防制之課程或教育宣導內容如下：

一、正確性心理之建立。

二、對他人性自由之尊重。

三、錯誤性觀念之矯正。

四、性不得作爲交易對象之宣導。

五、兒童或少年從事性交易之遭遇。

六、其他有關兒童或少年性交易防制事項。

第5條

本條例爲有關兒童及少年性交易防制事項之特別法，優先他法適用。本條例未規定者，適用其他法律之規定。

第二章　救　援

第6條

法務部與內政部應於本條例施行後六個月內，指定所屬機關成立檢警之專責任務編組，負責全國性有關本條例犯罪之偵查工作。

第7條

前條單位成立後，應即設立或委由民間機構設立全國性救援專線。

第8條

法務部與內政部應於本條例施行後六個月內訂定獎懲辦法，以激勵救援及偵辦工作。

第9條

醫師、藥師、護理人員、社會工作人員、臨床心理工作人員、教育人員、保育人員、村里幹事、警察、司法人員、觀光業從業人員、網際網路服務供應商、電信系統業者及其他執行兒童福利或少年福利業務人員，知悉未滿十八歲之人從事性交易或有從事之虞者，或知有本條例第四章之犯罪嫌疑者，應即向當地主管機關或第六條所定之單位報告。

本條例報告人及告發人之身分資料應予保密。

第10條

本條例第四章之案件偵查、審判中，於訊問兒童或少年時，主管機關應指派社工人員陪同在場，並得陳述意見。

兒童或少年於前項案件偵查、審判中，已經合法訊問，其陳述明確別無訊問之必要者，不得再行傳喚。

第三章　安置保護

第11條

國民小學及國民中學發現學生有未經請假、不明原因未到校上課達三天以上者，或轉學生未向轉入學校報到者，應立即通知主管機關及教育主管機關。

主管機關應立即指派社工人員調查及採取必要措施。

教育部應於本條例施行後六個月內頒布前項中途輟學學生通報辦法。

第12條

為免脫離家庭之未滿十八歲兒童或少年淪入色情場所，主管機關應於本條例施行後六個月內設立或委託民間機構設立關懷中心，提供緊急庇護，諮詢、連繫或其他必要措施。

第13條

直轄市、縣（市）主管機關應於本條例施行後六個月內，設置專門安置從事性交易或有從事之虞之兒童或少年之緊急收容中心及短期收容中心。

直轄市、縣（市）主管機關於緊急收容中心及短期收容中心，應聘請專業人員辦理觀察、輔導及醫療等事項。

第14條

教育部及內政部應聯合協調直轄市、縣（市）主管機關設置專門安置從事性交易之兒童或少年之中途學校；其設置，得比照少年矯正學校設置及教育實施通則規定辦理；其員額編制，得比照特殊教育法及其相關規定辦理。

中途學校應聘請社工、心理、輔導及教育等專業人員，並結合專業與民間資源，提供特殊教育及輔導；其課程、教材及教法，應保持彈性，以適合學生身心特性及需要；其實施辦法，由教育部定之。

中途學校學生之學籍應分散設於普通學校，畢業證書應由該普通學校發給。

中途學校所需經費來源如下：

一、各級政府按年編列之預算。

二、社會福利基金。

三、私人或團體捐款。

四、其他收入。

中途學校之設置及辦理，涉及其他機關業務權責者，各該機關應予配合及協助。

第15條

法官、檢察官、司法警察官、司法警察、聯合稽查小組或第六條之任務編組查獲及救援從事性交易或有從事之虞之兒童或少年時，應立即通知主管機關指派專業人員陪同兒童或少年進行加害者之指認及必要之訊問，並於二十四小時內將該兒童或少年移送直轄市、縣（市）主管機關設置之緊急收容中心。

第九條之人員或他人向主管機關報告或主管機關發現兒童或少年從事性交易或有從事之虞者，主管機關應將該兒童或少年暫時安置於其所設之緊急收容中心。

從事性交易或有從事之虞之兒童或少年自行求助者，主管機關應提供必要之保護、安置或其他協助。

第16條

直轄市、縣（市）主管機關所設之緊急收容中心應於安置起七十二小時內，提出報告，聲請法院裁定。

法院受理前項報告時，除有下列情形外，應裁定將兒童或少年交付主管機關安置於短期收容中心：

一、該兒童或少年顯無從事性交易或從事之虞者，法院應裁定不予安置並交付該兒童或少年之法定代理人、家長、最近親屬或其他適當之人。

二、該兒童或少年有特殊事由致不宜安置於短期收容中心者，法院得裁定交由主管機關安置於其他適當場所。

第17條

主管機關依前條安置後，應於二週至一個月內，向法院提出觀察輔導報告及建議處遇方式，並聲請法院裁定。

法院受理前項聲請時，應於二週內為第十八條之裁定。如前項報告不足，法院得命主管機關於一週內補正，法院應於主管機關補正後二週內裁定。

第18條

法院依審理之結果，認為該兒童或少年無從事性交易或從事之虞者，應裁定不予安置並交付該兒童或少年之法定代理人、家長、最近親屬或其他適當之人。

法院依審理之結果，認為該兒童或少年有從事性交易者，除有下列情形之一者外，法院應裁定將其安置於中途學校，施予二年之特殊教育：

一、罹患愛滋病者。

二、懷孕者。

三、外國籍者。

四、來自大陸地區者。

五、智障者。

六、有事實足證較適宜由父母監護者。

七、其他事實足證不適合中途學校之特殊教育，且有其他適當之處遇者。

法院就前項所列七款情形，及兒童或少年有從事性交易之虞者，應分別情形裁定將兒童或少年安置於主管機關委託之兒童福利機構、少年福利機構、寄養家庭或其他適當醫療或教育機構，或裁定遣送、或交由父母監護，或為其他適當處理，並通知主管機關續予輔導及協助。

安置於中途學校之兒童或少年如於接受特殊教育期間，年滿十八歲者，中途學校得繼續安置至兩年期滿。

特殊教育實施逾一年，主管機關認為無繼續特殊教育之必要者，或因事實上之原因以不繼續特殊教育為宜者，得聲請法院裁定，免除特殊教育。

特殊教育實施逾二年，主管機關認為有繼續特殊教育之必要者，得聲請法院裁定，延長至滿二十歲為止。

第19條

未滿十八歲之兒童或少年從事性交易或有從事之虞者，如無另犯其他之罪，不適用少年事件處理法及社會秩序維護法之規定。

未滿十八歲之兒童或少年從事性交易或有從事之虞者，如另犯其他之罪，應依第十六條至第十八條之規定裁定後，再依少年事件處理法移送少年法庭處理。

第20條

主管機關及教育部依第十六條至第十八條之規定，於安置、保護收容兒童及少年期間，行使、負擔父母對於該兒童或少年之權利義務。

父母、養父母或監護人對未滿十八歲之子女、養子女或被監護人犯第二十三條至第二十八條之罪者，兒童或少年、檢察官、兒童或少年最近尊親屬、主管機關、兒童或少年福利機構或其他利害關係人，得向法院聲請宣告停止其行使、負擔父母對於該兒童或少年之權利義務，另行選定監護人。

對於養父母，並得請求法院宣告終止其收養關係。

法院依前項規定選定監護人時，得指定監護之方法及命其父母或養父母支付選定監護人相當之扶養費用及報酬。

第21條

十八歲以上之人，如遭他人以強暴、脅迫、略誘、買賣、或其他違反本人意願之方法而與他人爲性交易者，得請求依本條例安置保護。

第四章　罰　則

第22條

與未滿十六歲之人爲性交易者，依刑法之規定處罰之。

十八歲以上之人與十六歲以上未滿十八歲之人爲性交易者，處一年以下有期徒刑、拘役或新台幣十萬元以下罰金。

中華民國人民在中華民國領域外犯前二項之罪者，不問犯罪地之法律有無處罰規定，均依本條例處罰。

第23條

引誘、容留、媒介、協助或以他法，使未滿十八歲之人爲性交易者，處一年以上七年以下有期徒刑，得併科新臺幣三百萬元以下罰金。以詐術犯之者，亦同。

意圖營利而犯前項之罪者，處三年以上十年以下有期徒刑，併科新臺幣五百萬元以下罰金。

媒介、收受、藏匿前二項被害人或使之隱避者，處一年以上七年以下有期徒刑，得併科新臺幣三百萬元以下罰金。

前項收受、藏匿行爲之媒介者，亦同。

前四項之未遂犯罰之。

第24條

以強暴、脅迫、恐嚇、監控、藥劑、催眠術或其他違反本人意願之方法，使未滿十八歲之人爲性交易者，處七年以上有期徒刑，得併科新臺幣七百萬元以下罰金。

意圖營利而犯前項之罪者，處十年以上有期徒刑，併科新臺幣一千萬元以下罰金。

媒介、收受、藏匿前二項被害人或使之隱避者，處三年以上十年以下有期徒刑，得併科新臺幣五百萬元以下罰金。

前項收受、藏匿行爲之媒介者，亦同。

前四項之未遂犯罰之。

第25條

意圖使未滿十八歲之人爲性交易，而買賣、質押或以他法，爲他人人身之交付或收受者，處七年以上有期徒刑，併科新臺幣七百萬元以下罰金。以詐術犯之者，亦同。

以強暴、脅迫、恐嚇、監控、藥劑、催眠術或其他違反本人意願之方法，犯前項之罪者，加重其刑至二分之一。

媒介、收受、藏匿前二項被害人或使之隱避者，處三年以上十年以下有期徒刑，併科新臺幣五百萬元以下罰金。

前項收受、藏匿行爲之媒介者，亦同。

前四項之未遂犯罰之。

預備犯第一項、第二項之罪者，處二年以下有期徒刑。

第26條

犯第二十四條第一項、第二項或第二十五條第二項之罪，而故意殺害被害人者，處死刑或無期徒刑；使被害人受重傷者，處無期徒刑或十二年以上有期徒刑。

犯第二十四條第一項、第二項或第二十五條第二項之罪，因而致被害人於死者，處無期徒刑或十二年以上有期徒刑；致重傷者，處十二年以上有期徒刑。

第27條

拍攝、製造未滿十八歲之人爲性交或猥褻行爲之圖畫、錄影帶、影片、光碟、電子訊號或其他物品者，處六個月以上五年以下有期徒刑，得併科新臺幣五十萬元以下罰金。

意圖營利犯前項之罪者，處一年以上七年以下有期徒刑，應併科新臺幣五百萬元以下罰金。

引誘、媒介或以他法，使未滿十八歲之人被拍攝、製造性交或猥褻行爲之圖畫、錄影帶、影片、光碟、電子訊號或其他物品者，處一年以上七年以下有期徒刑，得併科新臺幣一百萬元以下罰金。

以強暴、脅迫、藥劑、詐術、催眠術或其他違反本人意願之方法，使未滿十八歲之人被拍攝、製造性交或猥褻行爲之圖畫、錄影帶、影片、光碟、電子訊號或其他物品者，處五年以上有期徒刑，得併科新臺幣三百萬元以下罰金。

前四項之未遂犯罰之。

第一項至第四項之物品，不問屬於犯人與否，沒收之。

第28條

散布、播送或販賣前條拍攝、製造之圖片、影片、影帶、光碟、電磁紀錄或其他物品，或公然陳列，或以他法供人觀覽、聽聞者，處三年以下有期徒刑，得併科新臺幣五百萬元以下罰金。

意圖散布、播送、販賣而持有前項物品者，處二年以下有期徒刑，得併科新臺幣二百萬元以下罰金。

無正當理由持有前項拍攝、製造兒童及少年之圖片、影片、影帶、光碟、電磁紀錄或其他物品，第一次被查獲者，直轄市、縣（市）主管機關得令其接受二小時以上十小時以下之輔導教育，第二次以上被查獲者，處新臺幣二萬元以上二十萬元以下罰金。

前三項之物品，不問屬於犯人與否，沒收之。

第29條

以廣告物、出版品、廣播、電視、電子訊號、電腦網路或其他媒體，散布、播送或刊登足以引誘、媒介、暗示或其他促使人為性交易之訊息者，處五年以下有期徒刑，得併科新台幣一百萬元以下罰金。

第30條

公務員或經選舉產生之公職人員犯本條例之罪，或包庇他人犯本條例之罪者，依各該條項之規定，加重其刑至二分之一。

第31條

意圖犯第二十三條至第二十五條、第二十六條第一項後段或第二十七條之罪，而移送被害人入出臺灣地區者，依各該條項之規定，加重其刑至二分之一。

前項之未遂犯罰之。

第32條

父母對其子女犯本條例之罪因自白、自首或供訴，而查獲第二十三條至第二十八條之犯罪者，減輕或免除其刑。

犯第二十二條之罪自白或自首，因而查獲第二十三條至第二十八條之犯罪者，減輕或免除其刑。

第33條

廣告物、出版品、廣播、電視、電子訊號、電腦網路或其他媒體，散布、播送或刊登足以引誘、媒介、暗示或其他促使人為性交易之訊息者，由各目的事業主管機關處以新臺幣五萬元以上六十萬元以下罰鍰。

新聞主管機關對於違反前項規定之媒體，應發布新聞並公告之。

第34條

犯第二十二條至第二十九條之罪，經判刑確定者，主管機關應公告其姓名、照片及判決要旨。

前項之行爲人未滿十八歲者，不適用前項之規定。

第35條

犯第二十二條至第二十九條之罪，經判決確定者，主管機關應對其實施輔導教育；其輔導教育辦法，由主管機關定之。

不接受前項輔導教育或接受之時數不足者，處新台幣六千元以上三萬元以下罰鍰；經再通知仍不接受者，得按次連續處罰。

第36條

違反第九條第項之規定者，處新台幣六千元以上三萬元以下罰鍰。但醫護人員爲避免兒童、少年生命身體緊急危難而違反者，不罰。

第36-1條

依本條例所處之罰鍰，經限期繳納，屆期不繳納者，移送法院強制執行。

第36-2條

違反本條例之行爲，其他法律有較重處罰之規定者，從其規定。

第五章　附　則

第37條　（刪除）

第38條

本條例施行細則，由中央主管機關於本條例公布後六個月內訂定之。

第39條

本條例自公布日施行。

本條例中華民國九十五年五月五日修正之條文，自中華民國九十五年七月一日施行。

附錄三

加強維護學生安全及校區安寧實施要點

修正日期：民國 83 年 11 月 09 日
資料來源：教 育 部 軍 訓 處

第1條

爲維護學生校內外生活安全及校區安寧，加強校園公共安全管理、防救災害應變能力，避免發生意外事故，特訂定本要點。

第2條

爲維護學生安全及校區安寧，應由各校主動負起維護校園安寧責任，成立校園安全維護會報，由校長指定相關人員組成並擔任召集人，每學期召開會報乙次，必要時得臨時集會，處理平時校園安全維護事務暨重大突發事件，並視需要得邀請地區警政及有關機關派員出席。而爲有效應變，迅速處理重大突發事件，平時應建立危機處理小組任務編組，俾圓滿明快化解突發事件。

第3條

各校對於建築物之安全、消防安全安全系統、教學設施及電話、警鈴、路燈、門鎖、欄杆、圍牆等校園安全相關設備，應於寒暑假或天然災害發生前後，定期或不定期檢修，並明示設備操作運轉使用說明及注意事項，務求有效防範意外發生。

第4條

各校應利用各種集會及適當時間，加強宣導法律常識、交通安全、戶外活動安全、防範性騷擾及侵害、登山、游泳等安全教育暨防煙毒教育，俾充實學生相關知能，維護本身健康與安全。

第5條

各校應加強學生宿舍安全管理，擬定管理輔導注意事項，設專人負責，強化門禁管制及生活輔導，並提供女學生及女性單身教職員優先住校。

第6條

各校對於有需要寄宿校外之學生，應予適切輔導，協助尋覓安全之居住所，並建立名冊，由學校生活輔導人員定期查訪，確保校外寄宿之安全與品質。

第7條

各級學校應積極配合推動有關預防青少年犯罪措施，對於情緒及行爲偏差之學生，應善盡教育輔導責任，經常主動與家庭聯繫，協請專業教師主動輔導，以預防青少年偏差及自我傷害行爲。

第8條

各校應加強維護學生飲食衛生，對於校內餐飲設備定期清潔，餐飲工作員工定期健康檢查，並協請衛生行政單位定期抽檢飲水及食物。

第9條

教職員生進出校園，宜有適度門禁管制，配帶識別證以資識別；各類車輛進出及停車場所，尤應周密規劃，並在不影響教學及安全之原則下，訂定校園開放辦法。

第10條

各校應依規定進用駐衛警察，維護校區安全，校區遼闊之學校，得斟酌實際需要，由學校提供交通工具，加強巡邏，同時亦得洽請地方警政機關協助校區及附近巡邏。

第11條

各校辦理校外教學、旅遊參觀、畢業旅行活動，應周密規劃，對路程、交通工具、駕駛人員之選擇，應切實遵照「學生乘坐汽車集體旅行遵守事項」辦理，並指派有經驗之教職員擔任領隊或隨行人員，若需委託旅行社代辦，亦應遵照「旅行業承辦各級學校學生畢業旅行或旅遊應注意辦理事項」辦理。

第12條

各校對於學生校外活動應善盡輔導之責，訂定輔導注意事項，如學生在校外發生意外事故，應迅速通知當地警政機關進行救援或查察，必要時可洽請軍方支援協助。

第13條

本要點由各級主管教育行政機關自行列管，將實施要項列入考核，績效優良之學校，應主動給予適當獎勵。

附錄四

維護校園安全實施要點

修正日期：民國 100 年 02 月 23 日
資料來源：全 國 法 源 資 料 庫

一、教育部（以下簡稱本部）爲強化高關懷學生輔導，防制學生藥物濫用、校園暴力霸凌與涉入不良組織，及關懷中途輟（離）學學生，以建構安全、友善、健康之校園，特訂定本要點。

二、實施策略

（一）建構三個層級校安運作平台：

1.中央層級：中央跨部會維護校園安全聯繫會報。

2.地方層級：直轄市、縣（市）政府校園安全會報。

3.學校層級：落實校內學生三級預防工作。

（二）實施三級預防策略：

1.一級預防：完善合作與支持網絡，增加保護因子，減少危險因子。

2.二級預防：強化辨識及預防作為，協助高關懷學生解決適應問題。

3.三級預防：落實個案追蹤與輔導，健全學生身心發展，保障校園安全。

（三）教育、警政、法務攜手合作，綿密相互支援網絡。

三、重點工作

（一）一級預防：

1.營造安全、友善、健康之學習環境：

（1）培育現代公民素養內涵：各主管教育行政機關及學校應積極培育學生具備現代公民素養內涵，具體議題包括生命與品德教育、人權及性別平等與法治教育、資訊科技與媒體素養、生態與環境教育、安全與防災教育、藝術與美感教育等，培養學生以人爲主體之思維與尊重之態度，具備社會、文化、經濟、藝術等寬廣視野之全方位現代公民。

（2）充足教材及師資，完善教育宣導：各主管教育行政機關及學校應蒐集、分析學生藥物濫用、暴力霸凌及不良組織危害等案例，彙編補充教材，並培育師資。

（3）落實犯罪預防及被害預防宣導工作：各級學校應依本計畫及中央、地方校安會報之指導，以教育、輔導方式，落實各項一級預防工作，並結合家庭、社區之力，強化生活教育、親職教育、法治教育、品德教育、人權教育、生命教育、性別平等教育及安全教育等，使學生學習尊重他人及自我保護，落實犯罪預防及被害預防宣導，以營造安全、友善、健康之學習環境。

2.強化中央跨部會維護校園安全功能：由本部定期邀集內政部、法務部、行政院衛生署等部會，召開中央跨部會維護校園安全聯繫會報，訂定維護校園安全政策，研議當前影響校安之重大議題，縮短決策與支援時程，以協助地方政府及學校落實友善校園總體營造方案之推動。

3.統整地方教育、警政、社政、衛生資源：

（1）校安會報：直轄市、縣（市）政府應邀集教育、警政、社政、衛生及學生校外生活輔導委員會（以下簡稱校外會）等單位，召開校安會報，整合學校、家庭、社區、社會之資源，因地制宜訂定各項防制輔導措施。

（2）維護校園安全支援約定書：各級學校應依本部九十五年四月十二日台軍字第○九五○○五二○二六號函，與轄區警察分局訂定維護校園安全支援約定書，建立即時通報協處機制。

（3）校園事件法律諮詢服務小組：爲即時協助學校處理有關暴力、霸凌等校園安全事件，直轄市、縣（市）政府應納編教育局（處）督學、律師及法界人士，設立校園事件法律諮詢服務小組。

4.強化校外會支援功能：

(1) 直轄市、縣（市）政府校外會應密切與轄內社政、警政、衛生、毒品危害防制中心、少年輔導委員會（以下簡稱少輔會）等單位聯繫合作，並擴大認輔志工招募，協助教育局（處）建立完善之支援服務網絡。

(2) 直轄市、縣（市）政府校外會應定期辦理校安研習、校園安全宣導活動、校外會（分會）校安會議或工作檢討會等，以降低暴力危害、藥物供給等危險因子，提供學校具體之支援服務。

（二）二級預防：

1.加強特定人員及高關懷學生之辨識：直轄市、縣（市）政府及學校應加強導師、訓輔人員對藥物濫用、暴力、霸凌、疑似參加不良組織等偏差行為學生之辨識能力，建立特定人員、高關懷學生名冊，以及早介入輔導。

2.辦理教育人員增能研習，強化預防、發現及處理知能：各主管教育行政機關及學校應定期辦理教育人員防制藥物濫用、暴力、霸凌、高關懷學生輔導知能工作坊或研習，增強導師及學（訓）輔人員預防、辨識及輔導知能。

3.藥物濫用特定人員尿液篩檢：各級學校建立藥物濫用特定人員名冊及尿液採檢，應依毒品危害防制條例、特定人員尿液採驗辦法及本部各級學校特定人員尿液篩檢及輔導作業要點之規定辦理，以早期發現學生濫用藥物情形，並編組春暉小組即時介入輔導。

4.辦理校園生活問卷調查，掌握暴力霸凌訊息：直轄市、縣（市）政府及學校應辦理校園霸凌記名問卷調查，了解校園推動防制暴力霸凌成效，以早期發現潛藏之暴力霸凌事件，研訂輔導策略，消弭校園危安事件。

5.疑似參加不良組織學生之通報及先期輔導：各級學校發現學生疑似涉入組織犯罪防制條例第二條所定三人以上，有內部管理結構，以犯罪為宗旨或以其成員從事犯罪活動，具有集團性、常習性及脅迫性或暴力性之組織時，應依據本部九十九年三月二十九日台軍(二)字第〇九九〇〇四七五一七號函修正之發現學生疑似參加不良組織通報流程圖（如附件一、二），密件通報警察（分）局查證，並召集相關學（訓）輔人員、導師及家長編組小組實施輔導。

6.國民中小學中輟生復學通報及輔導就讀：

（1）本部整合各部會相關資源召開中輟業務聯繫會議，落實執行國民中小學中輟學生復學輔導策略，全面協助中輟學生。

（2）學校應依國民中小學中途輟學學生通報及復學輔導辦法規定，通報所屬直轄市、縣（市）政府協助，報請鄉（鎮、市、區）強迫入學委員會執行強迫入學事宜，針對行蹤不明輟學生應送請警政單位協尋。

7.強化國民中小學時輟時學及躲避中輟通報高關懷學生輔導：

（1）直轄市、縣（市）政府及學校應掌握所屬學校時輟時學及躲避中輟通報高關懷學生名冊，列為優先認輔對象，引進並結合各類資源協助學生。

（2）對於長期缺課學生，學校應依強迫入學條例第九條規定，報請鄉（鎮、市、區）強迫入學委員會實施家庭訪問及勸告入學；學生因家庭清寒或家庭變故而時輟時學或長期缺課者，應報請當地直轄市、縣（市）政府，依社會福利法規或以特別救助方式協助其解決困難。

8.高級中等學校中途離校學生復學輔導：

（1）高級中等學校應針對有中途離校之虞學生，採事前預防、適時輔導及事後追蹤等預防輔導措施。

（2）高級中等學校應擬定高關懷學生指標（如缺曠課過多、課業落後、遭記過懲處、情緒困擾等）、建置預警機制、掌握高關懷學生名單、強化學生穩定就學措施並適時追蹤輔導。

9.辦理高關懷學生輔導及多元教育活動：

（1）直轄市、縣（市）政府應辦理各類志工培訓及相關研習，提供學校運用陪伴高關懷學生，並辦理表揚活動。

（2）直轄市、縣（市）政府及學校應協助高關懷學生發現自我潛能，建立情緒抒解方式，解決適應困難問題。

（3）直轄市、縣（市）政府及學校針對經濟弱勢、中途輟學、嚴重性逃學、離家、家庭變故、家暴、性侵害等兒少保護個案、自我傷害個案或其他犯罪行為、心理問題個案之學生，應予以關懷、輔導、協助及辦理多元教育活動（如結合相關資源辦理社區生活營等），協助高關懷學生正常學習成長。

10.加強學生校外生活輔導：

（1）直轄市、縣（市）政府校外會應編組轄內警察人員、學校訓輔人員，針對學生校外易聚集流連時段及處所，執行校外聯合巡查、春風專案巡查工作，並於寒暑假期間，加強巡查及維護。

（2）巡查發現違規學生，應即以密件通知其所屬學校，由學校進行輔導，導正學生偏差行為。

11.設立多元投訴管道：

（1）本部設立 0800-200885（耳鈴鈴幫幫我），二十四小時免付費專線電話，受理學生、師長、家長、媒體及民眾投訴有關霸凌案件，並列管處理。

（2）直轄市、縣（市）政府應設置投訴專線、學校應設置申訴信箱，並安排專人輪值接聽、受理，由機關（學校）權責主管親自督導追蹤處理，並運用法律諮詢專線，協助解決問題。

12.定期校園治安事件彙報：各高級中等學校及國民中、小學應定期至本部校安中心網站表報作業區填報校園治安事件彙報表，俾利各主管教育行政機關確實掌握各校學生藥物濫用及霸凌情形，研擬因應對策。

13.落實校安通報及處理：

（1）各級學校應熟悉校安通報作業系統與通報方式，確實掌握高關懷學生危安狀況，依規定按時通報；其屬涉及兒童及少年福利法規定之受保護事件，應通報兒童及少年福利主管機關處理，以爭取危機處理時間及輔導網絡資源。

（2）直轄市、縣（市）政府應依本部校園安全及災害事件通報作業要點規定，加強與學校溝通，要求學校落實通報。

（三）三級預防：

1.提供藥物濫用學生輔導支援網絡：

（1）施用第三級、第四級毒品學生，學校應依本部各級學校特定人員尿液篩檢及輔導作業要點規定，成立春暉小組輔導三個月後，採集尿液送檢驗機構檢驗，仍屬陽性反應者，再實施輔導一次（三個月）；其經第二次輔導仍屬無效者，得依少年不良行為及虞犯預防辦法第五條第二項規定，通知警察機關（各警察分局少年隊或偵查隊）協助處理。

（2）施用第一級、第二級毒品學生，學校應告知學生及家長，依毒品危害防制條例第二十一條第一項規定，自動向行政院衛生署指定之醫療機構請求治療，醫療機構免將請求治療者送法院或檢察機關，並即成立春暉小組輔導三個月後，採集尿液送檢驗機構檢驗，仍屬陽性反應者，移請警政、司法機關（各警察分局少年隊、偵查隊或檢察官）協助處理。

（3）針對學生藥物濫用個案，經輔導三個月後仍未戒除者，學校得結合家長，將個案轉介至行政院衛生署指定藥癮戒治機構、藥物濫用諮詢及輔導機構賡續戒治。

（4）學校應協同社工或心理諮商師，協助個案家庭改變其教養方式，或協請社政單位協助解決家庭問題，另視個案情況報請司法機關協助處理，以落實春暉三級預防功能，降低危害，預防再用。

2.落實霸凌個案之追蹤輔導：

（1）一般偶發性暴力偏差行為，應依學校三級輔導機制介入輔導，並著重學生人權、品德及法治教育之預防宣導。

（2）學校確認屬霸凌個案，應立即成立輔導小組，邀集相關人員（導師、輔導老師、學務人員、社工、相關家長）共同介入，給予加害、受害及旁觀學生輔導，必要時引進專業資源（如法律諮詢小組專家、輔導體系社工等）進行協助。

（3）暴力霸凌個案情節嚴重，已發生傷害等違法行為者，學校應立即通報警政單位協處。

（4）有關各級學校防制校園霸凌執行計畫，由本部另定之。

3.確認參加不良組織個案之追蹤輔導：

（1）警察機關調查結果確認學生有參加不良組織具體事實時，應視個案情形逕予通報或於偵查移送後再行通報教育主管機關及學校。

（2）直轄市、縣（市）政府應成立追蹤輔導小組，邀集校外會、警政、社政等單位及個案學校主管召開跨局處輔導會議，提供輔導協助，督責學校實施至少三個月個案輔導，並由本部校安中心列管追蹤。

4.國民中小學中輟學生復學輔導：

（1）直轄市、縣（市）政府應依本部補助直轄市縣（市）政府辦理中輟生預防追蹤與復學輔導工作原則規定，開辦高關懷班、中介教育、多元彈性、適性教育課程，推動認輔制度，以提昇學生學習興趣及動機，協助學生重拾自信，發展多元智慧。

（2）學校應擬定輔導學生就讀措施，例如：進行學習輔導，推動多元適性課程，推動認輔制度，推動專業人士進行諮商或轉介，結合社區心理諮商或精神醫療機構協助，對家庭功能不良學生，依社會福利法規或以特別救助方式，協助其就學。

5.高級中等學校中途離校學生追蹤輔導：

（1）學校應研擬具體輔導措施，確實掌握學生離校原因，引進社會資源網絡，提供轉介協助（例如職訓中心、青輔會）或輔導學生進行職業訓練課程；另針對未滿十八歲行為偏差離校學生，引進少輔會輔導資源持續追蹤輔導，避免其誤入歧途。

（2）定期追蹤輔導休學學生，主動聯繫協助辦理復學相關事宜。

6.輔導轉介運作：

（1）學校應主動辦理高關懷個案學生輔導無效或中斷時之轉介輔導。

（2）國民中學未升學個案應移請少輔會、毒品危害防中心等單位接續輔導。

（3）國民中學畢業升學或高級中等學校轉學者，由直轄市、縣（市）政府及校外會，建立適宜之轉銜機制，使其獲得妥適之輔導及照護。

7.建立完善支援系統：

（1）直轄市、縣（市）政府應建立社會輔導資源網絡，俾提供學校支援及運用。

（2）學校應協調社會相關輔導資源網絡，提供學生學習資源、心理諮商、法律諮詢、醫療保護、社會福利、育樂諮詢服務等。

（四）各項工作辦理分工表，詳如附表。

四、校安事件之處理及指導協調：

（一）校安事件個案處理：依個案業務屬性，由本部各業管司（處）及直轄市、縣（市）政府督導各級學校辦理。

（二）重大緊急校安事件：事件發生初期通報連繫與緊急處理由本部校安中心負責，後續則依事件業務屬性，由本部各業管司（處）及直轄市、縣（市）政府督導各級學校辦理。

（三）涉及學（訓）輔專業：由本部訓委會及直轄市、縣（市）政府督導各級學校辦理。

五、督導考核

（一）直轄市、縣（市）政府之督導考核：

1.本部透過統合視導實施定期考評，考評結果提供相關單位作爲直轄市、縣（市）政府統籌分配款參考依據。

2.直轄市、縣（市）政府及所屬學校人員對於防制學生藥物濫用、校園暴力霸凌與涉入不良組織，及關懷中途輟（離）學學生之通報、處理及輔導，有具體績效者，應依相關規定優予獎勵；對於通報、處理及輔導未善盡職責人員，應依相關規定予以適度懲戒。

（二）直轄市、縣（市）政府校外會之績效考核：

1.本部透過年度訪視實施定期考評，考評結果作爲年度人事獎點核撥及次年度補助分配之款參考依據。

2.對於防制學生藥物濫用、校園暴力霸凌與涉入不良組織及關懷中途輟（離）學學生之通報、處理及輔導，有具體績效之軍訓人員、主管或督導，由本部優予獎勵；對於通報、處理及輔導未善盡職責人員，由本部予以適度懲戒。

（三）學校執行本計畫各項措施績效考核：

1.國立學校：執行防制學生藥物濫用、校園暴力霸凌與涉入不良組織及關懷中途輟（離）學學生之通報、處理及輔導成效，列爲校長辦學績效年終考核及校長遴選重要指標。

2.直轄市、縣（市）立學校：由直轄市、縣（市）政府將學校執行防制學生藥物濫用、校園暴力霸凌與涉入不良組織及關懷中途輟（離）學學生之通報、處理及輔導成效，列入校長辦學績效年終考核及校長遴選重要指標。

3.私立學校：執行防制學生藥物濫用、校園暴力霸凌與涉入不良組織及關懷中途輟（離）學學生之通報、處理及輔導成效，納爲獎補助款核配之重要指標。

六、經費

（一）執行本計畫所需經費由本部及直轄市、縣（市）政府年度預算支應辦理。

（二）各級學校辦理相關活動所需經費，得依本部補助辦理校園安全及防災教育宣導活動實施要點、本部補助各級機關學校及民間團體辦理春暉專案宣教活動實施要點及本部補助推動反霸凌安全學校要點之規定，向本部申請補助。

附錄五

各級學校防制校園霸凌執行計畫

100年1月10日臺軍（二）字第1000002200號函發布

壹、依據

中華民國95年4月28日台軍字第0950057598號令「教育部改善校園治安—倡導友善校園，啓動校園掃黑實施計畫」辦理。

貳、目的

鑑於校園霸凌事件爲學生嚴重偏差行爲，對兩造當事人、旁觀者身心均將產生嚴重影響，爲防制校園霸凌事件，建立有效之預防機制及精進處理相關問題，特訂定本執行計畫。

參、實施對象：各級學校及學生

肆、執行策略（三級預防）

一、一級預防（教育與宣導）：

應著重於學生法治、品德、人權、生命及性別平等教育，培養學生尊重他人與友愛待人之良好處世態度，透過完善宣導教材、辦理學校相關人員研習活動，分層強化行政人員、教師及學生對於霸凌行爲之認知與辨識處理能力。

二、二級預防（發現處置）：

成立中央跨部會、地方跨局處維護校園安全聯繫會報，研提防制策略；敦促各級學校與警察（分）局完成簽訂「校園安全支援約定書」，強化警政支援網絡；擴大辦理記名及不記名校園生活問卷調查表，對反映個案詳查輔導；如遭遇糾紛事件，除應迅即判斷屬偶發或霸凌事件，並依據校園霸凌事件處理作業流程（校園霸凌事件處理作業流程圖如附件1），循「發現」、「處理」、「追蹤」三階段，成立校內「防制校園霸凌因應小組」。

三、三級預防（輔導介入）：

啓動輔導機制，積極介入霸凌、受凌及旁觀學生輔導，必要時結合專業心理諮商人員協助輔導，務求長期追蹤觀察，導正學生偏差行為。若霸凌行爲已有傷害結果產生，如屬情節嚴重個案，應立即通報警政及社政單位協處及提供法律諮詢，以維護當事人及其法定代理人權益，必要時將個案轉介至專業諮商輔導矯治。

伍、執行要項

一、教育宣導：

（一）各地方主管教育行政機關及各級學校應加強實施學生法治教育、品德教育、人權教育、生命教育及性別平等教育，奠定防制校園霸凌之基礎。

1.研編各類教材及充實宣導資料，以利教育實施。

2.將學生法治教育、品德教育、人權教育、生命教育及性別平等教育融入社會及綜合領域等課程，並適時於相關課程結合重大事件實施機會教育。

3.結合民間、公益團體及社區辦理多元活潑教育宣導活動，深化學生法治教育、品德教育、人權教育、生命教育及性別平等教育。

4.辦理教師法治教育、品德教育、人權教育、生命教育及性別平等教育相關研習，增強教師知能。

5.建立法治教育人才庫，提供各級學校辦理相關研習遴聘參考（請參閱法務部全球資訊網—法務資料庫—學校法治教育人才資料庫）。

（二）編印各類防制霸凌案例教材及法律彙編。

（三）逐年補助高級中等以下學校辦理反霸凌安全學校之建構，輔導參與世界衛生組織（WHO）安全學校認證。

（四）推動每學期第一週爲「友善校園週」，並規劃辦理以反霸凌、反毒及反黑爲主軸的相關系列活動。

（五）各級主管教育行政機關應每學期辦理相關活動、個案研討及表揚大會。

（六）直轄市政府教育局及各縣（市）政府應配合本部辦理之各項研習、評鑑、優良選拔及學生才藝競賽等活動，指導轄屬學校完成準備規劃並辦理彙整、初審及推薦等作業。

（七）各級學校每學期結合校務會議、導師會議（研習）或教師進修時間，實施防制校園霸凌專題報告，強化教育人員防制校園霸凌知能與辨識能力。

（八）各級學校均應常設成立防制校園霸凌因應小組，由校長擔任召集人，其成員含括導師、學務人員、輔導老師、家長、社工人員及少年隊等，共同負責防制校園霸凌諸般工作之推動與執行。

（九）各校成立「維護校園安全家長工作坊」，辦理志工招募研習，並協助學校預防校園霸凌及強化校園安全點巡查。

（十）全面加強各級學校學生家長對校園霸凌防治與權利義務之認知。

（十一）透過社區力量與愛心商店，共同協防不法情事，維護學生校外安全與防範不法情事。

二、發現處置：

（一）本部每年委託專家學者不定期調查校園霸凌行爲，務求真實呈現校園現況。

（二）本部設 0800200885（耳鈴鈴幫幫我）24 小時免付費投訴電話；地方主管教育行政機關亦應設立反霸凌投訴電話，並指定專人處理，受理反映校園霸凌事件，並立即列管處理。

（三）各級主管教育行政機關應於每學期辦理不記名校園生活問卷調查（生活問卷調查表如附件 2-1 及 2-2），以隨機抽樣方式，至少抽測轄內 10 分之 1 學校，30 班以下學校每年級抽測 1 班；31 班至 60 班學校每年級抽測 2 班；61 班以上學校每年級抽測 3 班，發現個案應加強輔導作爲；並於 6 月 30 日及 11 月 30 日前，將轄屬學校施測統計資料及輔導作為彙整送本部校安中心（統計彙整表如附件 3），並將各校施測、結果及輔導等情形列入督學視導重點。

（四）中等學校及國小（五年級、六年級），應分別於每年 4 月、10 月辦理乙次記名及不記名「校園生活問卷」（生活問卷調查表範例如附件 2-2 及 2-3）普測，並追蹤問卷反映個案，詳予輔導。

（五）各級學校應設置投訴信箱，亦得建構校園反霸凌網頁，提供學生及家長投訴，並宣導相關訊息及法規（令），遇有投訴，學校應責由專人處置及輔導。

（六）學校發現疑似「霸凌」行為時，立即列冊查明追蹤輔導，如發現符合霸凌通報要件，並確認為霸凌個案者，即應依規定通報校安系統並啓動輔導機制。

（七）各級學校學輔人員（含教官）、教師，遇霸凌個案時，應主動聯繫學生家長協處。

三、輔導介入：

（一）定期舉辦全國「防制校園霸凌」研討會，邀請專家學者及各級學校校長，就年度所發生之個案進行研商與精進處理機制。

（二）各級主管教育行政機關應規劃辦理防制校園霸凌工作研討會及協調會，研擬因應策略。

（三）本部中部辦公室及各直轄市、縣（市）政府應結合當地輔導資源中心，提供所轄學校必要防制霸凌輔導諮詢服務。

（四）各直轄市、縣（市）政府已設置法律諮詢專線（各縣市政府法律諮詢服務專線如附錄 1），俾便協助學校相關法律專業事務諮詢。

（五）學生發生疑似霸凌個案，經學校防制校園霸凌因應小組會議確認，符合霸凌要件，除依校安通報系統通報外，並即成立輔導小組，成員得包括導師、學務人員、輔導教師、家長或視個案需要請社工人員及少年隊等加強輔導，輔導小組應就霸凌者、受凌者、旁觀者擬訂輔導計畫，明列輔導內容、分工、期程等，並將紀錄留校備查。（校園霸凌個案輔導紀錄表如附件 4）

（六）若霸凌行爲屬情節嚴重之個案，應立即通報警政及社政單位協處，或得向司法機關請求協助。

（七）經學校輔導評估後，對於仍無法改變偏差行爲之學生，得於徵求家長同意轉介專業諮商輔導或醫療機構實施矯正與輔導；學校輔導小組仍應持續關懷並與該專業諮商輔導或醫療機構保持聯繫，定期追蹤輔導情形，必要時得洽請司法機關協處及請當地直轄市、縣（市）政府社政單位，協助輔導或安置。

陸、經費

一、本部除年度「學生國防教育與安全維護」02 項下編列「防制校園霸凌」預算外，各相關司處學生輔導工作相關預算視情形勻支，全力推動本計畫各項工作。

二、各地方主管教育行政機關應自行編列專案經費，以落實推動本計畫。

柒、訪視與考評

分定期與不定期二種方式實施，其訪視成績列爲本部「防制校園霸凌」獎懲之主要參據。

一、定期訪視：高中職併本部年度軍訓工作訪視實施，國中小配合本部統合視導辦理，執行成效於全國「防制校園霸凌」會議中檢討並表揚績優單位、學校與個人。

二、不定期訪視：針對肇生重大事件之單位及學校，採不定期訪視方式，輔導各項防制校園霸凌教育、清查及輔導等工作，以協助工作推展與問題解決。

三、爲營造友善校園，落實營造友善校園總體營造計畫相關工作，請本部中部辦公室及各縣（市）督學應每學期訪視轄屬學校，了解學校執行情形。

四、各校如發生霸凌事件，應依兒童及少年福利法（以下簡稱本法）第 34 條第 1 項及兒童及少年保護通報及處理辦法（以下簡稱本辦法）第 2 條及本部「校園安全及災害事件通報作業要點」落實通報；直轄市及縣（市）主管教育行政機關應依本辦法第 4 條及第 5 條規定辦理調查處理，經評估有本法第 36 條第 1 項規定需緊急安置者，則依本辦法第 7 條規定辦理。

五、主動發掘校園霸凌事件，並能妥善處理與輔導者，請各地方主管教育行政機關及各學校依權責核予適當之獎勵，並得視情形予公開表揚；凡有違反本法第 34 條第 1 項規定應予通報之事實者，得依本法第 61 條處分；亦即學校隱匿不報或違反 24 小時內通報處理者，將對當事人、承辦人及業務主管依兒童及少年福利法第 61 條之規定處分（教育人員通報義務與責任如附錄 2），督考單位（本部國教司、中部辦公室、直轄市政府教育局及各縣市政府）應立即協助處理；公立學校列爲校長辦學績效年終考核及校長遴選重要參考指標，私立學校則納入獎補助款補助參考。

六、本部委請專家學者所做之調查，及各直轄市、縣（市）政府執行之校園生活問卷調查表結果，各主管教育行政機關應善盡督導改善之責。

捌、一般規定

一、大專校院請本權責參酌本計畫自行訂定相關計畫或作法。

二、本部中部辦公室、直轄市政府教育局及各縣（市）政府，請依本計畫參酌單位實際狀況訂定執行計畫及列入學校校務評鑑，並逐級審核、輔導所轄學校訂定執行計畫，與督（輔）導本案之推行。

三、各級學校應依據督考單位所訂頒之計畫及專案宣導活動，密集規劃辦理宣教，透過活潑、多樣化活動，建立學生正確認知。

四、本部防制校園霸凌具體分工措施表如附件 5。

五、其他配套措施：

（一）在研習辦理上，應著重於職司分層辦理，使各級人員均能明瞭職務上應有之責任與義務。

（二）在通報作爲上，除應講求時效，注重正確性外，更應防範資料外洩，以確保當事人之隱私。

玖、本計畫如有未盡事宜，另行補充或修訂之

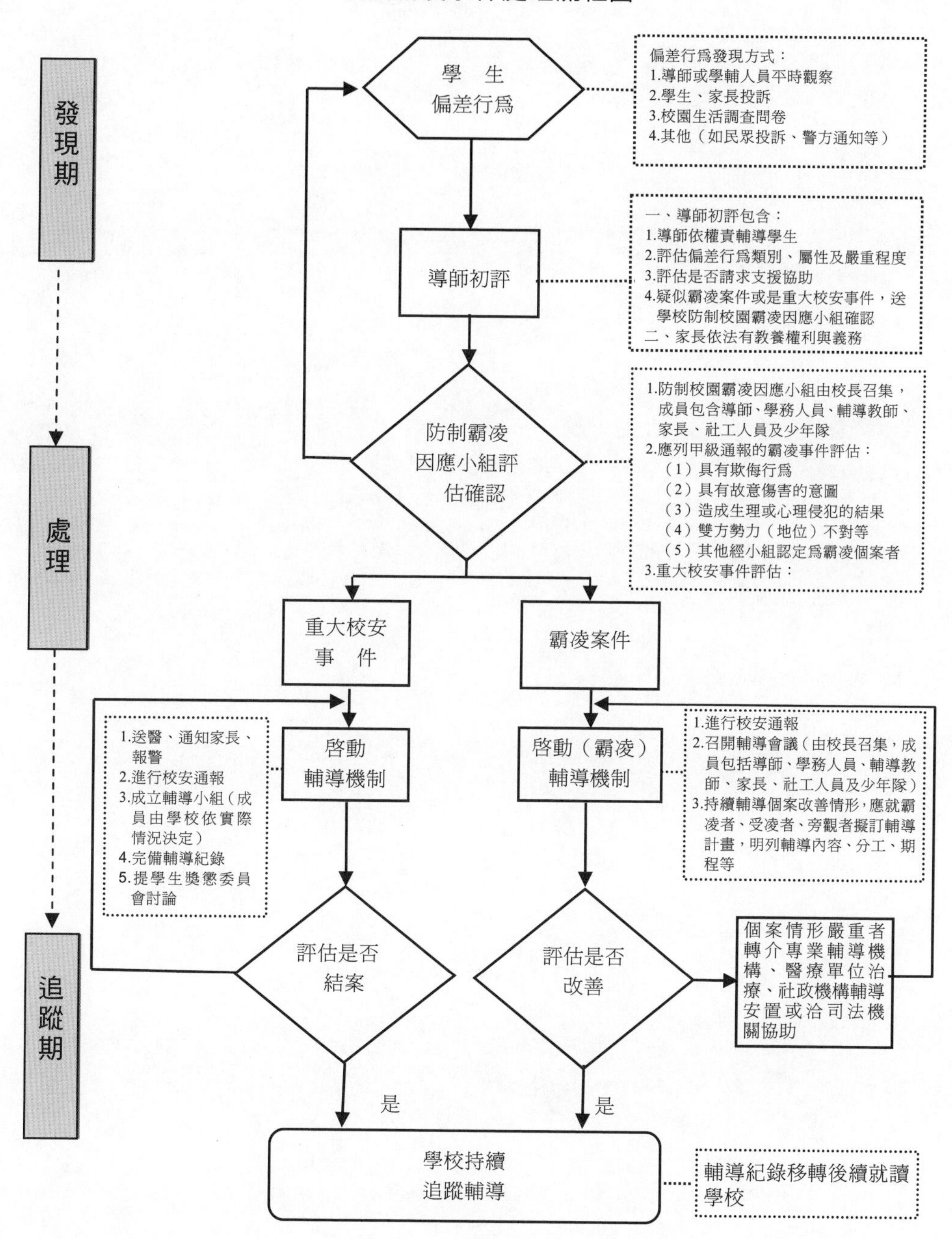
校園霸凌事件處理流程圖
發現期
處理
追蹤期
學　生
偏差行爲
偏差行爲發現方式：
1.導師或學輔人員平時觀察
2.學生、家長投訴
3.校園生活調查問卷
4.其他（如民眾投訴、警方通知等）
導師初評
一、導師初評包含：
1.導師依權責輔導學生
2.評估偏差行爲類別、屬性及嚴重程度
3.評估是否請求支援協助
4.疑似霸凌案件或是重大校安事件，送學校防制校園霸凌因應小組確認
二、家長依法有教養權利與義務
防制霸凌因應小組評估確認
1.防制校園霸凌因應小組由校長召集，成員包含導師、學務人員、輔導教師、家長、社工人員及少年隊
2.應列甲級通報的霸凌事件評估：
（1）具有欺侮行爲
（2）具有故意傷害的意圖
（3）造成生理或心理侵犯的結果
（4）雙方勢力（地位）不對等
（5）其他經小組認定爲霸凌個案者
3.重大校安事件評估：
重大校安事件
霸凌案件
1.送醫、通知家長、報警
2.進行校安通報
3.成立輔導小組（成員由學校依實際情況決定）
4.完備輔導紀錄
5.提學生獎懲委員會討論
啓動輔導機制
啓動（霸凌）輔導機制
1.進行校安通報
2.召開輔導會議（由校長召集，成員包括導師、學務人員、輔導教師、家長、社工人員及少年隊）
3.持續輔導個案改善情形，應就霸凌者、受凌者、旁觀者擬訂輔導計畫，明列輔導內容、分工、期程等
評估是否結案
評估是否改善
個案情形嚴重者轉介專業輔導機構、醫療單位治療、社政機構輔導安置或司法機關協助
是
是
學校持續追蹤輔導
輔導紀錄移轉後續就讀學校

附錄六

各級學校校園災害管理要點

修正日期：民國 99 年 04 月 19 日
資料來源：教 育 部 軍 訓處

第1條

教育部（以下簡稱本部）為健全校園災害防救體系，強化災害防救功能，以維護校園及學生安全，特訂定本要點。

第2條

本要點所稱災害，指下列災難所造成之損害：

（一）天然災害：風災、水災、震災、土石流等。

（二）人為災害：火災、毒性化學物災害、傳染病、重大交通事故及其他人為所造成之傷（損）害等。

第3條

各教育行政機關（單位）與學校為落實校園災害管理工作，應整合單位與學校行政資源，構建校園災害管理機制，執行減災、整備、應變及復原等災害管理工作。各教育行政機關（單位）為執行前項工作，應設立校園安全及災害防救通報處理中心（以下簡稱校安中心），作為校園災害管理機制之運作平台。

高級中等以上學校應成立校安中心，設置傳真、電話、網路及相關必要設備，辦理前二項所列相關業務，並指定二十四小時聯繫待命人員。

國民中小學及幼稚園依直轄市、縣（市）政府之規定，應指定專責人員辦理第一項所列相關業務。

第4條

各教育行政機關（單位）及學校應訂定校園災害管理實施計畫，明定減災、整備、應變與復原等階段具體作爲及作業流程。

第5條

減災階段旨在減少災害發生或防止災害擴大，各教育行政機關（單位）及學校應策劃轄區內防災計畫推行防災教育，並依權責實施下列事項：

（一）潛在災害分析及評估。

（二）防災預算編列、執行及檢討。

（三）防災教育、訓練及觀念宣導。

（四）老舊建築物、重要公共建物及災害防救設施、設備之檢查與補強。

（五）建立防災資訊網路。

（六）建立防救災支援網絡。

（七）其他災害防救相關事項。

第6條

整備階段旨在有效執行緊急應變措施，各教育行政機關（單位）及學校平日應實施各種防災演練及下列準備工作：

（一）防救災組織之整備。

（二）研擬應變計畫。

（三）訂定緊急應變流程。

（四）實施應變計畫模擬演練。

（五）災害防救物資、器材之儲備。

（六）災情蒐集、通報及校安中心所需通訊設施之建置、維護及強化。

（七）避難所設施之整備及維護。

（八）其他緊急應變準備事宜。

第7條

各教育行政機關（單位）及學校應於發生災害時成立緊急應變小組，由首長擔任召集人，依不同災害類別與屬性邀請所屬主管人員、專家學者或地方人士擔任小組成員，並指定專責單位統籌掌握、處置、協調及擔任聯繫窗口，應變小組應視需要不定期召開會議，實施緊急應變措施，其項目如下：

（一）召開應變小組會議。

（二）災情搜集與損失查報。

（三）受災學生之應急照顧。

（四）救援物資取得及運用。

（五）配合相關單位開設臨時收容所。

（六）復原工作之籌備。

（七）災害應變過程之完整紀錄。

（八）其他災害應變及防止擴大之措施。

第8條

各教育行政機關（單位）及學校於災後應實施復原重建工作，其重點如下：

（一）災情勘查及鑑定。

（二）受災學生之安置。

（三）捐贈物資、款項之分配與管理及救助金之發放。

（四）受災人員心理諮商輔導。

（五）學生就學援助、復學及復課輔導。

（六）復原經費之籌措。

（七）硬體設施復原重建。

（八）召開檢討會議。

（九）其他有關災後復原重建事項。

第9條

各教育行政機關（單位）及學校應設置發言人，於災害發生後，負責溝通、說明，對於錯誤報導或不實傳言，應立即更正或說明。

第10條

爲強化聯繫，各教育行政機關（單位）及學校，應充實通訊及必要資訊設備，並與本部通報系統聯結，以確保通報網絡暢通，並建置緊急聯絡人（機關學校首長、校安業務主管、校安承辦人）資料於校安中心網站，人員若有異動應隨時更新。

第11條

各教育行政機關（單位）及學校應定期蒐集分析校內災害事件類型，並檢討校園安全及災害管理工作狀況，據以辦理獎懲，提升實施成效。

第12條

爲推動防救災工作及防災教育之需要，各教育行政機關（單位）應編列預算支應。

附錄七

校園安全及災害事件通報作業要點

修正日期：民國 92 年 12 月 01 日
資料來源：教 育 部 軍 訓 處

第1條

教育部（以下簡稱本部）爲協助各主管教育行政機關及各級學校、幼稚園處理校園安全及災害事件（以下簡稱校園事件），以減少危安事件發生，有效維護校園及學生安全，特訂定本要點。

第2條

本要點所稱校園事件主類別區分如下：

（一）意外事件。

（二）安全維護事件。

（三）暴力與偏差行爲事件。

（四）管教衝突事件。

（五）兒童及少年保護事件。

（六）天然災害事件。

（七）疾病事件。

（八）其他事件。

各主類別之次類項目，由本部公告之。

第3條

本要點適用範圍爲各級學校及幼稚園。

第4條

爲適時掌握校園事件，加速處理應變，依各類校園事件之輕重程度區分如下：

（一）甲級事件：

1.人員死亡或有死亡之虞。

2.財產損失在新臺幣一百萬元以上。

3.亟須本部或其他單位協助及其他可能引發媒體關注、社會關切之事件。

4.其他本部公告之甲級事件。

（二）乙級事件：

1.人員重傷。

2.財產損失在新臺幣十萬元以上，未達一百萬元。

3.其他未達甲級事件程度，且無法即時處理之事件。

4.其他本部公告之乙級事件。

（三）丙級事件：

1.人員輕傷或疾病送醫。

2.財產損失未達新臺幣十萬元。

3.其他本部公告之丙級事件。

第5條

各級學校及幼稚園所屬教職員工生（含替代役役男）發生第四點所定事件時，均應通報本部，其通報時限及作業方式如下：

（一）甲級事件：應於獲知事件兩小時內透過校園事件即時通報網（以下簡稱校安即時通）實施通報，惟情況緊迫或須協助事件應以先電話立即通報。

（二）乙級事件：應於知悉校安事件二十四小時內，透過校安即時通完成通報作業。

（三）丙級事件：應於知悉校安事件七十二小時內，透過校安即時通完成通報作業。

遇有網路中斷時，改以紙本方式傳真至本部及上一級主管教育行政機關，俟網路恢復後再補行通報作業。

遇有電路中斷時，應由上一級主管教育行政機關掌握校安事件，主動督促或協助通報本部校安即時通作業。

同一事件涉及多項類別者，歸入最主要類別；涉及多所學校、幼稚園者，各學校及幼稚園均應各自進行通報工作。校安即時通操作手冊由本部定之。

第6條

為預防校安事件發生及減少損害，本部應運用網路公告或電話簡訊，傳送有關校園安全維護訊息。各主管教育行政機關、各級學校及幼稚園應依本部通知，對校園事件妥為因應。

第7條

各主管教育行政機關、各級學校及幼稚園，應指定專人承辦校安事件通報工作，業務承辦人對通報資料應負保密責任。

第8條

各主管教育行政機關，每日應指定專人檢視所轄單位及學校校安即時通之通報狀況，俾利即時協處。查有錯報、漏報、遲報時，應要求即時更正或補正。

第9條

本部每年應指派專人或委請專家學者進行前一年校安即時通資料分析，公佈統計數據與成果，並研擬減少校安事件之具體措施與建議。

第10條

各主管教育行政機關、各級學校及幼稚園之通報專線電話、傳真號碼或電子郵件信箱應轉知轄屬教職員生周知，以利校安事件之通報。

第11條

本部各館所準用本要點辦理通報作業。

第12條

各主管教育行政機關、各級學校及幼稚園，應定期檢討校園事件之通報優劣情形，並依相關規定辦理獎懲。

附錄八

各級學校重大緊急校安事件處理流程

修正日期 民國 96 年 05 月 28 日

資料來源：教 育 部 軍 訓 處

一、各級學校重大緊急校安事件處理作業要項表

法令依據	一、災害防救法 二、災害防救法施行細則。 三、91 年 4 月 11 日教育部台軍字第 91048141 號函頒「教育部校園安全暨災害防救通報處理中心作業規定」。 四、92 年 10 月 20 日教育部台軍字第 0920146958 號令「教育部構建校園災害管理機制實施要點」。 五、92 年 11 月 27 日教育部台軍字第 0920168279 號令「校園安全及災害事件通報作業要點」。
通報階段	一、各級學校通報注意事項： （一）應於獲悉事件 15 分鐘內，以電話通報本部校安中心及上一級督考單位，並於 2 小時內透過校園事件即時通報網實施首報作業。遇有網路中斷時，改以紙本方式傳真至本部及上一級督考單位，俟網路恢復後再補行通報作業。 （二）同一事件涉及多項類別者，歸入最主要類別；涉及多所學校、幼稚園者，各學校及幼稚園均應各自進行通報工作。

通報階段	二、本部校安中心值勤人員通報注意事項： （一）應立即以電話向部長、政務次長、常務次長、主任秘書、軍訓處處長回報事件摘要及後續處理情形。 （二）通報事件主政單位主管緊急應變處理。 （三）掌握正確災害訊息（人、事、時、地、物）通報督導單位（本部各單位、中部辦公室第六科、直轄市、各縣市政府教育局、各縣市聯絡處）。 （四）研判需要其他單位為協助者，通報中央災害應變中心、警察110、消防119。
處理階段	一、學校立即成立啓動緊急應變小組（區分指揮督導、支援協調、作業管制等組別）。 二、遠離危險源（疏散、避難、封鎖、管制進入、通知警告、停課、安置、就醫）。 三、消除危險源（滅火、斷電、移除危險物品、壓制、驅離歹徒）。 四、通知家屬到場及相關單位協處。 五、設立專責發言人妥善發佈新聞。
復原階段	一、權責單位督導學校完善學生短、中、長程輔導計畫，避免學生二度傷害，加害者如為校屬教職員工，則須依相關法令處理。 二、權責單位協助學校申請急難慰問金。 三、權責單位協助停課學校學生補課事宜。 四、權責單位協助學校硬體設施復原。 五、權責單位督導學校提出事件發生原因分析、校園防護改進措施及校內因應改進方案。 六、權責單位利用視察學校時再次檢視學校後續學生追蹤輔導及因應事件改善情形。

二、各級學校重大緊急校安事件處理流程圖

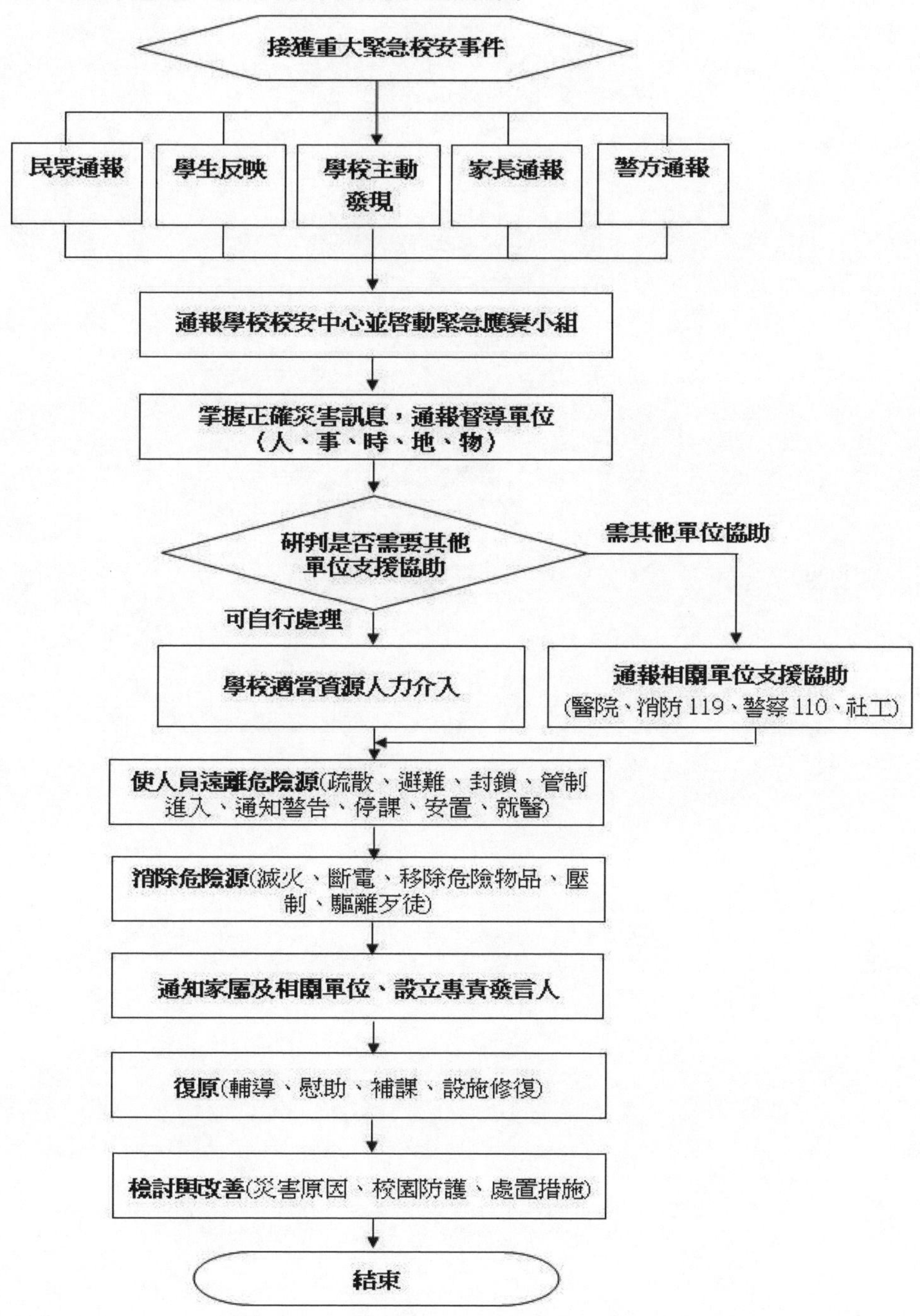

附錄九

各級學校法治教育實施要點

修正日期：民國 88 年 11 月 25 日
資料來源：教 育 部 軍 訓 處

第1條

教育部爲厚植各級學校法治教育，培育學校師生具法治素養，涵育法治教育文化，以建立法治之社會，特訂定本要點。

第2條

各級學校爲推展法治教育應配合辦理事項：

一、成立法治教育推廣小組，依據學校實際需要，訂定年度工作計畫，落實推動學校法治教育工作。

二、配合導師時間、學校朝（週）會及相關課程等，協調法治教育服務團、警察治安機關、律師公會等，到校實施法律知識宣講與法治宣導；對於較常發生之校園事件或社會重大案件，學校（或老師）應實施隨機教育。

三、教師應將法治教育融入於各科教學活動中；並採動態式的教學方法（如價值澄清、角色扮演、觀摩或參觀等），以提高學生學習興趣。四、邀集學生（或代表）共同制定學校校規與班級生活公約，並建立學校輔導管教、獎懲、申訴制度等，將其印成手冊，促請家長與學生共同了解遵守。

五、設立學生相關自治組織，輔導學生學習解決衝突與糾紛，加強學生對法治生活的思考與討論。

六、辦理以法律知識爲主題之課外活動，如有獎徵答、演講、作文、書法、壁報比賽、法律劇場、法治夏令營及校外參訪等，並運用學校文化走廊、電子看板及公佈欄等，加強宣導法治觀念。

七、安排師生參觀法院、少年輔育院、鄉鎮市區公所等相關機構，並辦理座談會或討論會，以作教育性指導。

八、嚴格取締考試作弊，建立學生正確法治觀念，落實法治精神。

九、健全學生自治團體組織，使學生於各項活動中學習民主法治規範。

十、於校內實施學生改過銷過要點時，應結合親職教育，不定期辦理高危險群學生及家長之法治宣導活動，建立正確法治觀念。

第3條

高級中等以下各級學校推展法治教育實施策略：

一、每學年應至少辦理二次教師進修活動，四次學生宣導活動；並得考量實際需要，聘請法律學者專家針對校內教師辦理連續性之研修活動。

二、成立校內教師研習會或讀書會，定期集會研討校園法治相關問題，分享彼此經驗，提升教師法治素養。

三、國民小學及國民中學每週應至少一次運用彈性應用時間或導師時間，透過本部發送之小執法說故事、國中法治人權教育補充教材或其他相關補充教材，結合時事與生活，以生動活潑之方式施教。

四、於校內設置法治教育圖書專櫃，蒐集相關書刊資料並妥善管理運用各項法治教育補充教材。

五、透過各班班會之召開，學習遵守會議相關規範，並由學校或班級規劃討論法治相關議題，加強學生對法治生活的思考與討論。

六、配合學校辦理新生訓練、親職教育、家長座談會等活動，宣導相關法令及學校規定，加強法治觀念。

七、結合學校家長會、各地方法院檢察署、各大學法律系（所）、法律服務社及各地律師公會等相關社會公益團體等，辦理法治宣導活動。

八、將各項法治教育活動列入學校行事曆中，並定期彙報相關活動成果資料予所屬教育行政主管機關。

第4條

大專院校推展法治教育實施策略：

一、大專院校應廣為開設法律相關課程、學程或建立進修管道。

二、鼓勵學校社團辦理全校性或跨校性民主法治及議事規則研習營。

三、鼓勵學校相關系（所）、社團協助中小學辦理法治教育宣導活動。

四、鼓勵教師參與研發法治教育教材、規劃研習活動，並支援、協助中小學培訓法治教育師資及相關宣導活動。

第5條

各級學校推動法治教育工作績效，由主管教育行政機關定期督導考評與獎勵；學校並應定期表揚、獎勵推行法治教育有特殊表現之師生及社會人士。

第6條

本要點奉核定後實施，修正時亦同。

附錄十

學校、警政單位發現學生疑似參加不良組織通報流程圖

修正日期：民國 96 年 10 月 05 日

資料來源：教 育 部 軍 訓 處

一、依據中央跨部會維護校園安全聯繫會報第 11 次會議決議事項辦理。

二、本部 95 年 6 月 1 日台軍字第 0950075838 號函諒達。

三、本通報流程圖修正如下：

（一）「學生疑似『涉入』不良組織」之「涉入」一詞，參酌少年事件處理法第 3 條第 2 款第 4 目、社會秩序維護法第 64 條第 5 款「『參加』不良組織」之規定，修正爲「學生疑似『參加』不良組織」。

（二）附表 1、2 有關「是否涉入進行確認」、「警察局（少年隊）個案確認」部分，經查學生是否參加不良組織，係依個案具體事實認定之，且須依相關法規移送院檢機關依權責處理，警察機關並無「確認」權限，爲免爭議，茲修正爲「警察機關調查結果有具體個案事實」，並刪除「通知學校賡續輔導偏差行爲」；另附表 2「屬觸犯刑法法律行爲者」部分，參酌少年事件處理法第 3 條規定，修正爲「屬觸犯刑罰法律行爲或有觸犯之虞者」。

四、所謂「不良組織」，其涵義係指對於大眾生活及社會生存之規範與秩序有所妨害之不良組織而言（參見前司法行政部 66 年 8 月 17 日臺（66）函刑字第 07206 號函復內政部警政署公函）；另內政部警政署所稱「不良幫派組合」，係指三人以上之結合，具有指揮從屬之層級管理結構，有下列情形之一，且具有集團性、常習性及脅迫性或暴力性之組織：1、以犯罪爲

宗旨；2、以其成員從事犯罪活動，或有具體事證足認有犯罪之虞者。

五、各級學校請依據本部 95 年 4 月 12 日台軍字第 0950052026 號函送「維護校園安全支援約定書」相關規定與警政單位互為通報，建立彼此互信互賴機制，並請注意對學生及所屬學校之保密措施。

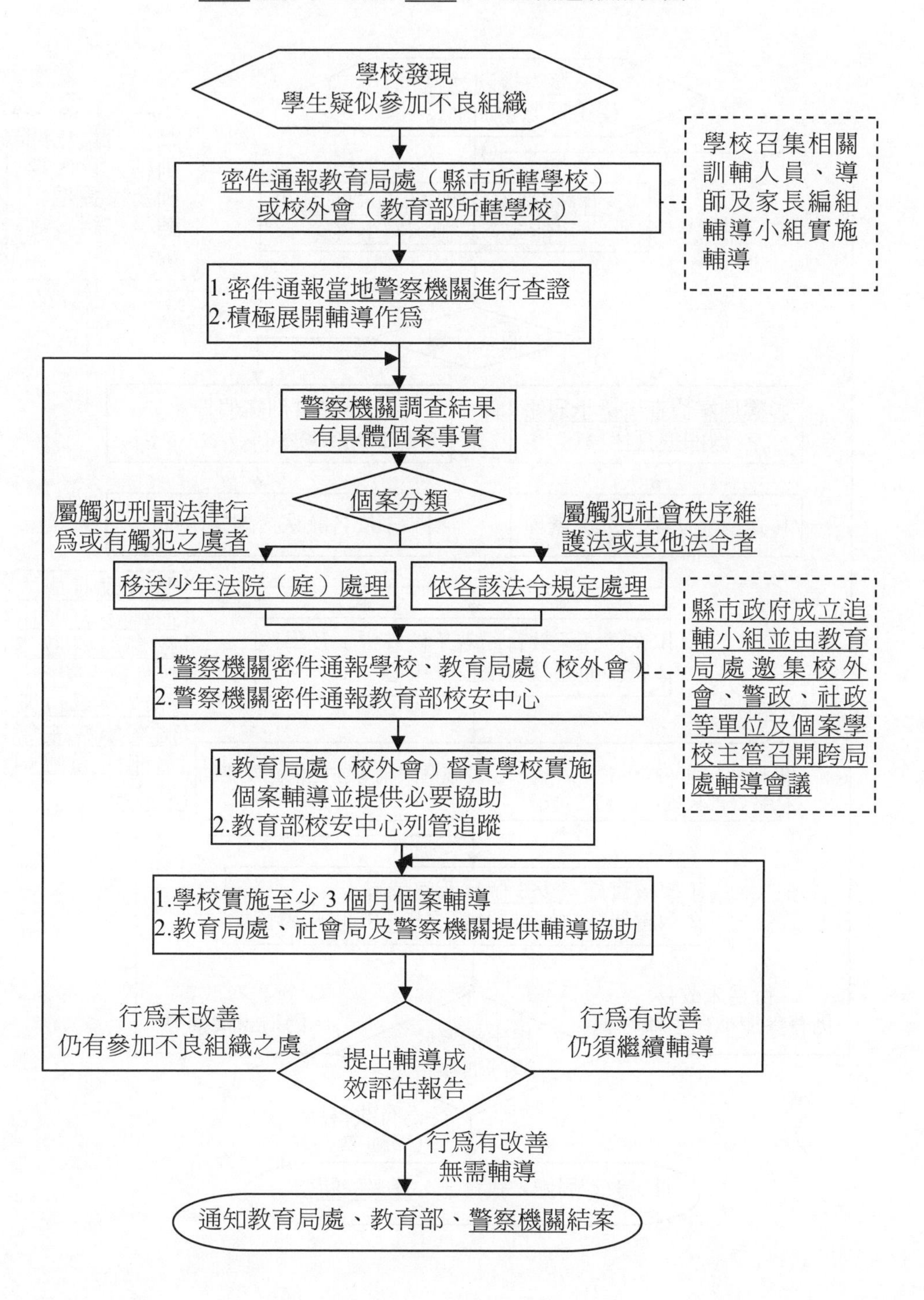
學校發現學生疑似參加不良組織通報流程圖
學校發現
學生疑似參加不良組織
密件通報教育局處（縣市所轄學校）
或校外會（教育部所轄學校）
學校召集相關訓輔人員、導師及家長編組輔導小組實施輔導
1.密件通報當地警察機關進行查證
2.積極展開輔導作爲
警察機關調查結果
有具體個案事實
個案分類
屬觸犯刑罰法律行爲或有觸犯之虞者
屬觸犯社會秩序維護法或其他法令者
移送少年法院（庭）處理
依各該法令規定處理
1.警察機關密件通報學校、教育局處（校外會）
2.警察機關密件通報教育部校安中心
縣市政府成立追輔小組並由教育局處邀集校外會、警政、社政等單位及個案學校主管召開跨局處輔導會議
1.教育局處（校外會）督責學校實施個案輔導並提供必要協助
2.教育部校安中心列管追蹤
1.學校實施至少 3 個月個案輔導
2.教育局處、社會局及警察機關提供輔導協助
行爲未改善
仍有參加不良組織之虞
行爲有改善
仍須繼續輔導
提出輔導成效評估報告
行爲有改善
無需輔導
通知教育局處、教育部、警察機關結案

警察機關發現學生疑似參加不良組織通報流程圖

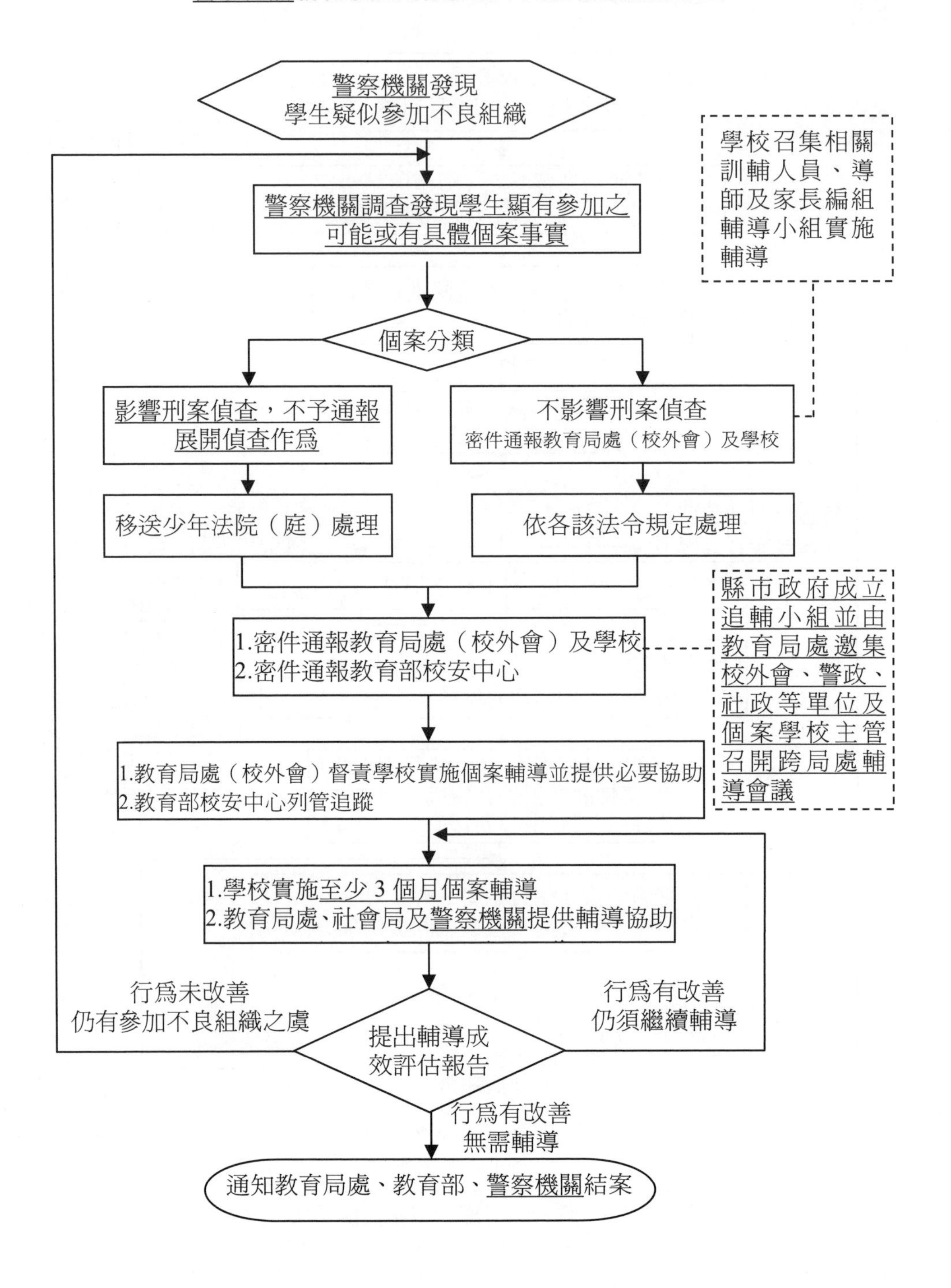

附錄十一

校園藥物濫用、暴力、霸凌及黑道勢力介入事件通報流程圖

修正日期：民國 95 年 04 月 28 日

資料來源：教 育 部 軍 訓 處

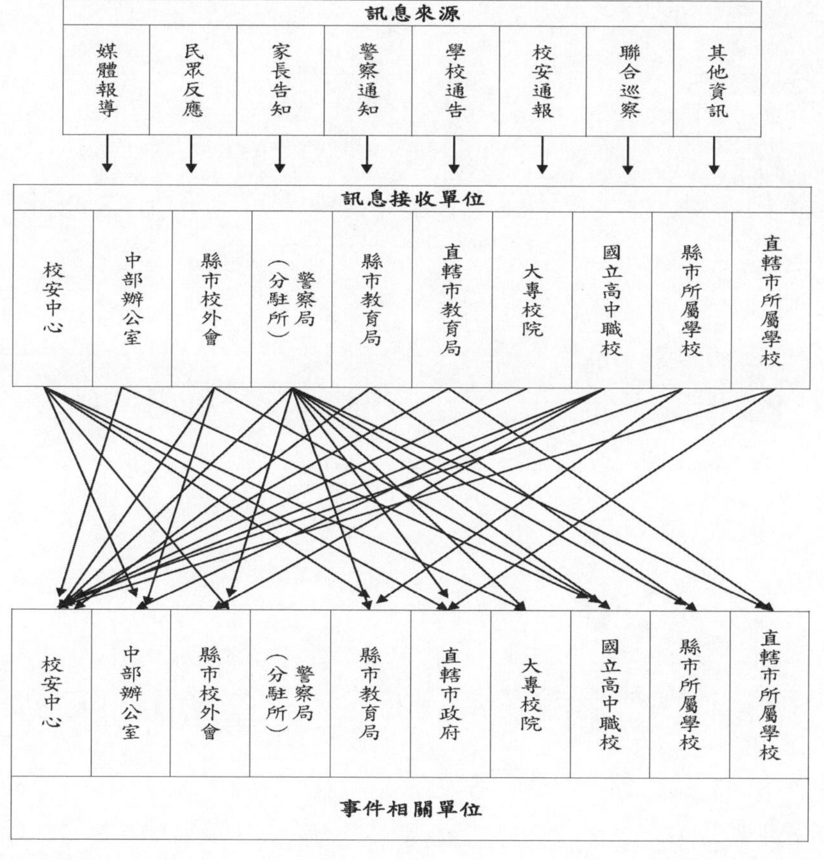

註：事件倘涉及違法或民刑事責任，應即通知警方（警察局、分局、分駐所）處置

附錄十二

校園暴力事件（學生打學生）查察通報處理流程圖

修正日期：民國 95 年 03 月 15 日

資料來源：教 育 部 軍 訓 處

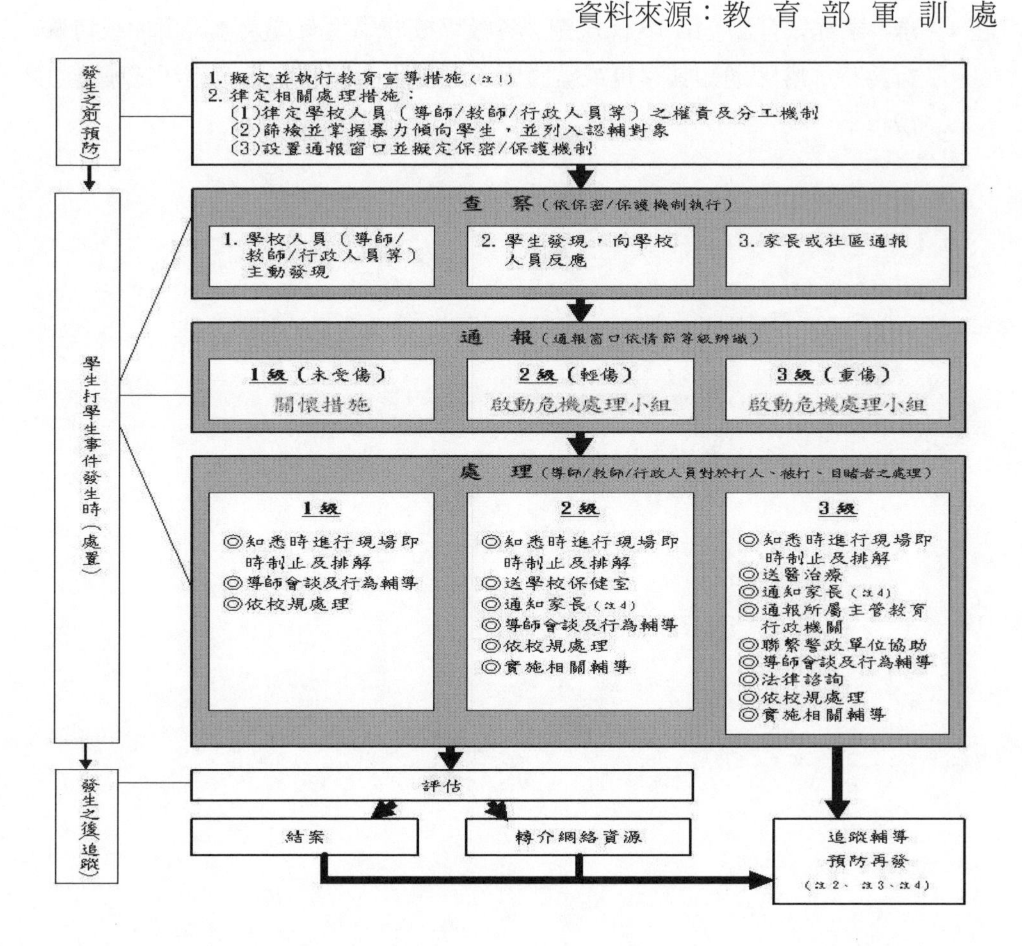

註 **1**：依「兒童及少年福利法」第 30 條規定略以：任何人對於兒童及少年不得身心虐待、供應兒童及少年刀械、槍、彈藥或其他危險物品。

註 **2**：依「兒童及少年福利法」第 33 條規定略以：兒童及少年有品行不端、暴力等偏差行爲，情形嚴重，經其父母、監護人或實際照顧兒童及少年之人盡力矯正而無效果者，直轄市、縣（市）主管機關得經其父母、監護人或實際照顧兒童及少年之人同意，協調適當之機構協助、輔導或安置之。

註 **3**：依「少年事件處理法」第 3 條規定略以：凡經常逃學或逃家、參加不良組織、無正當理由經常攜帶刀械者、有預備犯罪或犯罪未遂而爲法所不罰之行爲者，由少年法院處理之。

註 **4**：依「家庭教育法」第 15 條規定：各級學校於學生有重大違規事件或特殊行爲時，應即通知其家長或監護人；並提供相關家庭教育諮商或輔導之課程。

附錄十三

校園霸凌事件（家長打老師）處理作業流程表

修正日期：民國 95 年 03 月 15 日

資料來源：教 育 部 軍 訓 處

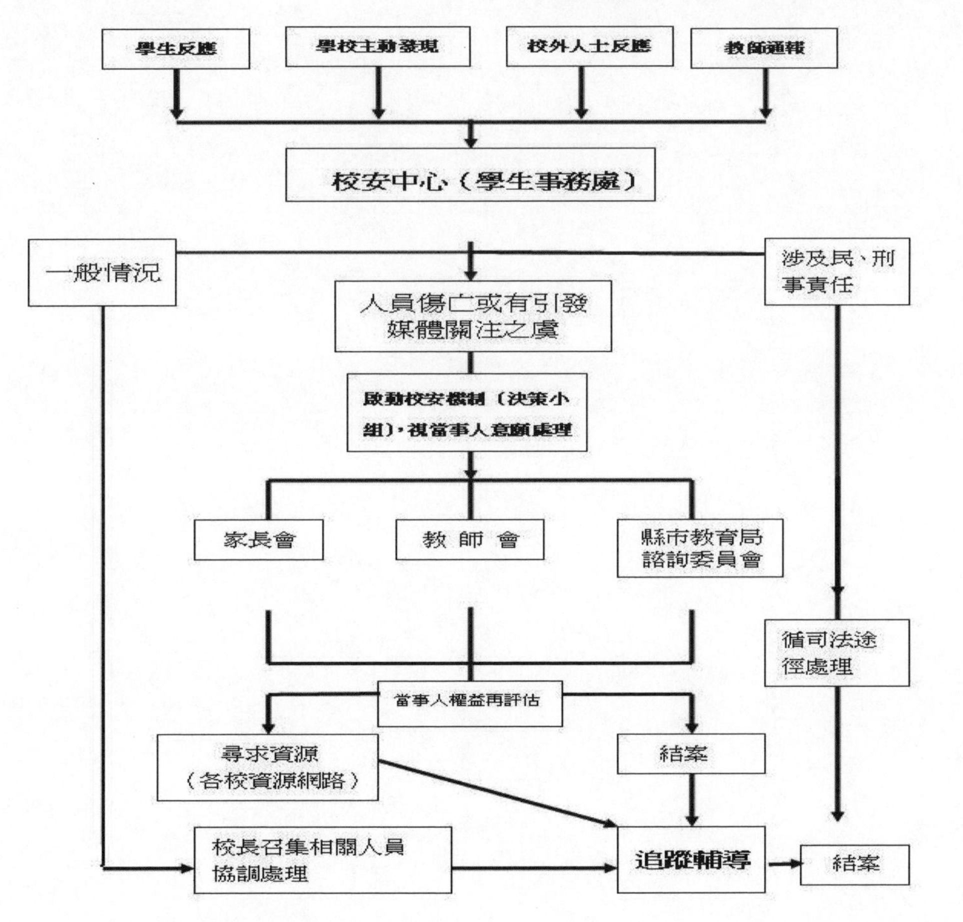

附錄十四

校園暴力事件（學生打教師）處理流程圖

修正日期：民國95年03月15日

資料來源：教 育 部 軍 訓 處

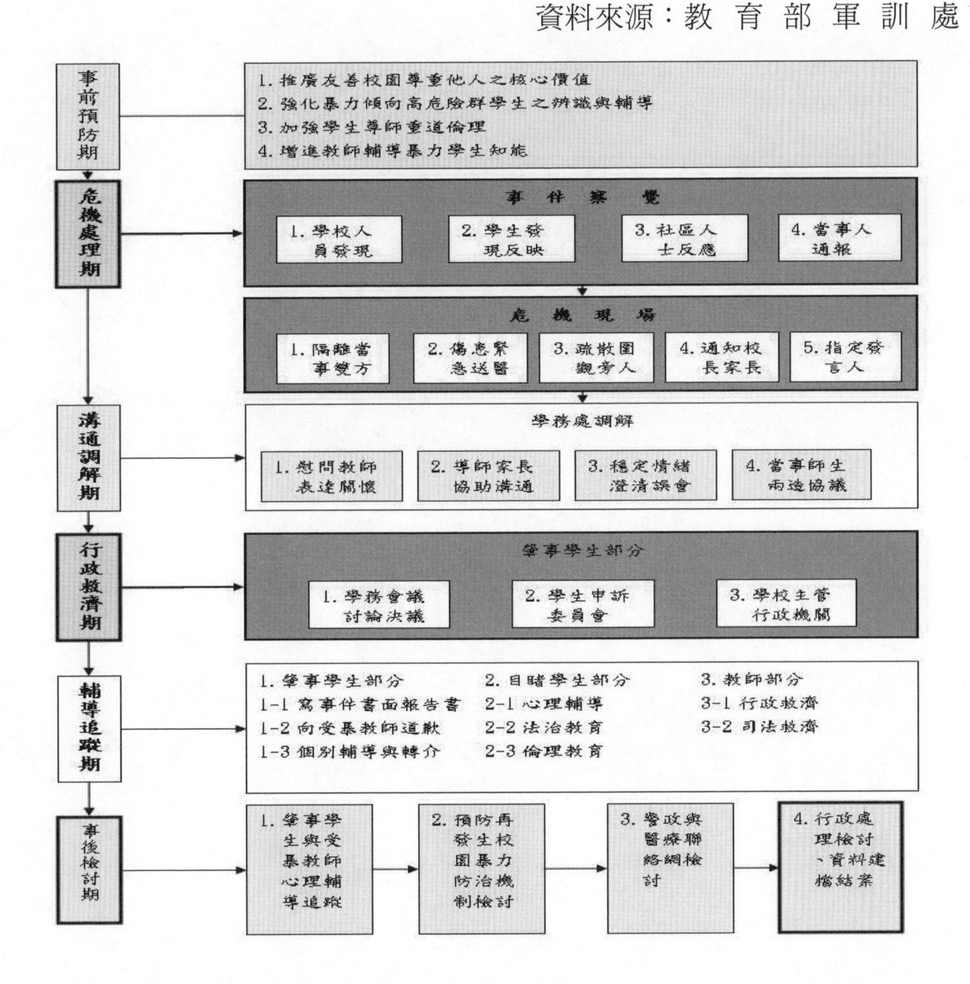

附錄十五

教育基本法

修正日期：民國 100 年 11 月 9 日
資料來源：法務部全國法規資料庫

第1條

爲保障人民學習及受教育之權利，確立教育基本方針，健全教育體制，特制定本法。

第2條

人民爲教育權之主體。

教育之目的以培養人民健全人格、民主素養、法治觀念、人文涵養、愛國教育、鄉土關懷、資訊知能、強健體魄及思考、判斷與創造能力，並促進其對基本人權之尊重、生態環境之保護及對不同國家、族群、性別、宗教、文化之了解與關懷，使其成爲具有國家意識與國際視野之現代化國民。

爲實現前項教育目的，國家、教育機構、教師、父母應負協助之責任。

第3條

教育之實施，應本有教無類、因材施教之原則，以人文精神及科學方法，尊重人性價值，致力開發個人潛能，培養群性，協助個人追求自我實現。

第4條

人民無分性別、年齡、能力、地域、族群、宗教信仰、政治理念、社經地位及其他條件，接受教育之機會一律平等。對於原住民、身心障礙者及其他弱勢族群之教育，應考慮其自主性及特殊性，依法令予以特別保障，並扶助其發展。

第5條

各級政府應寬列教育經費，保障專款專用，並合理分配及運用教育資源。
對偏遠及特殊地區之教育，應優先予以補助。
教育經費之編列應予以保障；其編列與保障之方式，另以法律定之。

第6條

教育應本中立原則。學校不得為特定政治團體或宗教信仰從事宣傳，主管教育行政機關及學校亦不得強迫學校行政人員、教師及學生參加任何政治團體或宗教活動。

第7條

人民有依教育目的興學之自由；政府對於私人及民間團體興辦教育事業，應依法令提供必要之協助或經費補助，並依法進行財務監督。其著有貢獻者，應予獎勵。
政府為鼓勵私人興學，得將公立學校委託私人辦理；其辦法由該主管教育行政機關定之。

第8條

教育人員之工作、待遇及進修等權利義務，應以法律定之，教師之專業自主應予尊重。
學生之學習權、受教育權、身體自主權及人格發展權，國家應予保障，並使學生不受任何體罰及霸凌行為，造成身心之侵害。
國民教育階段內，家長負有輔導子女之責任，並得為其子女之最佳福祉，依法律選擇受教育之方式、內容及參與學校教育事務之權利。
學校應在各級政府依法監督下，配合社區發展需要，提供良好學習環境。
第二項霸凌行為防制機制、處理程序及其他應遵行事項之準則，由中央主管教育行政機關定之。

第9條

中央政府之教育權限如下：
一、教育制度之規劃設計。
二、對地方教育事務之適法監督。

三、執行全國性教育事務，並協調或協助各地方教育之發展。

四、中央教育經費之分配與補助。

五、設立並監督國立學校及其他教育機構。

六、教育統計、評鑑與政策研究。

七、促進教育事務之國際交流。

八、依憲法規定對教育事業、教育工作者、少數民族及弱勢群體之教育事項，提供獎勵、扶助或促其發展。

前項列舉以外之教育事項，除法律另有規定外，其權限歸屬地方。

第10條

直轄市及縣（市）政府應設立教育審議委員會，定期召開會議，負責主管教育事務之審議、諮詢、協調及評鑑等事宜。

前項委員會之組成，由直轄市及縣（市）政府首長或教育局局長爲召集人，成員應包含教育學者專家、家長會、教師會、教師工會、教師、社區、弱勢族群、教育及學校行政人員等代表；其設置辦法由直轄市、縣（市）政府定之。

第11條

國民基本教育應視社會發展需要延長其年限；其實施另以法律定之。

前項各類學校之編制，應以小班小校爲原則，中央主管教育行政機關應做妥善規劃並提供各校必要之援助。

第12條

國家應建立現代化之教育制度，力求學校及各類教育機構之普及，並應注重學校教育、家庭教育及社會教育之結合與平衡發展，推動終身教育，以滿足國民及社會需要。

第13條

政府及民間得視需要進行教育實驗，並應加強教育研究及評鑑工作，以提昇教育品質，促進教育發展。

第14條

人民享有請求學力鑑定之權利。

學力鑑定之實施，由各級主管教育行政機關指定之學校或教育測驗服務機構行之。

第15條

教師專業自主權及學生學習權、受教育權、身體自主權及人格發展權遭受學校或主管教育行政機關不當或違法之侵害時，政府應依法令提供當事人或其法定代理人有效及公平救濟之管道。

第16條

本法施行後，應依本法之規定，修正、廢止或制（訂）定相關教育法令。

第17條

本法除中華民國一百年六月十四日修正之條文，其施行日期由行政院定之外，自公布日施行。

國家圖書館出版品預行編目資料

校園犯罪與安全維護／方文宗等著；
楊士隆 主編.
--二版.--臺北市：五南，2012.02
面；　公分
ISBN 978-957-11-6503-5（平裝）
1.學校安全　2.犯罪防制
527.59　　100024860

4T52

校園犯罪與安全維護

主　　編 — 楊士隆(312)
作　　者 — 方文宗　江慶興　何明洲　李宗憲　李相臣
林明傑　許華孚　陳慈幸　曾淑萍　程敬閏
楊士隆　董旭英　鄭昆山　鄭瑞隆　戴伸峰
簡美華
發 行 人 — 楊榮川
總 編 輯 — 王翠華
主　　編 — 劉靜芬
責任編輯 — 李奇蓁
封面設計 — 斐類設計工作室
出 版 者 — 五南圖書出版股份有限公司
地　　址：106台北市大安區和平東路二段339號4樓
電　　話：(02)2705-5066　傳　　真：(02)2706-6100
網　　址：http://www.wunan.com.tw
電子郵件：wunan@wunan.com.tw
劃撥帳號：01068953
戶　　名：五南圖書出版股份有限公司
台中市駐區辦公室/台中市中區中山路6號
電　　話：(04)2223-0891　傳　　真：(04)2223-3549
高雄市駐區辦公室/高雄市新興區中山一路290號
電　　話：(07)2358-702　傳　　真：(07)2350-236
法律顧問　林勝安律師事務所　林勝安律師
出版日期　2010年10月初版一刷
2012年 2 月二版一刷
2014年 8 月二版二刷
定　　價　新臺幣600元

凝煉知識品味閱讀